世界钢铁发展规律认识与国际产能合作

于勇　罗书　王新东　庄乾城　陈瑶　著

北　京
冶金工业出版社
2018

内 容 提 要

中国“一带一路”倡议下的钢铁国际产能合作是一个新课题。企业在“走出去”的过程中面临着诸多的不确定性，尽管已经进行了很多有益的探索，但在理念支持、系统支撑、模式创新等方面还需要进一步的探讨和研究。

本书以跨文化认识和管理为统领，以独特的视角勾勒出全球钢铁产业链发展、迁移、兴衰的历史，并对其社会环境和内在的发展规律进行了探讨，使读者对钢铁工业发展的全景有一个新的、全面的认识和理解。通过数据分析，对中国钢铁行业开展国际合作的现状和有关问题进行了探讨，在宏观上初步建立了适合中国企业开展国际合作的国别选择指标体系，并依据此指标体系推荐了优先开展合作的国家和地区。此外，对跨文化管理、属地化管理、梯度合作理论、创新合作模式等方面进行了深入分析，形成了指导开展国际合作的一些基本认识原则，并探讨了中国钢铁业在国际上的地位及未来合作模式问题。

书中采用的数据均以权威机构发布的数据为主，分析的观点具有全局性、独特性和针对性，可以为钢铁行业或相关行业从业人员提供参考和指导。

图书在版编目(CIP)数据

世界钢铁发展规律认识与国际产能合作/于勇等著.
—北京：冶金工业出版社，2018.8
ISBN 978-7-5024-7813-1

Ⅰ.①世…　Ⅱ.①于…　Ⅲ.①钢铁工业—工业史—研究—世界　②区域经济合作—国际合作—研究—中国
Ⅳ.①F416.31-091　②F125.5

中国版本图书馆CIP数据核字（2018）第136924号

出 版 人　谭学余
地　　址　北京市东城区嵩祝院北巷39号　邮编　100009　电话　(010)64027926
网　　址　www.cnmip.com.cn　电子信箱　yjcbs@cnmip.com.cn
责任编辑　任静波　杜婷婷　美术编辑　彭子赫　版式设计　孙跃红
责任校对　王永欣　责任印制　李玉山
ISBN 978-7-5024-7813-1
冶金工业出版社出版发行；各地新华书店经销；三河市双峰印刷装订有限公司印刷
2018年8月第1版，2018年8月第1次印刷
787mm×1092mm　1/16；21.75印张；526千字；337页
115.00元
冶金工业出版社　投稿电话　(010)64027932　投稿信箱　tougao@cnmip.com.cn
冶金工业出版社营销中心　电话　(010)64044283　传真　(010)64027893
冶金书店　地址　北京市东四西大街46号(100010)　电话　(010)65289081(兼传真)
冶金工业出版社天猫旗舰店　yjgycbs.tmall.com

序

钢铁行业是经济、社会发展的基础工业，也是国家安全的重要基石。中国改革开放40年来，钢铁工业的发展取得了举世瞩目的巨大成就，粗钢产量从1978年的3178万吨发展到2017年的8.317亿吨。不仅是量的突破，也是质的提升，有力地支撑了中国经济和社会的发展。这既是中国智慧成就的体现，也是世界钢铁发展的奇迹。

中国钢铁工业的发展进入了一个崭新的阶段。具体表现为，产量占据世界钢铁总量的半壁江山，工艺技术、能源经济指标、环保指标达到世界先进水平，钢铁发展理论体系和工业体系更加成熟，发展形成的理论和体系不仅具有较高的学术价值，也在全球范围有广泛的学习和借鉴意义。与此同时，中国钢铁工业存在的问题也非常突出，如产能过剩、发展空间与发展瓶颈正在发生逆转，并制约着进一步的发展；“走出去”的理论体系尚未得到很好的建立；钢铁企业的国际化发展环境瞬息万变等。整个钢铁工业的发展面临着严峻的挑战。

国家提出的“一带一路”倡议和开展国际产能合作为中国钢铁工业的国际化发展指引了方向，也为钢铁行业转型升级提供了重大机遇。中国“一带一路”倡议下的钢铁国际产能合作是一新课题，企业在“走出去”的过程中面临着诸多的不确定性，已经形成了很大的探索成本，在理念支持、系统支撑、模式创新等方面还需要进一步的探索和研究。

本书正是在这个背景下、基于这个目的而创作的，不仅探讨了上述有关问题，而且还给出了基于跨文化管理的钢铁企业国际化发展建议。同时该书的出版，也填补了“走出去”发展理论文化研究的空白。

从自然界的和谐共生到全球化发展，任何一个行业的发展都遵循这样一个规律：文化对科学技术、经济发展的指导意义非常重大，且不可或缺。本书没有谈论钢铁工业的前沿技术，但讨论了更加前沿的行业发展文化问题，并给出了作者的探索答案。文化问题当前最前沿、最基础的研究是基因研究，作者根据基因研究的成果，结合行业发展和“走出去”的实践，深刻总结了文化的基本特征和跨文化管理的基本理念，并给出了工作的指导原则。书中通过分析钢铁工业及相关行业的发展历史、现状和问题，指出一切的发展都是在文化主线的牵引下完成的，并在有关的章节留下了文化影响的烙印。

认识是主观行为对客观事物的有目的分析，立足不同的时间点、处于不同的立场，认识的结论和指导意义会不同。本书站在中国钢铁工业的新起点，以跨文化的思维方式，采用全球化的视角，勾勒出全球钢铁产业链发展、迁移、兴衰的历史，并对其社会环境和内在的发展规律进行了重新认识和探讨，得出的结论和规律不仅有重要的现实意义，而且也是对世界钢铁工业发展史的有益补充，更主要的是对钢铁企业“走出去”实现国际化发展有着重要的指导意义。

作者以平实的语言、广泛而权威的数据、独特的认识视角，对钢铁行业发展现状和国际合作中的问题进行了剖析，具有较强的思想性、认识的深刻性和广泛的适用性。虽基于钢铁行业，但对大多数其他行业开展国际合作也有很好的借鉴意义。

中国工程院院士 
2018 年 6 月

目　录

绪　论

中国钢铁工业的大发展一直是全球化合作的成果。中国钢铁工业发展在经历了短暂的准备期后，随即进入了高速发展阶段，创造出来的速度迄今为止没有哪个国家可以匹敌。中国钢铁工业发展的积累已经具备了开展国际合作的条件，中国综合国力的提升也使行业具备了开展国际合作的能力，加之政策的引导，中国钢铁工业广泛的国际合作已经拉开了帷幕。

这是一条探索之路，是中国钢铁工业新的发展机遇和阶段，是钢铁工业发展的一个重大系统工程。而市场留给我们的时间却是非常有限的。因为任何事物皆有生命周期，全球钢铁工业的发展和一个国家的钢铁工业发展都处于生命周期的某一点上，正处于全球产业布局合作的转折点上。因此，未来道路的选择和中国钢铁工业未来在国际上的定位选择已经交到了我们的手中。机会永远是留给有准备的人。在此背景下，本书探索性地提出了一些建议，基于作者的经验和视角为国际合作提供一定的参考。

站在不同的角度，会形成不同的观点。不同的投资人，使用不同的方法，会有不同的效果。机会蕴藏在风险中，因此在不同的发展轨迹上形成的思路和观点是不同的，也不应该趋同或者统一。吸收不同的观点比相同的观点对于国际合作者来说更重要。

国际化的狭义理解就是直接与目标国对接，对目标国和目标市场进行尽职调查，选择合作的模式并开展合作工作。但我们认为仅仅这些是不够的。对一个国别和市场的合作，是基于大环境的判断，是基于整个发展阶段的判断，因此全局的视角是需要的，这个全局包括全球行业的状态、行业全产业链的状态、行业上下游产业链的状态、技术文化梯度的状态等。我们最容易犯的错误就是“欲速则不达”，希望对一个陌生的环境直接从中间开展工作，最后不得不付出更多的时间成本和资金成本去补上欠缺的环节。因此，本书力求给出行业相关的数据全貌，并对数据按照本书的目的进行了一定的分析，对一些相关的规律进行了归纳总结。

本书的讨论注重系统的观点和思考。对于钢铁行业而言，不是一项技术的进步，或者一个政策的引导就能解决行业的问题，这本身就是一个系统工程。一个国家不能因拥有了一座钢铁厂就意味着建立了冶金工业体系，而开展国际合作是大系统工程中的一个子系统。没有系统的观点、系统的政策、系统的筹划，将很难使钢铁行业“走出去”、融入世界钢铁市场中。

站在不同的视角，对同一事物会有不同的认识。不同的人，基于不同的文化背景和成长经历，根据天赋的本性，做同一件事也会得到不同的结果。这里没有对错之分。世界从来不是单色的，五颜六色不仅是我们的向往，也是我们奋力追求的目标。因此，相信本书的一些观点和立意会有自己独特的一面，这本身就是本书的价值所在。

钢铁行业一些问题的存在是发展中的必然，在未来也将伴随整个发展的生命周期，常态化、市场化管理更优于运动式的管理。

例如重复建设和淘汰落后产能问题，这是由于钢铁行业本身的特性，在发展之初就携带的问题，并非在某一个阶段才出现的问题。当提到问题严重并力求解决时，是因为问题凸显而我们已经具有了解决问题的能力。我们都清楚钢铁工业的基本特点，即资金密集型、技术密集型、高能耗、广泛的配套（包括人员素质能力、原材料供应、基础设施、相关产业发展等）等。只有规模化才能发挥效率，钢铁发展准备期的长短取决于发展所具备的条件成熟的时间。但任何一个新兴的国家都没有能力越过准备期，在准备期内就是由小到大、由弱到强的发展历程，并且逐步实现规模化、大型化。在不同国家钢铁工业发展历程中，不论是通过市场调节，还是通过行政措施，规律是相似的。另外一个诱因是，在新兴国家，钢铁材料的需求尚未被充分激活，需求由单一向多样化、由局部到全局也是一个必然的过程，区别只是在于长短而已。长期以来不断淘汰落后产能、标准不断升级的过程就是引导规模化的过程，是一个常态化的过程。但这个过程能够更多地降低负面效应是行政调解的核心，因为淘汰落后的过程本身就是一定程度的重复建设的过程，社会资源的重复投入在所难免。

数据本身既是客观的，也是主观的，目的不同，选择分析的方法就会不同，结论也会不同。

本书使用了大量的公开数据进行系统的分析、认识、理解，没有刻意去寻找隐秘的信息。这是因为我们认为公开的数据在某种程度上更可靠一些，毕竟增加了一道发布和被反馈的过程。另外，这些数据已经能够使我们了解基本的情况，提供基本的判断。还有一个重要原因是数据本身并不能完全代表客观现实，也有主观的一面，刻意追求数据可能结果不一定是最好的。如果有人宣称能够准确掌握某一个时间点的中国钢铁产能或者钢铁产量，估计没有人会相信；但如果某一组织告知公众采用一种方法，在某一范围内提取到了一个这样的数据，我们会认为这个数据具有一定的参考价值，可以在某种程度上被使用。

关于采用的数据，不同的组织机构、不同的统计口径、不同的统计方法、站在不同的角度所产生的数据会有差异。而数据的统计本身就是一门科学，只能认识其可信程度，不能判断其就是最准确真实的数据。虽然我们处于大数据时代，但是数据与实际之间的距离仍无法真正得到测量。数据是工作的基础，数据错误将导致结论的错误，但因此纠结数据的精度大可不必，因为更直观的、贴近事实的判断来自相关行业的发展和社会的进步。因此，本书采用的数据对于相关的分析来说精确程度是够的，未就此进行更多的比较和筛选工作，而是直接选取了认可度较高的机构发布的数据，并且为了确保分析的全面性，采用了不同体系的数据。本书忽略了这些数据体系之间的差异，也未力求使其统一，使读者有机会了解到更多的信息情况。虽然体系不同，但是对结果的影响可以忽略不计。

预测是从一个角度提供思考的范围和方向，不是未来结果的必然。

预测是我们无法回避的问题，因为所有的工作不是沉浸于过去，而是为了未来。因此如果不能对未来提供参考，就会失去存在的价值，这就使预测在所难免。

预测本身就是一个科学的难题，任何一个领域是否可预测本身就值得研究，因为预测本身就是对系统的干扰。一些行业对未来的事件宣称不可预测时，还会引起世界的轩然大波，但有时这是事实，因为当超出人类认知的范围和能力时，我们将无法进行预测。

如何理解预测？预测与其他问题一样，都具有局限性，都是在特定的条件下，选取有限的要素，经过人的意识加工，得出的一种解，并不是发展的全部，也不是未来必然的结果。因此，对于某一个特定的预测而言，我们应该更多地了解预测的前提条件和假设的发展条件，并为自己的思考提供帮助，而不是直接套用预测的结果。

对于个体、个别的企业而言，预测对于经营活动至关重要。而有些权威机构的预测，由于后续会跟随政策的制定和实施，预测本身已经不是简单的推断，而成了辅以手段的引导，这样的预测如果偏差较大将会干扰经济发展的规律，导致行业的发展处于震荡阶段，这样的预测也许没有比有更好一些。基于此，为避免产生误导，本书力求对行业和企业在未来的行动中提供一种视角下的参考，因此没有试图对未来进行预测，未给出任何预测结果，也未采纳任何预测的结果来佐证某些观点，这也许是对读者最好的方式。

基于这种观点，本书提出的优先考虑的合作国别是在本书的视角下的一种推荐，是结合分析方法、利用梯度原理、按照文化差异等几个方面的要素进行的一种思考，是一种选择的思路，对于个体而言，也许不是最佳的选择。因为我们采用中国的经济水平和钢铁工业的发展水平的平均值，而有些企业的发展阶段可能已经远超出平均水平状态，因此他们的合作区间也会随之发生迁移。

信用评级指标的文化属性和使用者的正确理解及使用。

权威机构的信用评级已经成为风险评估的重要参考，企业的投资或者开展国际合作是否可以依赖于这些评价指标呢？

有学者的研究表明，2007~2009 年期间发生的金融危机，评级机构起到了推波助澜的作用。在当时，很多企业使用机构信用评级代替自身的风险和安全评估，一些金融机构倾向于持有成本低、限制少而评级高的证券，从而刺激了业务的膨胀，导致了投资的不足和金融系统的脆弱。在 2007 年年初，抵押贷款的违约情况远远大于机构的预测，而在 2007 年 7 月，评级机构史无前例地大面积降低债券的等级，甚至在很短的时间内将评价很高的证券降低到垃圾级，毫无疑问地加剧了金融系统的危机，扩大了社会的损失。

如何既要正确理解而又正确使用机构评级是开展国际合作者必须认真对待的事情。而有些方面是非常值得关注的。其中包括：

（1）任何一个机构的信用评级都具有文化属性，不是放之四海而皆准的。东西方文化的较大差异在合作国别上已经有所体现。例如与中国合作密切的国家和项目在西方的评价机构中获得的评分并不高，而评分很高的与我们合作起来有诸多的不适应。因为文化的属性已经通过人进入了任何一个体系中。

（2）任何事物都有生命周期，都处于生命周期的不同阶段，用某一阶段的标准去评价另一个阶段的发展潜力将导致不符合实际的认识。如果用钢铁发达国家的指标评价钢铁起步阶段的国家的发展潜力和发展规划，会给出不切合实际的意见。在中国钢铁工业的现阶段，大型化、规模化已经成为常态，如果拿这个标准来看待一个冶金工业体系尚未建立、配套能力尚且不足的国家按照大型、规模化建设，实现的可能性不大。

（3）评级指标选取的有限性与未来发展的随机性、特定事物的特殊性之间的非协调关系。一般情况下，信用评级的根本目的在于揭示对象违约风险的大小，不能涵盖所有的风险评估；信用评级所评价的目标是评价经济主体履约的能力和意愿，不反映企业本身的价值和业绩；信用评级是独立第三方按照自身的技术优势和专业经验发表的一种意见，不能代表投资者本身的选择。

任何一个评级体系只能选取有限的、有倾向性的评价指标，如标准普尔决定一国主权信用评级主要考虑5个方面的因素，政治风险、经济结构及增长前景、外部流动性与国际投资者头寸、财政状况及债务负担和货币灵活性，无法将所有的因素都考虑进去。而在未来的发展中，任何一个次要因素都有可能上升为主要因素并改变事物发展的方向。对于特定的国际合作项目，是否能够遵循评级机构的思路去做风险判断是需要识别的。

（4）评价体系的商业性和导向性对风险判断的影响。在商业系统中，一切服务遵循的是商业法则，围绕的是商业利益，评级体系也不例外。权威机构的评级不仅为市场提供了参考，无形中也为投资者提供了导向，本身不能成为独善其身的第三者，而成为利益的参与者。因此，在使用评级机构的体系及指标时，要考虑这种体系和指标对自身的冲击，要有自己的应对之策。

（5）依据企业战略建立的风险评价体系而产生的指标是开展国际合作的最终判断指标。不论任何权威机构的评级，不论采用什么科学方法得出的评价，对于特定的企业和项目而言，只能作为参考，而不能直接当作自身的风险评价指标来使用。企业依据自身的状况和发展战略建立的评价体系才是终极的评价体系，过度的抄袭和迷信将为国际合作埋下祸根。

争议本身就是一种撞击，是发展的动力。

行业的发展会一直处于争议阶段。如我国钢铁工业是已经进入了衰退期还是发展中的调整期？这些争议对于行业的发展是一种推动力，对未来的思考是一种推动力，但是对于组织而言，结果的选择是有风险的，稍有不慎，会导致重大的失策。因此，对待争论应该采取宽容的政策，让行业、社会在这种争论中更接近真理、更接近事实，发展也会更加健康。

基于此，本书对于中国钢铁工业发展的状况涉及较少，不想以此给读者一个定性的认识，而是通过对全球发展的认识，继续把思考的空间留给读者。

1　世界钢铁行业发展轨迹、现状及特点

全球钢铁产业链本身就是一个异常庞大、复杂的系统，如果想通过一篇文章或者一本书来把这个产业链的发展描述清楚几乎是不可能的。为了从开展国际合作角度对全球钢铁行业的历史有一个概貌了解，本书选取了铁矿石、废钢、钢铁这三个主要原材料和产品的角度来概略地描述发展的过程和在发展中出现的问题，以及发展过程中展现出来的共同点和差异点，以此使读者对世界钢铁工业的历史和现状有一个宏观的、全局性的了解，对其发展的规律有一个基本的认识，并对有关的问题进行分析讨论。

1.1　全球铁矿石资源、可利用情况及生产流动特征

1.1.1　全球铁矿石储量丰富、分布不均

地球上有 300 多种矿物包含铁，但是只有 5 种矿物是铁矿石的主要来源，即磁铁矿（magnetite）、赤铁矿（hematite）、针铁矿（goethite）、菱铁矿（siderite）和黄铁矿（pyrite）。

全球铁矿石资源主要位于澳大利亚、俄罗斯、巴西、中国、印度、乌克兰等国家。目前全球探明的铁矿石储量为 1700 亿吨，含铁量 820 亿吨，总储量预计在 3400 亿吨（根据美国地质调查局的统计）。据统计，世界上 98%的铁矿石用来高炉炼铁。根据世界钢铁协会的统计，使用氧气顶吹转炉 BOF 工艺流程生产钢每 1.725t 铁矿石能生产 1t 钢。全球铁矿石资源主要分布的国家储量情况见表 1-1。

表 1-1　2016 年全球铁矿石资源储量情况表

国　别	铁矿石资源量/Mt	含铁量/Mt
澳大利亚	52000	23000
俄罗斯	25000	14000
巴西	23000	12000
中国	21000	7200
印度	8100	5200
乌克兰	6500	2300
加拿大	6000	2300
瑞典	3500	2200
美国	3000	790
伊朗	2700	1500
哈萨克斯坦	2500	900
南非	1200	770
全球	170000	82000

数据来源：美国地质调查局。

表1-2是主要铁矿石生产国近十余年来的生产情况。

表1-2　主要铁矿石生产国铁矿石生产情况表　　　　单位：Mt

年份	澳大利亚	巴西	中国	印度	俄罗斯	美国	全球
2000	176.3	208.83	105.26	74.95	87	63	959.65
2001	181.14	210	102.6	79.21	83	46	932.05
2002	187.21	225.1	108.76	86.4	84	52	986.39
2003	212	245.6	122.71	99.1	92	49	1074.22
2004	234.7	270.52	145.75	121	97	55	1184.24
2005	257.53	292.4	197.63	145.5	97	54	1315.82
2006	275.09	318.63	355.76	180.92	103.9	53	1577.84
2007	299	336.53	401.9	207	105	53	1705.43
2008	349.83	346	325.88	223	99.3	54	1717.56
2009	394.07	305	241	223.6	92	27	1590.62
2010	433	372	357	209	99.06	50	1873.85
2011	477.33	397	358.9	191.8	104	54.7	1957.63
2012	520.03	380.09	289	152.6	103	54	1904.47
2013	608.9	391.1	315.2	136.1	102	52	2038.96
2014	745.74	399.4	194.7	139.7	102	54.3	2054.08
2015	811.24	422.55	123.5	142.5	102	43.1	2006.35

数据来源：worldsteel。

1.1.2　铁矿石生产情况

铁矿石生产由主要消费国向主要资源国转移，铁矿石贸易持续上升，铁矿石良好的流动性支撑了全球钢铁业的发展。

随着钢铁冶炼技术的不断进步和社会对钢铁的需求不断上升，铁矿石的开采和贸易逐渐繁荣起来。

图1-1为1971年以来全球铁矿石生产和进口情况。该图体现的趋势与钢铁生产和世界经济发展规律基本吻合。由全球铁矿石进口占生产的比重（见图1-2）可以看出，铁矿石的贸易呈逐年上升之势，铁矿石进口占生产的比重由1971年的40.4%，到20世纪90年代中期出现了一个快速跃升，1997年达到了51.5%，到2015年，已经达到了73%。铁矿石的主要生产国在此期间也发生了很大的变化。

从历史上看，铁矿石的生产最初主要集中在钢铁需求量较大的发达国家，如美国、苏联、法国、加拿大等国。随着发达国家对钢铁需求量的不断降低和对环境问题的日益关注，随着一些国家资源的枯竭和高储量国家开采成本的降低，铁矿石的生产逐渐向储量大国转移，并促进了铁矿石贸易的发展。

1971年主要铁矿石生产国的情况见表1-3。排名前九的国家生产的铁矿石占全球铁矿石生产的78.0%，全球铁矿石出口主要集中在苏联和美国两个超级大国，两国产量占全球产量的36.5%，排前三位的国家的产量占比为44.5%。其他排名前九位国家的产量差距不大。

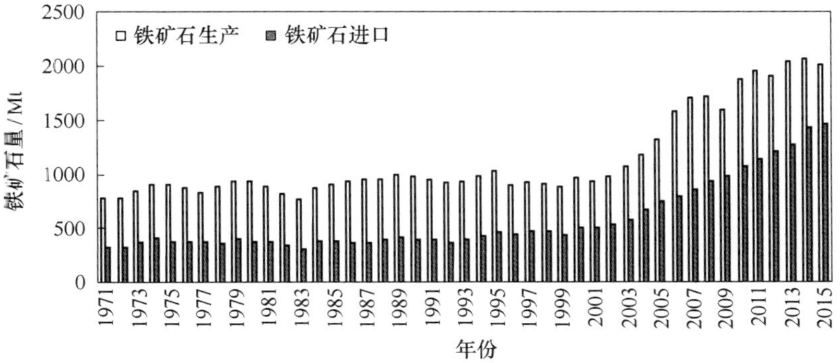

图 1-1 全球铁矿石生产和进口情况

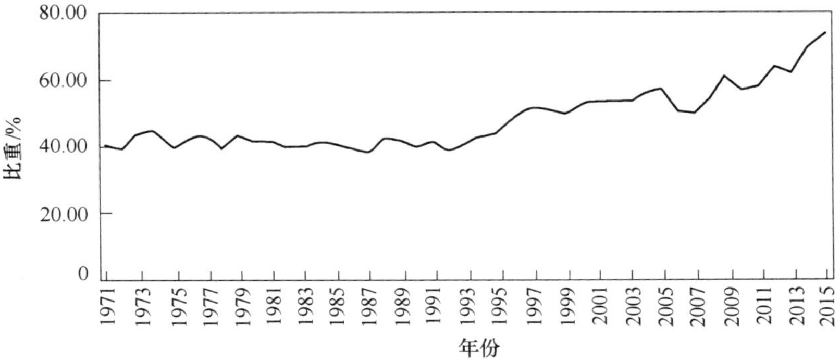

图 1-2 全球铁矿石进口占生产的比重

表 1-3 1971 年世界主要产铁矿石国生产情况

国别	产量/Mt	占比/%
苏联	203	26.0
美国	82.12	10.5
澳大利亚	62.64	8.0
法国	55.84	7.2
中国	55	7.0
加拿大	43.28	5.5
巴西	38	4.9
瑞典	34.37	4.4
印度	34.31	4.4
全球	780.51	

1980 年主要铁矿石生产国的情况见表 1-4。排名前九的国家生产的铁矿石占全球铁矿石生产的 84.0%，苏联的产量一家独大，占全球产量的 28.7%。排前三位的国家的产量占比为 51.0%。

表 1-4　1980 年世界主要产铁矿石国生产情况

国别	产量/Mt	占比/%
苏联	244.76	28.7
澳大利亚	97	11.4
巴西	93	10.9
美国	70	8.2
中国	65	7.6
加拿大	50.17	5.9
印度	40.43	4.7
法国	28.98	3.4
瑞典	27.18	3.2
全球	853.01	

1990 年主要铁矿石生产国的情况见表 1-5。排名前九的国家生产的铁矿石占全球铁矿石生产的 88.6%，排前三位的国家的产量占比为 57.8%。

表 1-5　1990 年世界主要产铁矿石国生产情况

国别	产量/Mt	占比/%
苏联	236.2	24.0
中国	179.34	18.2
巴西	154.37	15.7
澳大利亚	112	11.4
美国	55.47	5.6
印度	50	5.1
加拿大	35.78	3.6
南非	30.29	3.1
委内瑞拉	20.12	2.0
瑞典	19.88	2.0
全球	986.01	

2000 年主要铁矿石生产国的情况见表 1-6。排名前九的国家生产的铁矿石占全球铁矿石生产的 89.3%，排前三位的国家的产量占比为 56.4%。由于苏联的解体，使其产量得到分散，导致退出前三名，同时也导致前三位的国家产量占比的下降。

表 1-6　2000 年世界主要产铁矿石国生产情况

国别	产量/Mt	占比/%
中国	223.95	21.3

续表 1-6

国别	产量/Mt	占比/%
巴西	200.37	19.1
澳大利亚	167.94	16.0
俄罗斯	86.98	8.3
印度	73.48	7.0
美国	62.98	6.0
乌克兰	55.62	5.3
加拿大	35.93	3.4
南非	30	2.9
瑞典	20.56	2.0
全球	1050.65	

2010 年主要铁矿石生产国的情况见表 1-7。排名前九的国家生产的铁矿石占全球铁矿石生产的 93.4%，排前三位的国家的产量占比为 72.8%。

表 1-7 2010 年世界主要产铁矿石国生产情况

国别	产量/Mt	占比/%
澳大利亚	432.8	23.10
巴西	372	19.85
中国	235	12.54
印度	212	11.31
俄罗斯	99.06	5.29
乌克兰	79.17	4.22
南非	56.9	3.04
美国	49.5	2.64
加拿大	37.5	2.00
伊朗	33	1.76
全球	1873.85	

2015 年主要铁矿石生产国的情况见表 1-8。排名前九的国家生产的铁矿石占全球铁矿石生产的 91.4%。全球铁矿石出口主要集中在巴西和澳大利亚，产量占全球的 61.5%。澳大利亚 2015 年出口铁矿石 810.53Mt，占全球出口的 53.6%；巴西 2015 年出口铁矿石 366.19Mt，占全球铁矿石出口的 24.2%；排在第三位的南非 2015 年出口铁矿石 65.25Mt，占全球出口的 4.3%。产量排在前三位的国家的产量占比 68.6%。

表 1-8 2015 年铁矿石主要生产国生产及进出口情况

国别	产量排名	产量/Mt	进口/Mt	出口/Mt	产量占比/%
澳大利亚	1	811.24	2.79	810.53	40.43

续表 1-8

国别	产量排名	产量/Mt	进口/Mt	出口/Mt	产量占比/%
巴西	2	422.55		366.19	21.06
印度	3	142.5	9.52	4.21	7.10
中国	4	123.5	953.37		6.16
俄罗斯	5	101.97	8.10	21.24	5.08
乌克兰	6	81.97	2.26	45.65	4.09
南非	7	61.38	0.43	65.25	3.06
加拿大	8	45.95	6.6	36.86	2.29
美国	9	43.1	4.55	8.16	2.15
伊朗	10	39.37	0.49	13.13	1.96
全球		2006.35	1465.07	1512.25	

2015 年前九位的国别和前三位的国别的占比有小幅下降，原因是统计口径变化导致。在 2015 年，中国的铁矿石产量为 1381.29Mt，中国以低品位铁矿石为主，根据世界钢铁协会的规则，转换为世界含铁量平均值后的产量为 123.5Mt。

各阶段主要铁矿石生产国铁矿石生产占同期全球总产量的比重变化情况如图 1-3 所示。

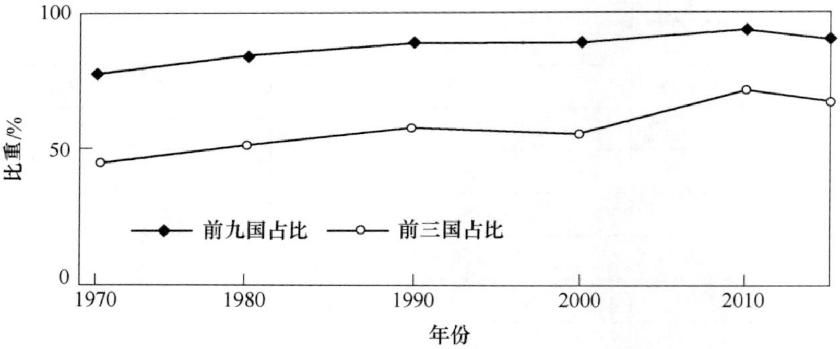

图 1-3　铁矿石主要生产国产量占全球产量的比重

由历史数据可以看出，铁矿石的生产呈高速增长之势，达到了 2014 年的峰值 2054.08Mt。同时，铁矿石的生产地呈现流动和集中之势，由钢铁生产大国向铁矿石储量大的国家流动并集中。截至目前，原主要生产国的美国、法国等国家的产量逐年降低，新兴、富矿的国家成为铁矿石的主要供应国。目前 3 个主要生产国的产量已经达到世界总产量的 70%左右，呈现寡头市场。

根据联合国贸易和发展会议《铁矿石市场报告》的数据，全球铁矿石产量在 2016 年同比增长 5%，达到 21.06 亿吨。2016 年的全球铁矿石出口量超过 15.33 亿吨。

全球铁矿石的生产不仅向巴西、澳大利亚等拥有富矿的国家集中，同时也在向一些生产巨头集中。世界三大铁矿石生产巨头，淡水河谷、力拓、必和必拓（BHP），铁矿石产量逐年提高，占世界产量的比重也在逐年提高（见图 1-4）。三家公司的总产量已经从 2008 年的占全球产量的 33%提升到 2016 年的 43%，2017 年保持了扩大生产的势头，铁矿石生产的集中度将进一步提高，如 BHP 报告 2017 财年铁矿石生产增长 4%，达到 2.68 亿吨，预计 2018 财年将达到 2.75 亿~2.8 亿吨。

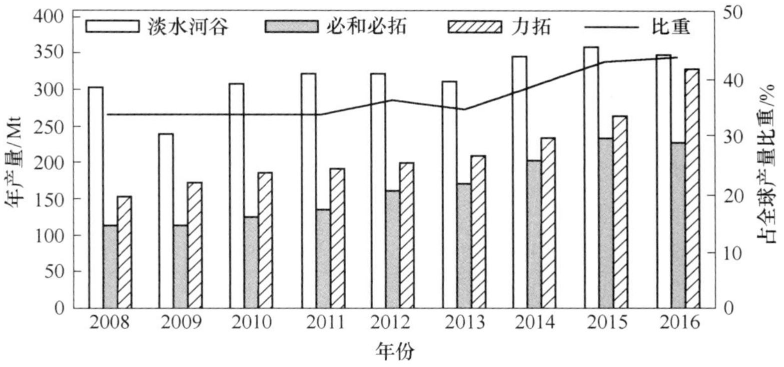

图 1-4 世界三大铁矿石生产商产量及占全球的比重

铁矿石生产的集中和供应的集中，以及钢铁生产和需求的全球性，必然带来铁矿石的贸易呈增长之势，全球钢铁生产由以自产矿石为主、外购矿石为辅过渡到以外购矿石为主、自产矿石为辅的局面，整体平均对外依存度达到了 2015 年的 73%。从钢铁产业的发展来看，世界钢铁经济的前端——铁矿石生产和供应的一体化和协同已经形成，相互依存已经越来越明显。

铁矿石生产的市场化、全球化，行业门槛低，以及低贸易壁垒为铁矿石的流动性提供了保障，支撑了全球钢铁产业的发展。这种环境的维持对未来钢铁行业的发展至关重要。

铁矿石短时间出现的供过于求的局面将随着生产的进一步集中而得到改善，由此导致铁矿石供应商的话语权将逐渐加强，对于中国的生产企业来说，采取适当的策略来保证自己的权益是钢铁企业按照市场规律需要重点考虑的问题。由于中国有着巨大的铁矿石进口量和钢铁材料出口量，特别是国际工程承包的合同额也越来越大，更多的钢材需要出口，因此建筑业、制造业协同钢铁业在全球范围内的布局规划对于解决有关的全局性问题和长远发展问题是很有意义的。

1.1.3 铁矿石资源主要生产国和主要消费国及生产消费情况（不含中国）

钢铁的消费决定了铁矿石的消费，因此从人均消费较高的国家来看，也是世界上较为发达的国家。在此，本节选择了在世界钢铁发展中具有代表性的国家进行分析，有关目标分析国家人均 GDP 的历史数据见表 1-9。

表 1-9 分析国家人均 GDP 变化情况表

年份	比利时	卢森堡	法国	意大利	英国	奥地利	西班牙	加拿大	美国	巴西	墨西哥	委内瑞拉	南非	印度	日本	澳大利亚
1960	1274	2242	1338	804	1380	935	396	2295	3007	209	342	1072	423	84	479	1807
1965	1836	2780	2042	1304	1851	1375	775	2740	3828	259	489	967	555	122	920	2277
1970	2781	4437	2862	2100	2348	2054	1209	4122	5247	441	683	1109	796	115	2004	3298
1975	6737	8983	6673	4093	4300	5273	3201	7490	7820	1141	1446	2343	1438	161	4582	6988
1980	12933	17066	12713	8429	10032	10843	6192	11135	12598	1923	2803	4368	2770	272	9308	10186

续表 1-9

年份	比利时	卢森堡	法国	意大利	英国	奥地利	西班牙	加拿大	美国	巴西	墨西哥	委内瑞拉	南非	印度	日本	澳大利亚
1985	8798	12886	9775	7964	8652	9150	4687	14060	18269	1629	2386	3309	2033	303	11466	11434
1990	20711	34548	21795	20757	19095	21629	13767	21371	23954	3072	3069	2368	3044	375	25124	18222
1995	28566	52683	27038	20596	22756	30253	15430	20577	28782	4827	3641	3376	3753	382	43440	20360
2000	23207	48992	22466	20051	27770	24517	14677	24124	36450	3729	6650	4785	3037	452	38532	21665
2005	36967	79494	34880	31959	41524	38242	26511	36190	44308	4731	7894	5436	5415	729	37218	33983
2010	44383	104367	40706	35852	38709	46660	30738	47446	48374	11121	8861	13581	7363	1346	44508	51846
2015	40454	99718	36352	29993	43930	43637	25685	43316	56116	8678	9005		5718	1593	34524	56291

数据来源：世界银行。

1.1.3.1　比利时/卢森堡

钢铁生产及技术的发达国家，以进口铁矿石为主，从 20 世纪 80 年代初基本停止了铁矿石的生产。由于其钢产量的逐年下降（目前钢产量比起 2006 年高峰时已经下降了近 40%），废钢消费的逐年上升，因此对铁矿石的消费量出现了快速下降。受金融危机的影响，2009 年钢产量陡降到 778 万吨，形成了铁矿石需求量的一个低谷。根据截至 2017 年 6 月份钢产量的情况，自 2012 年以来一直比较稳定，在 950 万吨左右，因此铁矿石的进口在一段时间内将稳定并缓慢降低。比利时/卢森堡铁矿石生产和消费情况如图 1-5 所示。

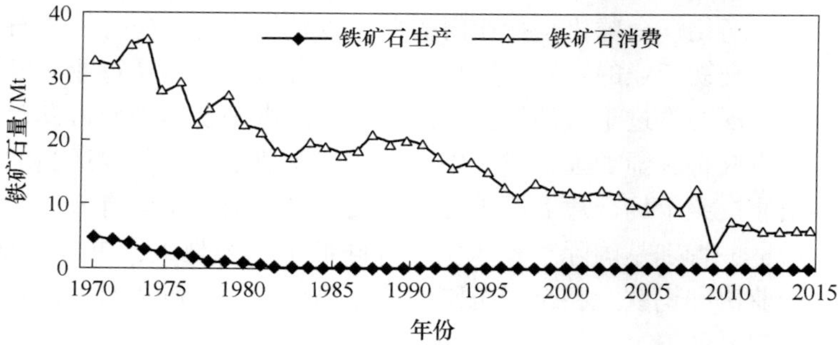

图 1-5　比利时/卢森堡铁矿石生产和消费情况

1.1.3.2　澳大利亚

根据目前的地质调查，澳大利亚的铁矿石储量全球第一，在 2015 年，其产量占全世界铁矿石产量的 40.4%，并且主要用来出口。随着世界钢铁产量的增长，澳大利亚的铁矿石生产加速增长，产量占全球的比重由 1970 年的 8%、1980 年的 11.4%、2000 年的 16%，增长到 2015 年的 40.4%。从图 1-6、图 1-7 可以看出其增长势头。

1.1.3.3　美国

美国铁矿石的储量并不大，位居全球铁矿石储量第九位，储量占全球储量的将近 1%，却是铁矿石生产和消费的大国，如图 1-8 和图 1-9 所示。曾经铁矿石的产量排在全球的第二位，产量占全球产量的比重超过 10%。由于废钢消费的不断增加，对铁矿石的依赖逐渐降低，铁矿石由进口型转为平衡型。目前铁矿石的生产比较稳定，缓慢下降，但是占全球的比重正在逐年下降。铁矿石进出口量占产量的 20%以内。

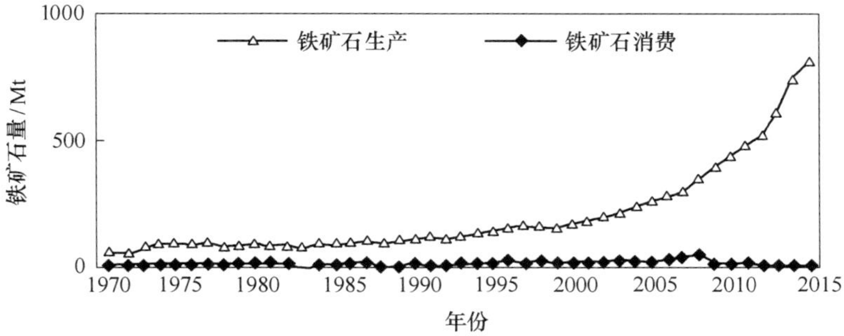

图 1-6 澳大利亚铁矿石生产和消费情况

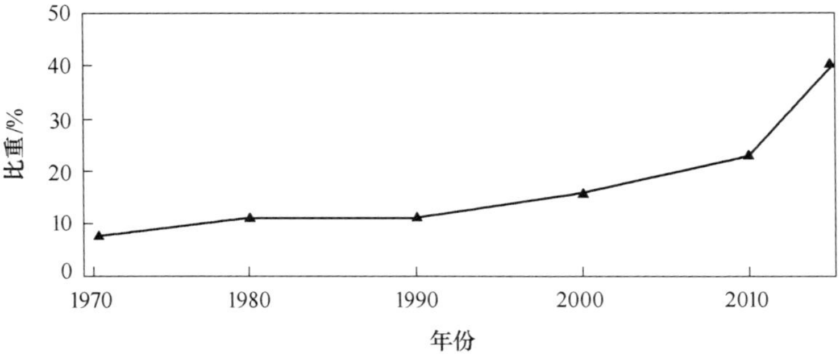

图 1-7 澳大利亚铁矿石产量占全球产量比重的变化情况

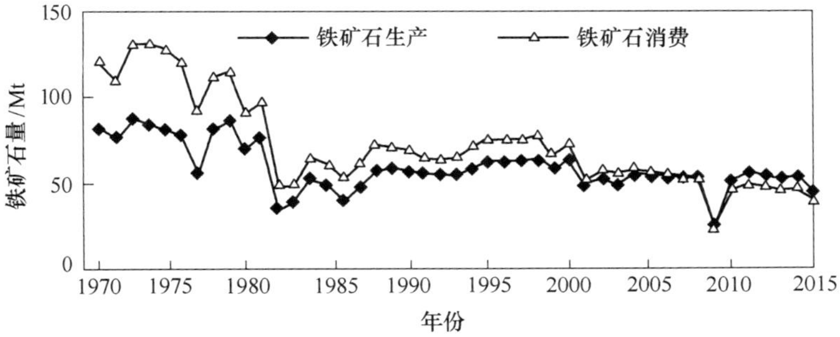

图 1-8 美国铁矿石生产和消费情况

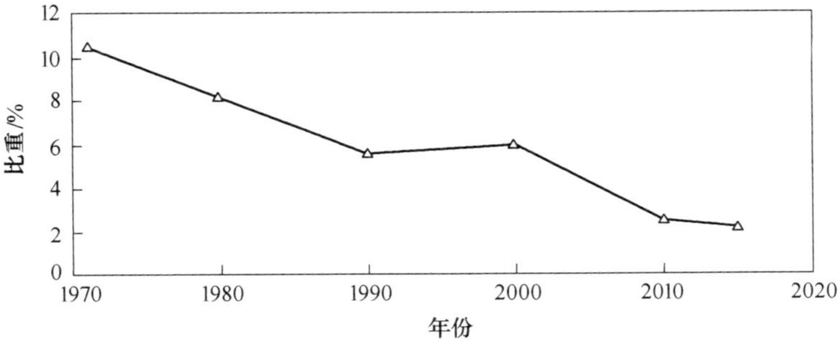

图 1-9 美国铁矿石产量占全球产量比重的变化情况

1.1.3.4　英国

英国金属矿产资源比较贫乏，铁矿石的品位比较低，一般品位在27%~30%，由于多年的开采，该国在20世纪80年代初基本全部依靠进口的铁矿石。铁矿石消费呈缓慢下降之势，如图1-10所示。未来钢铁工业在英国国民经济中的地位将继续下降。

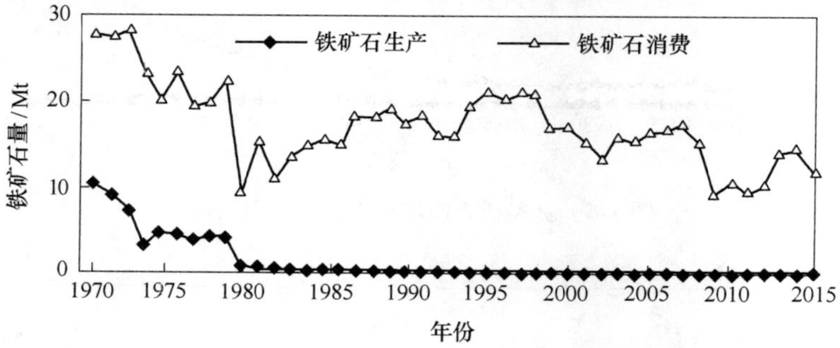

图1-10　英国铁矿石生产和消费情况

1.1.3.5　奥地利

由于其开采成本逐渐增高，加上环保问题等，其铁矿石的开采不断下降，维持了一个较低的水平，如图1-11所示。铁矿石的消费以进口为主。

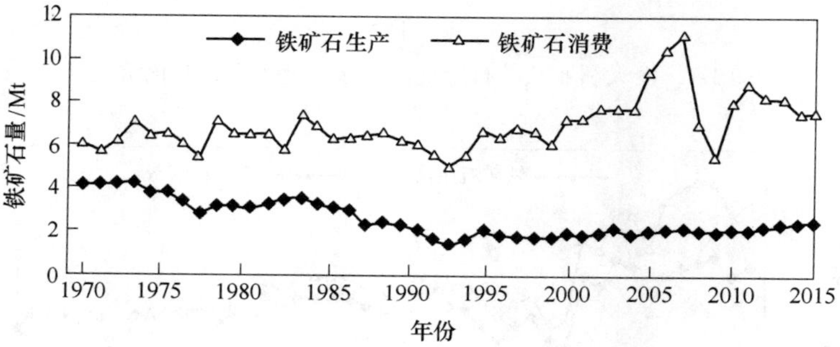

图1-11　奥地利铁矿石生产和消费情况

1.1.3.6　加拿大

加拿大铁矿石储量占全球储量的2.8%，出口占全球出口的2.4%（2015年），是世界上铁矿石长期出口国之一，但出口所占的全球出口份额正在逐年下降，由高峰时的超过5%降到现在的2%左右，如图1-12所示。

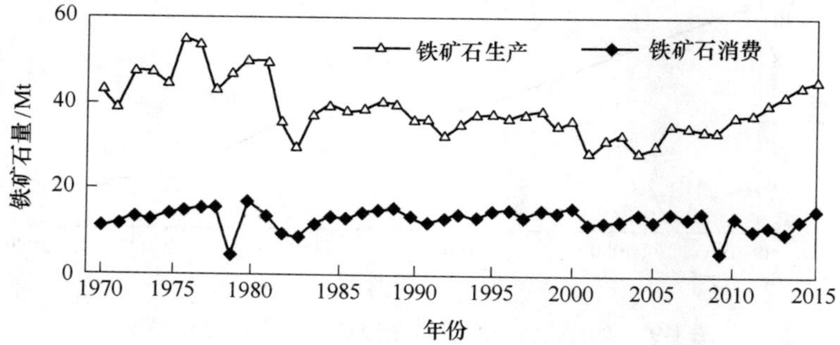

图1-12　加拿大铁矿石生产和消费情况

1.1.3.7 法国

法国曾是世界主要铁矿石生产国之一。与其他发达国家一样，由于铁矿石品位低，开采成本高，逐渐放弃了在本国的开采，转而以进口铁矿石为主，如图 1-13 所示。

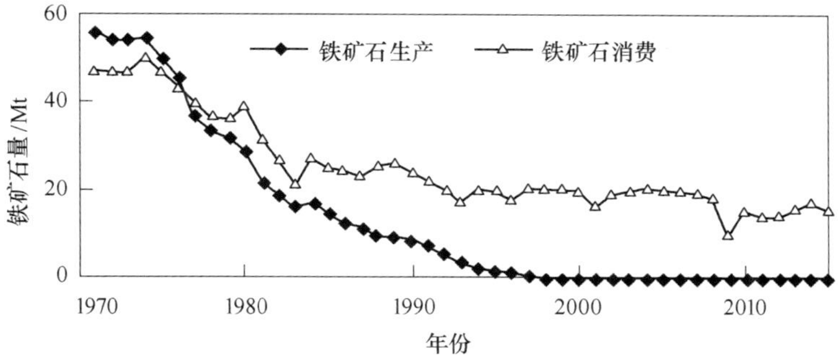

图 1-13 法国铁矿石生产和消费情况

1.1.3.8 日本

日本国内铁矿石的生产早已停止，主要是依靠进口。由于汽车等制造工业的支撑，使钢铁的生产长期处于一个变位平衡状态，日本的铁矿石消费一直比较平稳，如图 1-14 所示。

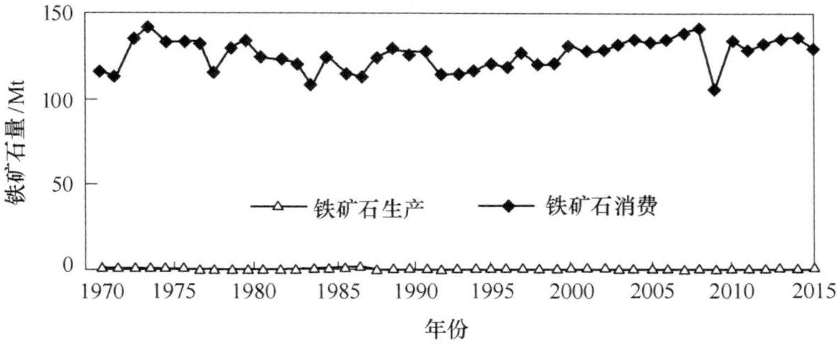

图 1-14 日本铁矿石生产和消费情况

1.1.3.9 意大利

意大利的铁矿石消费以进口为主，但是持续下降，如图 1-15 所示。

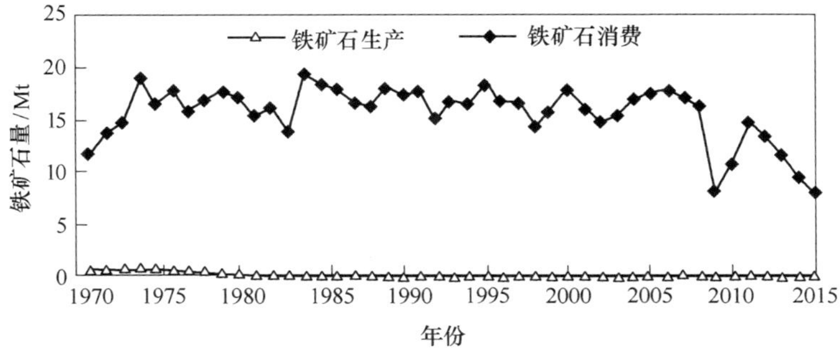

图 1-15 意大利铁矿石生产和消费情况

1.1.3.10　西班牙

西班牙以进口铁矿石为主，并随着国内铁矿石产量的下降，直至停产，进口增加。由于废钢消费增加等因素，铁矿石总体消费呈下降之势，如图 1-16 所示。

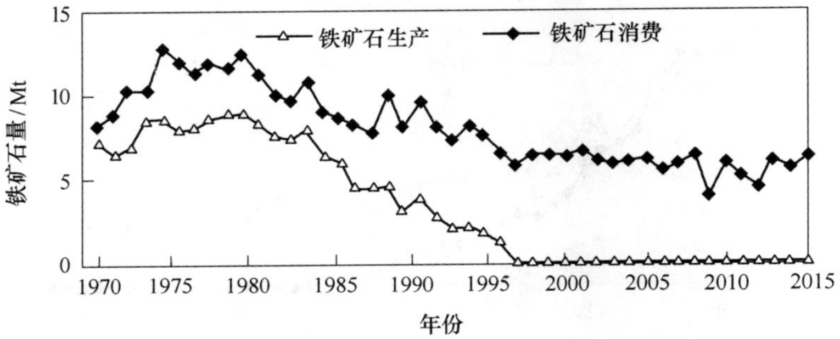

图 1-16　西班牙铁矿石生产和消费情况

1.1.3.11　墨西哥

墨西哥铁矿石的生产和消费长期处于平衡状态，进出口量基本持平，约占产量的 10%，是一个相对封闭的发展状态，如图 1-17 所示。

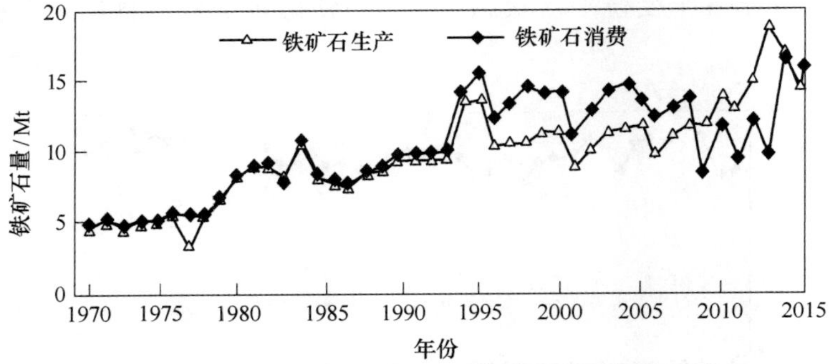

图 1-17　墨西哥铁矿石生产和消费情况

1.1.3.12　巴西

巴西铁矿石的储量占全球储量的 14.6%，排在第三位。产量占全球产量的 21.1%（2015 年），排在第二位，具有和澳大利亚基本相同的发展道路，如图 1-18 所示。但是在发展的速度上低于澳大利亚，曾经产量占比超过澳大利亚，目前产量仅为澳大利亚的一半左右。

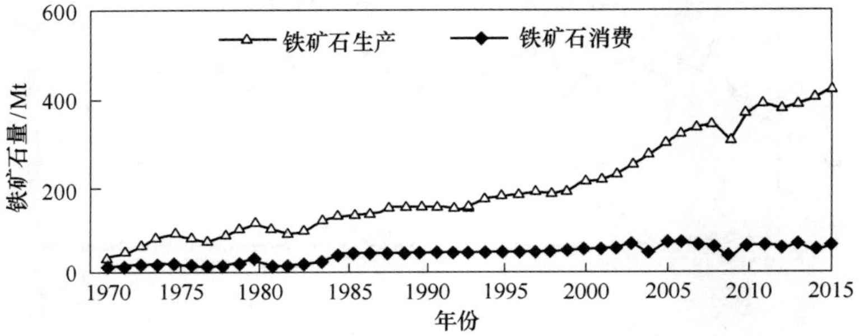

图 1-18　巴西铁矿石生产和消费情况

1.1.3.13 委内瑞拉

由于经济发展不稳定，委内瑞拉的铁矿石生产和消费出现了巨大的波动，如图 1-19 所示。

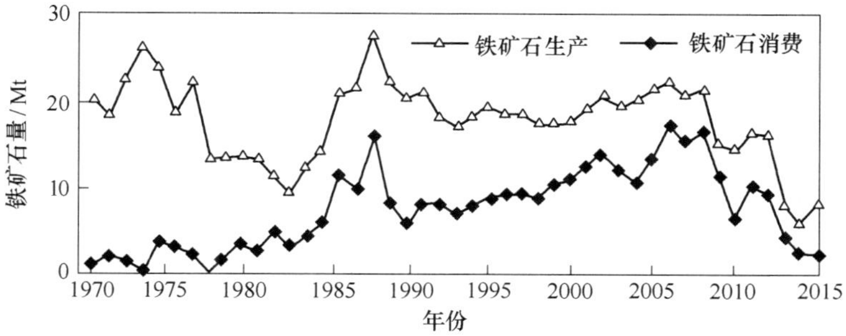

图 1-19 委内瑞拉铁矿石生产和消费情况

1.1.3.14 南非

南非是非洲主要的铁矿石出口国。由于经济发展缓慢，铁矿石的消费呈现下降的趋势，并达到了一个较低的水平，如图 1-20 所示。

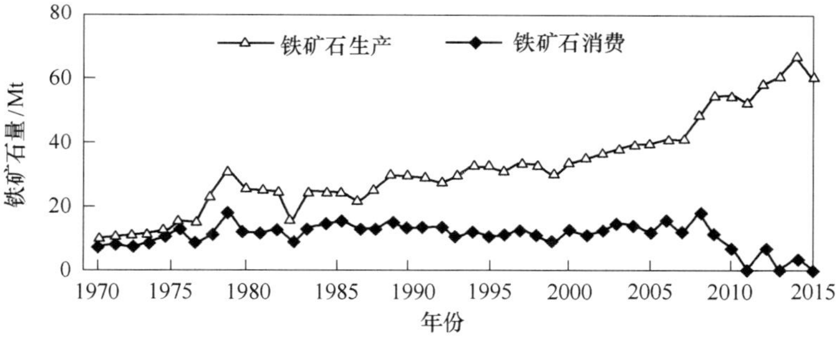

图 1-20 南非铁矿石生产和消费情况

1.1.3.15 印度

印度的铁矿石生产和消费有着相似的规律，如图 1-21 所示。

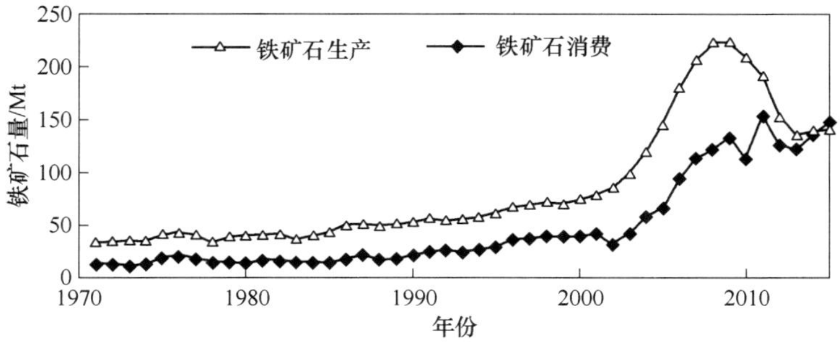

图 1-21 印度铁矿石生产和消费情况

通过以上主要铁矿石生产国和消费国的情况可以看出：

（1）最先完成工业化的发达国家，铁矿石的消费呈现逐年下降的趋势。

（2）最先完成工业化的发达国家，铁矿石的开采呈下降之势，并停止生产，以进口为主。

(3) 后实现工业化的发达国家，铁矿石的生产和消费已经出现下降的趋势。

(4) 发展中国家维持了增长的态势。

(5) 以上的发展趋势为铁矿石生产的集中创造了条件，使澳大利亚、巴西等成为主要的铁矿石供应国。

1.2 全球废钢消费及进出口情况

1.2.1 废钢消费随着钢铁的发展而呈波段式增长

一个国家废钢的消费情况和水平，从一定程度反映了钢铁工业发展的阶段甚至是该国所有工业发展的阶段。

随着世界钢产量的上升，废钢的产量和消费量也在上升，但是废钢消费所占的比重却呈波段形式下降，表明世界经济的发展，特别是工业和基础设施等方面的发展，是呈加速上升的趋势，尽管采取了诸多的措施来节约各种原材料的使用，但仍需要不断地补充原材料用以支撑经济的继续发展。从 20 世纪 70 年代开始，废钢消费所占的比重由 44. 27%下降到 1985 年的 35. 56%。然后出现了短暂快速的上升期，从 1985 年的 35. 56%上升到 1990 年的 49. 62%。然后，又迎来一个缓慢的下降期，逐渐下降到 2016 年的 34. 36%。每一次的下降对应着经济的快速发展，每一次的快速上升，对应着经济发展的短暂停滞。

从图 1-22 和图 1-23 可以看出，废钢消费占比上升段对应着钢铁产量较平稳的阶段，废钢消费占比下降段对应着钢铁产量快速上升段。当钢铁的需求快速增加时，由于废钢资源的有限性，钢产量的增加主要发生在发展中国家，特别是亚洲的发展中国家，铁矿石的消费将成为首选，导致了废钢消费的阶段性波动。

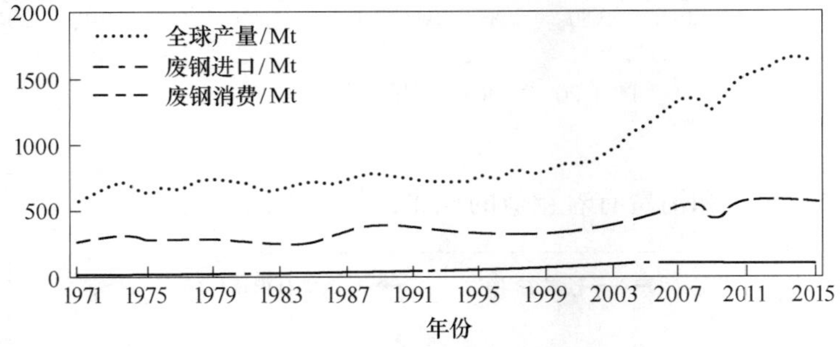

图 1-22 全球钢产量与废钢消费、进口历史走势图

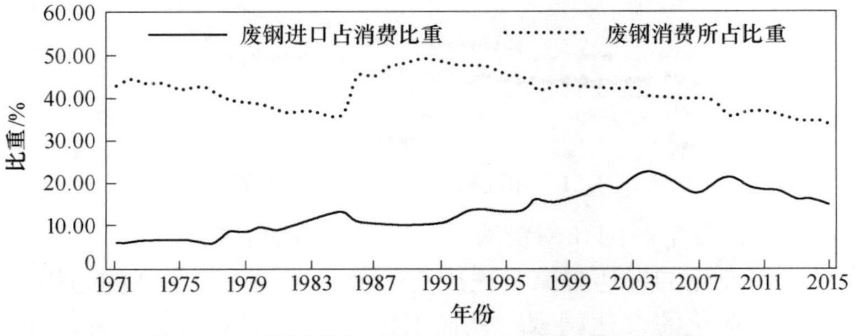

图 1-23 废钢消费占比与进口占比的历史走势图

由于世界发展的不均衡，还有众多的欠发达地区将逐渐发展起来并成为钢铁消费的新群体，废钢这种波段式的消费将持续。铁矿石的消费和废钢的消费将达到一个动态的平衡。

由于废钢是人类社会发展的产物，资源有限并受制于过去钢铁的发展历史和当今废钢回收利用的现状，因此废钢的消费不会出现较为快速的增长，将维持缓慢增长的态势。特别是随着主要经济体增速的放缓，铁矿石价格的大幅回落，废钢的消费增长将受到一定的影响。因此，在考虑使用废钢作为钢铁的主要原材料时应该慎重。

1.2.2　废钢贸易情况

废钢贸易逐年上升，但由于其特殊的属性限制了它的流动性，不能成为新兴国家考虑的主要资源。

废钢贸易从 1971 年的 1638 万吨增加到 2011 年的 10734 万吨，呈逐年上升的趋势，然而从 2011 年开始呈现出一种下降趋势，到 2015 年已经下降到 8400 万吨。废钢进口占消费的比重由 1971 年的 6.51%增长到 2005 年的 20.65%，然后缓慢下降到 2015 年的 15.14%。尽管全球废钢的贸易在逐渐增加，所占的比重在不断增加，但是废钢的消费仍然以本国的废钢量为基础，除了个别国家（如土耳其）外，其他国家钢铁的流程应该考虑本国废钢的资源状况，严重对外依赖将导致资源的瓶颈。

废钢的主要来源是达到使用年限后报废的设备、构件等中的钢铁材料，只有当经历了工业化大生产，粗钢产量已经达到了一个很高的平台，才能够形成大规模的钢铁积累量，废钢的存量和产量才会大。

废钢的主要出口国是较早完成工业化的发达国家，有美国、日本、英国、俄罗斯、德国、法国、荷兰、加拿大等。主要出口国的人均 GDP 超过了 3.4 万美元，平均为 4.3 万美元（未统计俄罗斯）。主要出口国废钢消费比已经达到或超过了 50%，出口废钢占国内废钢总量基本处于 10%~30%之间。根据统计，主要废钢出口国废钢出口占废钢产量的比重为：法国 5%~20%，美国 4%~14%，德国 5%~20%，大部分废钢主要用于本国的消费，只有少部分用于出口。作为世界上最大的废钢出口国，美国废钢的来源主要是汽车的回收，2016 年，88%的废钢自己消费，只有 12%的废钢用来出口。由于废钢的出口国有限，且产量的增加缓慢，因此世界废钢贸易的增长速度将受到限制。

废钢主要进口国包括意大利、西班牙、韩国、土耳其、印度等，对外依存度较高的是土耳其和西班牙，其他国家都在 20%以下，并且没有提高的迹象，如图 1-24 所示。

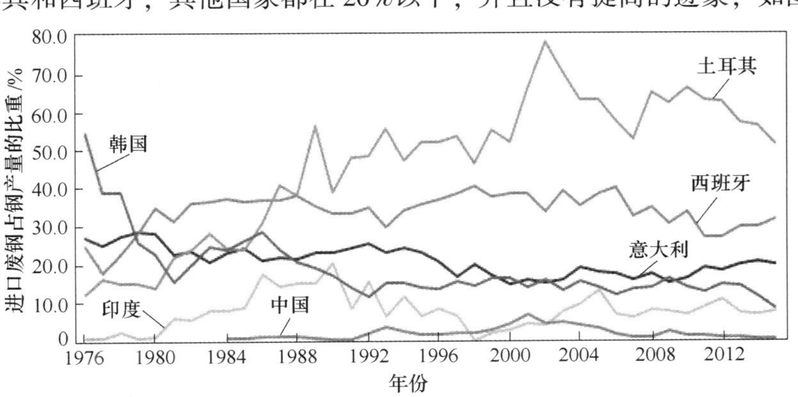

（扫二维码查看彩色图片）

图 1-24　主要废钢进口国废钢进口占钢产量的比重

因此，废钢的诸多属性决定了它是钢铁原材料中流动性较差的一种，限制了贸易的增长和新兴国家的选择。废钢净出口量和净进口量历史变化见表 1-10 和表 1-11。

表 1-10 废钢主要出口国净出口量历史变化表 单位：Mt

年份	法国	英国	加拿大	美国	日本	德国	荷兰	俄罗斯
1976	3.15	-0.1	0.19	6.91	-1.6	1.04	0.8	
1977	3.07	0.84	0.12	5.03	-1.23	1.04	0.82	
1978	3.27	1.57	-0.08	7.48	-3.07	1.21	1.02	
1979	3.11	1.34	-0.02	9.34	-3.2	1.38	1.02	
1980	2.85	2.81	-0.23	9.62	-2.83	1.57	1.04	
1981	2.83	3.37	-0.27	5.25	-1.6	2.07	1.01	
1982	2.8	3.07	0.13	5.74	-1.86	1.57	0.96	
1983	2.92	3.79	0.21	6.24	-3.79	1.68	1.16	
1984	3.7	4.32	-0.34	8.1	-3.87	1.5	1.2	
1985	3.5	4.52	0	8.4	-3.08	1.79	1.25	
1986	2.81	3.84	0.17	9.96	-2.76	2.04	1.14	
1987	2.71	3.31	0.34	8.63	-1.98	3.02	1.22	
1988	2.89	3.61	0.54	8.22	-1.13	3.11	1.88	
1989	3.39	3.25	-0.56	11.05	-0.3	3.47	1.66	
1990	2.68	3.2	0.37	10.29	-0.65	3.77	1.43	
1991	2.31	3.22	0.27	8.28	-0.46	6.21	1.5	
1992	2.29	2.8	-0.13	7.92	1.4	7.63	1.21	0.33
1993	2.9	3.76	-0.17	8.32	0.27	6.85	2.06	0.38
1994	2.37	3.54	-0.1	6.96	-0.1	6.64	0.76	1.2
1995	2.02	3.45	0.5	8.32	-0.3	6.77	0.61	1.64
1996	1.64	3.2	0.8	5.84	1.61	5.34	0.23	2.61
1997	1.16	3.36	0.79	6.06	1.89	5.06	1.3	5.21
1998	0.79	3.03	0.75	2.85	3.64	4.33	1.3	7.35
1999	0.82	3.42	0.31	1.85	4.04	5.61	1.1	7.25
2000	1.31	4.19	0.58	2.4	2.58	3.35	1.76	6.5
2001	1.35	4.66	0.83	4.81	6	3.04	1.9	5.96
2002	1.88	5.44	0.76	5.82	5.85	3.07	1.68	5.6
2003	2.04	7.08	1.37	7.29	5.48	2.36	1.52	6.53
2004	2.14	6.54	1.14	7.3	6.55	1.55	1.43	12.7
2005	2.19	5.92	1.47	9.16	7.4	1.66	2.04	12.24
2006	2.8	7.27	2.44	9.17	7.65	2.02	2.4	9.8
2007	2.96	5.8	3.29	12.95	6.45	1.85	2.62	7.86
2008	2.58	6.4	2.36	18.14	5.34	2.59	2.37	5.13

续表 1-10

年份	法国	英国	加拿大	美国	日本	德国	荷兰	俄罗斯
2009	2.73	5.79	3.38	19.45	9.41	3.41	2.49	1.2
2010	4.26	7.24	2.14	16.79	6.47	3.87	3.28	2.39
2011	3.51	7.38	2.92	20.37	5.45	2.85	2.87	4.04
2012	3.41	7.01	1.91	17.69	8.59	3.44	2.93	4.35
2013	3.63	6.65	2.77	14.62	8.15	3.04	2.46	3.71
2014	3.71	6.64	2.99	11.12	7.35	3.38	2.1	5.77
2015	3.13	6.97	1.9	9.47	7.85	3.25	2.42	5.91
2016	3.62	7.86	1.79	9.37	8.53	4.06	3.10	4.98

数据来源：worldsteel。

表 1-11 废钢主要进口国净进口量历史变化表 单位：Mt

年份	意大利	西班牙	土耳其	印度	韩国	中国	越南
1976	6.27	2.66	0.24	0.04	1.9		
1977	5.83	1.99	0.3	0.06	1.64		
1978	6.57	2.55	0.32	0.22	1.93		
1979	6.89	3.45	0.36	0.08	1.94		
1980	7.41	4.39	0.35	0.1	1.91		
1981	5.54	4.01	0.53	0.6	1.66		
1982	5.57	4.76	0.75	0.59	2.3		
1983	4.45	4.74	1.07	0.8	2.9		
1984	5.49	5.02	1.04	0.8	3.08	0.25	
1985	5.78	5.15	1.15	1	3.53	0.36	
1986	4.75	4.34	1.8	2.1	4.11	0.47	
1987	4.9	4.27	2.83	1.86	3.96	0.5	
1988	5.06	4.51	3.04	2.12	3.92	0.49	
1989	5.74	4.49	4.42	2.2	4.09	0.47	
1990	5.81	4.29	3.65	3.02	3.89	0.16	
1991	6.04	4.26	4.48	1.39	3.51	0.2	
1992	6.26	4.24	4.99	2.77	3.13	1.5	
1993	5.9	3.83	6.37	1.1	4.9	3.13	
1994	6.29	4.58	5.92	2.17	4.97	2.2	
1995	6.34	4.88	6.85	1.33	5.03	1.39	
1996	4.92	4.48	7.04	1.97	5.12	1.29	
1997	4.26	5.25	7.75	1.52	6.54	1.83	
1998	5.08	6	6.55		5.57	2.02	
1999	4.16	5.58	7.88	0.41	6.58	3.35	

续表 1-11

年份	意大利	西班牙	土耳其	印度	韩国	中国	越南
2000	3.89	6.06	7.44	0.7	6.85	5.1	
2001	4.2	6.29	9.85	1.1	6.01	9.79	
2002	3.9	5.53	12.82	1.04	7.1	7.85	0.26
2003	4.21	6.39	12.82	2.36	5.9	10.52	0.22
2004	5.4	6.19	12.9	3.06	7.3	10.19	0.13
2005	5.17	6.84	13.2	4.91	6.6	10.14	0.18
2006	5.48	7.3	13.35	3.15	5.62	5.39	0.75
2007	5	6.16	13.5	2.99	6.89	3.4	1.05
2008	5.32	6.44	17.42	4.58	7.32	3.59	0.85
2009	2.99	4.36	15.67	4.73	7.8	13.69	1.83
2010	4.17	5.45	19.2	4.64	8.09	5.85	1.89
2011	5.43	4.18	21.45	6.18	8.63	6.77	1.45
2012	4.93	3.63	22.42	8.16	10.13	4.97	2.17
2013	4.71	4.2	19.73	5.63	9.26	4.47	2.13
2014	4.88	4.22	19.07	5.7	8	2.56	2.28
2015	4.33	4.7	16.25	6.71	5.76	2.33	2.47
2016	4.08	3.63	17.56	6.38	5.29	2.16	3.29

数据来源：worldsteel。

废钢的贸易由局部地区发展，逐步扩大并壮大。发展演变的区域主要集中在欧美区域，亚洲适量参与并逐渐呈活跃之势。非洲和拉美仍然处于平静区。废钢的流动呈梯度形式由钢铁发达国家向新兴钢铁大国流动，很难直接向钢铁工业处于初级阶段的国家流动。社会发展的梯度发展规律成为废钢行业发展的控制规律，也成为预测未来消费走势的重要工具。

废钢进口国的阵容逐渐扩大，需求量也在逐渐上升，但是波动较大。表明在依赖废钢生产的国别将导致产量的不稳定。统计表明，废钢主要进口国进口占消费的比重一般在20%~50%之间，且在多个国家有下降之势。土耳其的废钢对外依存度较高，但是废钢进口所占废钢消费的比重正在快速下降。

越成熟的国家，废钢的消费越稳定，如西班牙、意大利等。新兴的国家，如韩国、中国、印度等废钢消费还处于一种寻找平衡的阶段，这个阶段可能要持续 10~20 年。对于中国来说，在此期间政策的引导是非常关键的。

废钢贸易总体平稳，但从各国的情况来看，波动较大，并随着工业化程度出现波段性变化。如日本的工业化晚于欧美发达国家，逐步由废钢净进口国到 20 世纪 90 年代初期发展成为废钢净出口国，并形成一个峰值。目前废钢的使用率还较低，在未来，其调整的可能性较大，由此可能导致其出口结构的变化。

据国际回收局（BIR）公布的数据，2016 年全球废钢消费量为 5.60 亿吨，同比增长 0.9%。废钢使用所占比重与 2015 年基本持平。

2016 年，全球最大的废钢进口国土耳其进口量同比增长 9%，达到 1771.6 万吨，其中从美国进口量连续出现下滑，同比下降 15.1%至 326.1 万吨，从英国进口同比增长 6.2%至 260.6 万吨。近几年，土耳其从美国进口废钢出现明显萎缩，低于 2013 年超过 500 万吨的进口量。2016 年，全球最大废钢出口地区是欧盟 28 国，出口量达 1780.7 万吨，其中向土耳其出口 1042 万吨。废钢的流动正在发生着新的变化。

废钢的出口可以总结为以下规律：

（1）工业化完成，废钢的消费达到了一个平衡，钢铁总需求不再增长，并形成了一定的过剩，如法国、美国、英国等发达国家，使其成为全球废钢主要净出口国。

（2）钢铁发展进入平稳期，废钢的产量逐渐增加，但工艺流程的改造尚未完成，导致废钢过剩出口，如日本等。日本的废钢消费还有较大的提升空间，处于正在寻求平衡的过程中，最终将走向平稳。

（3）中国的废钢消费虽然量大，但是所占的比重很低，仍然处于起步阶段，还需要政策的引导、战略的策划和技术的革新、流程的再造等过程。

（4）对于新兴的钢铁国家，废钢的消费将不是考虑的重点，其重点是铁矿石的消费和粗钢的消费，如越南、印度尼西亚等。

（5）经济发展下滑导致钢铁需求下降，引起废钢出口，如俄罗斯等。

第一种情况的废钢供应相对稳定，其他的都存在不确定性和巨大的波动。

由于中国的废钢消费尚未成为主流，钢铁工业的发展主要还是依赖铁矿石，同时和我国能够形成合作梯度的国家更缺乏废钢原料，依赖进口将出现较大的风险。因此在国际合作中，以铁矿石为原料的工艺流程是首选的合作模式。

图 1-25 是废钢主要出口国的历史出口情况，图 1-26 是废钢主要进口国的历史进口情况，图 1-27～图 1-34 是主要废钢贸易国废钢贸易与钢产量之间关系曲线。

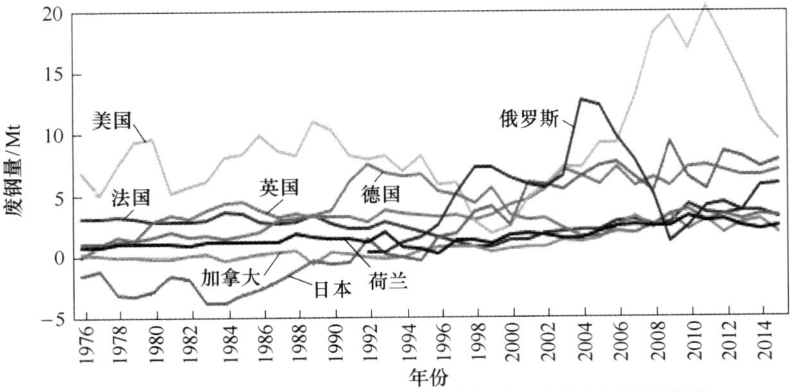

（扫二维码查看彩色图片）

图 1-25 世界主要废钢出口国历史贸易曲线

从废钢主要出口国的情况来看，废钢的出口量占粗钢总产量的比重都较低，波动较大，且废钢出口量与粗钢产量之间没有明显的关联关系，说明了废钢的出口贸易在出口国具有一定的独立性。

从废钢主要进口国的情况来看，虽然进口废钢占消费的比重不同，但废钢的进口与粗钢产量之间的趋势有明显的呼应关系，废钢进口量随着粗钢产量的波动而跟着波动。说明作为钢铁工业原材料，废钢的利用已经占据了一席之地，已经不是可有可无的补充，是必要的组成部分，因此废钢进口国对废钢的依赖是废钢市场持续发展的动力。

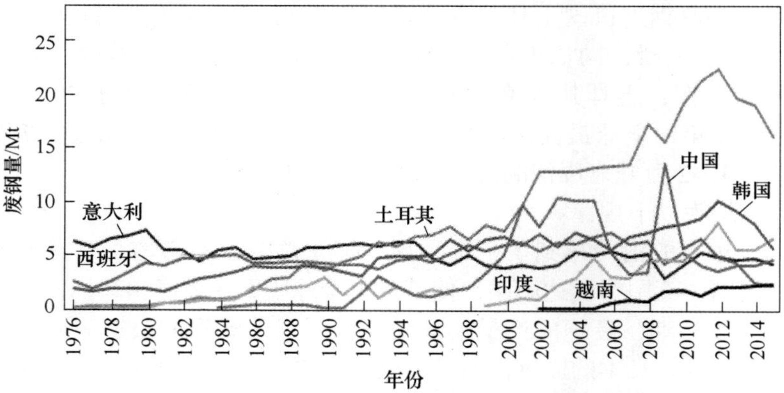

（扫二维码
查看彩色图片）

图 1-26　世界主要废钢进口国历史贸易曲线

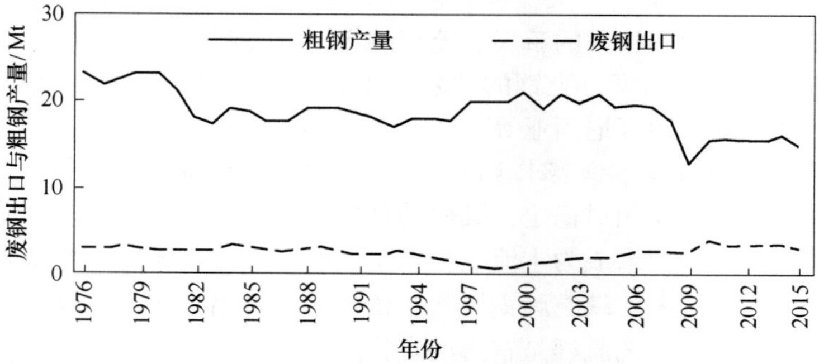

图 1-27　法国废钢出口与粗钢产量之间的关系

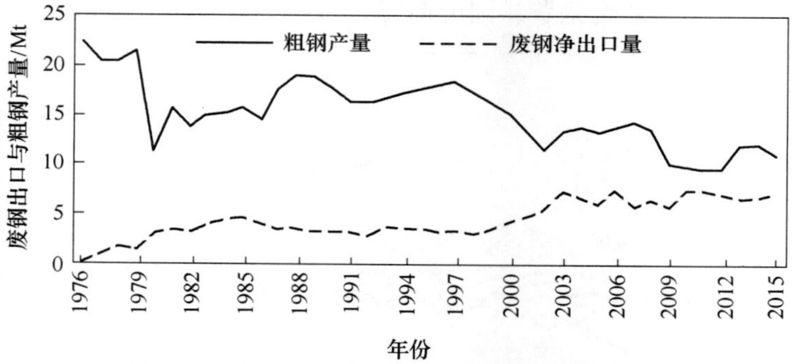

图 1-28　英国废钢出口与粗钢产量之间的关系

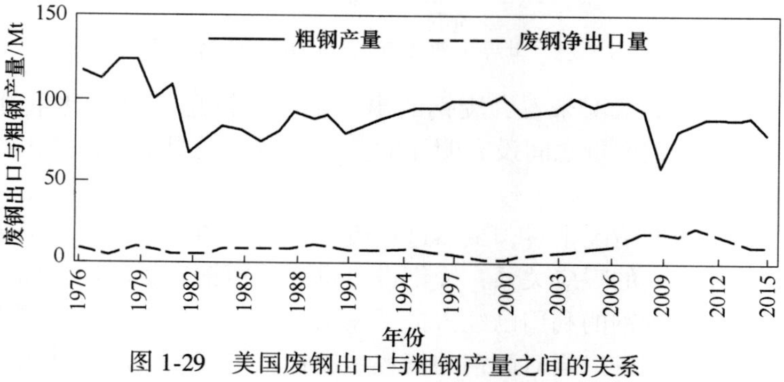

图 1-29　美国废钢出口与粗钢产量之间的关系

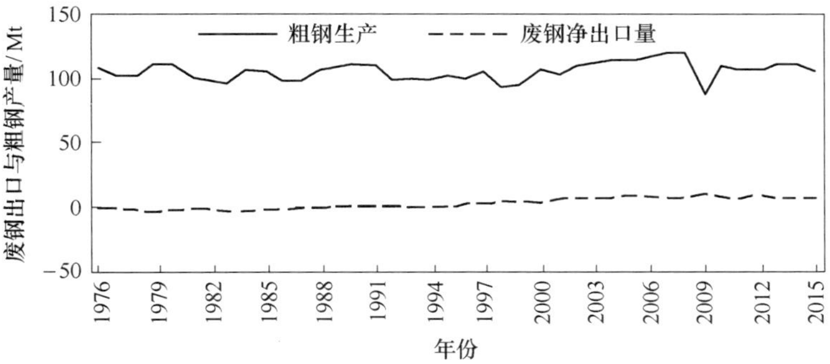

图 1-30 日本废钢出口与粗钢产量之间的关系

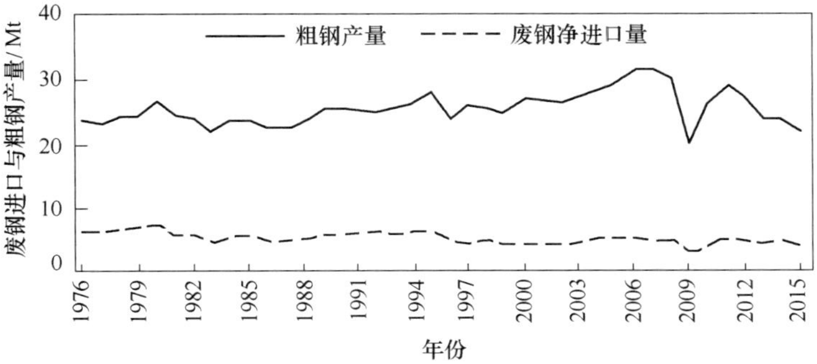

图 1-31 意大利废钢进口与粗钢产量之间的关系

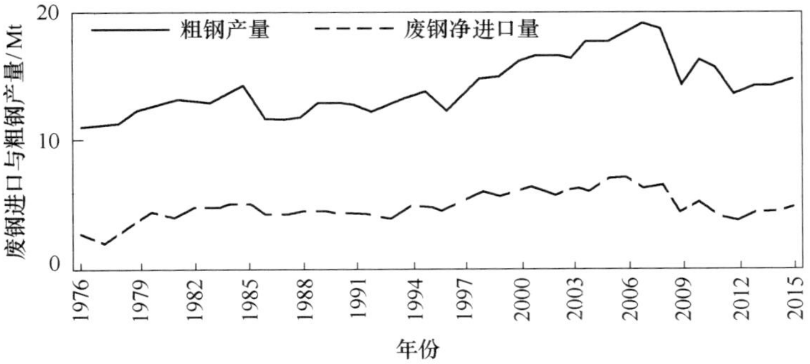

图 1-32 西班牙废钢进口与粗钢产量之间的关系

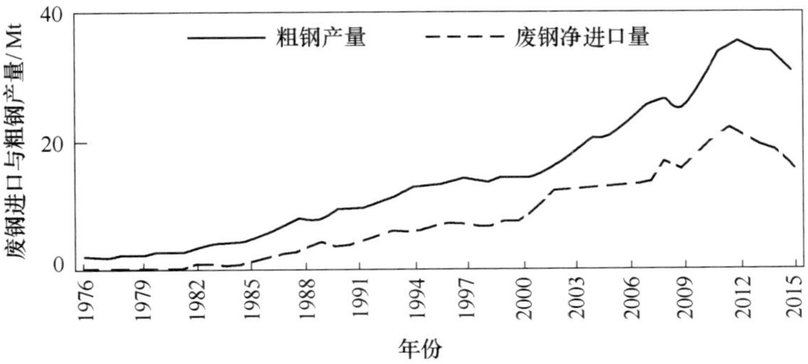

图 1-33 土耳其废钢进口与粗钢产量之间的关系

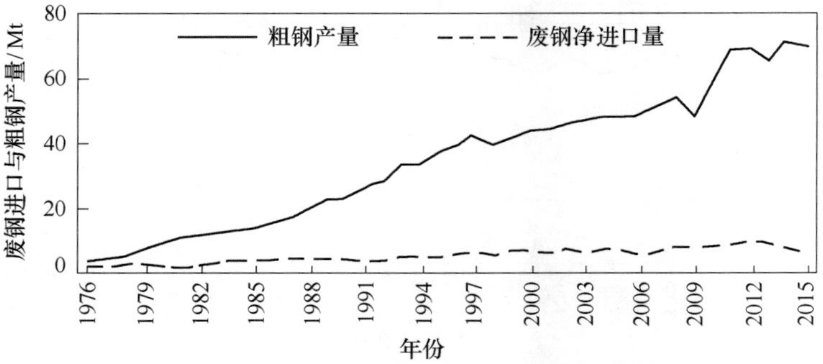

图 1-34　韩国废钢进口与粗钢产量之间的关系

1.3　全球钢铁生产及消费情况

1.3.1　钢产量

钢铁作为基础材料，其需求的增长是持久的、不可逆转的。在被新材料成功替代之前，全球钢材消费量将持续增长。虽然世界各国钢铁工业的发展经历了不同的阶段，走上了不同的发展道路，但是从全球经济持续发展的角度来看，钢铁工业仍会持续发展，并在不同的地区、不同的时间形成新的发展高峰。主要产钢国家和地区产量及全球占比变化见表 1-12。

表 1-12　主要产钢国家和地区产量及全球占比变化

国家和地区	1970 年		1980 年		1990 年		2000 年		2010 年		2015 年	
	产量/Mt	产量占比/%	产量/Mt	产量占比/%	产量/Mt	产量占比/%	产量/Mt	产量占比/%	产量/Mt	产量占比/%	产量/Mt	产量占比/%
中国大陆	18	3. 02	37. 12	5. 18	66. 35	8. 61	127. 24	15. 01	638. 74	44. 56	803. 8	49. 59
日本	93. 32	15. 67	111. 4	15. 55	110. 34	14. 32	106. 44	12. 56	109. 6	7. 65	105. 2	6. 49
印度	6. 28	1. 05	9. 51	1. 33	14. 96	1. 94	26. 92	3. 18	68. 98	4. 81	89. 4	5. 52
美国	119. 31	20. 04	101. 46	14. 16	89. 73	11. 65	101. 8	12. 01	80. 5	5. 62	78. 8	4. 86
俄罗斯	115. 89	19. 46	147. 93	20. 65	154. 44	20. 05	59. 14	6. 98	66. 94	4. 67	70. 9	4. 37
韩国	0. 48	0. 08	8. 56	1. 19	23. 13	3. 00	43. 11	5. 09	58. 91	4. 11	69. 7	4. 30
德国	45. 04	7. 56	51. 15	7. 14	44	5. 71	46. 38	5. 47	43. 83	3. 06	42. 7	2. 63
巴西	4. 93	0. 83	15. 31	2. 14	20. 57	2. 67	27. 87	3. 29	32. 95	2. 30	33. 3	2. 05
土耳其	1. 31	0. 22	2. 54	0. 35	9. 44	1. 23	14. 33	1. 69	29. 14	2. 03	31. 5	1. 94
乌克兰		0. 00		0. 00		0. 00	31. 77	3. 75	33. 43	2. 33	23	1. 42
意大利	17. 28	2. 90	26. 5	3. 70	25. 47	3. 31	26. 76	3. 16	25. 75	1. 80	22	1. 36
中国台湾	0. 35	0. 06	3. 42	0. 48	9. 75	1. 27	16. 9	1. 99	19. 76	1. 38	21. 4	1. 32
墨西哥	3. 88	0. 65	7. 16	1. 00	8. 73	1. 13	15. 63	1. 84	16. 87	1. 18	18. 2	1. 12
伊朗		0. 00	1. 2	0. 17	1. 43	0. 19	6. 6	0. 78	12	0. 84	16. 1	0. 99
法国	23. 77	3. 99	23. 18	3. 24	19. 02	2. 47	20. 95	2. 47	15. 41	1. 08	15	0. 93
西班牙	7. 39	1. 24	12. 64	1. 76	12. 94	1. 68	15. 87	1. 87	16. 34	1. 14	14. 8	0. 91
加拿大	11. 2	1. 88	15. 9	2. 22	12. 28	1. 59	16. 6	1. 96	13. 01	0. 91	12. 5	0. 77

续表 1-12

国家和地区	1970 年		1980 年		1990 年		2000 年		2010 年		2015 年	
	产量/Mt	产量占比/%	产量/Mt	产量占比/%	产量/Mt	产量占比/%	产量/Mt	产量占比/%	产量/Mt	产量占比/%	产量/Mt	产量占比/%
英国	27.83	4.67	11.28	1.57	17.84	2.32	15.16	1.79	9.71	0.68	10.9	0.67
比利时/卢森堡	18.07	3.03	17.04	2.38	15.01	1.95	14.2	1.68	10.52	0.73	9.39	0.58
波兰	13.42	2.25	19.49	2.72	13.63	1.77	10.5	1.24	7.99	0.56	9.2	0.57
罗马尼亚	7.4	1.24	13.18	1.84	9.76	1.27	4.77	0.56	3.72	0.26	3.35	0.21
全球	595.43		716.41		770.46		847.67		1433.43		1620.9	

数据来源：worldsteel。1990 年及以前俄罗斯的数据用苏联的数据代替，德国的数据为东德和西德的和。

中国的产量和占比影响最大。如果不计中国的影响，从图 1-35 和图 1-36 可以看出，欧美等发达国家的钢产量持续下降，日本、韩国等新兴发达国家由于汽车等制造业的发展使需求上升，产量持续上升或持平，印度等发展中国家产量快速上升。由于发达国家过去的产量高、所占的比重高，但发展的趋势是下降，发展中国家产量低，所占的比重也低，但发展的趋势是上升的，这两种发展趋势导致了主要产钢国差异化的降低，形成了图 1-35 中的形状（未包含中国）。另一个因素就是中国占比过高，他们的差异相对于中国而言显得无足轻重。

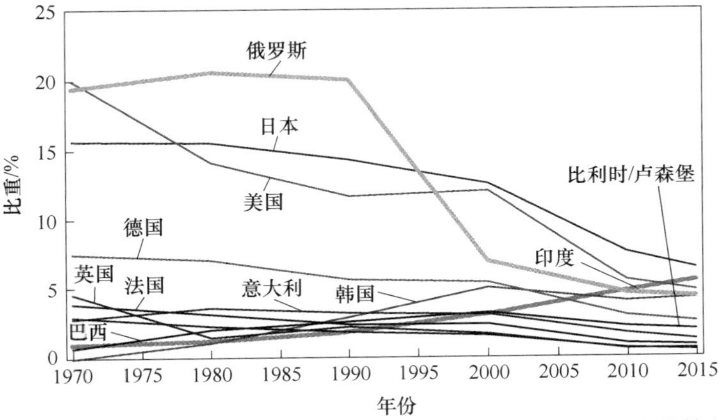

（扫二维码查看彩色图片）

图 1-35 部分主要产钢国产量占世界的比重变化情况

根据 2015 年的数据统计，22 个主要产钢国生产的钢铁占全球产量的比重为 88.11%~92.61%之间。

根据世界银行 2015 年的划分标准，人均 GDP 大于 12736 美元的国家为高收入国家或者发达国家，上中等收入国家人均 GDP 的范围为 4126~12735 美元之间，下中等收入国家人均 GDP 的范围为 1045~4125 美元，低收入国家为人均 GDP 低于 1045 美元的国家。2015 年世界银行所统计的 215 个经济体中，高收入国家 80 个，中等偏上收入国家 53 个，中等偏下收入国家 51 个，低收入国家 31 个。按照国家发达程度的 2015 年产量分布见表 1-13。

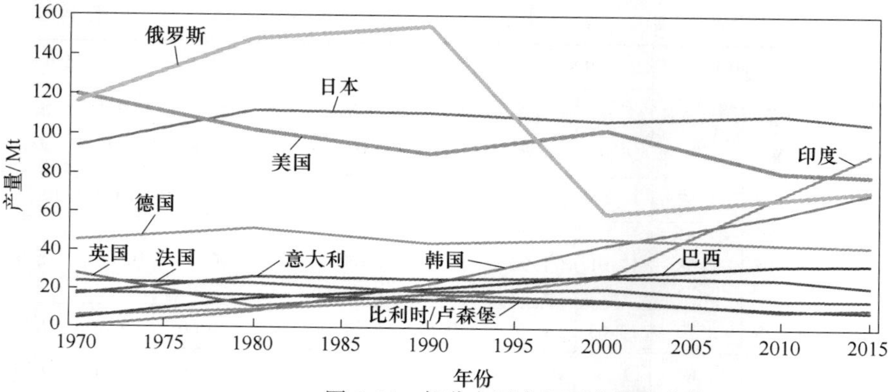

（扫二维码
查看彩色图片）

图 1-36 部分主要产钢国产量变化情况

表 1-13 按照国家发达程度的 2015 年产量分布

类　别	产量/Mt	占比/%
高收入国家	471.47	29.10
上中等收入国家	1011.75	62.44
下中等收入国家	135.88	8.39
低收入国家	1.31	0.08
全球	1620.41	

从表 1-13 可以看出，产钢国主要集中在上中等收入国家，其次是高收入国家，低收入国家几乎没有钢铁产能。高收入国家的产能呈现持续下降的走势，中等收入国家的产能呈现快速上升的走势。全球钢铁工业发展的动力来自上中等收入国家，他们承接了高收入国家的发展势态，推动了世界钢铁业不断向前发展。

1.3.2 钢铁贸易情况

钢铁贸易持续增长，但贸易摩擦不断，各种壁垒阻碍了钢铁的全球流动。与铁矿石的流动性好和废钢的流动性差不同，各国贸易的规则正在限制钢铁全球的流动。

由图 1-37 可以看出，全球钢铁的出口量在不断增加，所占的比重也在增加，表明钢铁经济的全球化正在进行中。但是由于贸易壁垒等障碍，在一定程度上阻碍了钢铁的全球流动，导致比重上升并不是一帆风顺。

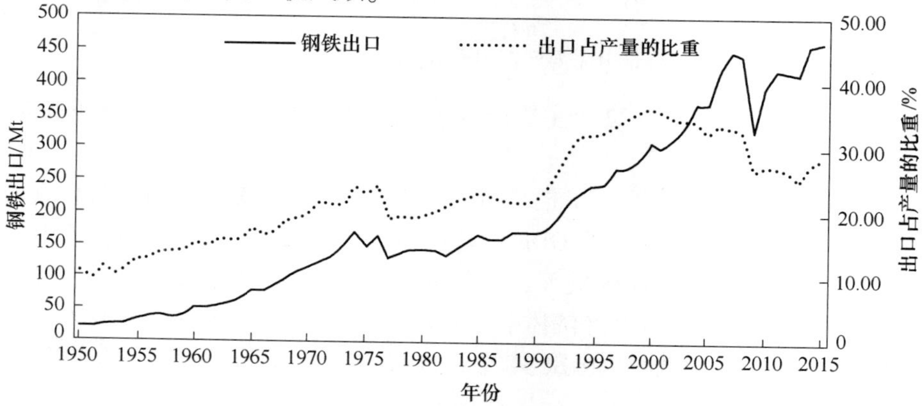

图 1-37 全球钢铁出口及占产量的比重

主要产钢国进出口情况如图 1-38 所示。

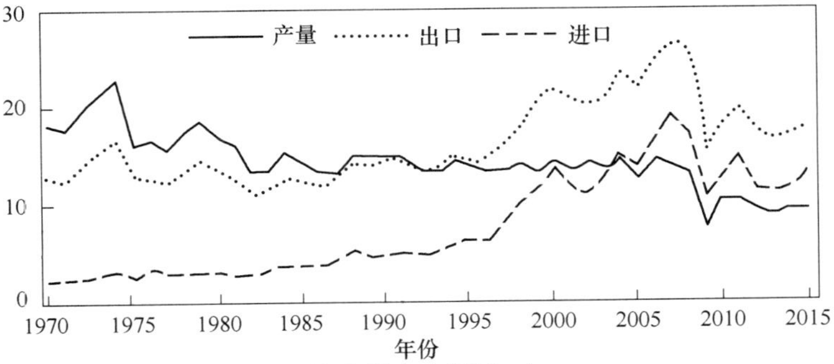

(a) 比利时/卢森堡(Mt)

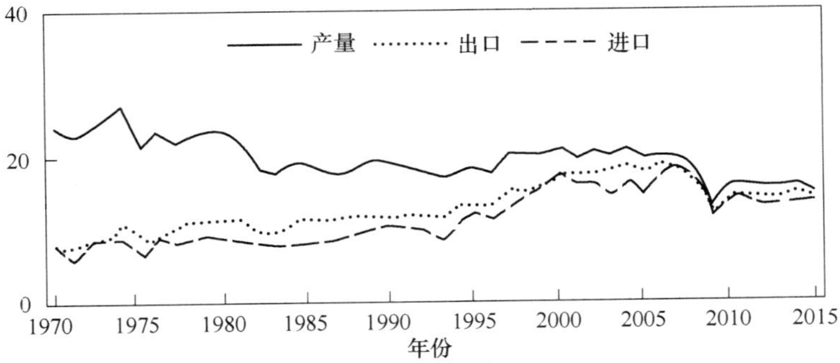

(b) 法国(Mt)

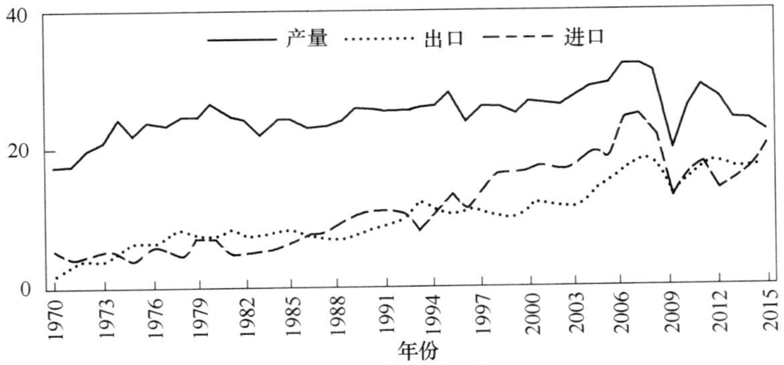

(c) 意大利(Mt)

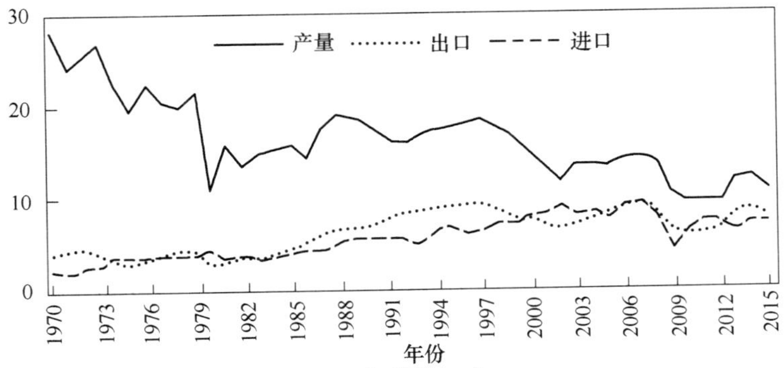

(d) 英国(Mt)

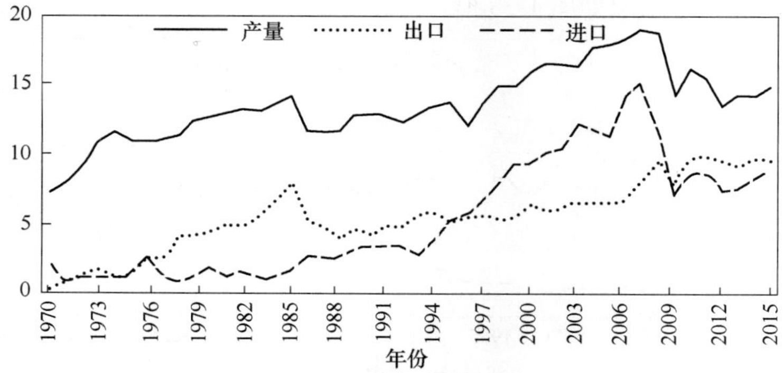

(e) 西班牙(Mt)

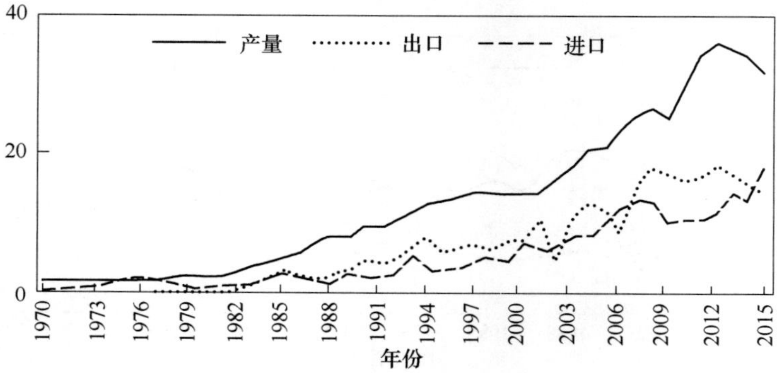

(f) 土耳其(Mt)

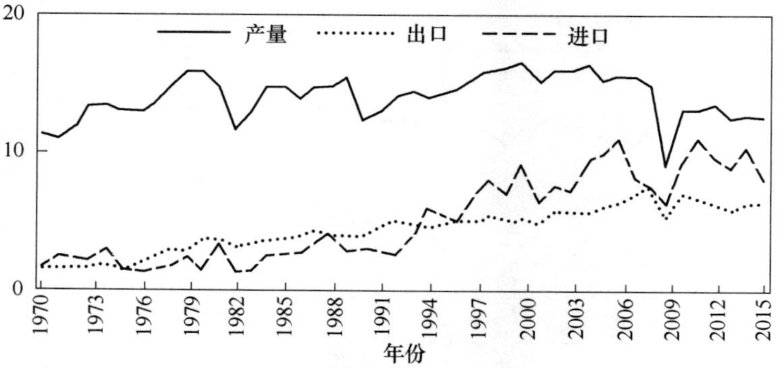

(g) 加拿大(Mt)

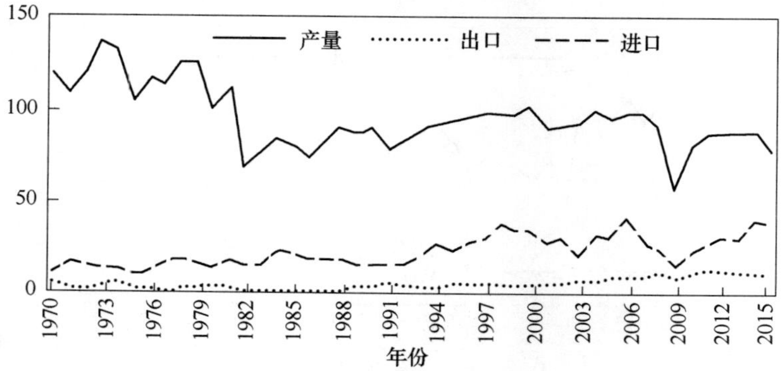

(h) 美国(Mt)

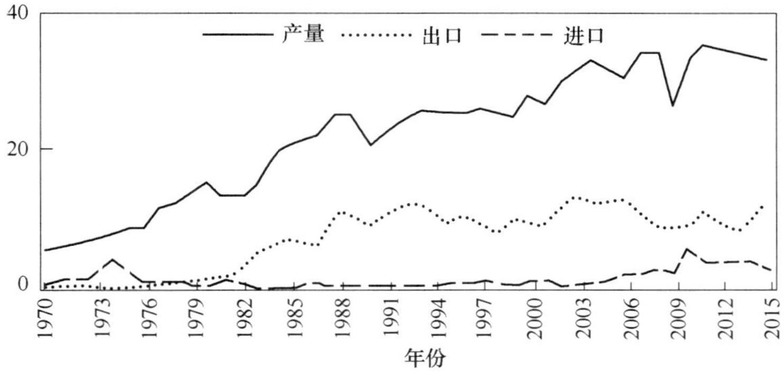

(i) 巴西(Mt)

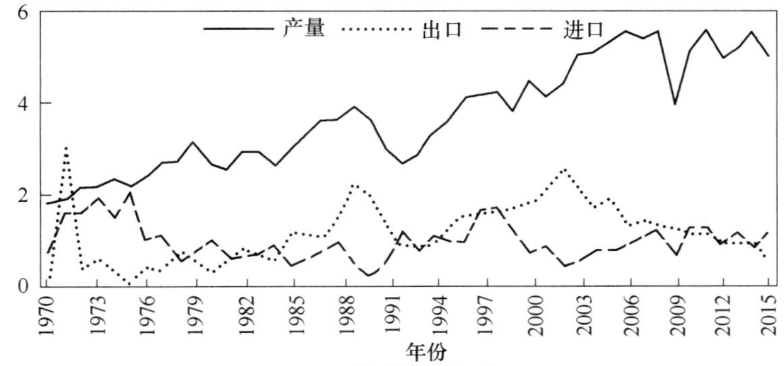

(j) 阿根廷(Mt)

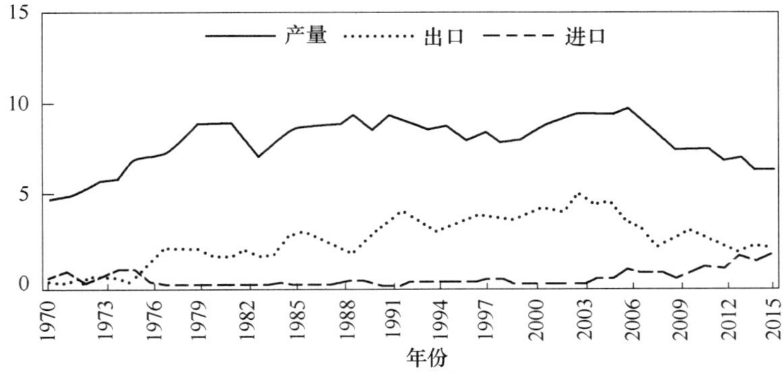

(k) 南非(Mt)

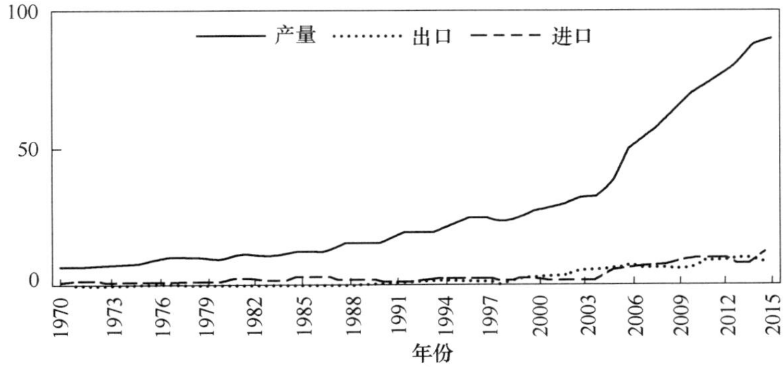

(l) 印度(Mt)

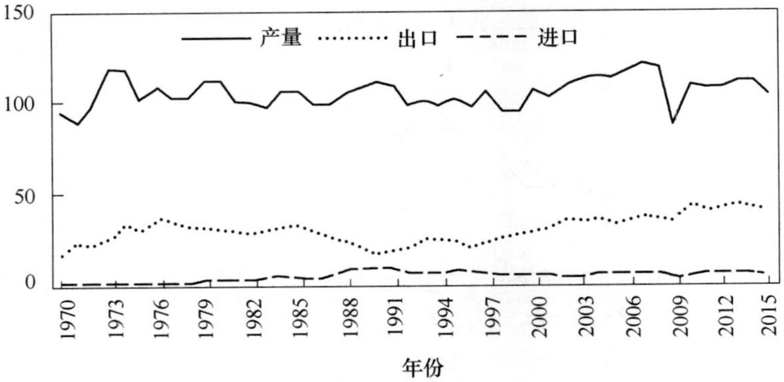

(m) 日本(Mt)

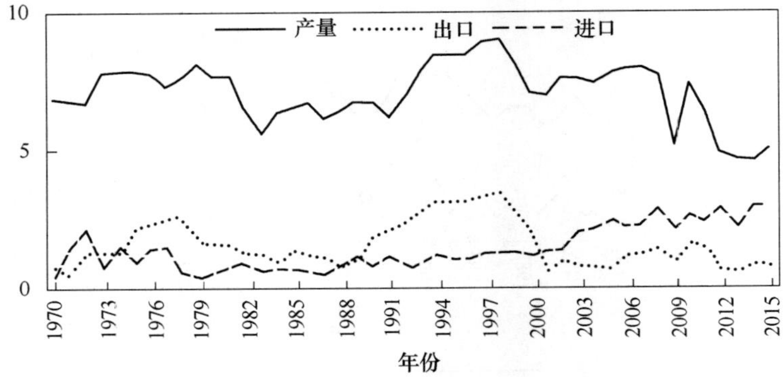

(n) 澳大利亚(Mt)

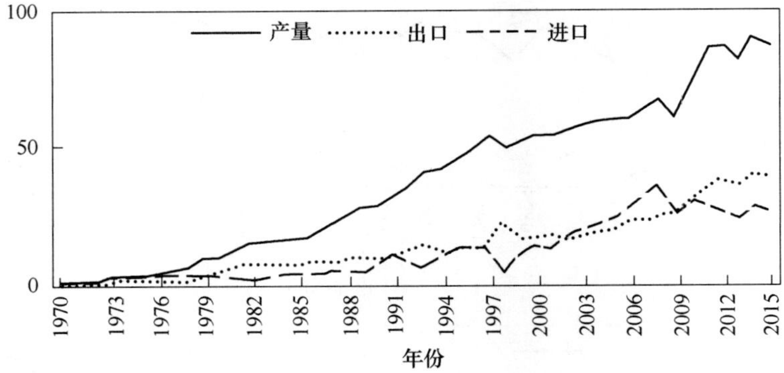

(o) 韩国(Mt)

图 1-38　主要产钢国粗钢生产和进出口情况

从图 1-38 可以看出，对于较早完成工业化、人均 GDP 较高的发达国家，如比利时/卢森堡、法国、意大利、英国等国家，其钢铁生产和进出口的量趋于一致，进口量、出口量与产量趋于持平。这些国家原则上不再增加钢铁的产量，而是通过进出口等方式来调剂本国的钢铁产品的需求。加拿大、美国、西班牙等也出现了这种发展趋势。

而对于发展中国家，如巴西、印度、土耳其等恰恰出现了相反的趋势，产量、进口、出口曲线走向放散，巨大的发展引力使其走出相对独立、快速发展的道路。这些国家对钢铁都有着强劲的需求，产能不断扩大，进出口贸易也在扩大。

1.3.3 钢铁消费情况

根据对欧洲（西欧15国）、美国、澳大利亚、加拿大、日本等发达国家1990~2008年人均耗钢量的加权统计，其平均值为405kg/(人·年)。以此可以作为一个考察衡量的参考指标。欧洲主要国家人均粗钢表观消费变化情况见表1-14。

表1-14 欧洲主要国家人均粗钢表观消费变化情况表 单位：kg/(人·年)

年份	比利时/卢森堡	法国	意大利	英国	奥地利	西班牙	土耳其
1970	477	458	393	459	396	254	51
1971	479	414	339	369	366	230	52
1972	465	471	379	411	372	276	55
1973	472	485	411	445	432	307	55
1974	521	475	427	417	445	343	81
1975	314	385	318	370	286	306	69
1976	467	445	387	412	359	305	85
1977	385	369	377	353	335	249	98
1978	425	367	332	357	382	196	81
1979	407	395	400	366	379	224	69
1980	313	373	463	243	358	247	76
1981	319	325	345	265	301	216	74
1982	460	318	356	252	281	239	86
1983	300	276	320	252	263	196	90
1984	354	276	367	257	257	183	106
1985	274	258	366	256	235	174	100
1986	365.9	261.6	393.9	253.8	361	214.6	105
1987	312.5	265.5	409.4	264.7	360.5	231.3	112.7
1988	434.7	302.6	457.8	306.2	392.4	273.2	102.7
1989	389.7	311.3	485.1	309.1	398.2	295.6	130.6
1990	357.2	318.6	492.6	284.4	415.3	299.4	117.5
1991	387.3	290.8	468.6	242.5	417.4	287	128.8
1992	379.4	280.4	455.3	231.7	434.9	274.3	128.4
1993	310.6	238.2	378.2	229.6	400.5	243	172.6
1994	383	276.7	450.7	248.7	463.3	288.6	115.4
1995	500.2	293.4	541.8	257.5	472	336.6	164.5
1996	378.4	273.1	429.6	252.9	447.9	311.6	166.6
1997	396.2	301.9	515.2	264.4	489.1	363.8	194.2
1998	433.1	338.3	560	280.3	515.4	415.4	206.8
1999	394	334.6	552.9	263.8	500.4	463.3	173.8

续表 1-14

年份	比利时/卢森堡	法国	意大利	英国	奥地利	西班牙	土耳其
2000	561.3	356.8	570.4	257.6	519.7	462	198.3
2001	531.2	316	569.9	255.6	532.2	488.7	209.8
2002	343.2	311.2	555	237.4	485.9	498.7	216
2003	470.9	285.3	583.6	231.7	482.9	533.3	239.1
2004	516.1	310.3	601.8	248.4	504.4	541.1	261.2
2005	432	280.2	569.4	212.7	503.7	511.2	285.6
2006	513.6	291.7	658.7	263.5	565.9	544.9	324.1
2007	518.8	309	644.3	265.7	569.1	608.3	364.1
2008	496.3	285.3	594.8	233.2	547.2	528.2	325
2009	372.7	196.2	357.8	141.6	440.5	270	269.4
2010	415.3	245.4	456.7	181.1	494.8	302.6	347.5
2011	451.2	257.7	471.6	181.9	527.1	299.7	389.9
2012	398.7	222.3	381.8	170.5	488.1	246.8	404.6
2013	389	228.1	389.6	171.3	475.1	249.5	436.9
2014	397	225.7	389.9	182.9	480.4	269.1	422.5
2015	396.2	225.5	437	182.5	513.9	296	464.7
2016	386.4	235.6	429.7	183.7	502.1	291.6	455.9

数据来源：worldsteel。

欧洲国家人均耗钢量维持在发达国家消费均值附近，但差异化发展明显，呈分化走势，欧洲各国在 20 世纪 70 年代，人均耗钢量大致趋同，代表了共同发展的水平。但随着各自的发展，出现了分化，英国、法国等国家的人均耗钢量持续下降，其他国家维持了平稳波动的走势。土耳其作为新兴国家快速上升。从趋势上可以看出，欧洲主要国家钢铁行业处于饱和或过饱和状态，很难出现新的发展机遇。2008 年的全球金融危机使欧洲主要国家的发展受到了严重的影响，表明该市场的开放程度较高，受环境的影响较大。欧洲主要国家人均耗钢量变化如图 1-39 所示。

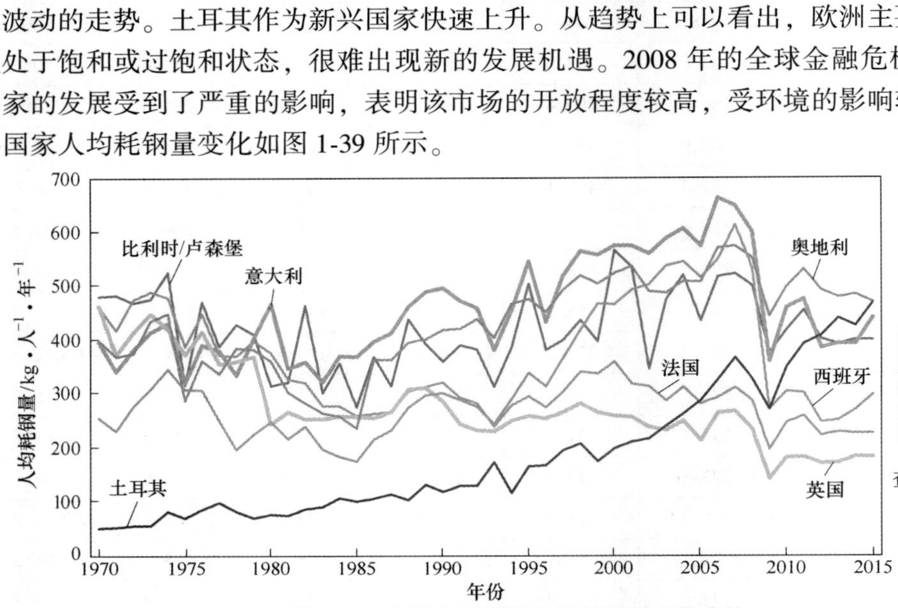

(扫二维码查看彩色图片)

图 1-39　欧洲主要国家人均耗钢量变化曲线

从图 1-40 中可以看出，对于发达国家人均 GDP 的变化，人均耗钢量基本稳定，只有土耳其有人均耗钢量随着人均 GDP 的增长出现快速增长的趋势。由于欧洲整体发展水平较高，因此出现较大钢铁需求增长的可能性不大。基本维持一种平衡状态。美洲主要国家人均粗钢表观消费变化见表 1-15。

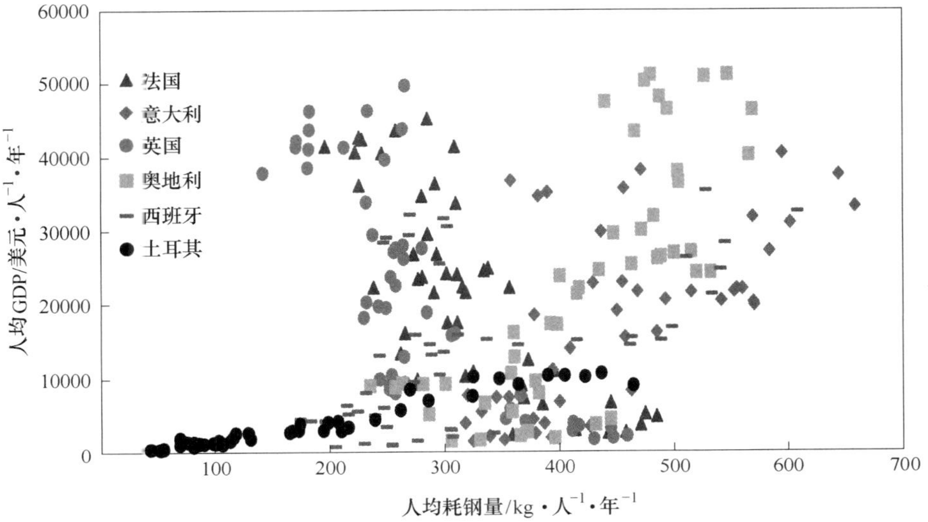

(扫二维码查看彩色图片)

图 1-40 欧洲主要国家人均耗钢量与人均 GDP 的关系

表 1-15 美洲主要国家人均粗钢表观消费变化情况表 单位：kg/(人·年)

年份	加拿大	美国	巴西	墨西哥	阿根廷	委内瑞拉
1970	520	620	64	82	148	157
1971	544	617	77	80	157	159
1972	588	663	78	89	156	185
1973	640	711	95	92	167	184
1974	690	680	124	105	155	235
1975	577	547	106	103	168	196
1976	543	604	98	96	129	229
1977	542	618	107	91	138	194
1978	575	672	106	121	93	236
1979	635	640	111	129	124	196
1980	538	508	117	151	127	190
1981	553	565	97	162	91	199
1982	371	363	82	113	94	195
1983	448	404	62	82	98	95
1984	516	479	77	94	103	119
1985	471	451	82	99	55	109

续表 1-15

年份	加拿大	美国	巴西	墨西哥	阿根廷	委内瑞拉
1986	489.1	393.9	107.9	80.3	83.3	149.9
1987	522.8	412.2	109.1	79.2	101.1	165.3
1988	588.3	437.9	83.8	83.1	87.8	171
1989	532.9	409.2	88.6	86.4	63.4	118.1
1990	422.2	407.1	70.4	100	45	95.7
1991	380.1	358	67.2	103.3	72.3	138.6
1992	391	378.4	68.5	105.3	100.7	116.7
1993	439.2	399.3	72.4	95.9	97.3	94.8
1994	523.9	447.9	84.2	119.4	121	94.6
1995	508.2	427.9	90.6	93.1	99.5	119.7
1996	516.7	451.5	91.8	125.4	105	103.6
1997	591.8	462.7	106.5	149.6	119.4	145.9
1998	603.4	500	99.5	171.9	120.5	111.8
1999	596.9	468.9	94.9	177.5	98	95.2
2000	643.5	472.2	104.3	196.9	91.9	97.1
2001	544.8	401.2	107.3	184.5	78.6	113.4
2002	563.3	410.6	104.9	190.9	52.5	77.3
2003	544.3	363.6	99.1	197.8	85	71.3
2004	604.1	421.7	112.1	211.7	107.6	107.9
2005	558.2	382.1	101.4	217.3	109.2	113.2
2006	617.3	448.5	108	228.8	129.7	145.8
2007	553.3	399.1	127.1	221.9	132.3	162.2
2008	503.5	362.9	137.2	208.6	135.1	149.2
2009	313.8	225.9	104.9	146.4	89.5	114.5
2010	458.8	298.2	146	174.1	127.8	96.1
2011	456.4	323.3	144.6	192.2	146.1	109.3
2012	496.3	344	145.9	201.6	132.6	124.2
2013	466.8	335.2	152.4	191.7	135.7	117.3
2014	492.5	380.7	138.1	215.9	132.9	82.4
2015	412.5	336.7	113.8	227.1	138	73
2016	460.7	318.4	97.5	222.8	109.2	29.3

数据来源：worldsteel。

美洲的钢铁工业出现了明显的两大阵营：以美国、加拿大为主的发达国家和拉丁美洲国家。美国和加拿大的人均耗钢量虽然比较高，但是同欧洲发达国家一样，呈现出下降的趋势，拉丁美洲主要的产钢国是巴西和墨西哥，其他国家的规模都比较小，还有很多国家尚未形成钢铁工业体系。而拉丁美洲国家除了墨西哥有一种微弱的随着人均 GDP 上升人均耗钢量上升外，其他国家几乎没有变化趋势。说明这些国家的钢铁工业尚未参与到国家的经济发展中，对经济发展的拉动作用还比较低。由于发展的缓慢，不仅人均耗钢量低，而且没有出现上升的势头。因此，拉丁美洲发展钢铁工业潜力巨大，但市场的培养可能旷日持久。从图 1-41 可以看出，2008 年的全球金融危机美国和加拿大受影响的程度大于拉丁美洲的国家。美洲主要国家人均耗钢量与人均 GDP 的关系如图 1-42 所示。

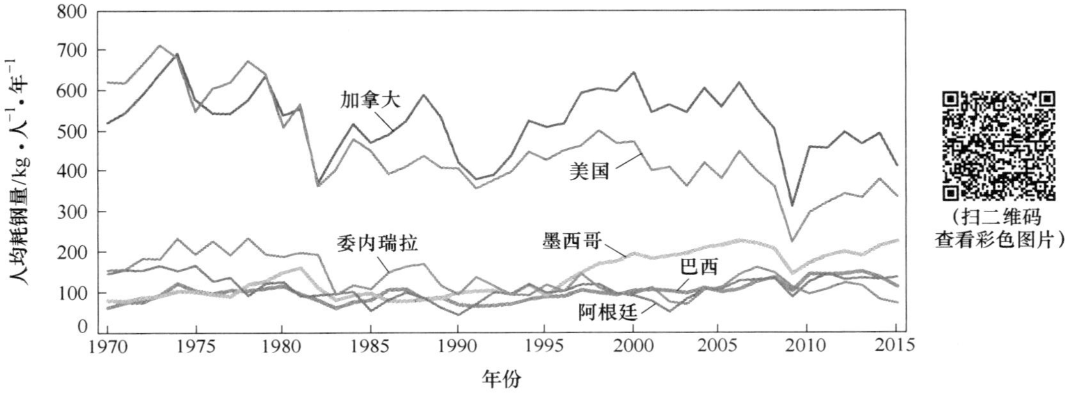

图 1-41　美洲主要国家人均耗钢量变化曲线

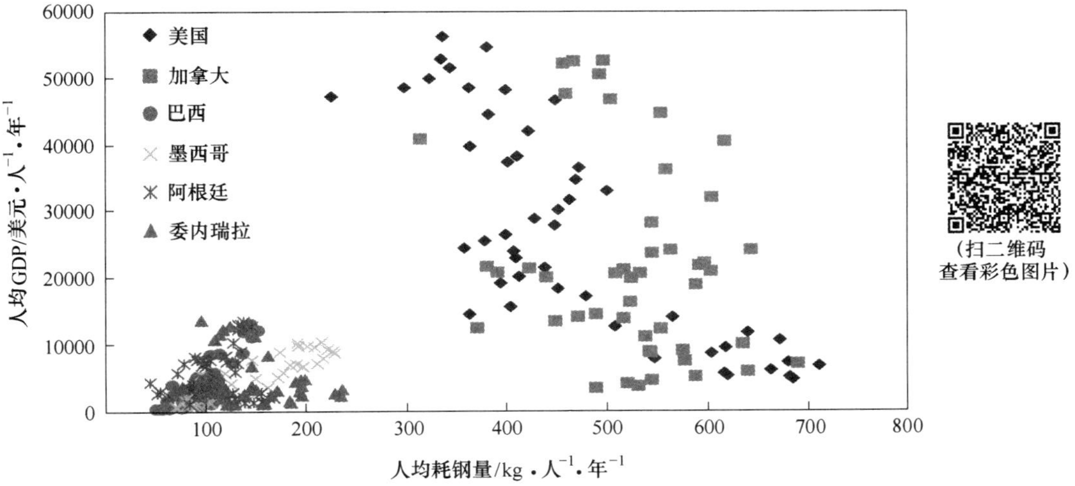

图 1-42　美洲主要国家人均耗钢量与人均 GDP 的关系

亚太及非洲主要国家人均粗钢表观消费变化见表 1-16。

表 1-16　亚太及非洲主要国家人均粗钢表观消费变化情况表（不含中国）

单位：kg/(人·年)

年份	南非	伊朗	印度	日本	澳大利亚	韩国	印度尼西亚	菲律宾
1970	222	42	12	675	489	51	4	37
1971	223	58	14	551	567	55	5	21

续表 1-16

年份	南非	伊朗	印度	日本	澳大利亚	韩国	印度尼西亚	菲律宾
1972	185	59	16	643	606	54	6	35
1973	219	82	14	602	537	84	9	30
1974	246	93	15	688	561	93	9	25
1975	282	174	14	580	467	84	10	31
1976	219	164	13	534	471	111	12	33
1977	162	144	14	512	428	162	11	36
1978	198	200	17	579	346	189	14	33
1979	227	97	19	673	401	200	15	39
1980	252	113	18	675	414	160	21	31
1981	248	89	21	603	479	193	21	28
1982	205	122	19	586	367	194	17	37
1983	174	153	16	549	318	216	16	31
1984	190	115	17	619	370	262	16. 3	15. 1
1985	163	111	20	606	368	275	14. 4	12. 3
1986	150. 1	88	19. 9	575. 7	373. 7	295. 8	16. 9	18. 2
1987	151. 1	110. 8	22. 5	620. 6	334. 6	361. 5	15	28. 3
1988	162. 3	87. 3	23. 8	708. 7	388. 6	376. 5	15. 3	36
1989	166. 4	91. 1	24. 5	757. 8	406. 4	430. 3	18. 2	40. 5
1990	149	95	26	802	323. 1	501	26. 1	37. 7
1991	133. 4	104. 4	23. 8	800. 1	301. 4	602. 4	24. 6	33. 5
1992	114. 1	116. 1	21. 4	676	292. 8	532. 3	23. 8	41. 5
1993	120. 2	87. 2	21. 3	646. 4	326	606. 2	31. 1	46. 7
1994	126. 4	84. 6	24. 4	634. 9	354. 6	724. 1	28	50. 5
1995	129	65. 7	28. 6	673. 6	346. 6	831. 8	38. 1	56. 8
1996	96. 1	112. 5	28. 8	671. 1	349. 5	865. 2	38. 7	69. 4
1997	104. 3	125. 8	28. 4	678. 2	351	868. 3	37. 2	62. 6
1998	93	114. 1	27. 7	573. 5	352. 8	557. 4	17. 7	43. 3
1999	86	120. 8	30	560. 6	348. 7	755	17. 1	46. 7
2000	89. 1	161. 7	29. 8	627. 4	318. 5	850. 9	25. 4	43. 3
2001	91. 9	176. 8	30. 2	591. 5	309. 1	838. 4	26. 2	43. 4
2002	103. 9	184. 1	28. 7	577. 7	346. 2	953. 4	24. 8	50. 8

续表 1-16

年份	南非	伊朗	印度	日本	澳大利亚	韩国	印度尼西亚	菲律宾
2003	86.1	237.3	30.1	598.5	352.3	992.7	23.6	47.9
2004	103.1	230.3	32.1	630.5	372.9	1021.2	28.4	39.7
2005	97.2	244.6	37.6	648.5	364	1014.7	35.6	33.9
2006	1[illegible]6.2	215.9	42.3	655.2	360.1	1089.9	32.7	42
2007	1[illegible]3.4	283.6	47	675	387.4	1190.8	37.4	44.4
2008	134.6	230.5	47	653.5	384.8	1257.7	45	45.8
2009	96.7	265.7	53	439.8	271.7	969.2	37.4	43.6
2010	107.2	294.6	56.1	529.4	348.1	1111.7	44.5	50
2011	112.9	312.1	58.6	546.9	296	1190.1	53.7	62.9
2012	110.3	276.6	61.3	541.1	312.2	1135.3	60.5	72.8
2013	117.9	270.6	63	558.3	274	1081.7	60.6	79.9
2014	104.8	269	66.9	574.9	302.3	1155	60.8	85.9
2015	107.4	262.9	68.2	535.7	290.7	1155.7	53	101.1
2016	98.4	264.4	69.2	528.4	268.5	1170.5	58.3	108.9

数据来源：worldsteel。

从亚太和非洲主要产钢国的情况来看，分化严重，并且呈差异化发展，但大部分国家仍在低位，低于发达国家消费均值，发展潜力巨大，如图 1-43 所示。除韩国外，有关国家的人均耗钢量没有出现上升的趋势，长期处于徘徊状态。

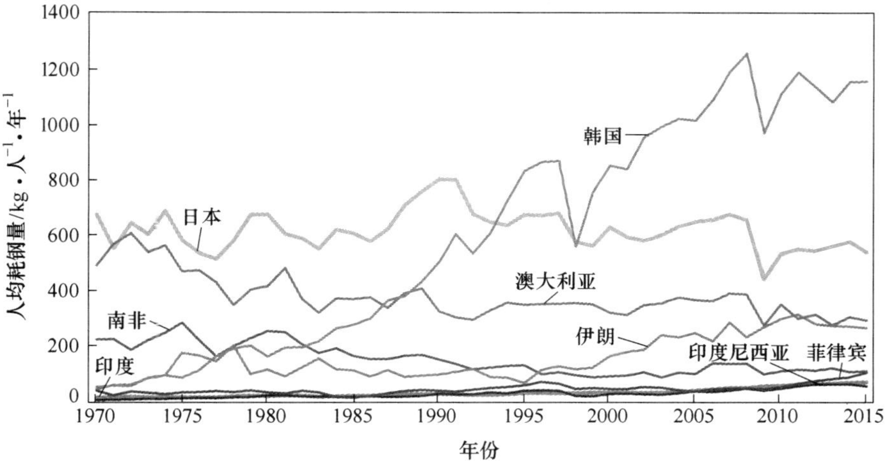

（扫二维码查看彩色图片）

图 1-43　亚太及非洲主要国家人均耗钢量变化曲线

亚太地区人均耗钢量与人均 GDP 之间的关系比较凌乱。作为发达国家澳大利亚、日本和其他发达国家一样，随着人均 GDP 的增长，人均耗钢量几乎没有变化，维持了一个平稳的状态。其他国家具有随着人均耗钢量增长人均 GDP 增长的趋势，只是比较微弱。说明亚太地区具备了一定的发展潜力，能够成为下一批全球钢铁工业发展的动力。

图 1-45 是世界典型产钢国在人均 GDP 和人均耗钢量关系图中的分布情况。

由图 1-44 和图 1-45 可以看出，人均耗钢量 200~600kg 是一个国家经济发展正常的消费范围，低于 200kg 的国家，经济发展将缺乏基础和动力，高于 600kg 的国家，常常是因为制造业的发达导致表观消费的增加。

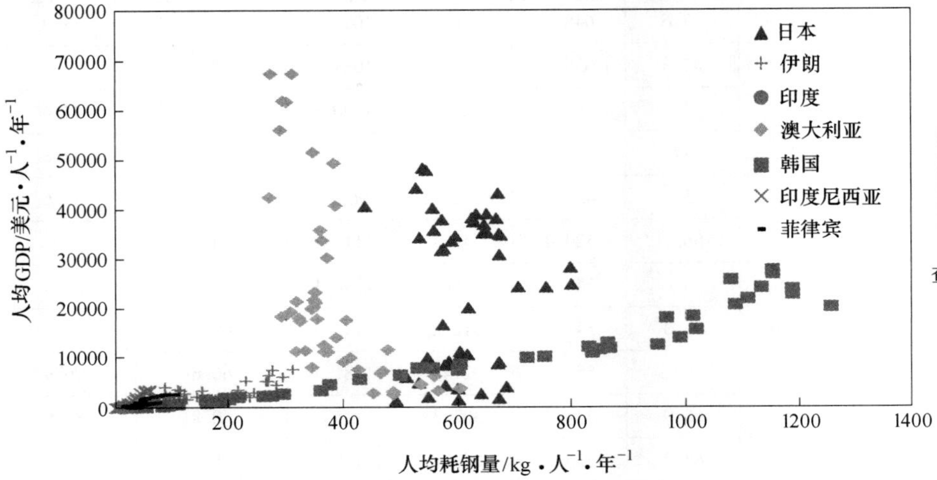

（扫二维码查看彩色图片）

图 1-44　亚太主要国家人均耗钢量与人均 GDP 的关系

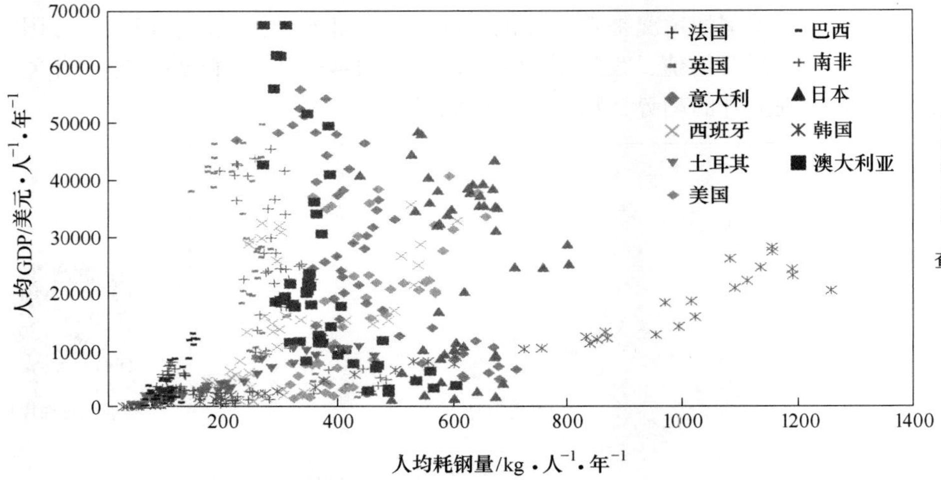

（扫二维码查看彩色图片）

图 1-45　全球典型国家人均耗钢量与人均 GDP 的关系

（1）高收入国家人均 GDP 与人均耗钢量之间的关系（按人均 GDP 由高到低排序）。对于高收入国家，在发展形态上，人均 GDP 在 3 万美元左右形成了一个分水岭，3 万美元以上的国家，随着 GDP 的继续增长，人均耗钢量以缓慢下降为主，表明工业在国民经济中的地位呈下降趋势。人均 GDP 在 3 万美元以下的国家，随着人均 GDP 的增长，人均耗钢量出现增长，但增幅趋缓。表明工业对 GDP 的增长有贡献，但是已经降低，也不再是经济发展的动力。高收入国家人均耗钢量与人均 GDP 的关系如图 1-46 所示。

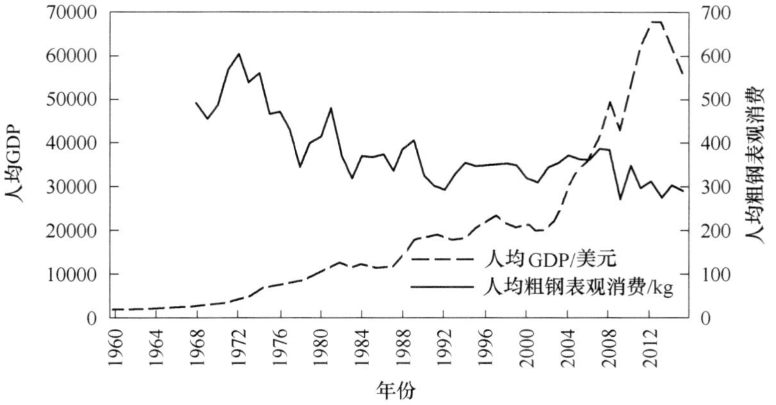

(a) 澳大利亚

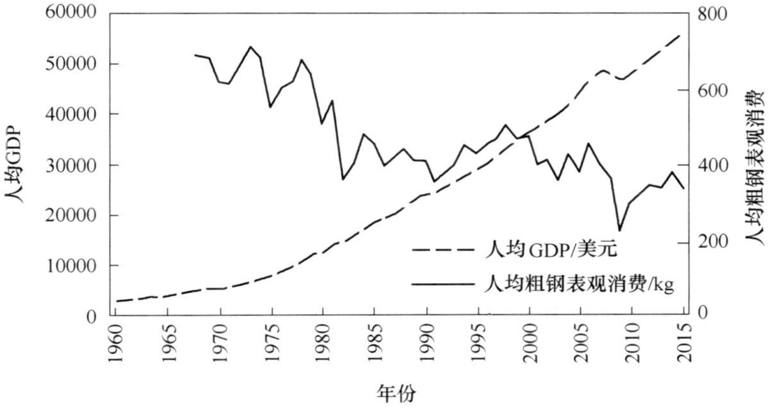

(b) 美国

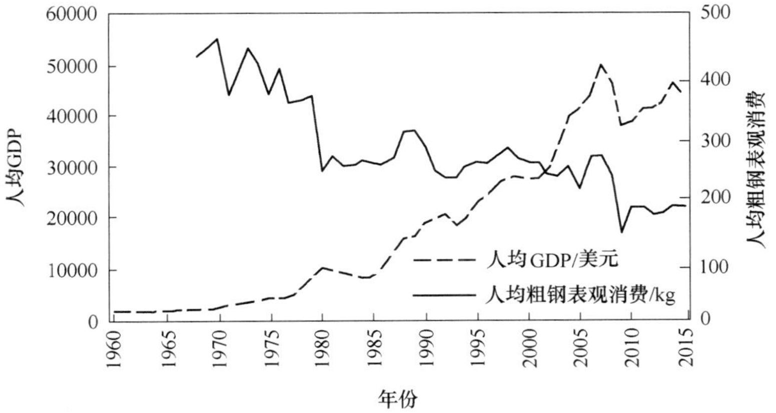

(c) 英国

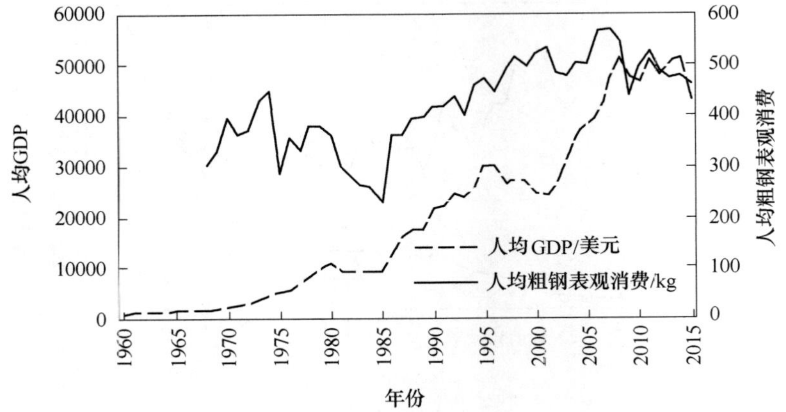

(d) 奥地利

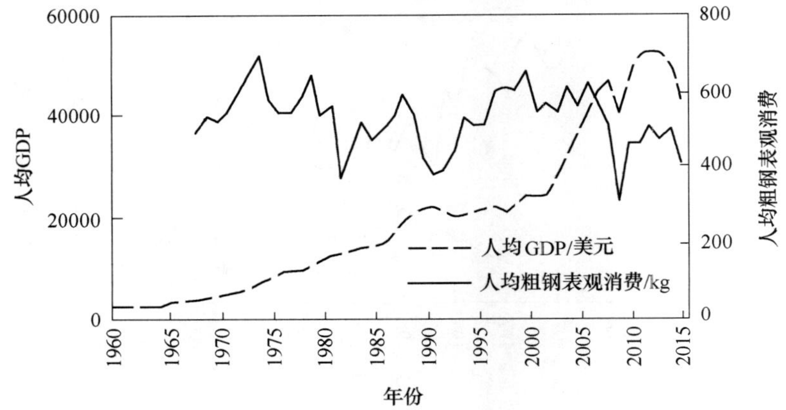

(e) 加拿大

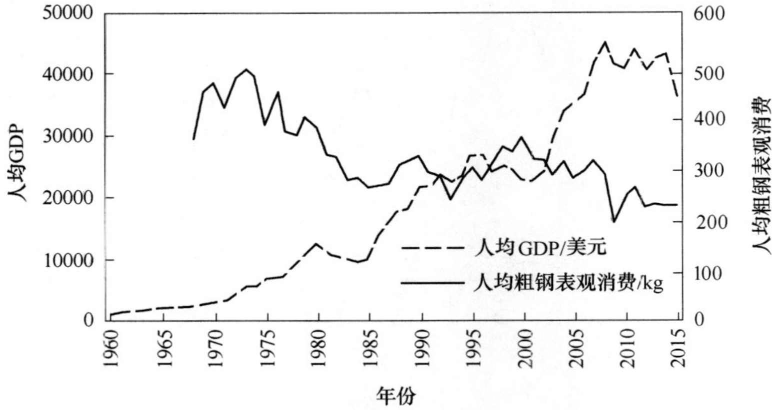

(f) 法国

人均GDP/美元
人均粗钢表观消费/kg
人均GDP
人均粗钢表观消费
年份
60000
50000
40000
30000
20000
10000
0
1000
800
600
400
200
0
1960
1965
1970
1975
1980
1985
1990
1995
2000
2005
2010
2015

(g) 日本

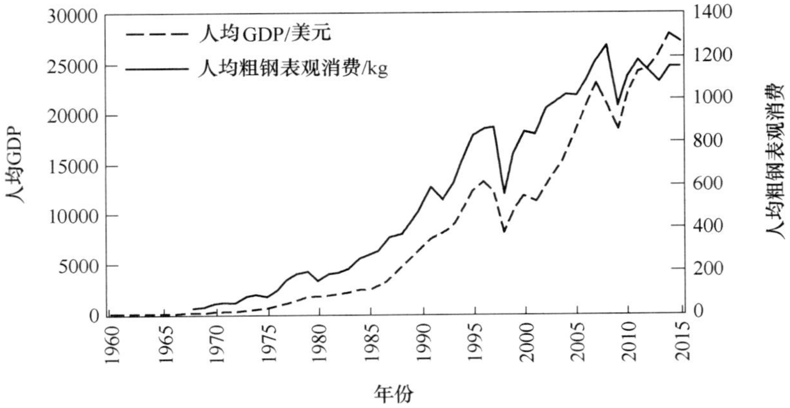

人均GDP/美元
人均粗钢表观消费/kg
人均GDP
人均粗钢表观消费
年份
30000
25000
20000
15000
10000
5000
0
1400
1200
1000
800
600
400
200
0
1960
1965
1970
1975
1980
1985
1990
1995
2000
2005
2010
2015

(h) 韩国

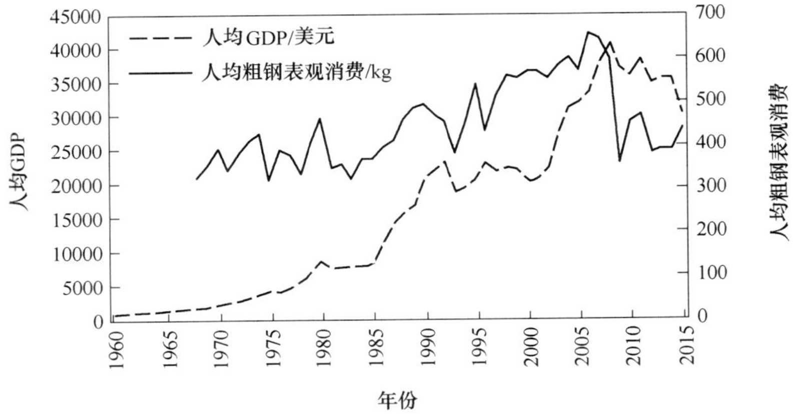

人均GDP/美元
人均粗钢表观消费/kg
人均GDP
人均粗钢表观消费
年份
45000
40000
35000
30000
25000
20000
15000
10000
5000
0
700
600
500
400
300
200
100
0
1960
1965
1970
1975
1980
1985
1990
1995
2000
2005
2010
2015

(i) 意大利

(j) 西班牙

图 1-46　高收入国家人均耗钢量与人均 GDP 的关系

（2）中等收入国家人均 GDP 与人均耗钢量之间的关系（按人均 GDP 由高到低排序）。对于中等收入国家，除个别的国家因为一些因素发展出现较大的波动外，其他的国家人均 GDP 的增长与人均耗钢量的增长有着非常好的关联性，说明钢铁工业在经济增长中的作用举足轻重。中等收入国家人均耗钢量与人均 GDP 的关系如图 1-47 所示。

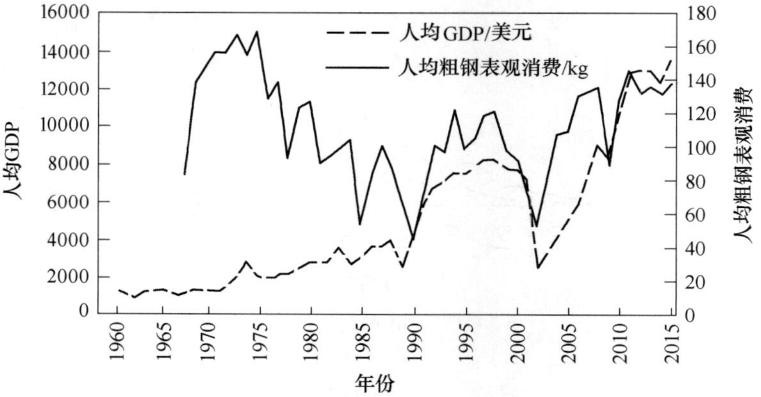

(a) 阿根廷

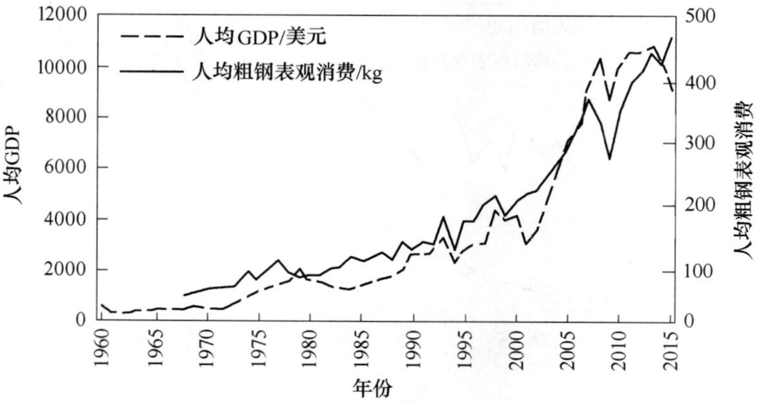

(b) 土耳其

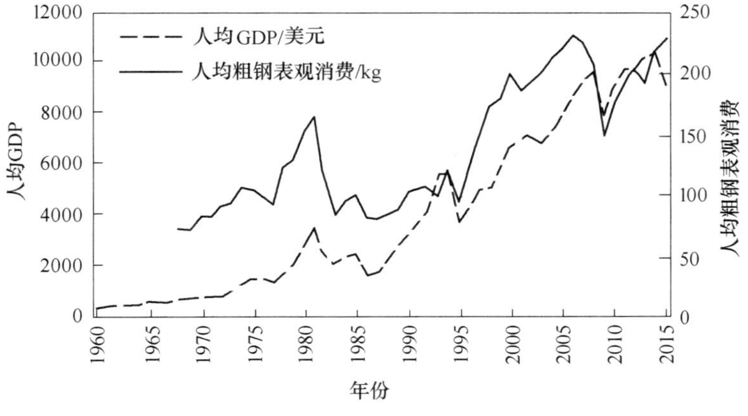

(c) 墨西哥

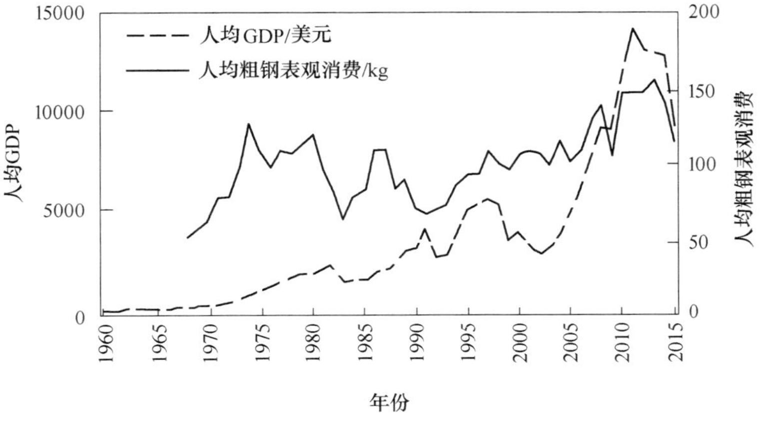

(d) 巴西

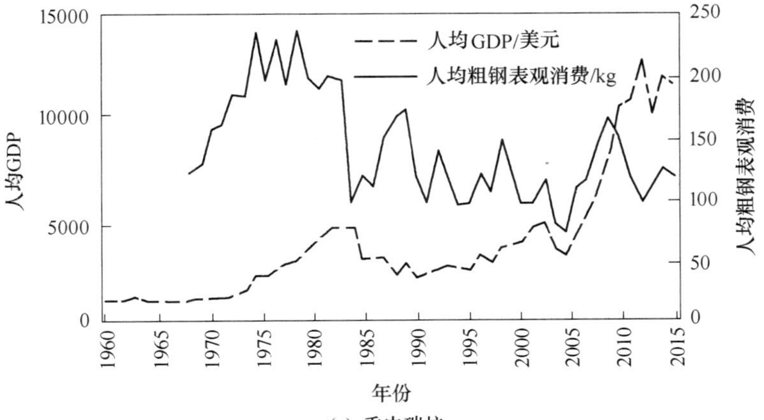

(e) 委内瑞拉

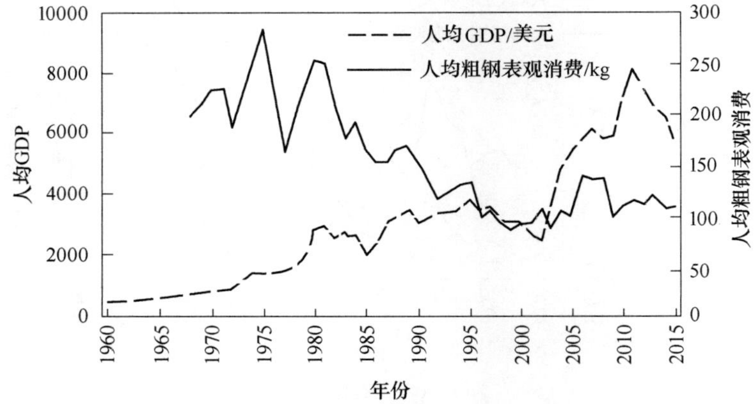

(f) 南非

(g) 伊朗

(h) 印度尼西亚

(i) 菲律宾

(j) 印度

图 1-47 中等收入国家人均耗钢量与人均 GDP 的关系

2 中国钢铁行业对外投资合作情况及有关问题

本章的分析主要采用了 Heritage/AEI“中国全球投资追踪”（CGIT）2005~2016 年的数据库信息（China-Global-Investment-Tracker 2016）中的数据。分析数据时发现由于跟踪者对一些项目的信息了解不够全面，有些数据与实际的情况有些出入。同时对比了国家发展和改革委员会 2017 年 11 月发布的《中国对外投资报告》，针对中国直接对外的投资流量，与上述数据不完全相同，但趋势和规律基本一致。由于使用该追踪数据对总体趋势的分析和结论的可靠性的影响有限，因此没有去纠正这些存在的问题，而是直接使用了原始报告的数据。

2.1 钢铁行业对外投资情况

根据 Heritage/AEI“中国全球投资追踪”（CGIT）数据，2005~2016 年间，中国对外总投资为 8580.7 亿美元，其中金属矿业投资 1182.5 亿元，占全部对外投资的 13.8%，钢铁对外投资 337.6 亿美元，仅占中国对外投资的 1.8%，可见钢铁行业对外投资和国际合作不活跃，钢铁行业“走出去”处于起步阶段。该数据记录的投资情况见表 2-1。

表 2-1 钢铁领域对外投资情况表 单位：百万美元

时间	投资者	投资额	占股	交易方	国家	绿地项目
2005 年 10 月	中钢集团	140	50%	Midwest	澳大利亚	G
2006 年 3 月	中信	2920	100%	Mineralogy	澳大利亚	G
2006 年 11 月	中钢集团	230	50%	Samancor Chrome	南非	
2007 年 3 月	中钢集团	250			印度	G
2007 年 9 月	鞍钢	330	50%	Gindalbie Metals	澳大利亚	
2007 年 12 月	中钢集团	100	92%	Zimasco	津巴布韦	
2008 年 2 月	五矿和新兴钢铁	1200	20%, 35%	Kelachandra and Manasara	印度	G
2008 年 2 月	中冶集团	370		Cape Lambert Iron	澳大利亚	G
2008 年 4 月	厚朴投资	150		Lung Ming	蒙古	
2008 年 7 月	中钢集团	1320	51%	Midwest	澳大利亚	
2008 年 9 月	沙钢和瑞钢联集团	360	45%	Grange Resources	澳大利亚	
2008 年 12 月	武钢和国开行	110			利比里亚	G
2009 年 2 月	华菱	770	17%	Fortescue Metals	澳大利亚	
2009 年 2 月	首钢	990			秘鲁	
2009 年 3 月	武钢	240	20%	Consolidated Thompson	加拿大	
2009 年 4 月	天津钢管	1300			美国	G
2009 年 5 月	金兆	100	100%	Cardero	秘鲁	

续表 2-1

时间	投资者	投资额	占股	交易方	国家	绿地项目
2009 年 6 月	鞍钢	130	24%	Gindalbie Metals	澳大利亚	
2009 年 7 月	海城市西洋集团	480			俄罗斯	G
2009 年 11 月	包钢	240	15%	Aquila Resources	澳大利亚	
2009 年 11 月	武钢	400	22%	MMX Mineracao	巴西	
2009 年 11 月	武钢	250	15%	Centrex Metals	澳大利亚	
2009 年 12 月	顺德日新和五矿	1910	70%		智利	G
2009 年 12 月	中投	500		CVRD（Vale）	巴西	
2010 年 3 月	有色金属华东地质勘查局	1200		Bernardo de Mello Itaminas	巴西	
2010 年 4 月	中国铁建	260	13%	African Minerals	塞拉利昂	
2011 年 1 月	武钢	120	60%	Adriana Resources	加拿大	G
2011 年 3 月	四川汉龙	180	16%	Sundance Resources	澳大利亚	
2011 年 5 月	山东钢铁	1490	25%	African Minerals	塞拉利昂	G
2011 年 7 月	吉林有色	930			印度尼西亚	G
2011 年 11 月	广西有色	500			柬埔寨	G
2011 年 12 月	首钢	240	40%	Hiap Teck Venture Berhad	马来西亚	G
2012 年 4 月	河北钢铁	200	20%	Alderon Iron Ore	加拿大	
2012 年 6 月	中国镍资源	1260	61%	PT Jhonlinto	印度尼西亚	G
2012 年 6 月	中国中铁	410		C. V. G. Ferrominera Orinoco	委内瑞拉	G
2012 年 8 月	大丰港	600			印度尼西亚	G
2012 年 9 月	中机集团	100			乌干达	G
2012 年 9 月	武钢	450	100%	ThyssenKrupp	德国	
2012 年 12 月	中钢集团	660			喀麦隆	G
2013 年 4 月	青山钢铁	530	50%	Bintang Delapan	印度尼西亚	G
2013 年 5 月	复兴	100		Gunung Gahapi	印度尼西亚	
2013 年 7 月	庆华能源	1700			塞拉利昂	G
2013 年 9 月	鞍钢	230	12%	Gindalbie Metals	澳大利亚	
2013 年 10 月	宗申产业	100			缅甸	G
2014 年 5 月	中冶集团	350			伊朗	G
2014 年 5 月	中铝	1350	41%	Rio Tinto	几内亚	
2014 年 7 月	包钢	860	65%	Aquila Resources	澳大利亚	
2014 年 9 月	河钢	400	51%	Duferco	瑞士	
2015 年 4 月	山东钢铁	770	75%	African Minerals	塞拉利昂	
2015 年 5 月	中润资源	1940			蒙古	
2016 年 8 月	泰富重装	150		Uttam Galva Metallics	印度	
2016 年 10 月	中铝	1100	47%	Simandou	几内亚	
2016 年 12 月	河钢	120			塞尔维亚	

数据来源：CGIT2016。

注：中冶和五矿未合并统计。

钢铁领域年度投资情况见表 2-2 和图 2-1。钢铁领域对外投资与中国全部对外投资情况对比如图 2-2 所示。

表 2-2　分年度投资情况表　　单位：百万美元

年份	钢铁投资	全部投资	年份	钢铁投资	全部投资
2005	140	10240	2011	3460	70300
2006	3150	19830	2012	3680	82080
2007	680	30110	2013	2660	82480
2008	3510	53130	2014	2960	101410
2009	7310	57590	2015	2710	115580
2010	1460	66270	2016	1370	169050

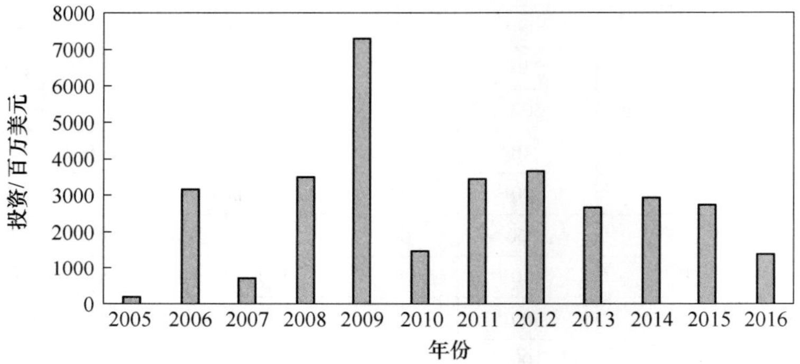

图 2-1　钢铁投资年度情况

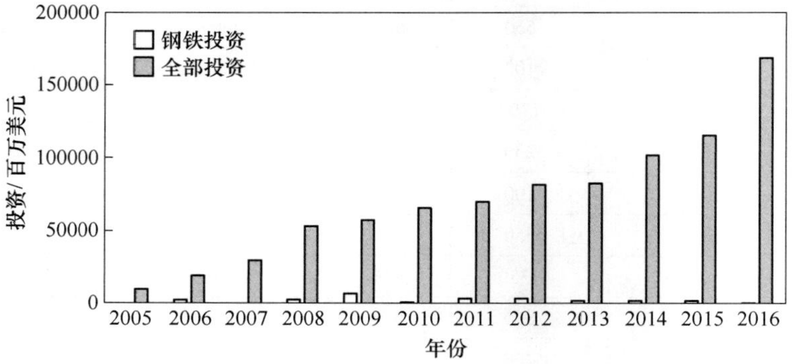

图 2-2　中国对外投资及钢铁投资对比情况

中国对外投资呈加速增长之势，但钢铁投资未随着对外投资的快速增长而增长，在近年来出现了下降之势，而对外投资暴露的问题却快速增长。根据 2017 年一季度的统计数据，2017 年中国的对外投资明显放缓，因此钢铁行业也相应跟着继续呈投资下降之势。

中国钢铁“走出去”的投资情况见表 2-3。投资额位居前三位的是澳大利亚、塞拉利昂和印度尼西亚。钢铁行业分国别对外投资情况如图 2-3 所示。

表 2-3 分国别的投资 单位：百万美元

序号	国别	投资	序号	国别	投资
1	澳大利亚	8100	14	俄罗斯	480
2	塞拉利昂	4220	15	德国	450
3	印度尼西亚	3420	16	委内瑞拉	410
4	几内亚	2450	17	瑞士	400
5	巴西	2100	18	伊朗	350
6	蒙古	2090	19	马来西亚	240
7	智利	1910	20	南非	230
8	印度	1600	21	塞尔维亚	120
9	美国	1300	22	利比里亚	110
10	秘鲁	1090	23	缅甸	100
11	喀麦隆	660	24	乌干达	100
12	加拿大	560	25	津巴布韦	100
13	柬埔寨	500			

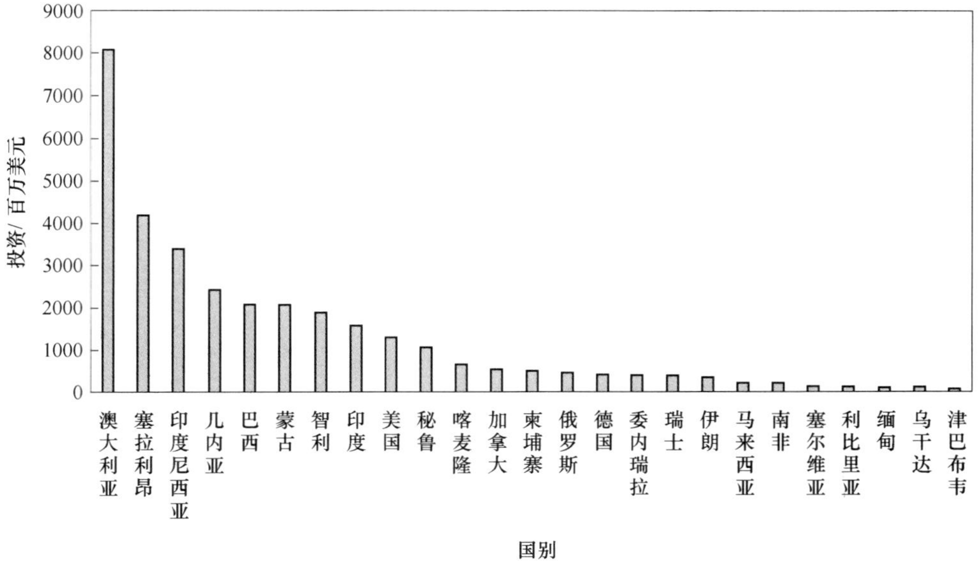

图 2-3 钢铁行业分国别对外投资情况

中国钢铁业对外投资的现状既有自身的特点，也有世界钢铁环境的影响。因此，中国钢铁工业向外的发展需要有清醒的认识，需要有适合双边互惠互利的新思路和新理念。

由于差异化的市场和巨大的体量、特殊的发展背景和阶段，中国的钢铁工业可能无法使用国际上的一些标准来衡量，因为中国是世界上最大的钢铁生产和消费国，现阶段任何的改变都会对世界钢铁行业产生较大的影响。在这种情况下，“走出去”可能就成为部分企业的发展道路。因此对于对外投资而言，对大部分钢铁企业不一定是灵丹妙药，关键是在理念上、行动上和创新上是否站在了行业的潮头，否则可能会加剧企业的危机。

钢铁行业属于实体经济，投资周期长，其国际业务的发展需要立足长远。基于短期获利的想法可能会带来巨大的风险。

根据数据分析，从中国对外总体投资情况来看，在过去的时间里，中国的对外投资有以下特点：

（1）中国对外直接投资主要流向发达国家/地区、周边国家/地区，和离岸金融中心。而中国的钢铁行业对外投资主要流向发展中国家。

（2）央企是对外投资的主体，但地方国企和民营企业对外直接投资发展迅速，增长率超过央企。

（3）中国对外直接投资终止案例在不断增多。根据统计，高端制造业成为终止案的重灾区。东道国国家安全成为主要原因。

（4）高位投资，形成对外投资的亏损。

根据麦肯锡的研究报告，投资收益最差的当属2000年代后期包括铁矿石在内的资源类投资项目。2008年之前的10年间，中国的资源进口价格的复合年均增长率达18%。资源进口被视为企业国际竞争力的结构性问题，也关乎国家安全。因此，过去10年间有近一半的交易与自然资源相关。其中，80%的资源交易发生在金融危机前的大宗商品价格飙升期间，其余20%发生在金融危机之后3年价格回落之时，买方认为价格下跌成为买进良机，随后的持续下跌和低迷使其成为不良资产。根据麦肯锡的研究结果，资源类项目84%的交易并没有为收购者创造收益，平均亏损为期初投资的10%。

2.2　钢铁对外承包工程情况

根据China-Global-Investment-Tracker 2016的数据，2005~2016年间，中国对外承包工程总额为6278.4亿美元。其中金属矿业对外承包工程286.6亿美元，占对外承包工程总额的4.6%。钢铁行业对外承包工程163亿美元，占中国对外承包工程的2.6%（见表2-4），类似于钢铁行业的对外投资情况，对外承包份额很低。中国对外承包钢铁项目情况如图2-4和图2-5所示。

表2-4　中国对外承包钢铁项目情况表　　单位：百万美元

时间	承包商	金额	交易方	所在国
2006年11月	中信	340	ThyssenKrupp and CVRD	巴西
2007年1月	中冶集团	1110	CITIC	澳大利亚
2007年8月	中冶集团	640	CITIC	澳大利亚
2008年6月	中冶集团	200		伊朗
2009年1月	中国化学	440	European Nickel	土耳其
2010年3月	中机集团	1200	ARICOM	俄罗斯
2010年5月	中冶集团	840	Sino Iron	澳大利亚

续表 2-4

时间	承包商	金额	交易方	所在国
2010 年 9 月	中冶集团	340		越南
2010 年 12 月	中机集团	900	Lion Group	马来西亚
2011 年 3 月	鞍钢	1080	Chelyabinsk Steelworks	俄罗斯
2011 年 4 月	中机集团	280	GEG Iron	伊朗
2011 年 4 月	中色	100	National Iranian Steel	伊朗
2011 年 7 月	中冶集团	240	MMK	俄罗斯
2011 年 12 月	中冶集团	820	Sino Iron	澳大利亚
2012 年 1 月	中冶集团	860	Sino Iron	澳大利亚
2012 年 7 月	北京神雾	420	Titan Mineral	印度尼西亚
2012 年 10 月	中冶集团	890	Formosa Plastics	越南
2013 年 1 月	中色	710		伊朗
2013 年 1 月	中国中铁	1600	Cambodia Iron and Steel	柬埔寨
2013 年 5 月	五矿	250	Donetsksteel	乌克兰
2013 年 12 月	中冶集团	180	SMI	印度尼西亚
2014 年 10 月	中冶集团	240		印度
2015 年 5 月	中钢集团	740	Chek-Su VK	俄罗斯
2015 年 5 月	中钢集团	120	DBM	印尼
2015 年 6 月	中钢集团	510	Tosyali Iron and Steel	阿尔及利亚
2015 年 11 月	中钢集团	140	Norvilex Technologies	阿尔及利亚
2015 年 11 月	中冶集团	110	Tsingshan	印尼
2016 年 1 月	中钢集团	470	Bafgh Kasra	伊朗
2016 年 3 月	中钢集团	420	El Mutun	玻利维亚
2016 年 7 月	五矿	110		马来西亚

数据来源：CGIT2016。

注：中冶和五矿未合并统计。

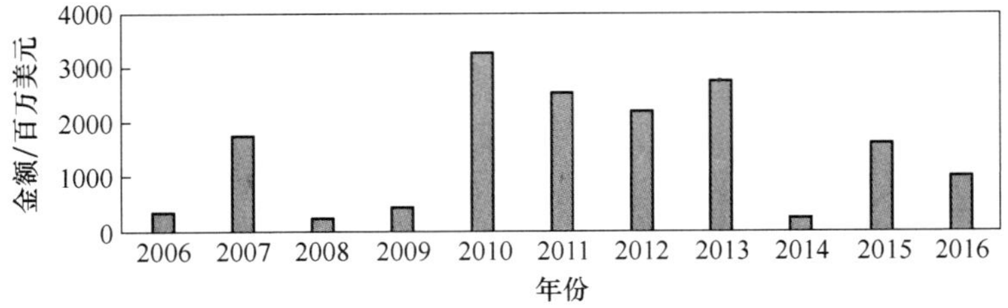

图 2-4　中国对外承包钢铁项目分年度情况

承包国际钢铁建设业务的中国公司主要是中冶集团、中钢集团和中机集团，中冶集团占中国对外钢铁承包工程总份额的 40%，中钢集团占 14.7%，中机集团占 14.6%。

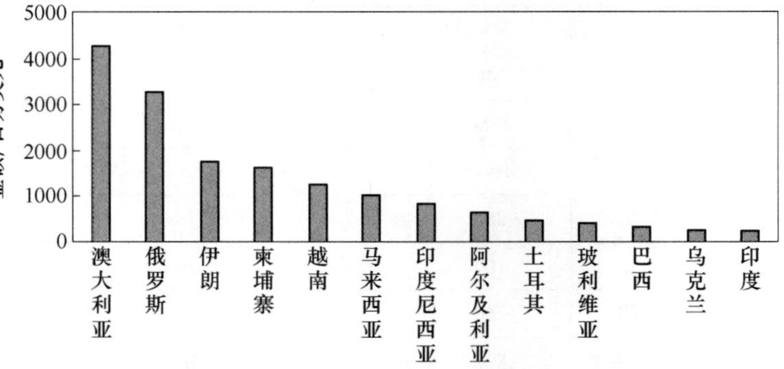

图 2-5 中国对外承包钢铁项目国家分布情况

中国有世界上最大的冶金建设队伍，承担了世界上超过 50%的钢铁厂的规划、设计、建设工作，但是仍然局限于在中国的范围内进行相关的承包和服务工作。这与中国钢铁工业的发展是不匹配的，因此中国的建设队伍需要真正吸收中国钢铁工业发展所形成的经验、方法、理念等，并创新地应用中国的成功经验，在世界钢铁承包工程中占据一席之地。这种行动势在必行，但是时间紧迫，因为通过锻炼打造的团队会随着时光流逝而逐渐丧失战斗力。

根据《工程新闻记录》（ENR）发布的 2017 年度全球最大 250 家国际承包商榜单的情况，亚太地区仍然是全球业务规模最大的市场，占比达到 25.7%；其次是欧洲 20.5%，中东 17.9%，北美 15.5%，非洲 13.2%，拉美及加勒比地区 7.2%。虽然中国的承包商在单个国别比较上，在亚洲、非洲的业务量排在了第一位，但是从全局性的比较来看，除了非洲是中国承包商主导外，其他的市场还是以欧美的公司为主，并且控制了绝对的市场份额，其在欧洲、北美市场份额超过了 60%，在亚洲、中东市场份额超过了 40%。中国在欧洲、北美的市场份额尚未突破 4%。

亚洲是我国在海外最大的市场，也是全球争夺最激烈的市场，其潜力得到了行业的共识。中国在该市场上表现很不稳定，呈大起大落之势。

钢铁行业的国际承包业务是国际承包工程的一部分，面对差距，需要冷静思维，寻找对策，立足长远，稳中求进。

2.3 钢铁国际合作出现问题的情况

根据 China-Global-Investment-Tracker 2016 的数据，2005~2016 年间，陷入困境的交易为 2608.1 亿美元，其中金属矿业陷入困境的交易为 688.9 亿美元，占全部的 26.4%。钢铁行业陷入困境的交易为 241.7 亿美元，占全部对外投资的 9.3%。与投资逐年走低不同，出现问题的交易逐年走高，钢铁行业对外投资尚未成熟，风险仍然需要重点控制和防范。钢铁行业对外投资出现问题的情况见表 2-5 和图 2-6。

表 2-5 出现问题的项目年度情况 单位：百万美元

年份	2006	2008	2009	2010	2011	2012	2013	2014
投资	1000	360	4520	2590	2330	3000	1280	8780

数据来源：CGIT2016。

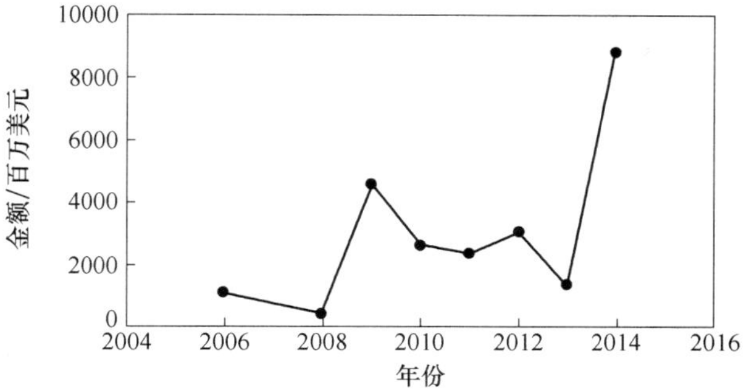

图 2-6 钢铁行业对外投资出现问题的情况

2.4 中国钢铁业努力由大转强

从以上数据可以看出，不论是从对外投资合作的角度，还是从对外承包工程的角度，在全球的钢铁行业环境中，我国的影响力还不够大。中国是名副其实的钢铁大国，钢产量达到世界的一半左右，但是在国际中参与的程度很低，主要的能力还局限于国内，影响范围也局限于国内，在国际中的认可程度、竞争力还有待提高。在国际钢铁事务中我国的钢铁发展理念和管理理念认可度还不高，技术水平和建设能力竞争力还不够强。从某种程度上来说，这种状况是由于自身的发展环境导致的。中国粗钢产量及人均 GDP 变化曲线如图 2-7 所示。

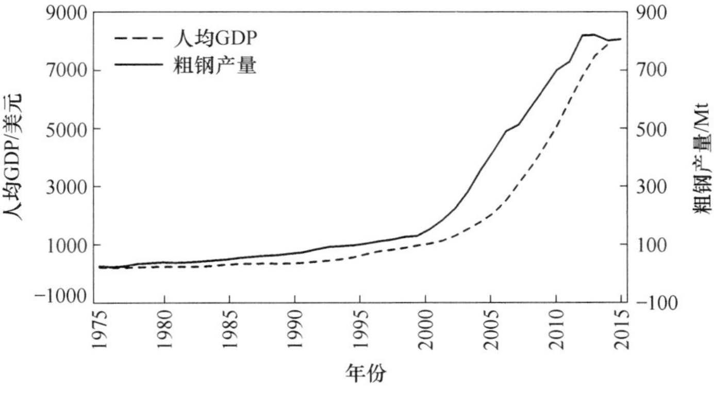

图 2-7 中国粗钢产量及人均 GDP 变化曲线

在最近的十余年里，中国的钢铁工业爆发“井喷式”发展。从 1996 年的 1 亿吨发展到 2014 年的 8.22 亿吨，中国钢铁工业有力地支撑了人均 GDP 的提高。但这种短时间内的迅速长大，并没有达到强壮，就像是被激素催长的婴儿一样，虽然达到了成年人的身形，但还是儿童的心智，由此导致了行业发展一系列问题的产生。

从世界钢铁发展的历史来看，任何一个历史阶段引领钢铁工业发展的国家都把技术、理念、发展输出到全世界。本轮的引领已经由中国担当，因此发展成为名副其实的钢铁强国是我们的历史责任。要从钢铁大国发展成为钢铁强国，该补的总是要补的。通过钢铁工业的再发展，锤炼我们的发展理念、创新新时代的钢铁发展管理理念、创新钢铁新技术，承担起世界钢铁工业发展的责任，承接世界钢铁工业未来的发展。

由于中国的钢铁产量已经达到了较高的水平，留下的发展空间已经有限，因此开展国际合作，中国的钢铁“走出去”是完成钢铁强国建设一个非常重要的契机，也是钢铁行业全产业链共同提升的一个重要契机。钢铁行业“走出去”参与国际钢铁行业的发展，不是简单的复制和推广，也不是简单的经验的输出和传授，而是进一步的提升和发展。因此，我们在“走出去”的过程中，遇到的很多事情在国内是没有经验支持的，也没有成熟的解决方案，需要在“走出去”的同时探索，探索如何从一个钢铁大国发展成为钢铁强国。

在国际合作中，系统方案的形成和应用将是合作成功的重点，需要解决的问题包括：

（1）中国钢铁工业发展遇到和面临的主要问题在全球范围内的寻解。

（2）与合作对象密切结合的合作模式的创新。

（3）积极探索钢铁工业新时期发展的理念和发展方向，引领世界钢铁发展的理念的形成和应用。

（4）新时代下钢铁厂的新型智能管理理念。

（5）适应新环境的新型建设模式。

（6）更好利用资源、能源技术的发展道路等。

3 钢铁行业国际贸易摩擦及贸易保护问题

3.1 钢铁贸易摩擦的种类

国际贸易救济措施包括反倾销（antidumping，AD）、反补贴（countervailing duties，CVD）、保障措施（global safeguards，SG）三种。国际贸易救济措施的特点是实施难度较小，且是双向的，即发达国家、发展中国家之间可以互相实施。

通过各国之间贸易全球化的共同努力，世界上许多主要经济体采用的进口关税相对较低，在不违反贸易协定规定承诺的情况下，它们无法合法增加进口关税。因此，暂时的贸易壁垒（TTB）——反倾销、保障措施和反补贴税，已成为进口保护的重要工具。在过去20年中TTB使用激增，尤其是在一些新兴经济体，自2008年开始，大幅度增加了TTB的使用。以反倾销为主的贸易摩擦呈现出由发达国家向发展中国家蔓延的趋势，成为当前国际贸易摩擦的主要表现形式。

虽然不同的国家之间都在使用贸易救济措施，但是立场和效果是不同的，特别是发达国家和发展中国家的区别更加明显。根据使用的效果，针对钢铁行业，使用救济措施的国家大体上可以分为两类：

（1）一类主要是发达国家，由于钢铁行业在国际上基本丧失了竞争力，出于行业生存和部分利益团体的保护考虑，使用该种保护手段。这种保护一般可以达到两种效果，一是行业得到暂时的安稳，二是由此改变贸易结构，引导投资者投资建厂来销售产品。但是由于需求已经达到一个平衡，很难出现行业新的发展机会，因此对于此种情况，这种保护手段是暂时的，该行业将继续下滑，并越来越无法独立生存下去。原则上，对于这类国家，这个行业已经丧失了长期投资价值。

（2）另一类是该行业在该国处于萌芽状态，需要一定的保护使其具有独立生存的能力。在一定的保护期后，该行业将逐步壮大，形成互相支撑的完整工业体系，并开展国际间的合作与竞争。对于此类情况的国家，保护的目的也是希望在行业发展的同时吸引投资，发展本国的钢铁行业。但由于新兴经济体具有较大的发展潜力，该国的钢铁行业是值得投资者关注的。

不论何种情况，实施贸易救济措施都是双刃剑，既有利于维护贸易秩序，也会阻滞全球化的发展。对于个别实施倾销的国家，表面上是释放产能的一种手段，而实质上是一种灾难，因为在此过程中，这是一种财富的转移，是自我身价的降低。

钢铁作为基础原材料，是制造业的基础，倾销有助于竞争对手获得后续产业链的竞争力。而实施反倾销，一方面在保护自身的行业发展，另一方面，也阻止了财富的输入。

比如美国，2014年初级金属生产业雇佣人员39.9万人（其中钢铁行业约10万人），总产值597亿美元，下游的制造业雇佣人员650万，总产值9900亿美元。如果美国对钢材等产品实施反倾销，在保护钢厂利益的同时，损害制造业的利益。

3.2 全球钢铁贸易摩擦情况

3.2.1 部分国家钢铁产品反倾销的基本情况

由于反倾销是主要的贸易救济措施，在此根据世界银行全球反倾销数据库（Global Antidumping Database，http：//econ. worldbank. org/ttbd/gad/）截至2017年10月公布的数据，对个别国家针对钢铁产品的反倾销情况进行了分析。

3.2.1.1 美国反倾销的情况

在1980~2015年间，共有反倾销案件1306件，其中涉及钢铁产品的有602件，占总数的46.1%，涉及的产品品种广泛。美国钢铁反倾销案件历年分布情况如图3-1所示。

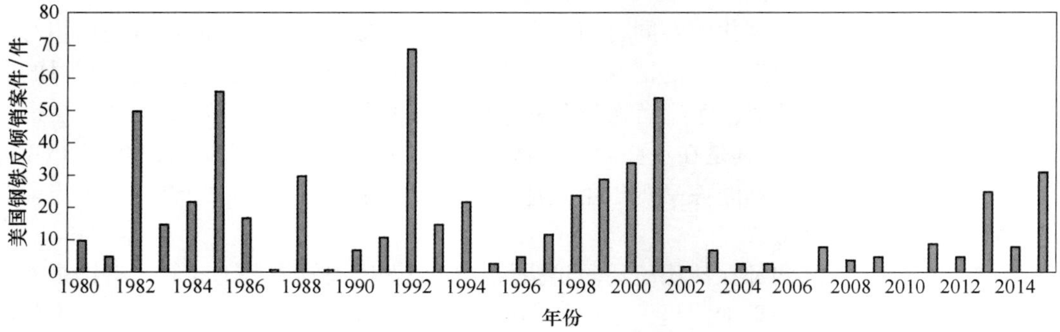

图3-1 美国钢铁反倾销案件历年分布情况

在602件反倾销中，最终调查并实施的有237项，占总数的39%，涉及37个国家和地区。最终实施反倾销超过10项的国家和地区有中国大陆28项、韩国23项、日本20项、中国台湾18项、巴西17项、德国13项、墨西哥11项、法国10项，如图3-2所示。

3.2.1.2 欧盟反倾销的情况

根据1978~2015年数据记录，欧盟共有778件反倾销事件，涉及钢铁产品的有215件，占28%，涉及产品品种广泛，涉及43个国家和地区。超过10项的国家有中国大陆27项、俄罗斯18项、土耳其14项、印度11项、韩国10项、乌克兰10项，如图3-3和图3-4所示。

最终调查并实施的钢铁反倾销案件有128件，占钢铁反倾销的60%，涉及30个国家和地区，超过10项的有中国20项、俄罗斯15项，如图3-5所示。

3.2.1.3 澳大利亚反倾销的情况

在1989~2015年间，澳大利亚共有575项反倾销案件，涉及钢铁的56项，占10%，涉及17个国家和地区，包括韩国12项、中国大陆10项、中国台湾9项，涉及的产品种类不多，如图3-6所示。最终实施反倾销的29项，以使用从价税AVD为主，占比79%。

3.2.1.4 印度反倾销的情况

在1992~2015年期间，印度共有764项反倾销案件，涉及钢铁产品的78项，占10%。涉及的产品种类很少，共涉及25个国家和地区，其中包括中国10项、俄罗斯和乌克兰分别7项、韩国和南非分别6项。印度钢铁反倾销案件历年分布情况如图3-7所示。

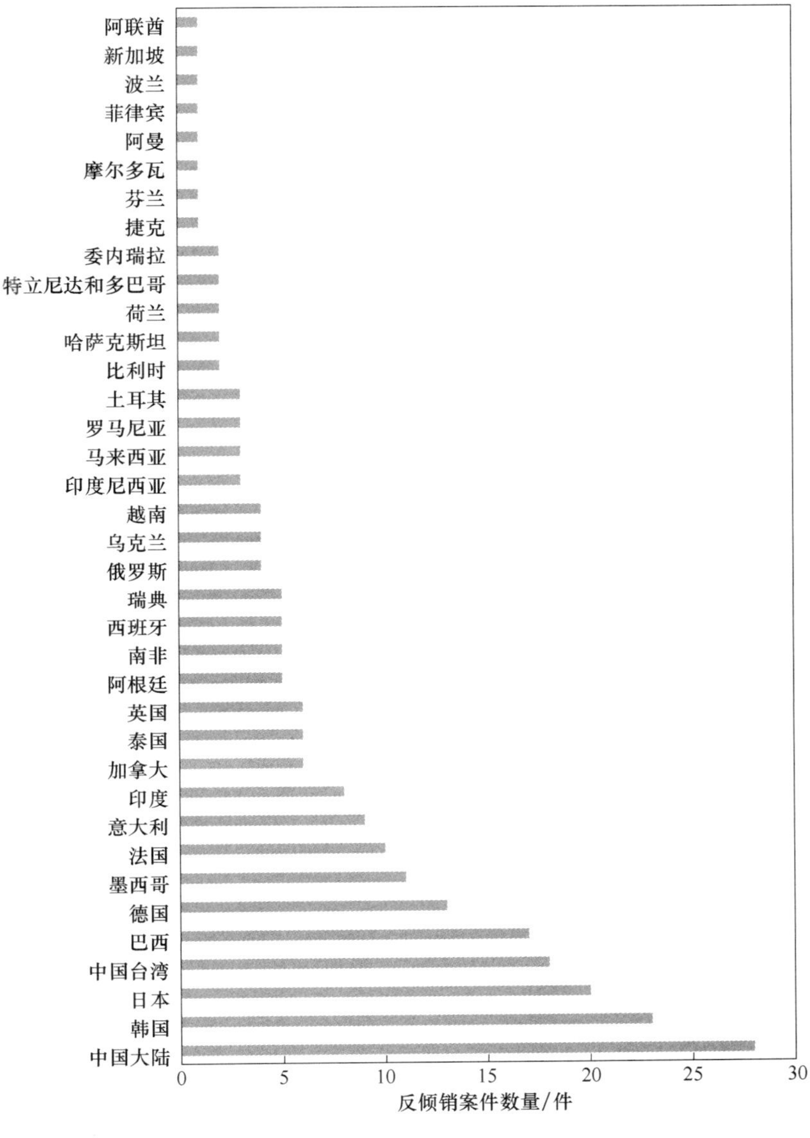

图 3-2 美国最终实施反倾销的案件有关国家和地区的数量

实施反倾销措施的有 43 项，占钢铁反倾销案件的 55%，涉及 16 个国家和地区。不同于发达国家使用从价税（ad valorem duty ，AVD）方式为主，印度全部采用的从量税（specific duty，SD）。

3.2.1.5 印度尼西亚反倾销情况

在 1996~2015 年期间，印度尼西亚共有 131 项反倾销案件（见图 3-8），涉及钢铁的 48 项，主要集中在冷轧卷材、冷轧不锈钢、热轧板卷等，涉及 14 个国家和地区，其中包括中国大陆 9 项、韩国 7 项、中国台湾 6 项、日本、印度、新加坡分别 4 项。实施最终反倾销的 31 项。

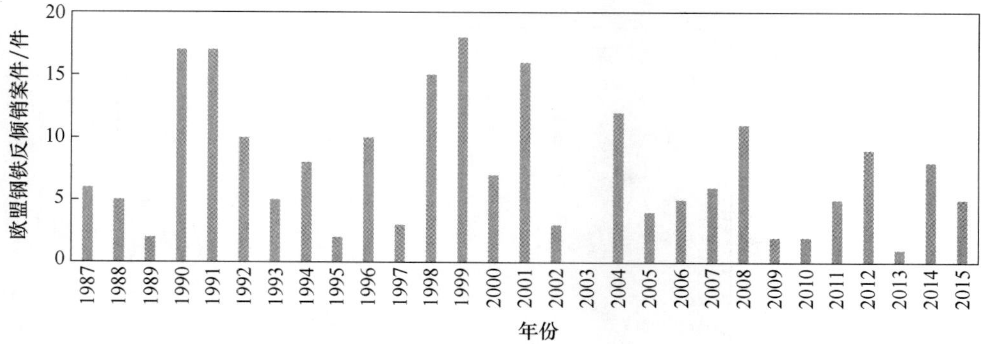

图 3-3　欧盟钢铁反倾销案件历年分布情况

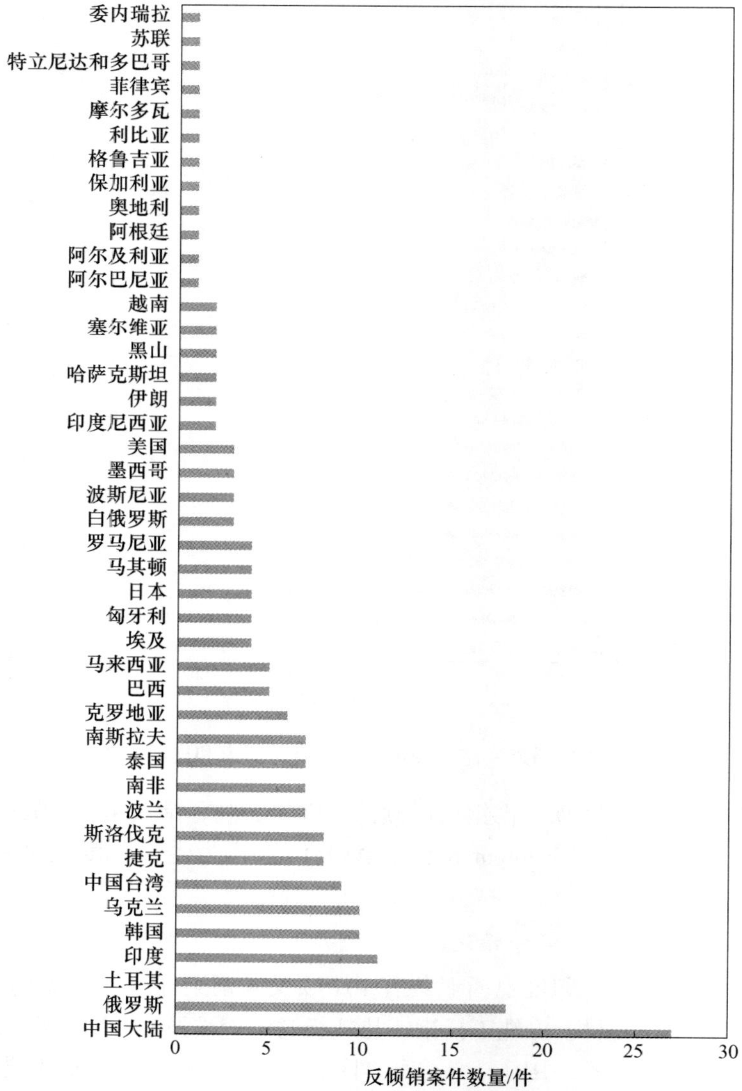

图 3-4　欧盟钢铁反倾销的案件有关国家和地区的数量

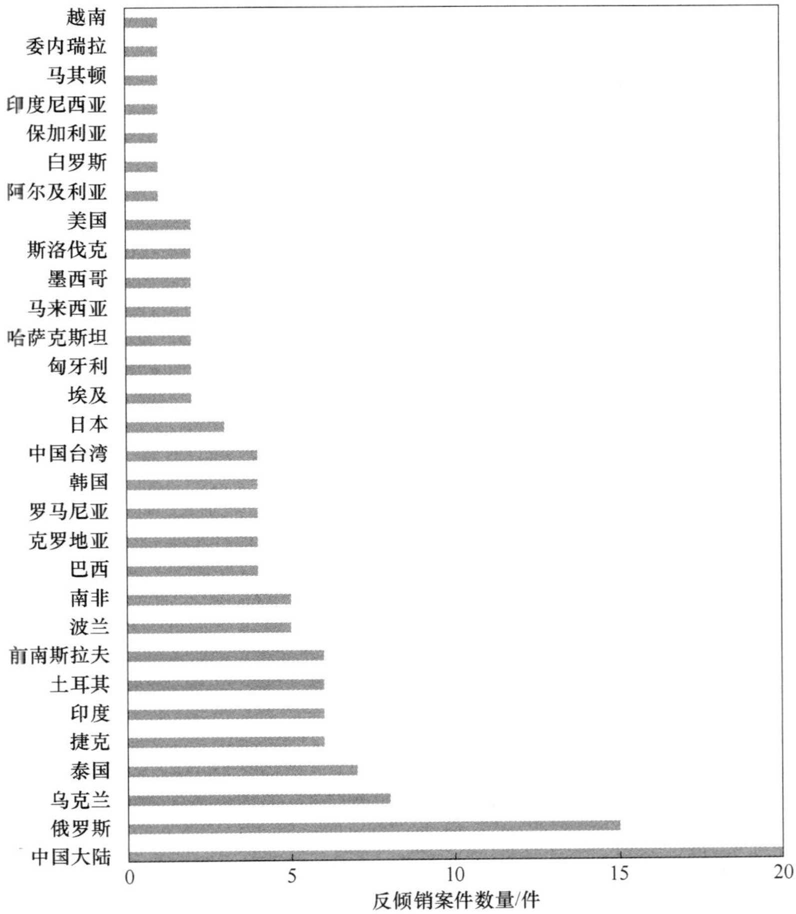

图 3-5　欧盟最终实施反倾销的案件有关国家和地区的数量

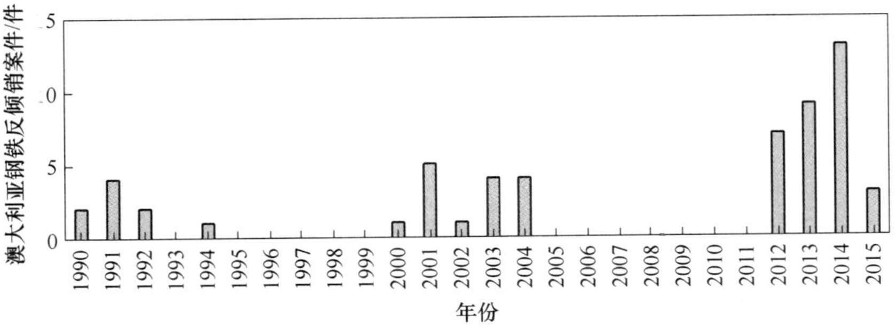

图 3-6　澳大利亚钢铁反倾销案件历年分布情况

3.2.2 全球钢铁产品反倾销的基本特点

由于国际贸易救济措施实施难度小且是双向的，所以导致贸易救济事件的发生具有很强的联动性，成为贸易摩擦抗衡的基本手段。从各国历年发生的反倾销案件的数量可以看出，尽管数量不同，各国之间的波峰和波谷基本是一致的。因此，该手段的采用需要谨

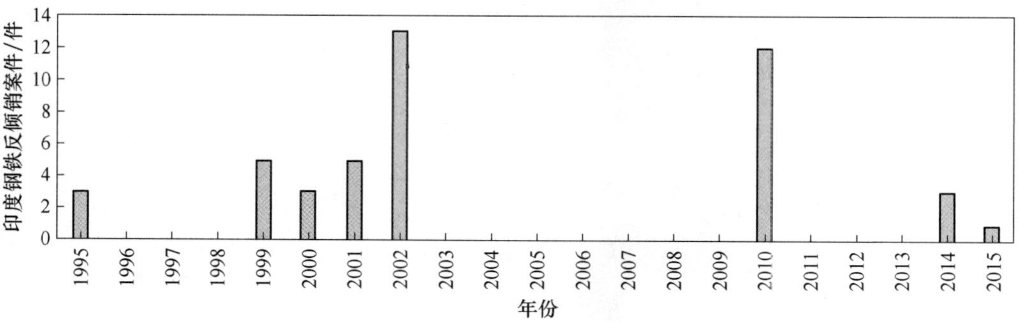

图 3-7　印度钢铁反倾销案件历年分布情况

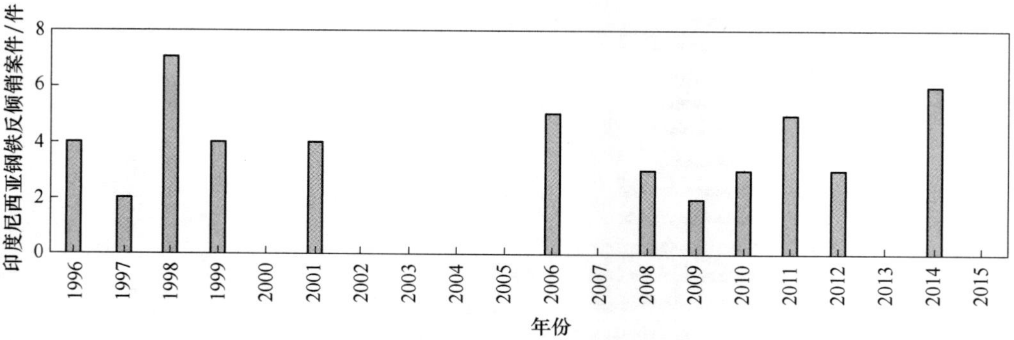

图 3-8　印度尼西亚钢铁反倾销案件历年分布情况

慎，因为采取的同时，会迎来对手的反制。

中国成为反倾销的重灾区，成为很多国家的头号反倾销对象。

3.3　中国钢铁贸易摩擦情况

中国的钢铁产能巨大，是全球主要的钢铁出口国。根据中国海关统计的数据，2017 年中国出口钢铁共计 7543 万吨，较去年同期下降 30. 5%。钢材出口仍以一般贸易方式为主。2017 年上半年，以一般贸易方式出口钢铁 3452. 1 万吨，占比达 91. 5%，同比下降 31%。

根据中商产业研究院统计的数据，2017 年上半年，中国钢铁出口最多的地区为韩国，出口数量达到 645. 9 万吨，同比下降 6. 5%，占中国出口钢铁总额的 35. 4%；其次是越南，出口数量达 425. 4 万吨，同比下降 34. 4%，占比达 10. 5%；出口菲律宾 211. 1 万吨，同比下降 31. 6%，占比达 4. 9%。出口泰国 152. 6 万吨，同比下降 55. 9%，占比 4. 4%；出口印度尼西亚 143. 1 万吨，同比下降 48. 5%，占比 3. 4%；出口巴基斯坦 110. 1 万吨，同比下降 36. 3%，占比 2. 7%。

美国是世界上最大的钢铁进口国。2016 年，美国进口量约占全球进口量的 8%，美国钢铁进口量比世界第二和第三大进口国德国和韩国进口量的和多出 15%以上。从价值来看，钢铁在 2016 年进口到美国的商品总额中只有 1%。截至 2017 年一季度，美国进口了 810 万吨钢，高于 2016 年同期进口的 680 万吨。

截至2017年一季度，美国的钢铁进口来自110个国家和地区，排行前十位的国家和地区占了进口量的81%。最大的加拿大占18%（150万吨），巴西13%（110万吨），韩国10%（80万吨），墨西哥9%（70万吨），土耳其9%（70万吨），俄罗斯7%，日本6%，中国台湾、越南、德国分别占3%。与2016年同期相比，进口增长的国家和地区主要是俄罗斯（增长了135%）、中国台湾（95%）、越南（56%）和巴西（40%），德国下降了16%，韩国和日本分别下降了3%。

虽然世界上最大的出口国和最大的进口国之间的贸易量很低，都可以到忽略不计的地步，但是贸易摩擦却是最大。对中国的钢铁贸易摩擦案件提交最多的是美国。

截至2016年底，中国已连续21年成为遭遇反倾销调查最多的国家，连续10年成为遭遇反补贴调查最多的国家，近期全球有1/3的调查针对中国。

2015年中国钢铁出口超过1亿吨，创历史纪录。出口激增的同时，钢材产品所遭到的国家贸易救济调查次数也随之大增。中国商务部的统计数据，2015年，中国钢铁遭遇的贸易摩擦案件共37起，涉案金额达47亿美元。中国钢铁已连续8年位列遭遇贸易摩擦的行业首位。

但在中国钢材目前大量出口至国际市场、各国的钢铁产业也开始出现不同程度的危机的背景下，为了保护其本国的钢铁产业利益，钢铁贸易摩擦不可避免，甚至会更多。

经济合作与发展组织（OECD）钢委员会对全球钢贸易摩擦明显上升势头也表示担忧，OECD关于贸易政策的调查报告表明，中国大陆是不公平贸易指控的头号目标，2013~2015年约启动65个案件，韩国是第二，约34件，中国台湾有21件，排名第三。而提交最多的是美国，其次是澳大利亚和欧盟。在2015年，美国提交的占全部的20%，澳大利亚占13%，欧盟占12%。

2016年，中国共遭遇27个国家和地区发起的117起“贸易救济”案件，涉及金额高达139.8亿美元，案件数量和涉及金额同比上升了34.5%和71.5%。数量和金额达到历史新高。其中涉及钢铁行业52起，占比达到一半。

根据商务部贸易救济信息案件数据库、中国联合钢铁网的数据，从贸易救济案件类型来看，2016年我国钢铁行业遭遇的贸易救济仍以反倾销为主。在52起贸易救济调查案件中，反倾销案件数达到34起，占比为65%，反补贴和保障措施分别为11起和8起。

从发起国家或地区来看，52起案件由21个国家和地区发起，以发展中经济体国家（地区）为主，其中35起贸易摩擦案件由16个发展中经济体国家（地区）发起，其余17起案件由5个发达经济体（美国、欧盟、加拿大、新西兰和澳大利亚）发起。但是美国发起所占的比重持续上升，达到了25%。发展中和发达经济体发起贸易救济措施的类型明显不同，发达经济体更偏向采用反补贴措施，对中国的11起中有8起均由发达经济体国家发起调查，美国和加拿大分别发起3起和2起反补贴案件，澳大利亚、欧盟和新西兰各1起；而发展中经济体更偏向反倾销和保障措施，8起保障措施案件均由发展中经济体发起，34起反倾销案件中仅10起由发达经济体国家发起。

从涉案产品来看，以板材和长材为主，52起案件中，25起涉案产品为板材，10起涉案产品为长材，长材中仅有1起是发达经济体澳大利亚发起，其余9起均由发展中经济体国家或地区发起。

2017年上半年我国钢铁行业共遭受10起贸易摩擦案件，其中以反倾销为主，涉及钢筋、合金圆钢棒、钢条等材料，包含埃及、澳大利亚、智利、欧盟、巴基斯坦、美国等众多国家。贸易摩擦的升温制约我国钢铁行业出口量的增加。

3.4 贸易救济全球发展趋势

贸易救济正在由以发达国家主导向发展中国家主导方向发展。最初，反倾销以美国为主使用，到 20 世纪 90 年代中期，主要的使用者也仅局限在美国、欧盟、加拿大和澳大利亚，但最近的 20 年来，特别是 2008 年全球金融危机以来，新兴经济体正在快速地使用该手段。在 2015 年，对我国的钢铁贸易摩擦还是以美国居首，其后是澳大利亚、欧盟，但到 2016 年，发展中国家成为主要的国家。

这种趋势表明，全球反倾销由为保护生存困难的钢铁行业的发达国家为主发展到大力发展本国钢铁工业的发展中国家为主，对钢铁这种基础原材料的全球流动形成了制约，这是反全球化的信号。

4 钢铁国际合作绿色、节能、环保策略

人类的活动离不开能源，只有满足了基本的能源需求，人类才有生存的机会。而大自然赋予了人类取之不尽用之不竭的能源，使人类的生存处于无忧的状态。生产钢铁消耗能源是正常的，在这个世界上不存在只有产出没有消耗的过程。人们在钢铁工业的发展过程中为什么要下大力气来降低能源消耗呢？因为钢铁生产在带来经济发展的益处的同时，消耗的能源对人们的生存环境产生了负面的影响，而且这些负面影响还在继续扩大，已经严重干扰了人们的正常生活。要通过降低能耗，把钢铁生产所产生的负面影响降低到可以承受的程度。因此，降低能耗是寻求一种平衡的过程，而不是不计代价无限追求的过程。为了节约能源而节约能源本身就是一个伪命题。主要体现在以下几个方面：

（1）短期内钢铁材料不可替代。铁矿石在地球上储量丰富，钢铁材料生产历史悠久，生产工艺成熟且成本较低、系列产品性能优越、在现实生活中无处不在、在经济发展中作用巨大等诸多的特点，虽然新材料的研发不断取得突破，并在很多新的领域展现了卓越的性能，但是都无法撼动钢铁作为基础原材料的地位。在钢铁材料的生命周期中，尚处于壮年时代。目前，人类的经济活动已经染上了对钢铁的依赖症，短期内是很难被替代的。因此，只有在发展的同时，进行优化并降低其生产和使用过程中的负面影响。

（2）使用的能源类型不利于环境的友好。地球上能源是丰富的，铁矿石也是丰富的，但是把铁矿石冶炼成钢铁过程中使用的能源过度依赖非常有限的、对环境影响巨大的化石能源。钢铁的循环使用是在产生废钢的基础上才能循环，而目前全球钢铁的消费在继续增加，废钢消费所占的比重出现了下降的趋势，由此导致的环境问题越加严重。钢铁企业要努力降低钢铁冶炼过程中能源的使用以此来降低化石能源的消耗，在过去的 50 年里，已经降低了 60%的能耗，从最近的数据来看，虽然理论上还有较大的空间，但是已经越来越困难。节能本身就是一种投入，也是一项系统工程。因此，应该在多种渠道和方式上做文章，包括替代工艺和清洁能源替代方案等，在更大的格局上重新审视钢铁工业发展出现的问题。

（3）环境的压力导致绿色生产的需求。钢铁不仅因为化石能源消耗导致的 CO_2 温室气体的排放，同时还由于对水、大气等综合的污染导致恶劣的环境，绿色生产成为人类改善生存环境的迫切需要。

（4）能源成本的制约也制约了钢铁工业的发展。地球上的能源是丰富的，但是当人类的活动需要将能源集中利用为某一项任务服务时，过程是需要成本的。钢铁工业是能耗大户，对于能源紧张的国家和地区，钢铁工业的发展将受到制约，并由此制约经济的发展。目前，世界钢铁工业的发展还非常不均衡，还有相当一部分国家和地区不能规划发展钢铁工业。降低能耗另一个任务就是降低钢铁的生产成本，惠及更多的国家和人民。

4.1　能源是钢铁工业发展的动力和制约

钢铁行业是资金、能源、技术密集型产业，一些发展中国家钢铁工业的发展受到能源的制约，导致发展的路径和水平产生差异。钢铁工业的能源效率直接影响了全部的能源消费状况。吨钢能源消耗已经在过去的 50 年里下降了 60%，但从全世界的平均水平来看，仍然是一些国家和地区所不能承受的，因此降低能耗是钢铁工业的首要任务。

一个国家或地区能源结构不同将导致不同的发展轨迹，也导致未来不同的发展政策和空间。

4.1.1　世界钢铁工业能源消费状况

根据国际能源署（International Energy Agency，IEA）的有关数据，2015 年，全球一次能源供应总量为 13647Mtoe，按照地区分配的情况见表 4-1。2015 年，中国的一次能源供应总量为 3052Mtoe，达到世界一次能源供应总量的 22%。按照行业分的能源消耗（见表 4-2)，其比例在近几年来基本保持稳定。根据统计，全球钢铁消耗的能源占工业总能源的 20%左右。

表 4-1　2015 年全球一次能源供应分布比例

地区	OECD 组织	非洲	美洲（非 OECD）	欧洲和欧亚（非 OECD）	中东	亚洲	其他
一次能源供应总量占比/%	39	6	5	8	5	35	3

表 4-2　2015 年全球能源消耗组成

行业	工业	运输	住宅	商业和公共服务	农林业	其他
占比/%	37	29	22	8	2	2

数据来源：International Energy Agency（IEA）。

表 4-3 是相关行业能源成本占总运营成本的比重，钢铁行业的能源占到总成本的 30%，同时由于钢铁是基础材料，体量大，导致成为主要的耗能产业。欧洲钢铁工业每吨产品的能耗及 CO_2 排放经验值见表 4-4。

表 4-3　能源成本占总成本的比重

行业	水泥	化学	石油炼化	生活消费品	矿业	电力	造纸	钢铁
占比/%	35	30	7	15	25	50~80	15	30

数据来源：麦肯锡的统计分析。

表 4-4　欧洲钢铁工业每吨产品的能耗及 CO_2 排放经验值

单元	直接能耗/$GJ \cdot t^{-1}$	直接 CO_2 排放/$tCO_2 \cdot t^{-1}$
焦化厂	6. 539	0. 794
烧结厂	1. 549	0. 200
球团厂	0. 901	0. 057
高炉	12. 309	1. 219

续表 4-4

单元	直接能耗/$GJ \cdot t^{-1}$	直接 CO_2 排放/$tCO_2 \cdot t^{-1}$
氧气顶吹转炉	-0.853	0.181
电炉	2.505	0.240
方坯、板坯轧机	1.783	0.088
热带轧机	1.700	0.082
板轧机	1.905	0.098
型钢轧机	1.828	0.084
酸洗线	0.222	0.004
冷轧	0.743	0.008
退火	1.086	0.049
热镀	1.491	0.059
电镀	2.619	0.046
有机涂层	0.758	0.003
电厂	12.173 $GJ \cdot (MW \cdot h)^{-1}$	1.989 $tCO_2 \cdot (MW \cdot h)^{-1}$

数据来源：Biomass applications in iron and steel industry：An overview of challenges and opportunities，Renewable and Sustainable Energy Reviews，2016，65：1247-1266.

由于能源对钢铁发展的促进和制约作用，根据一次能源消耗的情况，一些欠发达国家和地区，由于能源的紧缺限制了其钢铁工业的发展，如果上高能耗的钢铁工业，其基础状况将不堪重负。亚洲成为钢铁工业发展的新的增长点，呈现出一批有规模、成系统的钢铁基地的建设。

炼钢工艺通常可以分为 4 类，即高炉—转炉炼钢、直接还原—电炉炼钢、熔融还原—转炉炼钢和废钢电炉炼钢。高炉—转炉炼钢是最重要的炼钢方式，产量约占全部炼钢产量的 70%；废钢循环炼钢产量约占 25%；直接还原转炉炼钢产量约占 5%，熔融还原转炉炼钢的产量仅有 0.4%。钢铁的能耗随工艺和阶段的不同而不同。在 2015 年，转炉炼钢占全球粗钢产量的 74.2%，电炉炼钢占 25.2%。用废钢—电炉炼钢的能耗为 4~6GJ/t 钢，而高炉—转炉炼钢的能源强度为 10~14GJ/t 钢。

根据 UKERC 能源数据中心（UK Energy Research Centre）的数据，使用 BF/BOF 工艺生产 1t 粗钢全部能耗包括 3.6GJ（焦炉）、1.6GJ（烧结）、13.8GJ（高炉）、0.1GJ（氧气顶吹转炉）。

从趋势上可以看出，能耗的下降越来越缓慢，降低能耗需要新的办法和思路。

4.1.2 中国钢铁工业能源消费状况

近年来，中国的钢铁工业的能耗占到全社会总能耗的 15%~20%，占工业总能耗的 25%左右。中国钢铁生产能耗水平与国际水平有 10%~20%的差距，与国际先进水平尚有 25%~30%的差距。

按照占主导地位的长流程生产工艺来测算，我国钢铁流程的能源利用率仅为 27%，其余 73% 主要以余能余热的形式存在，而我国对余能余热平均回收率仅为 45.6%，与国际先进水平 92% 相差甚远，且流程总体能耗差距也在 11% 左右。

从图 4-1 和图 4-2 可以看出，近年来中国钢铁能耗的下降非常缓慢，未来的下降速度将更加缓慢。

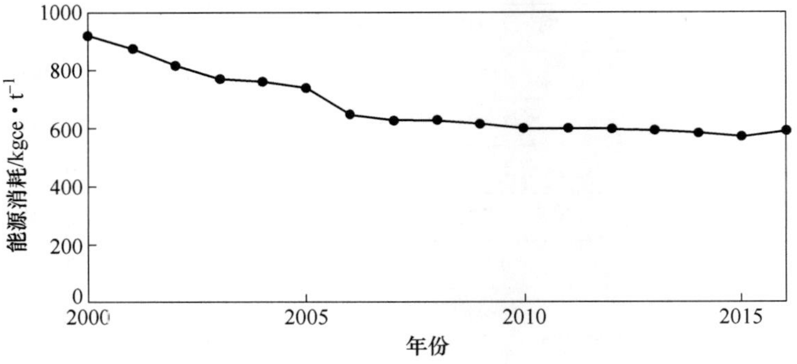

图 4-1　中国钢铁工业吨钢能源消耗变化情况

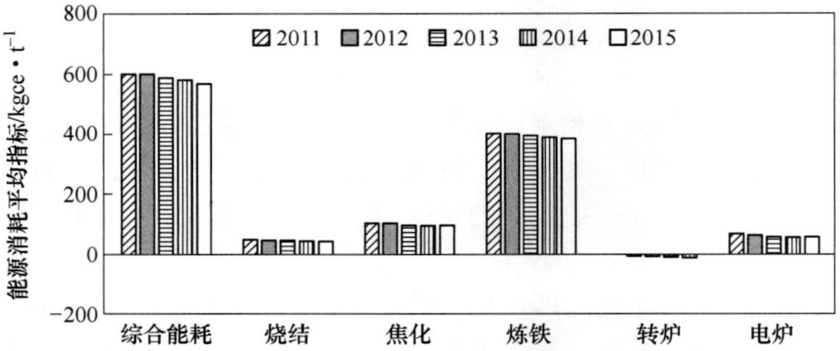

图 4-2　中国大中型钢铁企业主要能源消耗平均指标

4.1.3　钢铁工业节能的技术措施

根据众多的研究统计，技术在节能中起到关键的作用。麦肯锡的研究报告认为，干熄焦技术、旋风炉式熔融还原技术、无头连铸连轧技术、炉顶煤气循环鼓风炉技术等的应用可以节约能源 5%～15%。根据麦肯锡的研究，对节能有较大影响的技术措施见表 4-5。

表 4-5　主要的环保技术及其节能影响

技　术　名　称	初步的节能影响	
	≤5%	>5%
高炉炉渣热回收技术	√	
电炉烟气热回收技术	√	
大容积焦炉技术		√
焦炉煤气制取 LNG 技术	√	

续表 4-5

技术名称	初步的节能影响	
	≤5%	>5%
高炉煤气余压发电技术	√	
炉顶煤气循环鼓风炉	√	
热风炉热回收技术	√	
转炉热和煤气回收技术	√	
烧结余热回收技术	√	
直流电炉技术	√	
直接还原铁热装热送技术	√	
直接还原炼铁工艺技术		√
熔融还原技术		√
干熄焦高效发电技术		√
煤粉喷吹技术	√	
干熄焦技术	√	
薄板坯连铸近终型连铸技术		√
无头连铸连轧技术		√

4.1.4 钢铁工业能源消耗的特点

钢铁工业能源消耗的特点如下：

(1) 不同国家由于能源结构的差异，导致走上了不同的发展道路。能源结构影响工艺流程的选择，不同的流程能耗不同，导致能源消耗和环境污染的程度不同。

中国的钢铁工业能耗占工业总能耗的25%左右，在中国的钢铁工业能源消费中，煤炭约占60%，电力约占20%，天然气约占10%，其他能源约占10%。由于中国的煤炭资源丰富，同时由于中国对钢铁产量的巨大需求，导致中国走上了以高炉炼铁加转炉炼钢为主的长流程，能耗高、污染重。

墨西哥钢铁工业能耗占工业总能耗的14%左右，钢铁工业的能源消费组成中，天然气约占60%，焦煤约占32%，电力、石油约占8%。由此导致墨西哥发展了以直接还原加电炉的短流程，电炉炼钢约占70%，高炉长流程约占30%，污染轻。在墨西哥的电炉炼钢原料中，废钢占到55%，直接还原铁占到45%。具体情况见表4-6和表4-7。

表 4-6 不同工艺流程的能源强度（以墨西哥为例，2010年数据）

流程	电力 /GJ·tcs^{-1}	石油 /GJ·tcs^{-1}	最终能耗 /GJ·tcs^{-1}	一次能源消耗 /GJ·tcs^{-1}	CO_2 排放强度/$kgCO_2\cdot t^{-1}$
全过程	1.56	11.24	12.80	15.63	1090.91
电炉	1.93	5.43	7.36	10.86	537.83
高炉—转炉	0.71	24.47	25.18	26.48	2247.58

数据来源：Journal of Cleaner Production 158（2017）。

表 4-7 中国、美国、墨西哥钢铁能耗强度对比（2010 年数据）

国家	能耗强度/GJ · tcs^{-1}	电炉比/%
美国	16.4	61.3
中国	19.4	9.8
墨西哥	12.7	69.4

数据来源：Journal of Cleaner Production 158（2017）。

（2）由于技术保护、贸易保护等措施的实施，使环保技术的应用受到商业行为的制约，导致相同的工艺流程，在不同的国家之间，在同一个国家不同企业之间，能耗和环境污染差距较大。

在商业社会，试图通过一项技术的成功来改变一个行业已经越来越苦难，制约的因素越来越多。企业联盟和对话合作机制的建立将有助于行业整体的发展。

（3）由于相关国家和地区与钢铁配套设施的差异，以及管理理念的差异等，导致钢铁绿色生产很不均衡。

经验的价值和是否能够被充分利用是一个存在争议的问题，根源在于经验本身具有鲜明的文化属性，本身不具有广泛的适应性。而在经验的学习面前，自身文化理念的参与理解导致对经验进行了适当的更改，形成了实践的差异。这种差异的存在，形成了发散的发展轨迹，导致了行业发展的不均衡。这种不均衡将伴随行业的生命周期永久存在，是开展国际合作过程中必须理解和运用的方面。

（4）由于各种制约，导致新兴的钢铁大国没有享受技术进步带来的利益，整体能耗、排放和污染水平处于较高的状态。

由于与钢铁配套的工业基础、技术基础、文化理念等的不同，同时由于技术壁垒的存在，并不是越新的工厂、越新的设备就具有更好的节能效果。特别是一些后发展钢铁工业的国家，能源消耗较高，没有享受到技术的优势。

根据中国钢铁厂建设的情况，大型钢铁企业的关键生产装置的使用时间大致在 10 年左右，而美国转炉、电炉设备的平均使用时间都超过 30 年，从目前的效果来看，这些使用时间长的老设备的节能效果好于使用时间短的新设备。中国使用先进的技术、装备，最佳的工作时间，却得到了较大的能量消耗，尽管可以认为是技术、环保措施等原因。

而这种现象不止发生在中国，同样发生在其他新兴国家。印度与我国有同样的情形，虽然是新兴国家，钢铁厂设备新，但是能耗仍然高于世界平均水平。印度的吨钢能耗为 28.88GJ/t，高于世界的 18.83GJ/t。在钢铁全产业链中，仅仅解决一环的问题不能解决全行业的问题，这是一个系统工程，一个环节的先进不代表全行业的先进。中国只有认真总结自身钢铁工业发展的本质问题，找出问题的所在和解决方案，才能更好地“走出去”，融入世界钢铁产业链和经济链中。

钢铁工业的技术进步、节能环保的进一步改善并非一帆风顺，只有系统地解决才能有效地降低能耗和排放。

4.2 节能减排问题是钢铁工业发展的另一个制约

钢铁工业不仅是高能耗，同时也是高排放行业，对环境的影响巨大，成为一些国家和地区发展的重大障碍。

根据国际能源署的统计报告，在全球，钢铁行业 CO_2 的排放量占全部排放的 6.7%左右，预计到 2050 年排放达到 30 亿吨。在中国，钢铁生产导致的 CO_2 排放占全部排放的 10%，高于全球的平均值。随着技术的进步，单位排放呈下降的趋势。

从流程上来看，传统高炉流程的吨钢 CO_2 排放量在 1.9t/t。从不同的国家和地区来看，美国的电炉炼钢占比在 60%以上，吨钢 CO_2 排放量在 1.19t/t；欧盟电炉炼钢约占 40%，吨钢 CO_2 排放量在 1.6t/t；亚洲以长流程为主，吨钢 CO_2 排放量在 2t/t。

全球 CO_2 排放情况见表 4-9。中国钢铁工业 CO_2 排放量约占全部排放量的 15%左右，是仅次于火电行业的第二大排放大户。近年来钢铁工业 CO_2 排放情况见表 4-8 和表 4-9。

表 4-8 2003~2015 年钢铁工业 CO_2 排放情况

项目	2003 年	2004 年	2005 年	2006 年	2007 年	2008 年	2009 年
吨钢 CO_2 排放量/$t \cdot t^{-1}$	1.6	1.7	1.7	1.7	1.8	1.8	1.8
项目	2010 年	2011 年	2012 年	2013 年	2014 年	2015 年	
吨钢 CO_2 排放量/$t \cdot t^{-1}$	1.8	1.7	1.8	1.8	1.9	1.9	

表 4-9 2011~2015 年钢铁工业 CO_2 总排放情况

项目	2011 年	2012 年	2013 年	2014 年	2015 年
钢铁 CO_2 总排放量/亿吨	26.15	28.08	29.7	31.73	30.78

钢铁作为基础原材料，目前尚不具备大规模替代的可能。冶炼对能源的依赖短时间也无法改变。在这种情况下，最有力的途径就是在能源上做文章，在能源结构上做文章。

中国的一些大型钢铁企业为了满足可持续发展的需要，纷纷制定了节能减排规划。以河钢集团为例，提出“为人类文明制造绿色钢铁”的理念，积极推进“绿色”引领战略，努力打造“人、钢铁、环境和谐共生的钢铁企业”。自河钢集团组建以来至 2017 年底，累计投入节能环保资金 165 亿元，实施重点节能减排项目 430 余项。于 2015 年制定了高于国标要求的“六位一体”绿色发展行动计划，并付诸实施。以先进钢铁制造工艺与产品技术体系、“源头减排—过程控制—末端高效治理”技术体系、钢铁副产品的高附加值利用技术体系为重点，不断探索和实践“绿色转型”。在提高球团比例、优化炉料结构、新型非高炉炼铁技术等源头减排措施外，钢铁行业六大领先节能技术（干熄焦、燃气蒸汽联合发电、高炉煤气余压发电、高炉喷煤、转炉负能炼钢、连铸坯热装热送和直接轧制）已在河钢集团普遍推广应用，并陆续应用了焦炉上升管预热回收、厂区富余空地光伏发电等一系列节能技术，在能源充分利用的基础上也取得了较好的经济效益。同时以承担国家“大气污染成因与控制技术研究”重大专项课题为契机，实施了各类除尘设施和焦化储煤仓的升级改造，从而实现了污染物排放的源头管控。截至 2017 年，河钢集团吨钢综合能耗较 2011 年同比下降了 4.9%，二氧化硫和颗粒物排放量分别下降了 51.6%和 61.9%。以河钢集团为代表的一批大型企业在中国钢铁行业节能减排、绿色发展方面不断探索和实践，推动了行业的发展。

4.3　水的利用

世界钢铁协会 2011 年调查显示，生产每吨钢平均需要水 28.6m^3，平均水处理量 25.3m^3。对于电炉流程，生产每吨钢平均用水 28.1m^3，平均水处理量 26.5m^3。因此，生产每吨钢全部的水消耗在 1.6~3.3m^3，已经很低，水主要的损失是蒸发。中国重点企业吨钢新水消耗情况见表 4-10。

表 4-10　中国重点钢铁企业吨钢新水消耗

时间	2010 年	2011 年	2012 年	2013 年	2014 年	2015 年	2016 年
吨钢新水消耗/$m^3 \cdot t^{-1}$	4.1	3.76	3.61	3.5	3.33	3.27	3.14

5 开展钢铁国际合作应重点关注的问题

中国钢铁行业国际化程度在不同的方面表现为高低不同。高度发展方面是因为中国钢铁工业的大发展集合了各主流技术体系、管理理念，是在全世界范围内共同合作取得的，本身就是国际化的成功典范；低度发展方面的原因是中国钢铁工业“走出去”的步伐还不大，以我为主开展的合作还不多，还缺乏很多开展国际合作的知识和经验。在国际钢铁行业和地区钢铁工业发展中参与的程度和深度还很低，不仅没有融入钢铁全球的产业链中，还独自承担着发展的巨大风险。因此，钢铁行业开展国际化合作，对自身发展的反省和对认识的提高是需要完成的第一门必修课。

本章所提出的需要解决的认识问题仅是作者根据“走出去”的切身体会列举的一些问题，不代表问题的全部，仅为“走出去”提供一定的经验参考。

在走出去参与国际合作的过程中，塑造中国的文化新内涵、维护文化的尊严是以跨文化管理参与全球事务的前提条件，本书将不讨论此类问题，而是假设参与合作的文化元素已经是符合了前提条件的文化元素。

5.1 企业文化

企业文化既是企业的创造，也具有固有的属性，正确认识和对待是思想跨越的基础。

企业文化是在一定的社会历史条件下，企业依据所处的文化环境，在生产经营实践中逐步形成的、为全体员工所认同并遵守的、带有本组织特点的使命、愿景、宗旨、精神、价值观和经营理念，以及这些理念在生产经营实践、管理制度、员工行为方式与企业对外形象的体现的总和。企业文化是实实在在的、可触摸的企业灵魂，价值观是企业文化的核心。

不同国家的钢铁工业发展有着不同的轨迹，不同的企业在发展过程中也经历了不同的环境。尽管相互之间可以学习，尽管技术体系、管理体系都可以尽情模仿，但最终不同企业的个性非常明显，受控制的就是企业文化发挥的作用。

5.1.1 企业文化特点探讨

企业文化有着诸多的特点，本节所提出的以下特点是根据中国企业“走出去”的经验体会而总结的：

（1）本源一致性（同源性）。产生文化的是人，从进化论的角度来看，地球上的人具有共同的祖先，因此从人性的角度，生活在地球上的人，不论肤色如何，不论地域如何，不论语言如何，也不论发展的经历如何，同大于异，这是继承的结果，是整个人类能够生存沟通的基础，也是地球村形成的基础。

文化在发展过程中，逐渐形成了差异化发展，但人类又在不同的时期不断学习模仿着差异的文化，不断修正发展的方向，使人类的文化一直处于一种共同发展的状态。钢铁企业之间互相学习、互相对标，取长补短，就是这样的一个不断修正方向、共同发展的过程。所有的企业文化都是由载有文化的人创造出来的，都是在特定的时期、特定的环境下创造出来的，因此企业文化不仅是对文化的传承和发展，也载上了特定的历史和环境特征，使其具有明显的可识别性。

(2) 多样性及独特性。文化的同源性和差异化进化发展是企业文化多样性及独特性的决定因素。不同的企业有不同的建立和生存的背景，因此任何一个企业拥有独特的文化，任何两个企业之间的企业文化有差异的存在。只是差异的比例是多还是少而已。

钢铁企业的生产指标的差异就表明了这一点，即使是在同一时期，被同一家设计单位进行工艺技术设计，采用同样的技术水平，但随着时间的推移，两个企业的发展的差异越来越大。

每个企业在一定的时空条件下产生、生存与发展，所面临的历史阶段、发展程度，以及本身固有的文化积淀都不相同。企业的现象本身就是当时社会政治、经济、文化的折射，企业本身就是创造历史的载体，必定带有历史的烙印，企业文化一旦形成，也在改造着企业所处的环境。成功的企业创造的企业文化是不能复制的，因此任何的企业都必须走自己的路。因此，任何以简单复制或者经验主义开展国际产能合作都无法解决企业“走出去”长期生存的问题。

一个企业的企业文化不具有差异性表明该企业尚未形成自身的发展理念和道路；一个企业的企业文化不是独特的，还包含着多种文化的冲突，表明该企业尚未完成企业的整合发展，还是一个松散联营体，是企业必须解决的一个现实问题。

(3) 不可融合性和发展性。根据对亚裔美国人的调查，2010 年的 1500 万亚裔美国人中（华裔约 330 万，占 22%），家庭收入中值为 6.6935 万美元，而美国所有家庭的收入中值为 4.9777 万美元。且亚裔美国人的储蓄比美国平均水平高 19%。这组数据说明，尽管是在被认为文化包容性很强的国家，尽管是在被誉为强势的文化环境，历经几代人，仍保留了原有的文化要素，体现了文化要素的不可融合性。

类似基因的组合，任何一个基因不可能被其他基因同化，但可以通过结合创造出新的基因或基因组合。这是文化以及根植于文化的企业文化创新的根源所在。

中国的钢铁工业发展尽管吸收了很多的其他先进国家的技术、管理理念，但是发展的道路却是自己独特的。在引进、消化、吸收、创新的过程中，发展了自己。在走向国际的同时存在重新认识的过程。

(4) 系统性和有机性。企业文化是一个系统工程，是一个严密有序的有机结合体，由企业内互相联系、互相依赖、互相作用的不同层次、不同部分结合而成。组成企业文化系统性的要素是有机的、有限的，并且其排列组合的方式是独特的。要素之间相对独立、各司其职，同时又互相关联，协同工作。

而在企业文化建立过程中，最容易被忽视的是要素的有限性和有机性，造成要素泛滥、部分要素因无机而丧失意义。所以在开展国际合作中，切记贪大求全，不能希望通过一个项目、一件事而到达所有的目的，也不能为这样的任务赋予太多的使命，否则就会陷入文化要素泛滥的境况，导致达成任务时产生混乱的情景。

(5) 主观能动性。既然企业文化的建立和发展遵循朴实的自然规律、尊重人的文化要素，是否就可以放手任其发展呢？这肯定是不行的。自然界有优胜劣汰的法则，人建立的企业要想在竞争中获胜，必须使用人的主观能动性筛选要素、组合要素，适应生存环境，并求得发展，而不是任由市场去选择和淘汰。

适者生存，就是指要适应环境，而不是去刻意改变环境。企业的生存也是一样，要适应生存环境，能动性是企业选择适应环境的主观行动，只有适应了才能谈创新，不能适应，首先被淘汰，如何谈文化创新？文化创新是强者在适应环境的基础上发展的作品，但这个创新的高度和模式、方向受到环境的严格约束。

对于已经成为糟粕的企业文化，必须运用人的能动性坚决、果断地消灭它，然后发展新的文化，而不是靠自然消亡。

对于有悠久历史的企业，其文化的包袱也是很重的，因为不同时期沉淀的文化要素被不断累积而形成了要素的泛滥，人们有时不能去做真正有益于企业未来发展的筛选，导致发展丧失了活力。

5.1.2 中国企业在跨文化管理中的主要问题

中国企业在跨文化管理中的主要问题如下：

（1）忽视同源性，夸大差异性。忽视同源性，夸大差异性就是忽视了企业文化的可互通性，忽视了企业文化的特定历史条件，人为在认知其他企业文化时制造了困难。这一点主要在跨国公司企业文化的管理中造成的危害非常大。有的研究表明，中国人和美国人之间意识形态的相近程度超过了美国和日本之间意识形态的相近程度，这说明只要正确认识企业文化的同源性，就能很快用文化去沟通、去发生经营活动，并发展企业。

（2）忽视独特性和不可融合性，按照大统一思维强行融合。有的企业片面认为企业文化就是“一种声调”，任何其他的都应该排斥，按照“一统天下”的想法建立企业文化。该做法忽视了企业文化的基础，建立了空中楼阁式的企业文化，其持久性和发展性将面临考验。

忽视企业文化的独特性和不可融合性都会给企业文化的产生和发展带来方向性的错误。

（3）忽视企业文化要素的有机性和有限性，使企业文化丧失系统性。企业的价值观必须是明确的、主次清晰的，这就要通过要素的有机性和有限性来实现。企业文化的要素要做到宁缺毋滥，否则就是丧失系统性的混乱的企业文化。

（4）把企业文化神秘化，降低员工的参与度，使主观能动性得不到有效发挥。文化的现象不是特殊的现象，是日常现象，不能神秘化从而误导员工，并使他们远离文化。很多失败在于先把企业文化神秘化，然后努力学习改造自己的企业，再笨拙地实践，最后迎来了失败。这也是一些研究者经常犯的错误。

（5）忽视企业文化的作用，忽视企业文化的多样性，缺乏文化视野。通常人们会忽视文化问题，把某些文化现象当作个体行为。或者意识到文化的影响，但当身处其中时忘记了文化问题，“只缘身在此山中”。特别是走出国门的中国人，离开了熟悉的文化环境，缺少多元文化的视角和意识。看待外部世界，停留在以自我为中心的简单对比上，缺少文化和思维中立立场，忽视企业文化的多样性，缺乏对世界多样性的理性认识。很多研究学者，可能政治学、经济学很好，但大多不懂社会学、人类学，缺少对多元文化的包容和理解。在此基础上，对很多问题的认识就会产生偏差，自然在解决上就会出现偏差。

文化问题是超出政治、法律、技术、经济的主要问题，很多问题的发生和解决都可以归结为文化问题。

5.1.3 在跨文化管理中建议坚持的几个原则

跨文化管理需要坚持的原则如下：

(1) 坚持文化的平等性和自主性。在当今，西方文化对非西方世界产生了深刻的影响，并且这种影响是单向的、不对等的。西方国家不仅把资本的逻辑带到其他国家，而且也把人与人的关系、社会关系克隆到那里。即使是在中国国内，部分人习惯于遵从他们的理念，何况是在海外的环境中。一旦认为自己的文化是弱势文化时，文化的平等性将倾斜甚至丧失，不可能争取到最佳的结果。“走出去”，绝不是为了将自己变成别人，而是要在国际舞台上发展自己，因此对自己文化的自信和平等的使用至关重要。

在坚持了文化的平等性的基础上，发挥中国文化的特点，保持文化独立性。

对于开展国际合作来说，文化的平等性和自主性是双向的。我们在西方的文化面前，要保持自身文化的平等性，不犯东施效颦的低级错误，以免丧失在商业活动中的话语权；同时在向一些不发达国家寻求合作时，要努力尊重当地的文化，在平等的认识下融入、创新。历史证明，不论是技术殖民还是文化殖民，最终都不能抹杀一个已经形成的文化体系。

(2) 特定时期，采取包容的文化。特定时期，也是双方增强认识、理解的时期，要采取一些更加包容的行为。这种包容的文化体现在：

1) 尊重各方宗教信仰。

2) 尊重各方传统文化、饮食习惯、住宿习惯、行为习惯等。

3) 在全局统筹的基础上，协调各方的工作习惯，尊重区域的休假制度。

4) 与项目所在地的文化协调等。

(3) 民族的才是世界的。有人经常会谈到与国际接轨等的有关话题，并寻找“国际准则”，寻找接轨的方法，开始厌恶自己的出身，试图想通过一些方法让自己脱胎换骨，成为“国际公司”和“国际人士”。

有纯粹的国际准则吗，国际准则是什么？从来没有，将来也不会有。任何所谓的国际准则都是具有鲜明文化特色的、某一国家和地区的经验，被其他的国家或地区用来学习和模仿。从来没有脱离文化背景，脱离各国属性、企业属性等而单独存在的国际准则。世界语的发明和使用是人们的一种良好愿望，但是相信大家都能理解：世界语永远不可能成为主流语言，因为他缺乏文化的背景和依托。

因此，民族的也是世界的，民族的才是世界的。没有民族的特色，没有民族文化的烙印，何来世界的青睐。这不是特指某一个国家，对任何一个国家都是如此，也是我们理解别国文化的基础。同样这不是狭隘的民族主义概念，而是走向世界的资本。而这一点常常在“走出去”战略中被忽视，认为只有充分融入世界主流文化，充分学习西方的技术，甚至举止行为，才能得到认可并施展自己。这样做的结果恰恰是丧失自我，最后交完学费落败而归。

这条规则同样适用于钢铁行业企业在国际合作中的处理问题。企业的国际化本身不是自己懂得并遵守了多少国际规则，而是自身的发展理念和商业规则等被国际上同行认可的程度如何，只有得到一定的认可，才能产生一定的信任，形成合作的基础，才能创作出持久、健康的合作，自然，业界就认为你是国际化的公司了。而一个公司的发展理念和商业规则是受公司的企业文化制约的，因此不适宜的、没有特色的企业文化必然制约前进的步伐。

5.2 跨文化管理的能力和水平是关系到国际合作成败的关键

在国家“一带一路”倡议和国际产能合作指导下，中国企业向海外的投资、合作不断升级。但在这个发展过程中，既有成功的实践，也有很多问题的发生。企业在快速发展中出现的问题，表面上是当局的政治问题、投资的环境问题、项目的技术问题，但本质上是企业跨文化管理的问题，核心的问题是没有处理好企业跨国/跨区域扩张中企业文化的建立和管理问题。导致靠投资、并购成立的企业集团很少真正实现了整合、也未能真正实现国际化，投资建立国外企业的未能达成最初的目标。有关学者统计数据表明，中国企业在海外的并购中，在失败的企业中有80%败在了跨文化管理上。

管理专家戴维·A·利克斯认为，凡是跨国公司大的失败，几乎都是因为忽略了文化差异所招致的结果。营销学家菲利普·科特勒也指出，在国外莽撞出错的正是那些在国内获得巨大成功而又忽略文化因素的企业。

跨国经营一定存在跨文化管理，但跨文化管理不一定是跨国经营，跨文化管理是企业管理中的一个普遍现象。在企业的内部同样存在跨文化管理的问题。

既然企业文化、跨文化管理对开展国际业务和国际合作起着至关重要的作用，对于“走出去”企业深层次认识企业文化的一些特点是很有需要的。只有认识到一些本质上的问题，才能采取有效的措施，为钢铁行业国际产能合作健康发展保驾护航。

5.2.1 正确认识同源性与多样性之间的关系，处理问题力求简单化

企业文化同源性与多样性之间是辩证关系。企业文化既以同源性为基础，又需要有自己的特色，建立一个包容的、有颜色的企业文化，来获得生存和发展的空间。以下是需要在国际合作中尽量避免的问题：

（1）忽视同源性，夸大差异性是跨文化管理中常犯的错误。忽视同源性，夸大差异性就是忽视了企业文化的共性基础，人为在认知其他企业文化时制造了困难。

这一点也说明，不论什么样的合作，没有经验不可怕，可怕的是被经验所困、不能抓住大局（本源一致性）而形成的偏执。

忽视同源性现象在海外广泛存在，如在非洲，据有关报道，在安哥拉，70%的公共工程被中国人承揽。这些中国企业与西方企业不同，他们几乎从不雇用当地员工。部分中国人认为非洲被西方人带坏了，“穷国有个富制度”。由于难以忍受，很少雇佣当地员工，大量从中国引进，导致矛盾加剧。

伴随着中国企业向海外的扩张，中国人的形象问题值得关注。一些海外的当地人除了不满中国人坚持使用来自中国的劳动力外，更对这些工人只吃在中国一样的食物，几乎从不尝试当地的生活习惯，也几乎不学习外语，拒绝与当地交融的姿态，极为反感。在管理上，以保障安全为由，采取了封闭式的管理方法，或者叫孤岛式生存方式。表现为画地为牢、主动回避深入交流，让对方以为封闭的原因是歧视。

此种现象的产生大致有两方面的原因：一是对企业文化同源性的极大漠视，以自我为中心，主观臆断了一条鸿沟，阻断了文化的交流、企业文化创新和发展，使企业文化丧失生命力、丧失生存的基础，最终导致意识形态的畸变和经营方向的错误，并最终导致经营活动的失败。二是对文化多样性的风险过分夸大，对不熟悉的文化产生内心的恐惧，不愿意去尝试交流，不愿意去冒“风险”，导致画地为牢经营。

这两种极端情况都是有害的，如果不能纠正，“走出去”的损失在所难免。

在开展钢铁工业的国际合作中，我们都会对每一个机会进行尽职调查，找出差异点，并建立预防的机制，防范风险。由于文化的同源性，我们能够找出的严重差异点即使再严重，也要拿到全局上来评估，防止制定了错误的发展路线，导致不可回退的失败。

（2）企业文化丧失独特性，从而丧失自我是另一个普遍现象。企业文化的独特性是企业的一个名片，企业之间文化的多样性由此形成。

对文化差异的正确理解能使“走出去”时卸下不该有的思想包袱，坚持本性，自如发展。正确应用就是坚持文化的平等性和自主性。

（3）文化多样性调研的重点。调研文化的多样性要目标明确，有的放矢。作为海外扩张的企业，应该重点认识以下几个方面的差异：

1）传统观念的差异。传统观念的差异常常是根深蒂固，一旦秩序确定，要想突破需做出巨大的努力。传统观念织成一张巨大的网，每个人都成为一张大网中的自由度很低的棋子。不能理解，就会给自己的行为带来麻烦，也形成了沟通的第一障碍。但以此裹足不前大可不必，遵循同源性原则，理解传统观念的差异并尊重对方的传统观念，障碍迎刃而解。正如周易所谓：“穷则变，变则通，通则久。”

2）语言差异。语言的差异是传统观念差异的延伸。语言差异，表面上是使用语种的差异，而本质上是母语思维的差异。母语自身的特点能够对人的认知能力和思维结构造成影响。正如西方崇尚个人主义，因此英语国家的思维方式多崇尚个人思维，故西方人在思维习惯上常在“同”中求“异”，在思维方式上则是从小到大，从重要到次要，从特殊到一般，从未知到已知。中国的传统观念导致说汉语的思维方式则偏重形象思维（说出来的话具有深意，需要意会），习惯在异中求同，在思维上倾向于整体思维、情感思维、从整体到个体、从大到小、从一般到特殊的表达定势。

3）宗教信仰差异。信仰是心灵的归宿，是心灵的家园，这个家园完全属于个人私有，并且可以由个人任意的装饰，无需千篇一律。

（4）有关问题反思。理解了企业文化的同源性和独特性后，很多工作都值得反思。如关于国际合作的人力资源培训，应该培训适应、融入文化的能力，还是应该培训东施效颦的功夫？同源性确定了同远远大于异，有统计表明，在全部沟通中，有85%都是非言语沟通。实际也是如此，语言是一个工具，但沟通是否有效却不是语言为主导。那么，原来的培训重点需要调整吗？类似的“走出去”的问题都值得我们去反思，在反思中调整战略、战术，调整步骤、方法，调整思维、逻辑等。

纵观世界各国钢铁发展的历史，很多的学者、研究人员、企业家总能找出发展的规律，并且运用规律对未来进行预测。正确的把握要素，能够较好地预测未来一段时间发展的规律，这就是由于文化的同源性、同大于异导致的结果。但当我们再深入研究国别时，会发现总是有差异存在，找不到任何两个国家有共同的发展规律，这就是独特性导致的结果。这就需要我们在合作中一国一策、一事一策进行分析，寻找融合的方案。我们经常说中国的钢铁工业积累了丰富的发展经验，我们的优势就是把这种经验移植到别的国家去发展。而这恰恰是错误的结论，因为再没有任何一个国家有我国的体量、制度、管理、文化背景等，而我们的成功正是基于这些成功的。因此，移植出去存活的可能性较小。我们真正要使用的是在发展过程中总结出来的跨文化管理的理念、面对各种条件解决问题的能力和方案等。因此，“走出去”不仅仅是企业的走出去、产品的走出去，更是文化的走出去。

5.2.2 认识文化要素的不可融合性和有限性，在企业管理中正确选择

我们所说的文化融合，是指将有差异的文化要素组合在一起，形成企业文化的颜色和企业发展的动力、达成企业发展的目标，而不是使要素失去本性进行融合。文化要素是不可融合的。

不可融合性不仅体现在企业的内部，也体现在企业与企业之间。在企业内部，作为文化载体的员工，其具有的一些本质特征无法被清除或者同化，只能被选择性利用。而在企业之间，遵循同样的道理，因此企业文化只能学习他人的文化，创新自己的文化，而不能抄袭他人的文化，即不能东施效颦。企业不能刻意强调文化的融合，走入企业文化创新发展的误区。

文化要素不可融合性的一个根源是以人为本，这也是企业发展的一个根本。人是文化的创造者，也是文化的载体，同时还是企业发展的直接受益者。企业文化是一种以人为本的文化，尊重和重视人的因素在企业发展中的作用，着力于以文化因素去挖掘企业发展的潜力。而我们常常听到某一个国家或者某一个地区的人“很懒惰”的说法就是认识上的一个误区，以自己的价值观衡量对方的价值观，而没有坚持以人为本。

企业文化的建立是谨慎的、非盲目的，一旦形成，就具有在一定时期之内的相对稳定性，因此作为有限的文化要素的选择一定是谨慎的。企业应该结合自己的价值观和发展目标，对文化要素差异进行理性思考，在正确理解企业文化要素的有机性和有限性基础上，坚决取舍。企业在发展壮大过程中，特别是跨国扩张，势必会吸收一些新的要素。但在吸收新的要素时，对原有的要素和新的要素要进行分析，及时舍掉已经丧失意义的要素，对要素进行整合，保持企业文化的先进性、系统性。对企业文化要素要做到有加必有减。如果只做简单叠加，企业文化的系统开始会变得庞杂，并随着发展逐渐丧失系统性，企业文化的作用大幅度降低，不论是企业还是企业的员工，逐渐进入一种迷茫状态，企业将走向混乱。这是一些企业集团成立数年乃至数十年仍未能实现整合的原因之一。

有的企业跨国收购了国际品牌，由于整合的风险和压力，使自己处于两难境界，是继续让其按照原有模式运作，还是输入本企业的文化，彻底改造。这两个方面都违反了要素有机性和有限性的原则。国际品牌，不论有多硬，能被收购，都说明其已经存在不能适应发展的要素。能收购对方，就证明你有优秀的文化要素。如果企业文化要素不整合，收购后的企业隐含的问题逐步显现，最终将导致收购的减值。能收购对方，也是认可对方某些要素对你有利，而收购后不加以利用，以本企业的要素对被收购企业实施全覆盖，其结果与前面是一样的。

在文化要素的选择上，坚持具有开放性、外向性、包容性等特点作为先进文化要素的

特点，应注意自然存在、社会约定、环境需要三个方面的要素的平衡。文化的同源性和独特性确定了企业文化的共性部分和差异部分，为要素的选择提供了帮助。

在国际合作过程中，文化要素的选择应该是异常艰难的事情，不能把中国的文化元素全部出口，因为已经证明有部分是不合时宜；也不能把合作方的文化元素全部吸收。从文化要素有限性的角度，必须进行取舍，建立自己的企业文化，即合作企业的核心价值观。

在选择时可能最难的是中国文化要素的选择。由于是历史不间断的文明古国，中国的文化非常丰富多彩，但是应该选择什么样的元素作为输出文化要素，去与其他的文化要素整合，却是一个难题，难就难在做这种选择和识别的人恰恰是这种文化的载体，“只缘身在此山中”，是否已经具备了跨文化的视野，能否用较高的文化视野来做出选择成为关键。另一个选择的难点是自身拥有的文化固执使用带来的偏执。如在尊重要素上面，Hofstede 文化维度的研究数据表明，在权力距离上，美国是一个权力距离较小的国家，社会各阶层平等度较高；而中国文化注重权威，主要形成的是次序尊重，由此形成了有地位就尊重，地位越高尊重程度就越高；没有地位的团体很难受到尊重。而这种特色鲜明的要素在权力距离小的国家，可能会造成负面的影响。解决问题的关键在于输出此种要素时，能否将其还原到人性的尊重上再输出。做到人性的尊重就会得到大多数的尊重。

英国历史学家 Arnold Toynbee 曾说过：“为了持有一种公允的、平衡的全球观点，我们必须抛弃自己的幻觉，……，对于这样的历史学家来说，他的先辈们的立场，出乎意料地成了全面认识世界真实景象的障碍。”爱因斯坦也曾说过：“除非一个人摒弃细枝末节，具有更广阔的视野，否则，在科学中就不会有任何伟大的发现。”虽然表面上他们所说的都不是直接的文化问题，但本质上这是一种全局的文化视角，也是看待问题、解决问题的视角。

企业的价值观必须是明确的、主次清晰的，这就要通过要素的有机性和有限性来实现。企业文化的要素要做到宁缺毋滥，否则就是丧失系统性的混乱的企业文化。

5.2.3　发挥主观能动性时，员工的参与度是关键

首先，不能忽视企业文化的作用，不能忽视企业文化的多样性。

通常人们会忽视文化问题，把某些文化现象当作个体行为。或者意识到文化的影响，但当身处其中时忘记了文化问题。特别是走出国门的人，缺少多元文化的视角和意识，缺少文化和思维中立立场，停留在以自我为中心的简单对比上。在此基础上，对很多问题的认识就会产生偏差，导致在解决上就会出现偏差。如果中国的一些企业在进行对标过程中，习惯于对比中国特色部分，中国的员工是多少、驻外人员是多少等，而把外籍员工作为附属品，很少纳入体系中进行对比。这种对标对于“走出去”的企业是没有意义的，相反得出的结论还会误导政策的制定和企业的决策。

文化问题的忽视，一方面来自无意的认识不足，另一方面来自有意的短期效应驱使。但其结果是一样的，不仅“走出去”交了高昂的学费，同时破坏了对外投资的环境和形象，为后续发展带来了困难。由于被忽视，主观能动性也很难得到发挥。

其次，不要把企业文化神秘化，降低员工的参与度。

文化的现象不是特殊的现象，是日常现象。文化世界不是虚拟世界，其显现都是看得见、摸得着的。文化的潜移默化是对心灵的约束，人的行动是受内心的指引，当一个人认

为某件事不能做时，不用出具处罚条例，他已经能自觉遵守。很多文化管理失败在于先把企业文化神秘化，然后建立了脱离实际、看似高尚、实则不可及的、仅存在于纸面的虚拟企业文化。面对这样的文化，除了少数人作秀外，员工几乎只能听故事而无法参与。

第三，要避免在企业文化方面重包装、轻应用。

同其他的事物存在一样，文化的宣传和包装也具有伪装性。有的企业文化通过包装似乎就是为了吸引局外人的眼球，并不是通过内部的作用而产生对外的合力。重包装，忽视文化对企业发展的作用，就会忽视文化的建设，忽视对自我的约束，降低文化帮助企业达成目标的作用，由此企业又开始在一定程度上否定文化作用，分裂管理者与被管理者之间的关系，甚至会得出文化靠不住的结论，还是要严格的制度才管用的恶性循环状态。

有的项目管理是一种典型的包装，依据集世界百家的项目管理理论，建立书面的项目管理方法，而运作项目时按照“潜规则”运作。解决常规问题不是靠自己的制度，而是作为特例解决。也由此，这个“集”仅仅是“搜集”，没有与如何执行相关联。这种“优秀”的包装仅仅是为了做给需要看的人，而如果执行的时候与这种管理较真，其结果可能不堪设想。

在发挥主观能动性方面，信任的力量远远大于管束的力量。信任，就是调动大部分力量进行约束；管束，就是实施单一的制约。管束转变成管制后，就会引起反作用。有的企业信任正在远离员工，一些管理者的信任越来越停留在口头上，通过制度，面对1%的人可能犯的小概率事件，将100%的人管束起来。如果面对这样的小概率事件，使用100%的信任，全员就会帮助约束小概率事件的发生。而对100%的人实施监管，所有的员工都成了监管的对象，事件的发生仅能通过赋予监管权的人来监管了。

5.2.4 以文化要素指导媒体宣传

中国的企业都知道宣传的重要性，都知道利用舆论工具的重要性。对于“走出去”的企业开展国际合作，宣传更加重要。

不论媒体有多少不足或者有多少对自己不利之处，但总是客观存在、总是能够被使用。海外媒体的利用和宣传与在国内的宣传差异很大。在海外的项目，要做好宣传工作，文化的指导不能缺失，当然这种文化前提是已经选择了适宜的文化要素。主动性缺失，就会奔命于应对负面报道，其结果常常是越描越黑。

5.2.4.1 适度宣传

区别于中国文化背景下的某些宣传工作，海外媒体宣传的一致性与两面性表现得非常充分。宣传的适度和定位的恰当是非常关键的事情，如果定位不当，如过分宣传项目的好与成功，提高了当地的预期，就会提高项目的建设及运行成本。因此，宣传要为目的服务。

对于某些习惯了中国宣传模式的企业，做这个适应环境的变化是一个非常艰难的工作。

在认识负面报道时，要根据具体情况具体分析，因为有时负面报道也是由于国际合作成功及力量不断强大的象征。有时这种报道本身就是对中国投资和国际合作成功的肯定。

5.2.4.2 定位谨慎

在海外国企的媒体宣传中，必须谨慎衡量处理企业与政治的关系，防止重大事件的广泛政治化。企业的政治化和政治化的企业都将很难实现真正的跨文化管理。

已经有一些国有企业在海外由于政治化气息浓厚而遭到了更多的诘难。在一些重大事件上，经常可以看到一些政治势力的背景，但不会有任何政治团体声称参与其中。这个时候，如果定义或者宣布此为政治事件，势必加大解决问题的难度，甚至堵上了协商解决的路。而在有些时候，明显的政治事件采取非政治化的解决方案可能更有利于问题的解决。

5.2.5 企业文化创新中不能忽视的几个问题

文化在现实生活中存在两面性，文化创新就是趋利避害。但有了创新不一定就有生命力，还要看这个创新是否符合当下的利益，是否有长远的指导。在企业文化创新中几个制约因素应被重视：

（1）母体文化特点的制约。“江山易改、本性难移”这句俗语可以用来形容母体文化制约的程度。

（2）文化管理幅度有限的制约。文化的传播与管理幅度之间存在辩证关系，一旦刻意扩大文化的管理幅度，都意味着管理的减弱，导致文化影响的弱化。

（3）文化的长寿命性和难改变性的制约。文化的寿命有多长？凡是经过考验并成功立足世界的文化寿命都在数百年以上，至今还能找到仍在存活的已经存在了数千年的文化。古代文明中的每一个都有其与众不同之处，都是一种独特的文化类型，这些文化类型有的一直持续到今天。文化产生于生存环境，在当今人员、资金等广泛流动的社会，要想通过一个项目改变一个人生存环境具有较大的难度。

（4）文化要素的难融合性。我们常常谈到融入问题，但却很难看到真正的融入。不同时代或不同文化的居民愿意采取不同的真理，不仅融合成了问题，而且没有办法去进行跨文化的比较或区分。

5.3 文化对技术的影响

钢铁领域的国际合作离不开技术的支持，离不开技术方案，也离不开技术的合作。文化对技术是否有影响，有什么样的影响？似乎人们有很多的回答。如人们经常说的“技术无国界”就明显表达了文化对技术几乎没有影响的状态。

但我们必须认识到人的思想和行为是受文化制约的。而技术是由人创造、掌握和运用的。因此，脱离人、脱离人的文化背景而谈论技术是空中楼阁。在一般的工作中，人们常常只是讨论技术工作的重要性，论证技术方案的权威性、全面性和可实施性，很容易忽略文化对技术的指导作用。因此，在跨文化管理中，正确处理技术与文化之间的关系，发挥文化对技术的指导作用是一项重要、存在争议和敏感的工作，也是企业跨文化管理的核心工作之一。

文化与科学的融合也是自然界和谐统一的体现。自然界从来都不是割裂的，而人们为了研究的方便，将一个自然界划分为众多的领域、学科，并建立了基于研究方便、简化的不同的规律、学说、理论等。但并不表示他们在自然界中真是独立的、割裂的，他们仍然是有机的和谐体。技术是客观的存在，文化也是客观的存在，不论存在于什么领域都是人为的划分，因此在考虑问题时，不应割裂对待。

5.3.1 正确认识文化对技术的指导作用

科学技术和文化之间是什么关系呢？在当代，由于科学技术的巨大进步，使其地位迅速提升，文化对技术的作用越来越被忽视，科学与文化之间的裂痕逐渐加大，甚至在学科领域、方法、发展上分道扬镳，导致其关系复杂化，由此形成了在科学界、文化界一定程度的混乱。

在当代，科学在其内部产生了分裂。为了寻求简化的解决方案，通过约定等在学科之间、学科思想之间进行了分裂，导致学科之间的条块分割、方法的分割等。这种分裂有时导致对同一事物形成了不同的、甚至迥异的认识，这与文化要求的和谐性是不相容的，破坏了自然的和谐性。科学如果用这种分裂的方法和态度研究文化的问题，也会造成文化本身认识的混乱、和谐性的破坏。

技术标准的使用问题常常体现出技术与文化之间的分裂现象。

技术标准是什么？表面来看，技术是无国界的，技术的标准应该是基本统一的。如果单纯来翻看各国的、国际的技术标准，确实如此，中国也在最大范围内使用国际通用的技术标准，中国的国家标准采用国际标准的程度非常高。将中国标准与国际标准进行对比，发现几乎是一致的。然而这种一致性主要体现在书面上，在实际使用中，却不是那么回事。因为使用、理解这些标准的是人，而人受背景文化的控制。为什么几乎同样的标准，在使用过程中却出现如此巨大的反差？原因不在技术本身，而在制度和文化上。

因此，分裂了文化与技术，为了标准而标准，单纯研究标准本身的问题不可能真正解决问题。必须以文化为指导，将标准与文化结合起来研究，才能真正读懂标准、运用标准，也才能真正解决实际问题。

对一个人而言，文化是系统的、融合为一的，体现了自然的一种和谐性。而描述科学的语言是文化的产物、文化的载体，忽视科学与文化的链接将导致科学发展的畸形。在当代，科学通过服务社会在回到现实的同时，又在脱离着现实。我们必须认识到人的思想和行为是受文化制约的，而技术是由人认识、创造、掌握和运用的，脱离人、脱离人的文化背景而谈论技术的作用是空中楼阁。因此不论社会如何发展，文化对科学的指导作用是不能被替代的。脱离文化的技术常常显示出其严重的局限性，因此，技术只有被赋予文化的灵魂才能发挥出其巨大的作用和潜力。

文化对技术的影响是多方面的，赋予什么样的灵魂就会产生什么样的结果。虽然理解文化对技术的影响，但如何在一个团体内使文化正确引导技术是一个问题的根本所在。例如在现实社会中会出现高分低能、甚至某些高学历的人员解决社会问题低能等现象也是文化对技术的影响体现。为什么受到更多的教育反而不能更好地适应社会、并提供更多的发展支持？原因有多种，但其中有一个原因是没有正确理解文化对技术的影响，在科学面前逐渐放弃了文化的灵魂，转而采用固定、过多简化和假设的技术思维来解决社会问题，即以科学的分裂思想代替文化思想来解决社会问题。而这种思维模式对解决问题留下的思考余地非常有限，因而解决问题的方法也非常有限，而且常常是固定模式或者是格式化的。

5.3.2 技术不能独立于文化存在并发挥作用

中国企业在与国外的相关机构合作时很少做尽职调查或调查的深度不够，很少愿意做大量细致的基础工作，经常忽视对手的长处和弱点，因此也很难利用自己的比较优势。

虽然做了大量的尽职调查工作，然而选择什么技术、应该做到什么样的程度却不是技术本身回答的，完全由文化来决策。而且依据各种技术工作结果的决策也是深受文化的影响。

5.4　梯度原理是选择合作伙伴和合作方式的指导

既然自然界是和谐统一的和多样的，那么不论是技术还是文化，都应该连续的、有梯度关系和密切联系的，秩序井然而五彩斑斓，不应该出现断层，也不会因错乱进入混沌状态。正如钢铁工业的发展一样，不仅形成了一个共同发展的链条，其中的某一环与上下环之间形成紧密的关系，而如果环与环之间链接错乱，不仅将导致秩序混乱，还可能毁掉产业链条，导致行业的崩溃；环与环之间形成了发展梯度，使链条每一环的选择受到梯度的制约。如果两个环节之间的梯度不匹配，将导致整个链条的稳定性受到影响，并有可能导致一个系统性的危机。

因此对于参与国际合作的企业来说，首先需要确定自身的位置、产业位置、技术地位、文化地位、发展阶段和状态地位等，并寻找自己的前后“关系户”，结成合理的合作关系。这就是梯度原理的应用。

为了简化讨论的问题，可以简单将企业与产业链的梯度划分为技术梯度和文化梯度。

（1）技术梯度。任何技术，包括钢铁技术的发展是渐近的、有梯度的。而在全球、同一时刻，不同的使用者所使用的技术是不统一的，因此技术的梯度不仅体现在技术本身的发展中，还体现在使用的过程中。即使在中国，钢铁技术的使用梯度也是非常明显的，不是任何两个钢厂都能简单地整合到一起。

例如关于钢铁厂专利申请情况，根据 1985~2013 年的统计数据，中国 16 家重点钢铁企业共申请专利 36773 万件，占行业申请专利总数的 95. 3%。其中宝钢一家申请的专利数占到了全行业申请专利数的 29. 57%。可见钢铁企业在技术进步和技术使用方面有着明显的梯度。

技术可以跨越式发展，但是不能不切合实际地跨越，导致发展颠覆。我们与合作的国别和合作伙伴需要存在一定的技术梯度，梯度的大小要能够达到技术自然流向的程度。这是开展合作的技术前提条件，也是选择国别和合作技术的原则。对不同的国别推广的技术按照梯度原理是不同的，如果梯度过大，对方的配套措施和管理方法无法适应或者不能满足，也很难成功。技术的范围包括技术标准、专利、工艺理念及流程、生产方法等。

（2）文化梯度。首先需要意识到文化不是空洞的，有具体的表现，如管理的理念和方法、建立企业的思想、合作的准则、处理社会关系的原则等。在开展合作中，要与合作对象形成文化的梯度，使我们处于文化优势地位，形成长期合作的必要保障。否则风险将随着时间的推移加大。

5.5　必须跨越的属地化关卡

属地化是什么，为什么要属地化？这看似简单的问题，却是阻碍国际化合作的最大的拦路虎之一，是国际化合作失败案例最大的内因之一。

5.5.1 属地化是企业跨文化管理的要求

属地化是企业跨文化管理的要求，本质上是文化的融入、经营发展的融入。

基于文化的平等性和独立性，同时基于文化要素的不可融合性，如果采取单一文化发挥作用而不让另一种文化参与来简单粗暴地解决问题，就会导致文化的孤立而无法落地生根。这是一个企业、一个项目必须解决的问题，解决的方法就是通过属地化进行文化创新。

属地化的表象很多，如当地雇员的比例、管理层雇员的比例、当地的分包等。但是属地化的本质是在跨文化管理的理念上、对属地化意义的认识上、企业发展的定位上，就是在公司/项目所在地寻找自身的定位，并融入当地文化环境中，融入所从事的行业的产业链中，融入风险得到分散的社会环境中，成为行业发展和经济发展不可或缺的一环，成为社会的一分子，使企业生根并与环境共同发展。意识上的问题没有解决，不论比例达到什么程度，都不是真正的属地化。

在尽职调查中，文化的调查至关重要。企业在合作过程中要通过文化的尽职调查，合理筛选文化要素。只要没有文化的意识，思想没有融入、意识没有融入，就是站在了属地化的门外，做出的属地化策略可能会偏离企业的经营目标。这也是由于文化的偏执性导致的结果，如何打开禁锢自己思维的枷锁本身就是一个难题。有些企业管理人员由于文化的偏执，对自己的认识深信不疑，总希望按照自己的经验来做事，总希望在他国建立的也是与中国一样的秩序关系，总希望别人做事的思维、方法、程序等与他的意识相同，由此导致的就是总觉得外籍员工不好用，不如用自己团队的人顺手，因此开始强调各种理由拒绝属地化，而把当地人力资源排斥在经营范围之外，就在司机、保姆、清洁工等后勤人员上下功夫，但是核心团队仍然保持了自己的人员。这样的属地化数据是没有意义的，让他们把企业扎根并发展几乎是不可能的。因此，管理者具有跨文化的管理能力对“走出去”企业来说是至关重要的管理能力。

在经营层面，属地化是产业链条的融入，而非独享利益。将自身的发展融入当地的产业链中、融入经济链中，分散风险，你中有我，并扎根生长，共同发展。

不专注于自己的环节，试图攫取更大的短期利益而无视产业链整体的稳定性导致的失败和教训案例是很多的。但是否已经被吸取教训并在国际合作上去避免目前尚未看到实质性的转变。如在中国钢铁工业高速发展的 21 世纪初，一些工程公司在巨大的利益面前，开始进入制造领域，抢夺设备供应商的利益，攫取更大的利益。钢铁工业的发展是波动的，这种做法无疑是将长期的投资利益寄托在短期的利益行为上，不仅失败是可期的，而且因此不仅搭上已经获得的利益，还将付出更多的代价。

因此，应该鼓励的是做自己的那一环，与上下游联合发展，而不是一定去挤占上下游的利益，除非已经做好专业化的准备。在国际合作中，更不可采用通吃的做法。

目前，两个非血缘关系的人的融合最有效的方式是婚姻，一种深度的结合，其共同财产无法简单归结为其中的任何一方，任何一方也会自觉地维护、照顾共同的财产。而此时，没有任何人怀疑他们不是一家人。这个道理也构成了国际合作的基本原则，没有彻底的融入，就没有长远的共同利益，也不会使风险得到真正的分散、实现长远的发展。

5.5.2　需要进行属地化的关键要素

需要进行属地化的关键要素如下：

（1）战略规划属地化。要将自身的战略规划与当地的发展规划相结合，在合作中展现引领和带动作用。切不可单纯考虑自身利益的实现而忽视了当地利益的共同实现。

（2）管理理念、企业文化属地化。企业在建立管理制度和管理体系时，应该充分考虑当地的文化要素，同时要对一些文化要素进行改造，使企业拥有一个适应当地生存环境而又具有创新元素的管理理念和体系。

（3）公司责任属地化。属地化的公司不仅要履行母公司/股东的责任，还要承担并履行地方发展的责任。

（4）经营发展属地化。在当地的产业链中寻找自己的定位，并完善自己的定位，处理好与上下游之间的关系，融入当地经济发展的大环境中。

（5）社会责任属地化。在属地化中，不只是对当地员工实施关怀，而是将自己作为当地的一分子承担地方发展的责任，让当地的员工接受自己在这样的公司里工作就是为当地的发展做贡献。

（6）工作生活属地化。要求在自己的意识里面，把自己当作了当地的一分子，尊重并融入当地的社会中。

5.5.3　属地化中经常出现的有关问题

属地化中经常出现的问题主要有：

（1）属地化问题政治化的争议。属地化过程中出现一些问题是正常的，正确认识并对待，总会向好的方向发展。有些处理方法却适得其反，把出现的问题严重化、政治化，不仅挑起更大的矛盾，还掩盖了问题的实质。属地化问题政治化是“走出去”的中国企业，特别是国有企业，经常面临的一些问题。

这个问题反应的是行业国际化的不足和国际化人力资源的有限性、跨文化管理人才的不足，也暴露出国际化人才的培训问题和有关理念问题。

属地化过程中发生的问题是多种多样的，有些是商业行为，有些是利益的分配和争议，也有些是有政治势力的背景。作为企业管理的界限与一个政府管理的界限是有区别的，企业按照商业行为管理自己的工作范围和边界，并服从、服务于政府的监督管理和经济的发展；一地的政府按照行政区划和职能管理自己的范围和边界。当企业发生了问题，应该首先考虑在企业的范围使用商业行为予以解决，一旦上升到政治层面，就超出了企业能够解决的范畴，要么把问题扩大化、复杂化，增加解决问题的成本，要么问题被束之高阁，企业发展受阻，利益蒙受损失。

（2）效率争议。我们有一个基本的论调，认为中国的效率是最高的，我们的合作伙伴或多或少都存在效率低下的问题，要提高效率，就需要雇佣中国的劳工。按照这个逻辑，本来当地丰富的劳动力资源反而变成了项目建设的障碍，导致无资源可用，由此凸显中国劳工才是解决问题的关键，进入恶性循环，并由此产生了属地化的阻碍。

中国的效率问题具有鲜明的特色。在经历的众多的项目策划中，几乎都有赶工措施，而且企业特别强调自己赶工能力和措施的到位。这就是鲜明的中国特色，也是中国的经济得以快速发展的保证。但当这个特色走出国门，参与国际合作时，却出现了很多的问题。在一次海外项目与对方团队讨论时，对方一位工程师不解地问：“为什么要强调赶工措施呢？项目的安排是有计划的，如果你们不按照计划做，我们相应的准备跟不上，包括资金也不能提前支付？你们是想垫资帮我们建设吗？”

这是合作伙伴普遍的问题。我们需要在这个问题上有清醒的认识，国际合作在成本和风险上是比较大的，我们要做的是降低风险的措施，而不是加大风险的措施。是要做好计划的管理，而不是突击。另外，任何一个项目，在不同的国家，使用不同的团队，会出现不同的投资额、不同的投资回收周期和内部收益率、不同的进度等，文化尽职调查就是要回答这些问题、并找出解决的方案，而不能简单根据中国的经验去套用。

另外，我们的效率措施是不是都很过硬，真的都是宝贵的经验吗？也不尽然，欲速则不达的问题永远伴随在赶工期的左右。在总结经验时的最大问题是忽视了自己走过的路，而是听从别人说自己走路的经验，使自己丧失独立思考的能力。我们在发展中所付出的成本问题，在国际合作中能够被有效分解吗？这个问题值得我们去深入地思考。

（3）关于标准的争议。我们很期望中国标准的国际化，并且不遗余力地在中国的投资项目上推行中国标准。这是中国进步的象征，是中国增强国际话语权的象征。但是有些事件的处理却反映了对问题认识的不足。

标准也受文化的影响，没有无文化背景的标准。当意识到这个问题后，标准就不再是单纯的技术问题。中国某一行业标准的国际化从某种角度上来说，反映中国该行业国际化的程度，或者该行业被国际同行认可的程度，也反映了行业文化的国际化情况。因此，标准的国际化不是单纯地从技术指标上来判断、从指标上来推动，而是从行业国际化系统的角度来看待并推动。钢铁行业标准的国际化应与行业国际化同步规划并实施。

由于标准同样存在文化属性，因此也就同样存在使用的条件和范围。另外企业在国际合作中需要经营利益的保障，因此对于标准的选择和推广还应该做更详细的调研工作。既要正确认识中国标准的优势和不足，也要分析当地标准的制定原因和对企业的影响，在此基础上建立企业属地化的标准体系，才能为企业的发展起到支撑作用，除此没有捷径可走。

另外标准是发展的，标准的国际化理念是发展的，中国与世界的经济、技术差异是变化发展的，新时期的标准国际化战略应该有新的内涵，这是另一个课题，本书对此不再详细讨论。

5.6 开展国际合作、实施跨文化管理中文化创新有关问题探讨

5.6.1 文化创新是企业发展的生命力

文化缺乏创新就缺乏生命力，但有了创新不一定就有生命力，还要看这个创新是否符合当下的利益，是否有长远的指导。如何创新，这是一个课题和难题。

另外文化也具有伪装性，也许你认为已经到了信息化时代，只要搜索一下，就可以了解到真实的情况。这样做常常只能搜索到文化伪装的面具，而真正的、发挥作用的文化却只有身处其中、只有通过参与具体的事物运作才能感受到。

5.6.2　跨文化管理企业文化创新的方法

跨文化管理企业文化创新的方法主要有：

（1）正确理解文化的本源一致性和多样性，求同存异，但不能灭异。这是一个浅显的道理，在中国古代早有这种认识。《国语·郑语》有一段话：“夫和实生物，同则不继。以他平他谓之和，故能丰长而物归之；若以同裨同，尽乃弃矣。”这也就是说，“和”是不同元素的结合，不同、差别是“和”的前提，这样的“和”才能长久，“和成”的物才能丰长。如果“去和取同”，那就会“声一无听，物一无文，味一无果，物一无讲”，以此治理企业，就会排斥异己、独断专行，这就离灭亡不远了。《论语·子路》也有描述：“君子和而不同，小人同而不和。”和睦地相处，但不随便附和。

企业宜建立一个包容的、有颜色的企业文化，来获得企业生存和发展的空间。

（2）正确理解企业文化要素的有机性和有限性，坚决取舍。企业在发展壮大过程中，特别是跨国扩张，势必会吸收一些新的要素。但在吸收新的要素时，对原有的要素要进行分析，及时舍掉原有已经丧失意义的要素，对要素进行整合，保持企业文化的系统性。对企业文化要素要做到有加必有减，如果只做简单叠加，企业文化的系统开始会变得庞杂，并随着发展逐渐丧失系统性，企业文化的作用大幅度降低，不论是企业还是企业的员工，逐渐进入一种迷茫状态，企业将走向混乱。这是一些企业集团成立数年乃至数十年仍未能实现整合的根源所在。

文化要素的选择应注意三个方面的要素的平衡，这三个要素包括：

1）自然存在。人由基因控制的本性，生存需要的本能。

2）社会约定。

3）环境需要。生存环境的特殊属性。

文化的同源性和多样性、独特性确定了企业文化的共性部分和差异部分，为要素的选择提供了帮助。

（3）研究文化的差异性要目标明确，有的放矢。同源性的文化在有差异的环境下发展，产生的差异反映在社会的各个方面。作为企业，应该结合企业的价值观和发展目标，对这些差异进行理性思考，确定重点研究的领域，并根据研究的成果调整企业的文化要素。作为海外扩张的企业，应该重点认识一下几个方面的差异：

1）传统观念的差异。

2）语言差异。只要理解了传统观念的差异，自然就解决了语言的差异。

3）法律差异。法律差异是文化差异的结果。企业的经营活动将受到法律的制约，因此企业必须选择受约束的法律之间的差异。

4）宗教信仰差异。人们常常将信仰与有无神论联系到一起，这是一种错误的联系，是对人的一种严重误导。信仰是心灵的归宿，是心灵的家园，这个家园完全属于个人私有，并且可以由个人任意的装饰，无需千篇一律。当精神上、心灵上的寄托是物质时，人变得可怕，因为他们的信仰变得可以实现，导致他们可以不择手段。很难说某些人没有信仰，只是信什么。信仰产生价值观，形成伦理道德体系。

（4）正确对待自然科学与文化之间对立统一的关系，实现管理属地化，技术全球化。历史的任何进程都是不可逆的，对于文化也不例外。因此必须正视科学与文化之间的对立统一。

（5）企业文化的建立要发挥主观能动性。根据企业文化的特点以及文化载体人的特点，在企业文化建立过程中，许多个性和差异是无法消除的。但通过主观能动性的发挥，可以在选择要素时，通过适当的方法增加某些要素的权重，由此，产生有主导性的企业文化。

（6）新的企业创建企业文化需谨慎。企业价值观的改变将使企业付出巨大的代价，在行业处于高歌猛进时，这个代价可能被短时间内弥补，而在正常情况下，可能使企业受伤很深。

一旦一个企业的文化建立后，其起到的效果和传统观念类似，要想改变非常困难。正如在人类社会中，一个人出生后一旦定型，对大多数人来说，很难进行大的方向性的改造，只有个别人能实现脱胎换骨式的改造。因此对一般的企业而言，不要指望有能力对企业文化实施大手术，你能做的只是修修补补。在企业文化建立和形成过程中，严谨对待是关键。

6 国际钢铁合作定位与发展方向探讨

6.1 钢铁工业发展的基本规律

从全球的角度来看，不同国家的钢铁工业发展历史都是独特的，因为一个国家钢铁工业的发展受不同时期的技术、文化、管理等差异的影响，受社会发展水平和需求结构不同的影响，受国家经济结构和有关政策的影响等。但这些现象背后总有一些本质的规律，这些规律就是行业共性问题，也是后来者需要总结的问题。

世界钢铁总体发展向好，且由于材料的使用范围和领域继续在不断扩大，行业的投资也在不断增加，显示出了勃勃生机。但是国家之间已经显示出了巨大的差异，一些国家的钢铁工业已经没落，成为被救济的对象，一些国家的钢铁工业成为经济发展的动力和命脉。为了能够了解完整的发展历程，本章选取了英国、美国、日本钢铁工业的发展作为参照，来探讨钢铁工业发展的几个共性问题。

6.1.1 典型国家钢铁工业发展的历程

6.1.1.1 英国钢铁工业发展基本情况

英国是第一个系统发展钢铁工业的国家，也是现代钢铁技术的摇篮，在发展钢铁工业的同时，在世界钢铁工业起步阶段一直是技术创新的领先者。英国粗钢产量如图 6-1 所示。

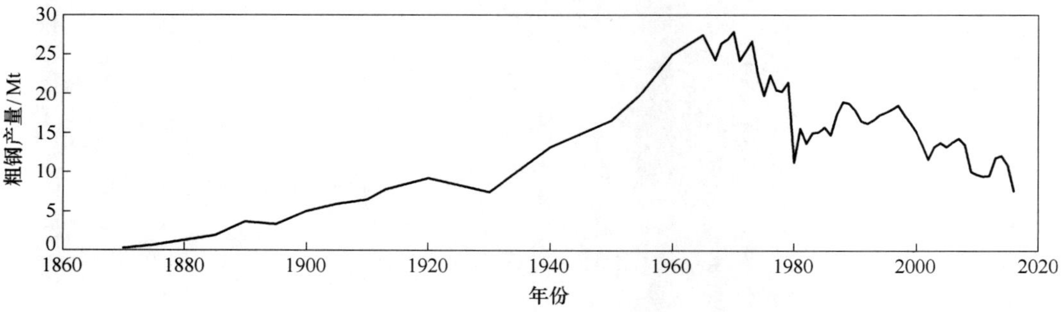

图 6-1 英国粗钢产量变化情况

英国钢铁工业发展经历了几个关键阶段，形成了如下几个关键的时间节点：

（1）1720 年，英国铁产量为 1.7 万吨，并开始由木炭冶炼为主向焦炭冶炼转变。

（2）1806 年，生铁产量达到 26 万吨。

（3）19 世纪初，由于钢铁材料的应用还不广泛，市场容量有限，由此开始了海外的市场扩张，并在全球范围内普及钢铁产品的应用。

（4）19 世纪 50 年代，英国发明了转炉技术，使钢铁厂生产的规模得到扩大。受益于此，英国的钢铁产量占到了世界钢铁产量的一半。

（5）19 世纪，在第一次工业革命中，英国钢铁工业领先全球，19 世纪末到 20 世纪初，英国的钢铁持续稳步发展，但是增速放缓，在第二次工业革命的后期，钢产量在 1890 年被美国超越，在 1895 年被德国超越。由于二次工业革命的需求，钢铁工业的发展得到持续。

（6）20 世纪中期开始后，进出口量基本持平，产量和消费量基本持平，由于制造业在英国持续下滑，对钢铁的需求持续走低，且人均耗钢量的持续走低，因而粗钢产量持续走低。

（7）1967 年，英国钢铁公司成立。

（8）20 世纪 80 年代，主要开展了淘汰落后产能，提高产品附加值，促进私有化。

（9）1999 年 10 月，英国钢铁公司与荷兰 Koninklijke Hoogovens 合并，成立 Corus Group plc 公司，一度是世界第三大钢铁集团；2007 年被 TATA Steel 收购，2016 年 TATA Steel 计划出售，由于与英国工会达成了一致，将继续运营到 2021 年。

（10）2017 年生产粗钢 750.8 万吨，2016 年同期为 763.5 万吨，同比下降 1.7%。

6.1.1.2　美国钢铁工业发展基本情况

美国从 1868 年开始工业化进程，1881～1920 年间处于初期工业化进程中，1920～1955 年间进入工业化中期，1956～1975 年间，进入工业化后期。1890 年粗钢产量 434 万吨，超过英国，成为全球第一。美国粗钢产量如图 6-2 所示。

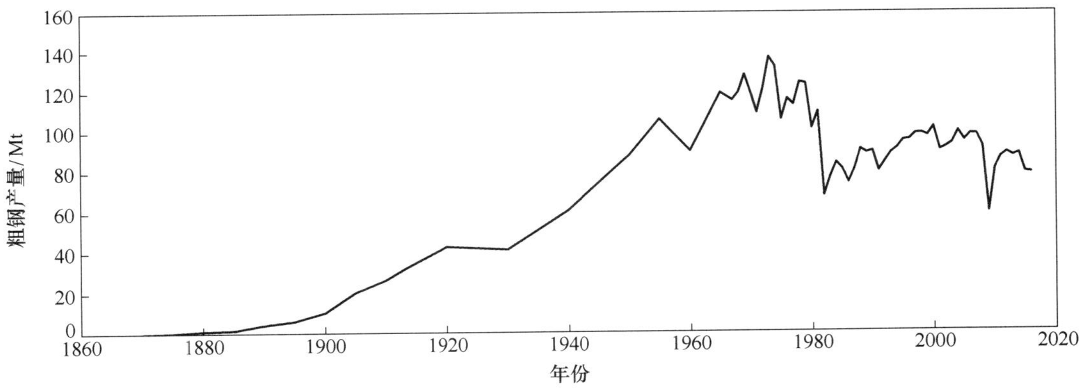

图 6-2　美国粗钢产量变化情况

几个关键的时间节点如下：

（1）1860～1900 年，钢铁工业起步阶段，粗钢产量由 1.3 万吨增加到 1035 万吨。1886 年钢产量 260 万吨，世界第一，1899 年，钢产量占全球产量的 43%。

（2）1901～1920 年，美国处于初级工业化进程中，钢铁工业得到快速发展。钢产量从 1901 年的 1141 万吨增长到 1920 年的 4281 万吨，钢铁产量年均增长率超过 10%。1901 年成立的美国钢铁集团控制了 60%的产量，高度集中，炼钢以转炉生产为主。

（3）1921～1945 年，美国处于工业化中期阶段，伴随着二战等重大事件，钢铁行业震荡发展，保持了年平均增长率7%，其间经历了三次经济危机和一次世界大战，最高是1944年的9000万吨。1945年，钢产量占世界产量的63.92%。在这个发展过程中，由于对钢铁的需求进一步放大，产业集中度一定程度下降，前六大钢铁公司占美国全部产量的70%。

（4）1946年~20世纪70年代，美国工业化进入中后期，工业化基本完成，二战结束，迎来了稳定的发展期。钢产量震荡上行，但成本开始增高，建筑业成为主要的需求，其次是汽车工业。由于需求的增加，钢铁的进口增加，进口数量从1958年的210万吨增加到1970年的1460万吨。

（5）20世纪70年代以来，工业化完成，国内需求下降，在此期间，人均耗钢量已经从685kg/人逐渐下降到2015年的336kg/人，下降达到50%。钢产量持续下降，已经从历史最高1973年的13680万吨下降到2016年的7848万吨，降幅达到42.6%。同时成本继续上升，技术研发及更新开始滞后，钢铁行业国际竞争力逐渐下降，进口逐年上升，目前已经成为世界最大钢铁进口国。1960年进口400万吨，占钢铁消费的4%；1970年进口1460万吨，占钢铁消费的11%；1989年进口2205万吨，占钢铁消费的22.5%；2015年进口3649万吨，占钢铁消费的33.7%。日本钢铁行业兴起及对美国钢铁的出口加剧了行业的衰退，大量钢厂关闭，行业集中度下降。

（6）2017年生产粗钢8164万吨，2016年同期为7847.5万吨，同比增长了4%。

由于国家对钢铁有基本需求，且不可替代，美国政府开始扶持钢铁行业的生存和发展，一些企业纳入国防预算中，使美国的钢铁工业得以延续。

6.1.1.3　日本钢铁工业发展基本情况

日本钢铁工业自1901年八幡钢铁厂创立以来，在国土狭小、资源贫乏等制约下，凭借技术和管理优势，建立了雄厚的钢铁工业，长期保持了钢铁大国和强国的地位，技术一直处于世界领先地位，长期产量位居全球第二，其中1992~1995年间，钢铁产量跃居世界第一。日本粗钢产量如图6-3所示。

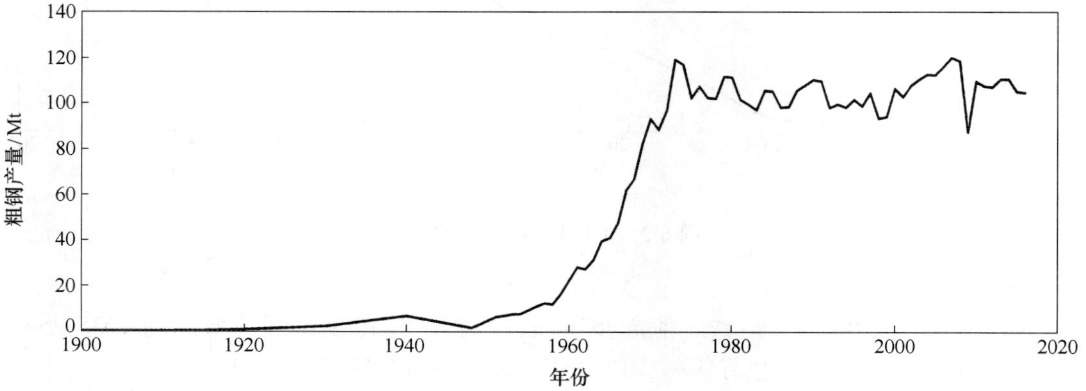

图6-3　日本粗钢产量变化情况

日本钢铁工业发展经历了以下几个阶段：

（1）1900~1945年，钢铁工业起步阶段。随着军备扩充的需要，产业政策向钢铁工业等军事工业倾斜，使钢铁工业起步较快，并急速发展起来。但是由于第二次世界大战，经济体系受到沉重冲击，钢铁工业几近瘫痪。

（2）1945~1955 年，战后恢复生产阶段。战后的 1946 年，日本工矿业的生产水平只有 20 世纪 30 年代中期的 30%左右，为了走出困境，优先发展了煤炭、钢铁、电力等原材料和基础工业部门。到 1955 年，日本经济全面恢复到战前的最高水平。在此期间，日本采取了一系列产业合理化政策，重点为大规模的技术引进和设备更新，通过技术改进和设备更新来促进基础工业提高生产效率和降低成本，取得了显著的成效，总体来看，炼铁成本下降了 4%，炼钢成本下降了 10%，薄板成本下降了 27%，钢管生产成本下降了 30%。日本在同期明确了钢铁工业作为出口产业进行培育的战略目标。

（3）1955~1974 年，日本确立了以重化学工业化和加工贸易立国的战略，带来了经济的高速增长，钢铁工业进入了快速成长期，在出口额中，钢铁和金属制品占到了 22.4%。这一阶段发展的重点是设备大型化、现代化，扩大生产规模，进一步降低成本。日本钢铁工业的技术和成本水平居世界前列，国际比较优势形成，钢铁产品出口迅速增长，成为世界钢铁生产与出口的中心。

（4）1974~1999 年，钢铁工业进入成熟期，并出现衰退。随着日元升值、第一次石油危机等一系列经济事件的发生，经济增长率由高速转为低速，产业进入调整期。钢铁工业结构向资源集约化、高加工度化全面调整，产业发展重心向加工工业后移。汽车等高加工工业成为发展的重点，钢铁产量增长停滞，在国民经济中所占比重下降。钢铁工业内部调整主要是大力发展节能技术，降低成本技术，淘汰落后企业，调整产品结构增加特钢品种。在这一时期，钢铁工业保持了国际竞争力和钢铁大国的地位，但由于国内需求的降低，已经增长乏力。行业进入衰退期，政府开始推行“减量经营”政策。

（5）2000 年至今，是日本的深化重组发展期。面对钢铁工业的衰退，从 2000 年开始，围绕节约成本、共享资源，加大了企业的重组。通过一系列措施的实施，钢铁工业满足了制造业的需求，保持了国际钢铁强国的地位，使钢铁的产量维持了长期的高位事态。2015 年，日本钢铁直接出口 4080 万吨，净出口量 3490 万吨，间接出口 2300 万吨，间接净出口 1560 万吨。净出口量占产量的 48%，通过国际市场，有效化解了产能过剩，并维持了持续发展。

日本钢铁工业发展已经持续近半个世纪的平稳期，成为世界钢铁业发展的一个典范。

6.1.1.4 全球钢铁工业发展基本情况

现代钢铁工业始于 19 世纪初期，但是真正大规模的发展是在 20 世纪。1900 年全球粗钢产量 2850 万吨，1936 年突破 1 亿吨，1951 年突破 2 亿吨，1968 年突破 5 亿吨，2004 年突破 10 亿吨。2008 年金融危机进行了行业洗牌，一些国家的钢铁工业从此走向衰退，但是世界钢铁工业的发展没有就此停止，危机之后引发了新一轮的增长，钢产量再创新高。

1760~1840 年，由英国发起的第一次工业革命，以蒸汽机作为动力机被广泛使用为标志，开创了机器代替手工劳动的阶段。在这个阶段，英国成为第一个工业化的国家，并借此成为世界霸主。19 世纪 70 年代开始的以电气化为标志的第二次工业革命，在德国、美国、日本等多个国家逐渐展开，引领了世界工业革命的新发展。两次工业革命为钢铁工业的发展打下了坚实的基础。全球粗钢产量如图 6-4 所示。

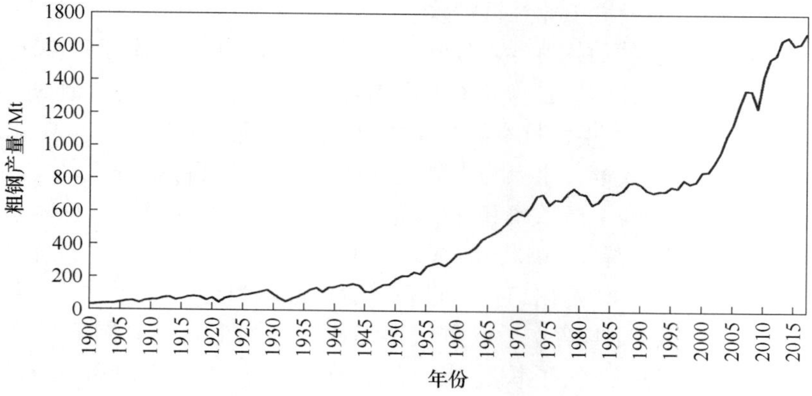

图 6-4　全球粗钢产量

结合工业革命和全球经济发展，钢铁工业的发展可以划分为以下几个阶段：

（1）1900 年之前的 200 多年间，处于钢铁工业的萌芽时期。在此期间，英国引领了钢铁工业的技术进步和发展，并借助钢铁工业的发展，完成了第一次工业革命，也开启了第二次工业革命。美国、德国等个别国家在英国的带动下，开始建立和发展本国的钢铁工业，并且形成了自己的钢铁工业体系。钢铁工业具备了发展的条件。

（2）1900~1945 年期间，以高炉、平炉、模铸等为主的第一代钢铁技术被广泛应用，为规模化生产奠定了基础，由此产量迅速扩张，年均增长率达到了 4%。但钢铁生产国比较少，也比较集中，第二次世界大战前，美国、西欧、苏联产量占全球的 87. 5%。在此期间，美国、德国和英国成为主导钢铁工业发展的主要国家，但是英国的影响力已经降低。

（3）1945~1974 年期间，高炉喷煤、氧气顶吹转炉、铁水预处理、连铸连轧技术等第二代钢铁技术的应用推动了钢铁工业的加速扩张，美国和苏联成为世界钢铁大国，1951 年美国产量占 45. 3%。日本成为该时期钢铁发展强有力的推动者，英国、德国保持了高位的产能。

（4）1975~20 世纪末，随着全球经济的调整，世界钢铁进入调整期，平均年增长率为 0. 14%。在这个调整期，日本通过一些产业政策，保持了钢铁工业的稳定发展，国际竞争力得到提高，维持了长期的发展。意大利、法国、德国、西班牙维持了震荡走势，英国、美国通过该调整期，行业整体进入衰退。而中国、巴西、土耳其、韩国的钢铁工业在此间得到了快速的发展，弥补了发达国家调整产量的下降，使世界钢铁行业整体得到了发展。

（5）21 世纪以来，钢铁工业再次迎来了一个快速发展时期，尽管 2008 年的全球金融危机影响较大，加剧了发达国家如法国、意大利、英国、西班牙、美国、澳大利亚等国家的钢铁工业的衰退，但是没有阻止世界钢铁业的发展，新兴国家中国、韩国、印度、土耳其等充当了本次发展的发动机，特别是中国，不仅在产量上，也在需求上，成为本轮钢铁发展的主要驱动力。中国粗钢产量如图 6-5 所示。

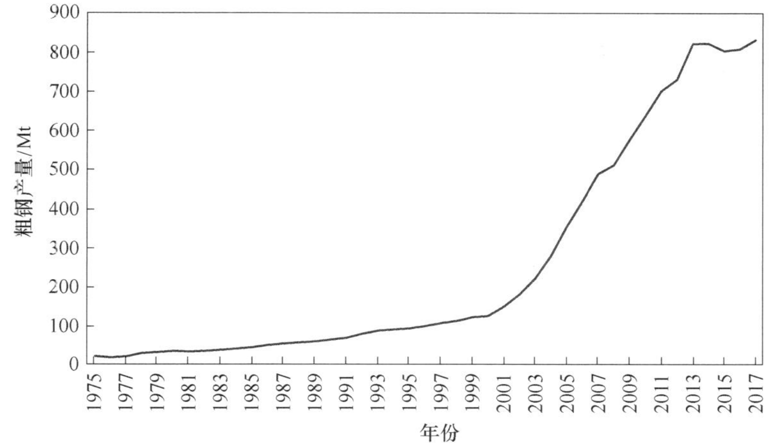

图 6-5 中国粗钢产量变化情况

6.1.2 典型国家钢铁工业发展的特点

典型国家钢铁工业发展的特点如下：

（1）行业的不断创新发展，巩固了钢铁工业现阶段不可替代的地位。钢铁材料本身不断改进，工艺技术不断创新，节能和环保不断取得长足进展，应用范围更加广泛，其未来的发展不是被逐步替代，而是联合其他材料，应用越来越广泛，越来越不可替代。钢铁行业已经成为越来越多行业的基础工业。

关于钢铁替代材料的研究很多，也有很多的新材料已经广泛应用各行各业，但从目前来看，这些新材料是随着社会发展、需求的提高而产生的，是对现有材料的不断改进和补充，还无法全面替代钢铁这种廉价、易得的材料。我们也期望着能有更好的新材料出现并服务于人们的生活。

（2）钢铁工业是当代一个国家实现工业化的发动机。全球任何一次钢铁工业的大发展，都伴随着经济的大发展，伴随着某些国家或地区的崛起。这些崛起的国家和地区也充当了全球钢铁技术发展中心和发动机的作用。由于世界发展的不均衡，未来一个阶段的钢铁大发展是可期的。

（3）各国和世界钢铁工业的发展有着相似的规律，但是发展周期越来越短，发展速度越来越快。自英国建立第一个钢铁工业体系以来，技术进步得到承接，并不断创新，市场得到培育和开发，生产效率不断优化提高，规模不断扩大，成本不断降低，一个国家或地区钢铁发展的周期随着时间的推移，越来越短。英国钢铁工业进入成熟期大致用了 250 年的时间；美国大致用了 150 年的时间，于 1973 年产量达到 1. 36 亿吨的顶峰；日本进入成熟期大致用了 70 年，于 1973 年达到 1. 19 亿吨的产量。

对于发达国家而言，尽管起步的时间差距较大，但是进入衰退期的时间窗口却高度一致，原因之一是 1973 年爆发的石油危机导致的经济危机影响了发达国家的经济发展，导致钢铁工业的衰退。同时还由于钢铁的技术进步得到了一定程度的共享，市场的不断开发得到了一定程度的共享，对于经历了第一次工业革命和第二次工业革命的国家，钢铁工业的发展也经历了几个发展波段，不断推高其发展，导致了全球钢铁行业的步调逐步趋同。2008 年的金融危机在很多国家的产量曲线上留下了深深的烙印，但是其对钢铁工业的影响被很快修复。

从发展规律上看，各国钢铁工业和全球钢铁工业有着相似的发展规律、相似的进化规律。各国的钢铁发展几乎都经历了漫长的起步阶段、快速的发展阶段和震荡衰减的衰退阶段。随着世界钢铁工业的发展，各阶段的时间都在被压缩（见图 6-6），起步阶段的时间越来越短；快速发展期越来越短，体现出走势曲线越来越陡，在越来越短的时间内达到了产业的顶峰，反映了世界发展的节奏在不断加快，资金的力量和快速移动性越来越强大；成熟期都存在着巨大的波动并开始衰减，时间的跨度都很大。

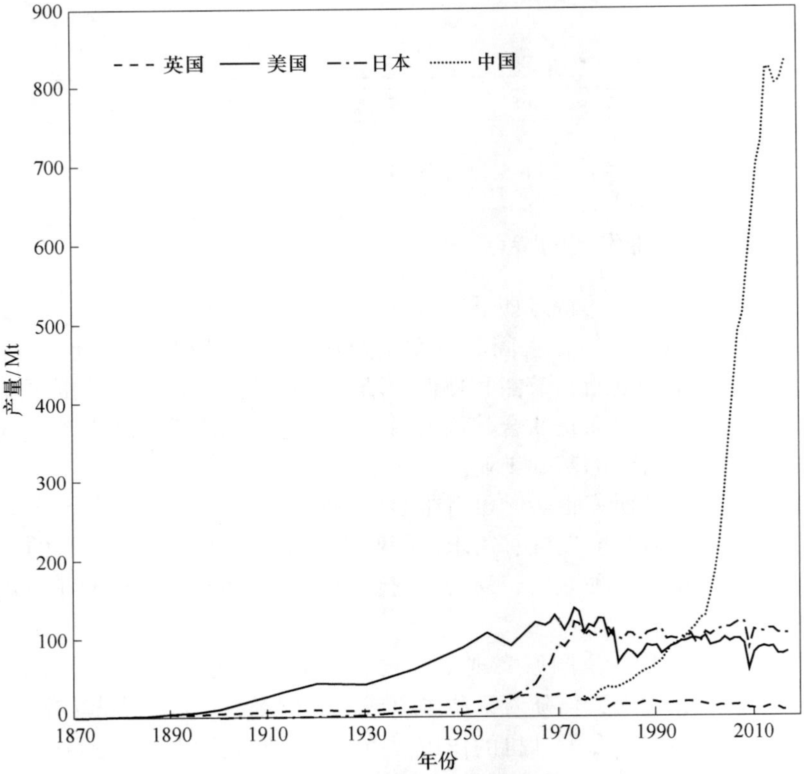

图 6-6　不同国家发展阶段比较

目前对全球钢铁工业发展是处于什么阶段有众多的评论。由于世界经济体的发展阶段是不同的，也无法协调一致，因此不同于一个国家的发展规律，世界钢铁工业存在多波段发展的态势，目前我们达到了一个新的高峰，但一定不是世界钢铁行业的顶峰，世界钢铁行业也不会进入衰退期，因为已经完成工业化的国家虽然需求降低，但是总体需求的量将得到保持；还有众多发展中国家的钢铁工业尚处于萌芽期，他们的发展将带来世界钢铁工业新一轮发展的高峰。

（4）钢铁工业的迁移发展和衰退是发展的必然，但是存在解决的路径。钢铁工业的发展一般经历了粗犷型向规模化、资源型布局，然后向分散性、市场型转化的过程。钢铁工业发展的初期一般表现出粗犷型的发展，由于钢铁工业的投资强度比较大，政策的支持和行业的不断整合，注重资源共享以及通过量达到规模化和低成本，向集约型发展是钢铁健康、持续发展的主要动力。钢铁发展进入成熟期的国家和地区，多样化发展是必然之路。因为市场得到了充分发掘和细分，个性化的需求替代了大众化的需求，普钢在成熟市场微利或无利可图，规模化的效益被取代，高集中度的生存方式受到怀疑。因此在未来完成工业化的发达国家，钢铁工业的规模化也许不再是节约成本的方式，专业化的公司也许是生存发展的道路。

钢铁工业衰退的主要原因是成熟期行业的老化、成本上升和内部需求的下降，个别国家同时由于外部有竞争力国家钢铁工业的崛起。由于刚性需求的存在和国防军事的需求，钢铁工业很难退出一个国家的历史舞台。

任何一个国家和地区钢铁工业的衰退对全球钢铁工业的发展产生的影响是有限的。

钢铁工业的发展中心不断处于迁移状态，这些中心包括技术中心、生产中心、市场热点等。迁移就是一种替代，伴随着中心的迁移，热点逐步开始增多，消费逐步扩大、分散、升级。世界钢铁的中心已经由最初的英国扩散到西欧主要国家，并迁移到美国，然后由美国迁移到日本。目前的钢铁工业已经形成了多个中心，并在继续扩散。另外一个特征是原来的技术中心、生产中心是一体的，随着钢铁工业的持续发展，技术中心、生产中心、消费市场已经产生了分离。

不同的国家衰退的结果是不一样的，英国外部竞争力丧失，出口逐年下滑，内部需求下降，本国保留的钢铁工业产量与国内的消费量基本持平，进出口量基本持平，在衰退期维持了基本的生产，满足了国内的基本需求。

美国的国内需求虽然下降，但是生产的降幅更大，导致进口持续上升，净进口量占消费量的比重维持在30%~40%之间。

日本在制定政策时就是支持钢铁产品的出口，因此在国际市场上提前进行了分析和布局，导致在国内需求下降的时候，国际市场的需求得到维持，使其钢铁工业进入成熟期后维持了很长一段时间的平稳期。未来的发展尚不明朗，如果其模式和成本不能适应新兴国家的需要，也许会进入衰退期而退出世界钢铁舞台，维持本国的需要。

英国的钢铁工业在整个19世纪处于领先地位，在第二次工业革命期间被超越的原因包括设备老化、效率低下，原料价格上涨、成本高、缺乏竞争力，经济结构发生变化，服务业成为主导和支撑行业等。更深层次的原因是社会发展重点工作已经改变，工业已经不是国家发展的支柱和依赖，见表6-1。

表6-1 典型国家2015年GDP的组成 单位：百万美元

国家	名义GDP	农业		工业		服务业	
		GDP	占比	GDP	占比	GDP	占比
美国	17945996	215364	1.12%	3427876	19.1%	14303756	79.7%
中国	11213281	964772	8.6%	4464876	39.8%	5788633	51.6%
日本	4730300	56764	1.2%	1300833	27.5%	3377434	71.4%
德国	3494900	27959	0.8%	982067	28.1%	2484874	71.1%
英国	2649890	18549	0.7%	556477	21%	2074864	78.3%
世界	75212696	4437549	5.9%	22939872	30.5%	47835275	63.6%

当一些国家完成工业化的改造后，内部市场需求的降低带来的行业萧条和在大发展期积累的各种问题的爆发是很难抵挡的。其主要出路有两条：一是技术革命，使行业成本和市场被重新激活，迎来新的发展机遇。如英国钢铁工业自20世纪30年代就进入了衰退期，但是在随后的时间里，通过分享各国钢铁技术进步的成果和战后经济快速发展的机遇，发生了第二次的钢铁发展，并持续了近40年的时间。二是全球布局，适应新环境，获得新的生存空间。如日本，一开始就是以鼓励出口为指导制定钢铁政策，净出口量已经占到了产量的一半，将市场需求从一个国家分散到全球，延缓了钢铁工业的衰退。

既然钢铁材料不可替代，任何一个国家都对钢铁材料有一定的依赖性，而钢铁工业发展必然出现周期性规律，因此理性应对和动态调整是行业政策和行业管理必须面对和解决的问题，不能任由其自生自灭，或者用不切合自然规律的手段人为高代价改变其发展规律。

6.2　中国在世界钢铁工业发展中的地位和影响

全球粗钢消费由1900年的2850万吨、1936年突破1亿吨、1951年突破2亿吨、1968年突破5亿吨、2004年突破10亿吨，到2017年的16.91亿吨，但是增长是极其不平衡的。在西欧，粗钢消费从1970年的1.55亿吨下降到1990年的1.47亿吨；在全球经济危机前的2007年上升到2.19亿吨，然后又下降到2016年的1.72亿吨；在北美，粗钢消费从1970年的1.38亿吨上升到1990年的1.66亿吨，然后又下降到2016年的1.52亿吨。而在亚洲是相反的规律，粗钢消费从1970年的1.10亿吨上升到1990年的2.58亿吨，然后又上升到2016年的10.61亿吨。

中国钢铁工业的发展是本轮世界钢铁工业发展的主要推动力，2013年中国的粗钢消费就达到了7.66亿吨。

中国的钢铁工业是世界钢铁工业的一部分，是依赖世界钢铁的环境发展起来的工业体系。中国钢铁工业的发展本身就是全球化导致一个国家的某个行业快速发展的一个典范，依靠全球的技术、装备、管理理念等，依靠自身的消化和创新，中国发展起来了独特的钢铁工业体系。中国的大发展，不仅有力地支持了中国的改革开放和经济的飞速发展，也带动了世界钢铁技术的发展、重大装备的研发等，推动了全球铁矿石、焦煤、镍等资源的大力发展，以及下游产业的大发展，使全球范围内的钢铁工业受益，在世界钢铁业中具有举足轻重的地位，中国的调整将影响全球钢铁产业链的重新定位。

6.2.1　中国铁矿石消费及在全球铁矿石市场中的地位

由于中国铁矿石品位低、生产成本高，难以满足经济发展的需要，进口铁矿石是铁矿石消费的重要来源。中国铁矿石进口量由1990年的350万吨增长到2000年的7000万吨，再增长至2015年的9.53亿吨，已经占了全球产量的48%，全球出口铁矿石的63%。2016年的进口达到10.25亿吨，占全球铁矿石出口的65%，如图6-7所示。

中国钢铁企业对进口铁矿石依存度逐年上升，近年来已超过80%。澳大利亚、巴西和南非是中国主要的铁矿石进口来源国。单从进口国角度来看，根据海关总署数据，中国2015年铁矿石进口量中，来自澳大利亚、巴西和南非的铁矿石所占比重分别为63.74%、20.11%和4.76%。

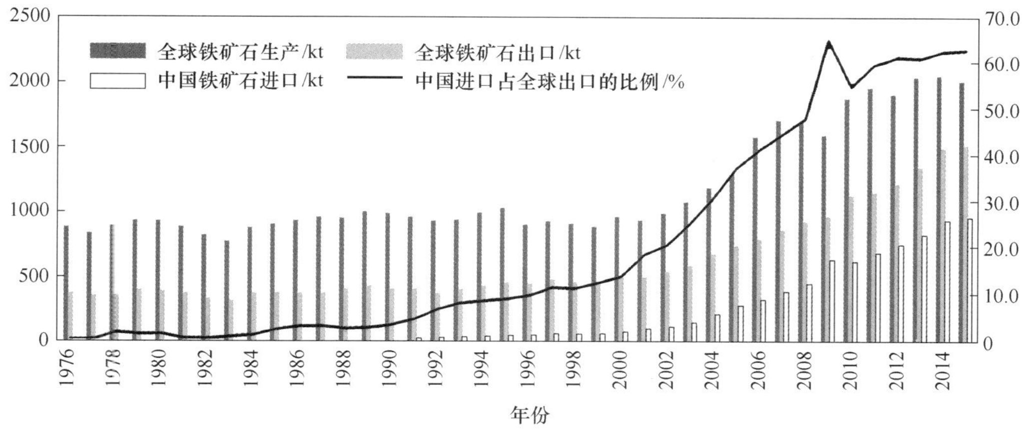

图 6-7 中国铁矿石进口变化及在世界铁矿石生产中的情况

由于中国对铁矿石强劲的需求，带动了铁矿石生产商的大发展，淡水河谷、力拓、必和必拓、FMG 全球四大铁矿石供应商 2016 年铁矿石产量占全球总产量比重超过了 50%。2016 年，淡水河谷产量为 3.488 亿吨，力拓产量为 2.81 亿吨，必和必拓产量为 2.31 亿吨，FMG 产量为 1.98 亿吨。

从本轮钢铁工业发展的情况来看，铁矿石生产像一些国家的钢铁生产一样，将会出现过剩，不同之处是一些国家的钢铁过剩可能是长期性的，而铁矿石的过剩是间歇性的，因为钢铁的发展还在路上。过剩的周期及强度目前还是未知的。

由于中国是主要的用户，因此随着中国钢产量的调整，整个世界的铁矿石供应将出现新的调整。

6.2.2 中国废钢消费及在全球废钢消费中的地位

中国将逐渐进入材料循环期，电炉流程将不断增加，从 BOF 技术向 EAF 技术过渡，由于国内废钢量的逐渐增加，导致炼钢流程对废钢的需求会稳定且增加，由此对世界废钢市场将产生一定的影响。

在经历了 10 年的增长后，世界废钢需求在 2014 年开始出现下降。2015 年使用废钢 6.5 亿吨，低于 2013 年的 6.8 亿吨。从 2000 年起，钢产量的年增长率为 4.3%，废钢的年平均增长率为 3.1%。

全球废钢需求的降低，归因于中国钢铁市场份额的扩张，中国粗钢产量占全球产量的比重从 2000 年的 15%达到 2015 年的 50%。由于废钢资源有限，中国的钢铁生产主要依赖铁矿石，导致全球废钢生产钢铁占比由 2000 年的 40%降到 2015 年的 34%。

随着中国钢铁工业的发展，废钢的消费每年以 14%的速度增长，目前中国已经是废钢供应和消费的大国。2015 年，废钢消费 1.8 亿吨，约占全球消费的 27%。

在中国用 BOF 生产粗钢每吨用废钢 100～150kg，用 EAF 生产粗钢使用废钢 550～600kg/t。中国的废钢产业非常零碎，产业集中度非常低，规范性也差。前十大废钢搜集者占市场份额仅仅 2%。

6.2.3 中国钢铁工业对世界的影响

中国的钢铁行业在世界上有着特殊的影响和地位，有着巨大的产能的同时，至今为止仍是最大的消费市场，最大的钢铁出口国，也有着更加复杂的问题。如承受着巨大的贸易摩擦，全球范围内普通钢铁产品流动受限为“走出去”合作带来了巨大的阻力。因此，调整的最大市场在国内，通过自身的调整和消化将是行业调整和健康发展的主要任务和关键所在。中国钢铁工业“走出去”的目的就是中国优秀钢铁企业实现国际化的过程，就是中国的钢铁工业参与全球钢铁产业链的过程，研究形势并创新模式，是“走出去”的关键。在我们的面前没有经验可谈，没有案例可借鉴，没有任何第三方能够指明未来的道路，这是我国钢铁工业的又一次重大转折点和发展阶段。

6.2.4 环境的选择决定成败

需要认识到环境的影响和作用。没有适当的环境，不会催生相应的结果，是中国的环境造就了中国钢铁工业的现状。钢铁行业属于实体经济。不论在国内还是国外，都是实体经济，因此必须选择与实体经济发展相适应的环境。

外部环境的选择包括总部位置的选择、合作国别的选择、决策机构位置的选择、人员的选择等。

在选择外部环境的同时，企业还应该注重创造内部环境，创造与需求相适应的内部环境和氛围。

6.2.5 投入与产出问题

没有投入就没有产出，投入与产出的关系是一个动态平衡关系，特别是国际间的合作，前期的投入是非常重要的，不论是时间上还是金钱上，绝不能用在国内的比例模式计算，因为在国内的投入已经被成熟的社会体系分摊。但在国外，可能全部体现在一个项目上。

6.3 开展钢铁国际合作的方向和模式探索

6.3.1 合作的基本原则

6.3.1.1 充分理解钢铁工业开展国际合作的充分性和必要性

在21世纪以来的世界钢铁工业大发展中，中国起到至关重要的推动作用，不仅为世界钢铁行业提供试验、发展的舞台，提供了巨大的市场和合作平台，也为世界钢铁工业的继续发展提供宝贵的经验，而这些宝贵的成果为中国钢铁企业开展国际合作提供了必要的保障。

充分性还体现在企业的发展须与国家的战略同向同行。企业开展钢铁国际化合作，契合国家的“一带一路”倡议和产能合作战略，能够使企业在发展中顺势而为、抢夺先机。

而合作的必要性主要表现在：

(1) 世界钢铁工业具有极大的发展空间。全球2015年高收入国家和上中等收入国家钢铁的产量占了全球产量的91.5%，众多的国家钢铁工业还处于发展的初期阶段，有些国家尚未出现萌芽，消费市场尚未完全打开，世界钢铁工业的发展具有巨大的发展空间。

随着钢铁工业的技术不断进步，材料的性能不断提高，钢铁产品的应用会更加广泛，这为发达国家继续发展钢铁工业提供了新的发展空间。

（2）发展的中心在不断转移。世界钢铁工业呈现阶段式发展，钢铁技术中心和生产中心、消费中心在不同的时期位于不同的地域，并随着时间的推移处于动态移动状态。如果要使自己的钢铁工业得到更长久的发展，就需要跟踪发展的热点，调整自己的模式，积极参与国际合作。

（3）钢铁国际合作是企业升级并积极参与国际市场的需要，是钢铁企业生存和发展的需要。钢铁产业具有全球配置资源的特征，全球化是钢铁工业发展的必经之路。综观发达经济体钢铁工业的发展历程，一个国家或地区钢铁工业的发展过程，既是由“量的积累”到“质的提升”的过程，也是钢铁工业供给结构不断适应消费结构提档升级、产业链条由立足国内到国际化布局发展的过程。

在中国成为世界第二大经济体、世界最大钢铁制造国之后，钢铁企业的地位和发展也发生了重大变化。如果一个钢铁企业没有全球化的资源配置能力，没有全球化的市场和国际化的战略伙伴，那么，这个企业的生存能力是有限的。未来，国际化将是我国钢铁产业发展不可或缺的一部分，也是钢铁企业做大、做强的一条路径。中国的钢铁企业只有积极投入到国际合作中，才能发现自身发展的不足，才能获得更多的发展机会，实现转型和提升，使自身获得长远的发展。

（4）钢铁国际合作是跨文化管理提升的需要。跨国企业的成败关键是跨文化管理的成败。积极参与国际合作，为企业跨文化管理提供更多的思路和解决方案，在合作中提升跨文化管理的能力和水平，创新管理模式，并在国际化的发展过程中重新塑造自己。

（5）开展钢铁国际合作是中国钢铁行业“去规模化”的需要。中国的钢铁企业正面对着一面是市场的持续低迷，另一面是企业综合竞争能力的迅速提升需求；一面是产能规模的压减，另一面是效益空间的强力释放。

和其他行业一样，钢铁行业的发展高度和一个国家的经济发展阶段是相辅相成的，不能超越社会的消费结构去讲产业产品结构。在中国改革开放 30 多年来，在强劲需求的拉动下，中国的钢铁企业只要快速扩张产能规模，就能迅速获取市场红利，同时也吸引了大量资本的进入。随着中国经济增长由高速转向中高速、产业结构向中高端水平转变，钢铁企业需要改变传统的盈利模式和发展方式，由原来追求“量大面广”的同质化产品，转到现今满足个性化、差异化需求为主的发展阶段。钢铁企业的盈利模式、品种结构需要适应这种市场环境变化。

以河钢为例，河钢几乎汇集了世界上最先进的产线和工艺配置，几乎“武装到了牙齿”。但与世界先进水平相比，在盈利能力上还有较大差距，这直接反映出在装备潜能和产线效能发挥上的差距。这就需要中国的钢铁企业把更多的精力从“增量”向“提质”转移，将企业最优良的资源配置到产线上来，从而让企业装备技术的潜力得以充分释放。

6.3.1.2 清醒认识中国经验的宝贵性和总结的有效性

“不识庐山真面目，只缘身在此山中”，正确认识中国发展的经验并进行有效的总结是合作的前提，也是合作的砝码。不同的企业在发展中有着自己的发展道路，因此其经验有区别于其他企业的特殊性。但是前提是跳出思维的局限性，站在庐山之外来认识庐山。

经验的总结是否深入到了问题的实质，中国钢铁工业的发展模式是否可以复制？这是很多“走出去”的企业面临的问题。肯定的回答是不能简单复制。虽然很多人认为这是我们“走出去”的业绩和名牌，虽然也有案例用来证明能够成功复制，但是如果我们真的这么做了，可能会付出巨大的代价。中国钢铁工业的发展是在中国特殊的国情和规则下创造的，是在中国文化背景下发生的，任何一个国家，如果没有我国这样的发展环境，就意味着不能按照我国的发展模式来取得成功。

“走出去”合作模式的选择需要通过提炼，获得出脱离环境因素的经验，并附加上目标国的要素，方能寻找出成功的模式。

由于中国的经济体量巨大，市场潜力巨大，发展可塑性巨大，导致了一条独特的发展道路。在中国，追求规模已经成为企业成功的主要标志，小规模、专业化基本处于消亡的境界。因此，几乎忘记了创业的经验和经历，目前的技术和经验几乎不支持小规模的发展。另外由于企业体量巨大，已经不适合寻找小规模发展的道路，因此合作目标国、合作项目的体量的规模成为一个重要的指标。

中国钢铁的高强度投资是快速发展的保障，这种模式是否能够复制是未知的，相关国家是否有这样的投资强度，高强度的投资带来的后续问题处理是否能够承受？

持续的技术研发投入是持续高速增长的保证，在合作发展过程中，技术的投入是否能够得到持续的保证？

钢铁行业的发展严重依赖政策，持续、稳定的市场保障至关重要。中国保持了 GDP 高速的增长，扩大了市场的需求，为发展带来了机遇。在合作中，稳定的市场是关键环节。

6.3.1.3　客观评价中国钢铁工业在全球的地位和影响

站在全球的角度，中国钢铁工业的转型对世界钢铁工业的影响存在有限性和局部性，转型最大的市场以及调整最大的市场在国内。中国发展的基数大，需求大，产能过剩的程度和未来发展的空间还在进一步评估中，因此分析时应该理性对待，并注重全局性的解决方案。

当中国的钢铁工业发生波动时，世界主要的铁矿石、焦煤等生产国和生产企业会受到影响，影响的程度取决于钢铁中心转移的速度，如果现在的中心正处于衰退中，而未来的中心未能及时形成，将会对原料生产国和企业产生深远的影响，反之，企业经过调整将进入新的发展状态。由于存在这种相互依存的关系，因此在开展国际合作中与上游行业的联合发展成为实现双赢的重要合作模式。

理论上讲，中国的废钢消费将逐渐增加，短流程炼钢工艺所占的比重逐渐上升。但是由于废钢消费的特殊性和行业转变的周期性，中国钢铁工业的波动将对世界废钢市场产生有限的影响。

中国是世界钢铁产品的最大出口国，美国是世界钢铁产品最大的进口国，但两国在钢铁贸易中的比重极低，任何一方的波动对对方的影响都是微乎其微的。而中国钢铁产品主要的出口国大部分都在致力于发展自己的钢铁工业，因此中国的钢铁工业发生波动时，可能会刺激这些国家加快建立自己的钢铁工业体系，而不是依赖于中国的生产。因此，表面的巨大影响实际是针对内部的市场，对国际市场影响的程度还需要进一步探讨。

因此，对于钢铁企业而言，开展国际合作就是使企业实现国际化发展，革新并形成新的发展动力。拯救自己就是拯救行业。

6.3.1.4 放眼全球、着眼未来，探索国际合作的新模式

由于钢铁工业是基础原材料产业，是经济发展的动力，因此在开展国际合作、规划未来的发展时定位要高、立意要新，要着眼于全球范围内经济的全面发展，探索国际合作的新方式。

钢铁工业的发展是工业化发展的基础，是经济长期发展的基石。任何一个国家的钢铁工业都是独特的，因此在借鉴前人经验的基础上，只有创新模式才能找到适合本国发展的道路。

6.3.1.5 善于运用全球化思维促进自我提升，在自信中成长、在自信中发展

我国众多钢铁企业通过技术进步和管理创新，实现了品牌实力的全面提升，因此应当主动参与全球产业资源配置，在世界钢铁产业的舞台上发出自己清晰的“声音”，寻找明确的定位，共同创造并分享世界钢铁工业的发展成果。在自信的同时，要认识到自己发展的差距和不足，运用全球化思维审视自己，在国际产业发展格局和分工体系中寻求准确定位，整合利用全球资源与要素，不断提高企业发展水平。

6.3.2 合作模式的选择

关于合作模式的选择没有固定的模式，只有个性化的创造。主要体现在以下几个方面：

（1）按照发展的规律和趋势，寻找未来的钢铁中心，或创造未来的钢铁中心。

（2）按照梯度原理选择合作的国别、合作的伙伴和合作的技术。

（3）按照属地化的发展选择合作的战略和合作的程度。

（4）按照共赢的模式选择合作的商业链条，确保合作方的利益得到保证。

（5）在新兴市场，规模化还是初期的发展道路。

6.4 钢铁企业开展钢铁国际合作探索的案例

本节以河钢开展国际合作为例与读者进行探讨和分享。河钢集团作为世界最大的钢铁材料制造和综合服务企业之一，开展国际合作并实现国际化发展是企业发展的迫切需求。借助国家“一带一路”倡议和国际产能合作政策的支持，结合企业国际化发展战略需求，做了积极的探索，形成了一定的国际化布局、架构和模式，为继续全方位参与全球钢铁产业链合作做出了准备。

6.4.1 河钢集团开展钢铁国际合作的现状

2013 年以来，河钢按照“全球拥有资源、全球拥有市场、全球拥有客户”的定位，快速实现了以“全球营销服务平台、全球技术研发平台和全球钢铁制造平台”为支撑的产业链全球化布局，先后完成南非铜冶炼企业 PMC 公司、钢铁材料营销服务商瑞士德高公司、塞尔维亚斯梅代雷沃钢厂的收购。

到 2017 年底，河钢已完成境外投资 11 亿美元，直接或间接参股、控股境外公司 70 余家，拥有“四钢两矿一平台”的全产业链海外发展格局（“四钢”即河钢塞尔维亚公司、河钢马其顿中板公司、河钢南非 DSP 公司、河钢美国克拉赫公司，“两矿”指的是河

钢 PMC 公司、河钢澳大利亚威拉拉铁矿，“一平台”即河钢德高公司)，控制运营海外资产 70 亿美元，服务网络遍布全球 110 个国家，海外员工 13000 人，海外业务年营业收入超过 800 亿元，年净利润超过 20 亿元。

6.4.2　河钢集团开展钢铁国际合作的特点

河钢集团在开展国际合作中，采取了多种方式，进行全产业链的布局，是“走出去”探索的一个缩影，具体体现在以下几个方面：

(1) 顺势而为，实现低风险布局。响应政策，顺应形势，低风险布局是河钢开展国际合作的一个特点。

塞尔维亚斯梅代雷沃钢厂 1992 年以前由前南斯拉夫政府运营，2003 年被美钢联收购，2012 年塞尔维亚政府以象征性的 1 美元价格将其回购。由于契合国家“一带一路”倡议和开展国际产能合作的要求，符合河钢拓展欧洲市场的需要，2015 年上半年，经塞尔维亚政府和河北省政府推介，河钢跟进该厂私有化项目，并于 2015 年 7 月正式启动斯梅代雷沃钢厂收购项目。最终，河钢集团以较低的价格在欧洲获得了 220 万吨钢铁产能，比新建同等规模钢厂节约资金近百亿元人民币。2016 年 7 月 1 日，河钢正式接管并实质性运营。

河钢集团在收购美国克拉赫公司时，更是依靠收购对象的融资能力，实现了无现金收购。

(2) 因地制宜，多种合作模式实现国际合作。在开展国际化合作过程中，河钢根据实际情况的需要，采取了多种方式实现了国际合作，包括全资收购、控股、联合收购、组团收购、联合经营等。

马其顿中板厂成立于 1997 年，使用废钢进行电弧炉冶炼、精炼、连铸生产板坯，板坯经轧钢车间加热和轧制成钢板，目前，工厂年产能 120 万吨。河钢集团通过德高公司实现对该厂的控股，实现了中板的产业布局和海外资源的初步整合。

南非 DSP 公司年生产 45 万吨冷硬卷，12 万吨冷轧卷，32 万吨镀锌卷。河钢通过德高公司与南非工业发展局（IDC）合作，实现了对南非 DSP 公司双方各控股 50%的收购，实现了在南非的重要工业布局。

美国克拉赫公司是一家大型的碳素钢、合金钢、不锈钢材质全系列管、棒材产品加工服务中心，产品主要应用于汽车、建筑、扣件、油气机械等行业。2016 年河钢德高公司通过购买卡斯特的 50%股份，全资拥有了克拉赫公司。同时利用克拉赫公司资产负债率较低可以进行再融资的优势，以克拉赫公司本身进行融资，融资资金用来支付收购卡斯特金属公司 50%股权的费用。此次收购，河钢德高实现了无现金收购，低投入掌握了克拉赫全部的所有权和管理权。

南非 PMC 公司拥有约 2 亿吨 56%品位的磁铁矿（铜尾矿）、3000 万吨含铜量（质量分数）0.54%的在产铜矿、1.69 亿吨含铜量（质量分数）0.65%的待开发的铜矿二期资源，以及一个年产销量约 20 万吨的世界级蛭石矿。2013 年 8 月，河钢集团作为最大股东和牵头单位，主导由河钢集团、天津物产集团、俊安公司、中非发展基金共同组建的中方联合体，与南非工业发展公司共同出资，成功收购力拓集团和英美资源公司所持有的南非 PMC 公司 74.5%股权。其中，河钢集团占股 35%，将以最大股东身份主导 PMC 公司的运营与管理。

2004 年 9 月，河钢会同武钢、马钢和沙钢各自境外公司与澳大利亚必和必拓铁矿（津布巴）公司、伊藤忠澳大利亚矿产与能源公司及三井铁矿公司在澳大利亚投资组建澳大利亚威拉拉铁矿合营企业，开采西澳洲皮尔巴拉地区津布巴铁矿，给企业带来了较高的固定年投资回报。

（3）连点成线，产业链有机整合。河钢在进行全球布局时，既考虑产业链的完整性，又考虑全产业链的有机整合，并形成有效的管理中枢。

河钢德高国际贸易控股有限公司（Duferco International Trading Holding SA，英文简称 DITH，中文简称河钢德高）经过近 40 年的发展，成为全球最大的钢铁综合贸易服务国际平台，拥有覆盖全球钢铁产业链的营销服务网络，在全球设有 76 家子公司和办公室，在 120 个国家从事商业活动，产品出售给全球 44000 多家客户。德高业务涵盖工业生产、贸易、银行融资、信贷保险、市场分析、风险管控、船务物流、加工配送、技术服务等领域。河钢利用德高公司，不仅可以实现在国际、国内两个市场的协同销售，还可以延伸钢铁产业链至全球终端，同时形成了开展国际合作的支点和中枢。在多项收购中，都是依靠河钢德高公司实现的，在完成收购后，再利用该平台公司实现全球资源的整合利用，使生产得到迅速恢复，并取得较好的效益。

例如在河钢完成塞尔维亚公司收购后，利用河钢德高营销平台，为塞钢提供了大宗原料支撑和国际市场保障。

（4）特色布局，高端市场引领。不同于通常的国际合作，河钢的国际合作首先在发达国家和地区开展，“四钢两矿一平台”中两家在欧洲、一家在美国、一家在澳大利亚、两家在南非。

河钢在全球化布局中提出了有先后、分主次，逐步推进实施的规划，在次序上，优先选择进入欧美成熟发达的市场区域和“一带一路”沿线国家。欧美地区是钢铁工业的发源地，拥有成熟高端的技术、市场与客户资源，通过并购方式布局欧美地区，既可以最大限度地规避市场开发风险，还可以有效促进国内面临的结构调整和转型升级。

（5）本地化运营，快速融合。实现海外公司收购或控股后，河钢充分尊重不同国家和地区企业的文化特征和管理体系，在战略管控的基础上，实施本地化运营，即“员工本地化、管理本地化、利益本地化”，实现了海外企业快速融入集团并运营。

无论是在河钢塞尔维亚公司，还是在河钢 PMC、河钢德高公司，河钢均大胆启用当地员工承担关键管理岗位，维持企业原有先进高效的业务运行及管理模式，同时将集团先进的管理方法嵌入管理流程，实现跨文化管理，经营业绩不断突破。河钢接手斯梅代雷沃钢厂仅半年就实现扭亏为盈，2017 年实现利润 2 亿元，生产经营恢复到历史最好水平。河钢 PMC 公司自并购以来，持续保持高盈利水平，并与 2017 年 6 月成功实现资产回装国内 A 股市场（河钢宣工），实现了资产证券化。

7 合作国别选择指标推荐

7.1 国别选择的指标选取

国别的选择是钢铁国际合作的第一步。只有选择了恰当的国别、适宜的市场，才能做到事半功倍，达到国际化发展的目的。影响国别选择的因素很多，不仅需要做详尽的尽职调查，仔细的分析研究，还要与企业的发展目标相契合。但是无论如何分析研究，作为中国的钢铁企业，国际合作国别选择的标准需要符合中国钢铁工业发展的特点、符合“走出去”企业的文化和现状、符合目标国的情况等，否则即使很努力，成功的几率仍然很低。

合作是一项长期的事业，前期需要付出艰辛的努力和漫长的等待。因此对于弱小的国家，或者尚不具备条件的国家（包括产业基础、人力资源、政策环境等），付出的努力越多、等待的时间越长，也就意味着合作的风险越大。而相对发达的国家和地区，市场相对成熟、规则标准古板且强硬，管理和标准的成本将上升，获利的空间被严格限制，风险的空间被放开，因此同样需要高度重视。合作国别选择上，应该考虑到的主要因素包括经济规模、工业发展程度、产业基础、经济发展速度、资源环境、政策环境、国际环境以及与我国的关系等。基于此，本书分析推荐选择国别的主要因素包括：

（1）人均 GDP 指标。

（2）人口数量。

（3）国际评级。

（4）钢铁行业产业基础情况。

（5）区域市场辐射作用。

（6）铁矿石资源进出口及消费等。

在选取指标时，同时考虑了我国所处的阶段和由此导致的梯度效应。

7.2 人均 GDP 指标

统计分析及研究分析表明，GDP 的作用大于 GDP 增长率的作用，因此在选择国别时，GDP 是考虑的一个重点。

从图 7-1 可以看出，对于已经完成工业化的法国、英国、美国、日本等发达国家，服务业处于国民经济主导地位的，钢铁行业已经不是支柱产业，GDP 与钢铁消费之间没有正协调关系，钢铁工业的发展对 GDP 的增长起到了支撑作用。而其他国家钢材消费总量与 GDP 之间存在长期协调发展的关系，收入增长促进钢铁消费的增长。

全球钢铁消费统计结果显示，建筑业是最大钢铁用户，耗钢约占总消费的 52.2%，机械制造业消耗占 14.2%，汽车业占 11.6%。部分国家经济增长与钢铁消费之间的关系如图 7-1 所示。

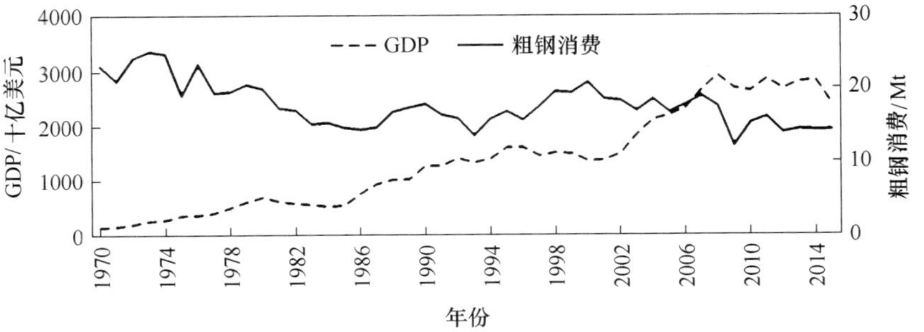

(a) 法国

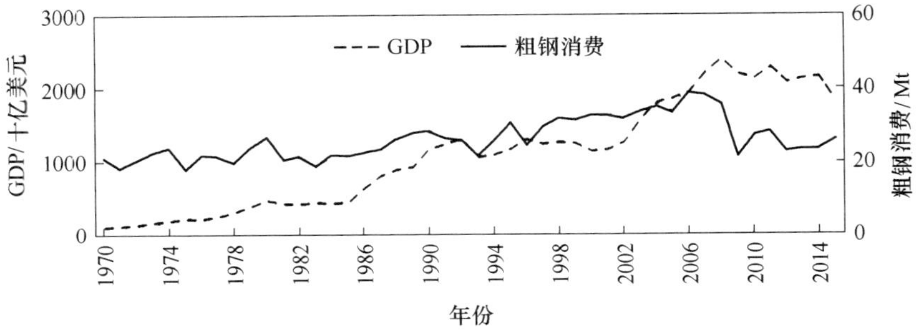

(b) 意大利

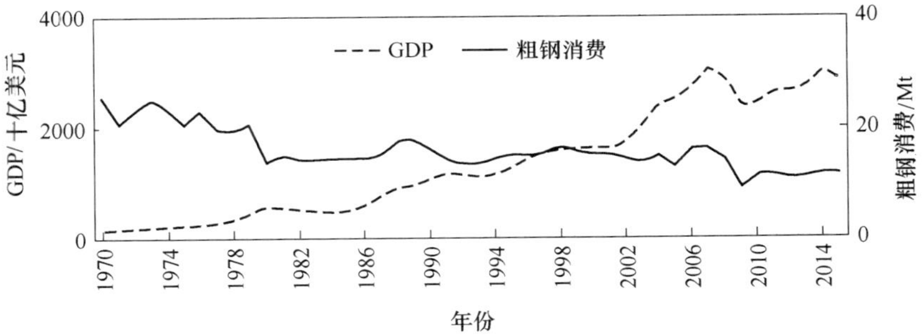

(c) 英国

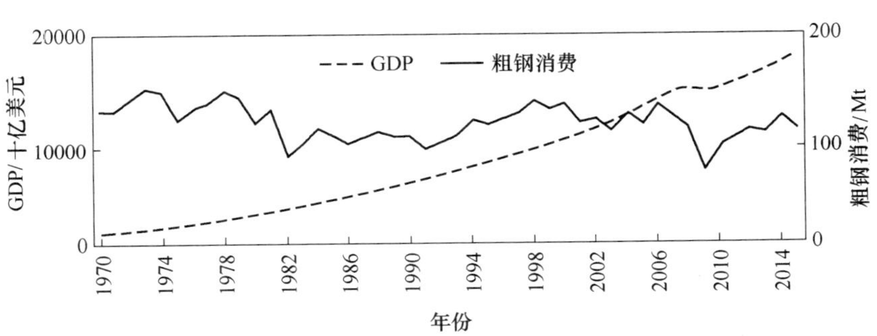

(d) 美国

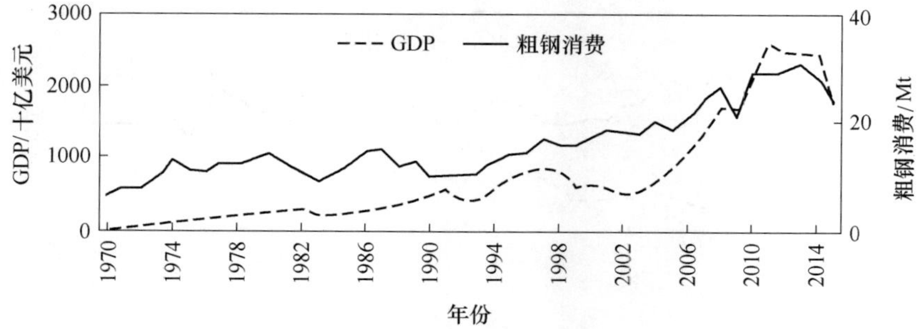

(e) 巴西

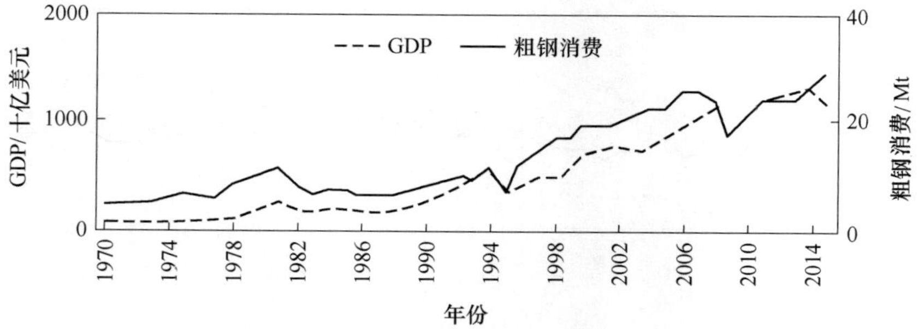

(f) 墨西哥

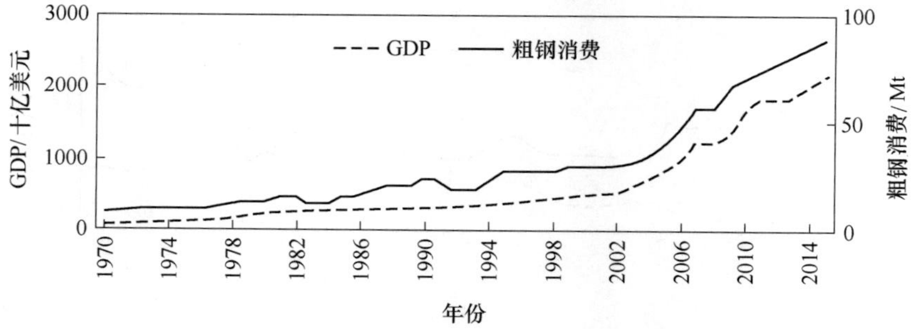

(g) 印度

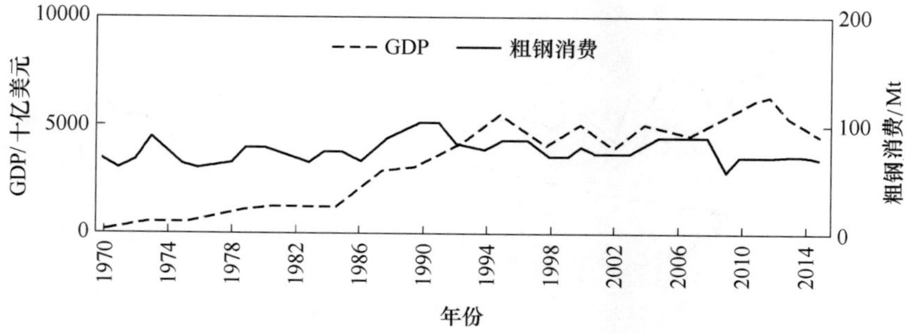

(h) 日本

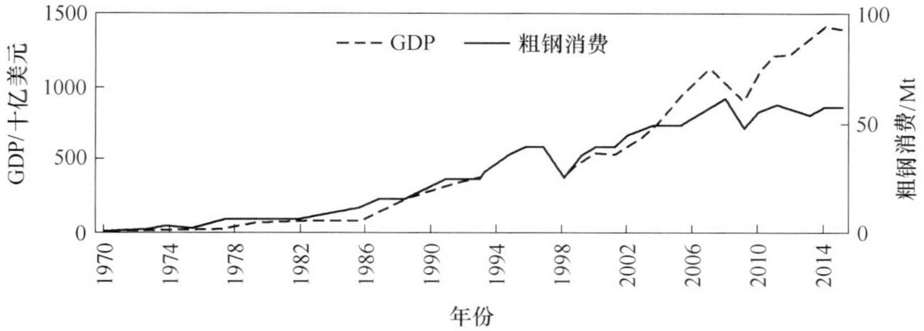

(i) 韩国

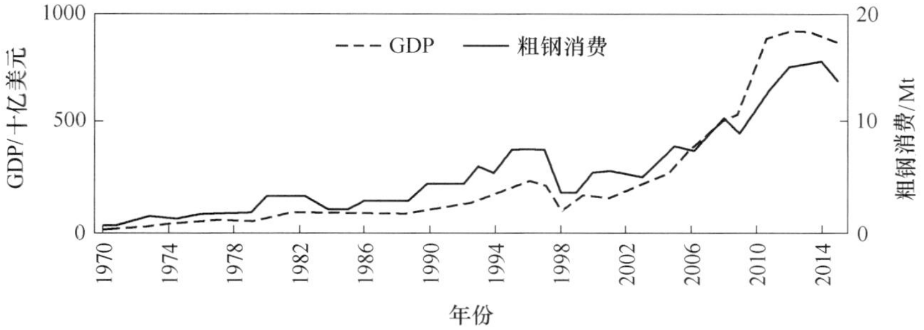

(j) 印度尼西亚

图 7-1　部分国家经济增长与钢铁消费之间的关系

人均 GDP 更能客观地反映一个国家的发展程度。根据对世界经合组织 26 个国家（奥地利、比利时—卢森堡、捷克、丹麦、芬兰、法国、德国、希腊、匈牙利、冰岛、意大利、荷兰、挪威、波兰、葡萄牙、西班牙、瑞典、瑞士、土耳其、英国、加拿大、墨西哥、美国、澳大利亚、新西兰和日本）1970～2015 年的研究表明，人均 GDP 是钢铁消费的主导因素，同时投资强度、工业化率、城市化率等也是重要的因素。

人均钢铁消费与人均 GDP 之间存在波动关系，存在倒 U 形结构。通常，钢铁消费强度随着 GDP 的增长而增长，但当增长到一定的程度后，会出现下降。材料的改进和新材料的替代占了钢铁消费下降 50%的贡献。

根据人均 GDP 的值（见表 7-1），世界银行将不同的国家和地区划分为不同的收入层级。根据折算规则，2015 年的划分标准为人均 GDP 大于 12736 美元的国家为高收入国家。上中等收入的范围为 4126～12735 美元之间，下中等收入国家为 1045～4125 美元，低收入国家为低于 1045 美元的国家。

表 7-1　2015 年世界经济体 GDP 有关情况

国家和地区	GDP 排名	GDP/美元	GDP 增长排名	GDP 增长率/%	人均 GDP 排名	人均 GDP /美元	人均 GDP 增长排名	人均 GDP 增长率/%
卢森堡	71	5.68E+10	75	3.53	1	99717.74	114	1.12
瑞士	19	6.71E+11	156	0.84	2	80999.29	152	-0.29
中国澳门	80	4.62E+10	183	-20.35	3	78585.88	183	-21.66
挪威	27	3.87E+11	134	1.61	4	74481.82	130	0.57

续表 7-1

国家和地区	GDP 排名	GDP/美元	GDP 增长排名	GDP 增长率/%	人均 GDP 排名	人均 GDP /美元	人均 GDP 增长排名	人均 GDP 增长率/%
卡塔尔	53	1.65E+11	74	3.55	5	73653.39	128	0.62
爱尔兰	38	2.84E+11	1	26.28	6	61093.69	1	25.56
澳大利亚	13	1.34E+12	120	2.24	7	56290.65	122	0.83
美国	1	1.80E+13	110	2.60	8	56115.72	87	1.79
丹麦	32	3.01E+11	135	1.61	9	53014.64	118	0.89
新加坡	35	2.93E+11	123	2.01	10	52888.74	123	0.81
冰岛	107	1.68E+10	50	4.17	11	50722.00	52	3.09
瑞典	22	4.96E+11	53	4.08	12	50585.26	55	2.99
荷兰	17	7.50E+11	124	1.95	13	44290.87	101	1.50
英国	5	2.86E+12	121	2.19	14	43929.69	105	1.39
奥地利	28	3.77E+11	153	0.96	15	43636.75	146	-0.17
加拿大	10	1.55E+12	154	0.94	16	43315.70	138	0.09
芬兰	41	2.32E+11	163	0.27	17	42403.47	142	-0.06
中国香港	31	3.09E+11	114	2.44	18	42327.84	98	1.54
德国	4	3.36E+12	129	1.72	19	41178.46	120	0.85
比利时	25	4.55E+11	138	1.50	20	40454.17	109	1.34
阿联酋	29	3.70E+11	65	3.76	21	40438.76	57	2.96
新西兰	51	1.74E+11	82	3.39	22	37807.97	102	1.46
法国	6	2.42E+12	142	1.27	23	36352.48	119	0.86
以色列	33	2.99E+11	111	2.51	24	35729.37	131	0.50
日本	3	4.38E+12	143	1.22	25	34523.70	107	1.36
关岛	145	5.73E+09	162	0.45	26	33752.24	157	−0.94
文莱	116	1.29E+10	171	−0.57	27	30554.73	166	−1.93
意大利	8	1.82E+12	159	0.73	28	29993.08	121	0.83
科威特	55	1.14E+11	126	1.85	29	29300.58	164	−1.79
韩国	11	1.38E+12	109	2.61	30	27221.52	77	2.22
西班牙	14	1.19E+12	84	3.20	31	25684.72	44	3.29
塞浦路斯	104	1.96E+10	130	1.68	32	23075.11	75	2.26
巴哈马	133	8.85E+09	174	−1.66	33	22817.23	174	−2.92
巴林	93	3.11E+10	96	2.86	34	22600.21	91	1.72
马耳他	130	9.75E+09	24	6.15	35	22567.88	20	5.05
斯洛文尼亚	83	4.28E+10	118	2.32	36	20728.92	76	2.24
沙特阿拉伯	20	6.46E+11	78	3.49	37	20481.75	108	1.34
葡萄牙	42	1.99E+11	137	1.60	38	19222.94	82	2.02
希腊	44	1.95E+11	167	−0.22	39	18006.97	134	0.44

续表 7-1

国家和地区	GDP 排名	GDP/美元	GDP 增长排名	GDP 增长率/%	人均 GDP 排名	人均 GDP /美元	人均 GDP 增长排名	人均 GDP 增长率/%
捷克	47	1. 85E+11	45	4. 54	40	17556. 92	24	4. 33
特立尼达和多巴哥	99	2. 36E+10	172	-0. 58	41	17321. 88	158	-0. 99
爱沙尼亚	100	2. 25E+10	140	1. 44	42	17084. 52	103	1. 44
北马里亚纳群岛	170	9. 22E+08	81	3. 43	43	16742. 33	72	2. 44
斯洛伐克	61	8. 73E+10	61	3. 83	44	16089. 02	32	3. 73
圣基茨和尼维斯	171	8. 76E+08	64	3. 76	45	15771. 95	66	2. 59
乌拉圭	74	5. 34E+10	152	0. 98	46	15573. 90	127	0. 63
阿曼	64	6. 98E+10	30	5. 65	47	15550. 68	153	-0. 33
巴巴多斯	148	4. 39E+09	155	0. 88	48	15429. 34	129	0. 59
塞舌尔	163	1. 44E+09	76	3. 50	49	15390. 04	112	1. 22
赤道几内亚	121	1. 22E+10	181	-8. 28	50	14439. 59	182	-10. 91
立陶宛	84	4. 14E+10	128	1. 78	51	14251. 78	61	2. 74
安提瓜和巴布达	165	1. 26E+09	52	4. 13	52	13714. 73	53	3. 09
拉脱维亚	97	2. 70E+10	103	2. 74	53	13654. 85	37	3. 58
帕劳	181	2. 87E+08	4	9. 36	54	13498. 66	3	8. 37
阿根廷	21	5. 85E+11	106	2. 65	55	13467. 42	96	1. 61
智利	40	2. 41E+11	119	2. 31	56	13416. 23	111	1. 25
巴拿马	76	5. 21E+10	28	5. 78	57	13268. 11	28	4. 12
波兰	24	4. 77E+11	58	3. 94	58	12558. 87	29	4. 01
匈牙利	54	1. 22E+11	86	3. 15	59	12365. 63	41	3. 39
克罗地亚	78	4. 87E+10	131	1. 64	60	11592. 91	69	2. 49
美属萨摩亚	175	6. 41E+08	147	1. 09	61	11541. 65	117	0. 90
哥斯达黎加	73	5. 41E+10	66	3. 75	62	11260. 09	62	2. 66
哈萨克斯坦	48	1. 84E+11	144	1. 20	63	10509. 98	150	-0. 27
马来西亚	34	2. 96E+11	36	4. 97	64	9768. 33	40	3. 48
苏里南	146	5. 15E+09	169	-0. 30	65	9485. 32	160	-1. 17
俄罗斯	12	1. 37E+12	176	-2. 83	66	9329. 30	176	-3. 04
毛里求斯	123	1. 17E+10	80	3. 47	67	9252. 11	43	3. 33
格林纳达	168	9. 84E+08	23	6. 23	68	9212. 02	11	5. 76
土耳其	18	7. 18E+11	57	3. 97	69	9125. 69	71	2. 46
墨西哥	15	1. 14E+12	112	2. 46	70	9005. 02	113	1. 15
罗马尼亚	50	1. 78E+11	70	3. 66	71	8980. 66	27	4. 15
巴西	9	1. 80E+12	177	-3. 77	72	8677. 77	178	-4. 59
马尔代夫	153	3. 44E+09	97	2. 85	73	8395. 79	124	0. 79
加蓬	113	1. 43E+10	55	4. 01	74	8266. 45	90	1. 74

续表 7-1

国家和地区	GDP 排名	GDP/美元	GDP 增长排名	GDP 增长率/%	人均 GDP 排名	人均 GDP /美元	人均 GDP 增长排名	人均 GDP 增长率/%
中国	2	1.11E+13	13	6.92	75	8069.21	8	6.38
瑙鲁	184	1.00E+08	100	2.81	76	8052.89	170	−2.32
黎巴嫩	79	4.71E+10	141	1.30	77	8047.65	173	−2.83
圣卢西亚	164	1.43E+09	116	2.37	78	7735.91	94	1.62
古巴	62	8.71E+10	47	4.44	79	7650.23	23	4.34
多米尼加	177	5.17E+08	175	−1.76	80	7116.39	169	−2.22
保加利亚	77	5.02E+10	72	3.62	81	6993.48	25	4.28
圣文森特和格林纳丁斯	174	7.38E+08	136	1.60	82	6739.17	99	1.51
土库曼斯坦	89	3.59E+10	20	6.50	83	6672.48	16	5.19
多米尼加共和国	65	6.81E+10	10	7.04	84	6468.47	10	5.80
黑山	152	3.99E+09	85	3.15	85	6408.43	51	3.09
博茨瓦纳	111	1.44E+10	168	−0.25	86	6360.14	168	−2.13
厄瓜多尔	58	1.00E+11	164	0.16	87	6205.06	161	−1.34
哥伦比亚	37	2.92E+11	87	3.08	88	6056.15	79	2.15
秘鲁	46	1.89E+11	83	3.25	89	6027.13	84	1.92
泰国	26	3.95E+11	98	2.83	90	5814.77	70	2.48
白罗斯	72	5.46E+10	178	−3.89	91	5754.60	177	−4.04
阿塞拜疆	75	5.30E+10	146	1.10	92	5497.49	143	−0.10
塞尔维亚	88	3.72E+10	158	0.76	93	5237.26	110	1.26
牙买加	112	1.43E+10	150	1.00	94	5105.79	126	0.63
斐济	147	4.43E+09	32	5.56	95	4960.52	21	4.89
伊拉克	49	1.80E+11	90	3.02	96	4943.76	148	−0.23
约旦	87	3.75E+10	115	2.38	97	4940.05	141	−0.02
伯利兹	159	1.75E+09	148	1.04	98	4878.72	159	−1.09
马其顿	129	1.01E+10	69	3.67	99	4852.66	39	3.52
纳米比亚	124	1.15E+10	34	5.30	100	4673.57	59	2.90
波黑	108	1.62E+10	89	3.03	101	4249.33	47	3.23
萨尔瓦多	98	2.59E+10	113	2.46	102	4219.35	80	2.14
阿尔及利亚	52	1.65E+11	63	3.76	103	4154.12	86	1.85
圭亚那	154	3.17E+09	92	3.01	104	4127.35	67	2.58
安哥拉	56	1.03E+11	91	3.01	105	4101.47	149	−0.26
汤加	178	4.35E+08	68	3.71	106	4098.54	49	3.14
巴拉圭	96	2.71E+10	94	2.96	107	4080.95	95	1.62
蒙古	122	1.17E+10	117	2.36	108	3967.83	125	0.65
阿尔巴尼亚	125	1.14E+10	101	2.80	109	3945.22	56	2.96

续表 7-1

国家和地区	GDP 排名	GDP/美元	GDP 增长排名	GDP 增长率/%	人均 GDP 排名	人均 GDP /美元	人均 GDP 增长排名	人均 GDP 增长率/%
萨摩亚	172	7.61E+08	132	1.63	110	3938.55	116	0.91
斯里兰卡	63	8.23E+10	42	4.79	111	3926.17	30	3.81
危地马拉	67	6.38E+10	51	4.15	112	3903.48	81	2.06
突尼斯	82	4.30E+10	151	0.99	113	3822.36	144	-0.11
格鲁吉亚	114	1.40E+10	102	2.77	114	3757.06	54	3.05
埃及	30	3.31E+11	49	4.20	115	3614.75	83	2.00
科索沃	144	6.40E+09	60	3.92	116	3552.39	19	5.07
亚美尼亚	128	1.05E+10	93	3.00	117	3489.13	64	2.61
马绍尔群岛	182	1.79E+08	160	0.63	118	3385.97	132	0.45
印度尼西亚	16	8.62E+11	41	4.79	119	3346.49	38	3.53
图瓦卢	185	3.27E+07	108	2.64	120	3295.01	73	2.40
斯威士兰	150	4.12E+09	125	1.87	121	3200.14	133	0.45
佛得角	161	1.60E+09	139	1.45	122	3080.18	137	0.17
玻利维亚	91	3.30E+10	39	4.85	123	3076.79	46	3.26
密克罗尼西亚	180	3.15E+08	62	3.77	124	3015.23	42	3.36
菲律宾	36	2.92E+11	27	5.91	125	2904.20	26	4.26
摩洛哥	57	1.01E+11	46	4.51	126	2878.20	50	3.11
西岸和加沙	119	1.27E+10	2	12.39	127	2866.80	2	9.15
瓦努阿图	173	7.42E+08	173	-0.80	128	2805.31	175	-2.96
尼日利亚	23	4.87E+11	105	2.65	129	2671.72	140	-0.01
不丹	157	2.06E+09	21	6.49	130	2656.00	17	5.14
洪都拉斯	103	2.04E+10	71	3.64	131	2528.89	78	2.19
苏丹	59	9.72E+10	38	4.91	132	2414.72	65	2.60
乌兹别克斯坦	66	6.67E+10	6	8.00	133	2132.11	9	6.13
乌克兰	60	9.06E+10	182	-9.87	134	2114.95	180	-9.54
越南	45	1.94E+11	16	6.68	135	2110.92	13	5.53
尼加拉瓜	118	1.27E+10	37	4.93	136	2086.90	31	3.75
吉布提	160	1.73E+09	19	6.50	137	1945.12	18	5.10
所罗门群岛	166	1.13E+09	67	3.73	138	1934.86	92	1.70
刚果（布）	135	8.55E+09	107	2.65	139	1851.20	139	0.08
摩尔多瓦	142	6.57E+09	170	-0.50	140	1848.08	154	-0.44
老挝	120	1.24E+10	8	7.35	141	1818.44	12	5.57
圣多美和普林西比	179	3.18E+08	56	3.97	142	1669.06	88	1.79
印度	7	2.09E+12	7	7.93	143	1593.26	5	6.64
巴基斯坦	39	2.71E+11	44	4.71	144	1434.70	68	2.56

续表 7-1

国家和地区	GDP排名	GDP/美元	GDP 增长排名	GDP增长率/%	人均 GDP排名	人均 GDP/美元	人均 GDP增长排名	人均 GDP增长率/%
基里巴斯	183	1. 60E+08	77	3. 50	145	1424. 28	93	1. 70
也门	85	3. 77E+10	185	-28. 10	146	1406. 29	185	-29. 83
科特迪瓦	92	3. 18E+10	5	9. 16	147	1398. 99	6	6. 55
肯尼亚	68	6. 34E+10	31	5. 65	148	1376. 71	58	2. 93
加纳	86	3. 75E+10	59	3. 92	149	1369. 70	97	1. 55
赞比亚	102	2. 12E+10	95	2. 92	150	1304. 88	147	-0. 19
喀麦隆	94	2. 84E+10	29	5. 77	151	1217. 26	48	3. 19
东帝汶	162	1. 44E+09	48	4. 30	152	1216. 88	85	1. 89
孟加拉国	43	1. 95E+11	18	6. 55	153	1211. 70	15	5. 28
缅甸	69	6. 26E+10	9	7. 29	154	1161. 49	7	6. 38
柬埔寨	106	1. 80E+10	11	7. 04	155	1158. 69	14	5. 32
吉尔吉斯	141	6. 57E+09	79	3. 47	156	1103. 23	106	1. 36
莱索托	156	2. 28E+09	133	1. 61	157	1066. 99	135	0. 38
塔吉克斯坦	138	7. 85E+09	25	6. 00	158	925. 91	34	3. 68
津巴布韦	110	1. 44E+10	161	0. 47	159	924. 14	165	-1. 82
塞内加尔	115	1. 36E+10	22	6. 49	160	899. 58	45	3. 27
坦桑尼亚	81	4. 56E+10	12	6. 96	161	878. 98	35	3. 67
海地	134	8. 77E+09	145	1. 19	162	818. 34	145	-0. 13
乍得	126	1. 09E+10	127	1. 80	163	775. 70	163	-1. 47
贝宁	136	8. 29E+09	122	2. 09	164	762. 05	156	-0. 55
尼泊尔	101	2. 12E+10	104	2. 73	165	743. 32	100	1. 50
南苏丹	132	9. 02E+09	180	-6. 35	166	730. 58	181	-9. 60
马里	117	1. 27E+10	26	5. 96	167	724. 26	60	2. 87
科摩罗	176	5. 66E+08	149	1. 02	168	717. 45	162	-1. 35
乌干达	95	2. 75E+10	35	5. 14	169	705. 29	89	1. 78
卢旺达	137	8. 10E+09	15	6. 90	170	697. 35	22	4. 44
塞拉利昂	149	4. 21E+09	184	-20. 60	171	653. 13	184	-22. 29
埃塞俄比亚	70	6. 15E+10	3	9. 61	172	619. 17	4	6. 93
阿富汗	105	1. 93E+10	157	0. 84	173	594. 32	167	-1. 95
布基纳法索	127	1. 07E+10	54	4. 02	174	589. 77	115	1. 05
几内亚比绍	167	1. 06E+09	40	4. 80	175	572. 99	74	2. 31
多哥	151	4. 09E+09	33	5. 37	176	559. 64	63	2. 63
几内亚	140	6. 70E+09	165	0. 10	177	531. 32	172	-2. 54
莫桑比克	109	1. 48E+10	17	6. 61	178	529. 24	33	3. 71
冈比亚	169	9. 39E+08	43	4. 72	179	471. 54	104	1. 42

续表 7-1

国家和地区	GDP 排名	GDP/美元	GDP 增长排名	GDP 增长率/%	人均 GDP 排名	人均 GDP /美元	人均 GDP 增长排名	人均 GDP 增长率/%
刚果（金）	90	3.52E+10	14	6.92	180	456.05	36	3.61
利比里亚	158	2.05E+09	166	0.00	181	455.87	171	-2.37
马达加斯加	131	9.74E+09	88	3.05	182	401.84	136	0.23
马拉维	143	6.40E+09	99	2.83	183	371.99	151	-0.28
尼日尔	139	7.14E+09	73	3.61	184	358.96	155	-0.48
布隆迪	155	3.10E+09	179	-3.90	185	277.07	179	-7.02
世界		7.43E+13		2.72		10112.33		1.51

数据来源：世界银行。

另外，为了更客观地划分收入特征，目前世界银行采用人均 GNI 指标。2017 年的划分原则为（以 2015 年的数据为依据）：

（1）人均 GNI 小于等于 1025 美元，为低收入经济体（low-income economies）。

（2）人均 GNI 为 1026~4035 美元，为低中等收入经济体（lower middle-income economies）。

（3）人均 GNI 为 4036~12475 美元，为高中等收入经济体（upper middle-income economies）。

（4）人均 GNI 高于 12475 美元，为高收入经济体（high-income economies）。

本书为了数据使用的一贯性，采用人均 GDP 划分标准。

根据钢铁消费强度的倒 U 形趋势和对不同经济体的研究，当一个经济体进入高收入阶段时，钢铁的需求强度开始呈现下降趋势。在此种背景下，将结束钢铁大发展的时期。

同时对于低收入经济体，虽然有着强烈的预期，但是由于人均 GDP 过低，基础薄弱，短时间内很难释放出大量的需求，因此中等收入经济体成为发展钢铁工业的重点国家，也是优先选择合作的国家。根据表 7-1，因此选择 100 个中等收入国家作为合作的考察重点。

7.3 人口规模

钢铁工业是资金、技术密集型产业，不仅需要生产的规模效应，还需要消费市场的规模效应，并需要广泛的配套措施。人均 GDP 是一个重要的指标，而人口规模是另一个重要的指标，因此一个国家人口的数量成为选择的另一个指标。

根据中等收入国家平均 GDP 为 4430 美元，统计结果显示，此时的钢铁消费约 20~30t/百万美元 GDP，由此估算钢铁需求达到 100 万吨的平均人口应该达到 1000 万人。基于此，将人口大于 1000 万的国别作为合作的重点国别，见表 7-2。

表 7-2 2017 世界上人口国家排名表

排名	国家	人口数量/人	占世界比重/%	排名	国家	人口数量/人	占世界比重/%
1	中国	1405372834	18.82	4	印度尼西亚	257740000	3.53
2	印度	1304200000	17.86	5	巴西	205290000	2.81
3	美国	322760000	4.42	6	巴基斯坦	192400000	2.64

续表 7-2

排名	国　　家	人口数量/人	占世界比重/%	排名	国　　家	人口数量/人	占世界比重/%
7	尼日利亚	182310000	2.50	43	马来西亚	31163000	0.43
8	孟加拉国	164620000	2.25	44	乌兹别克斯坦	30911000	0.42
9	俄罗斯	146350000	2	45	沙特阿拉伯	30069000	0.41
10	日本	126820000	1.73	46	尼泊尔	29273000	0.40
11	墨西哥	126270000	1.73	47	莫桑比克	27761000	0.38
12	埃塞俄比亚	104030000	1.42	48	加纳	27268000	0.37
13	菲律宾	102410000	1.40	49	也门	26482000	0.36
14	越南	92658000	1.27	50	朝鲜	25302000	0.35
15	埃及	90155000	1.23	51	马达加斯加	25066000	0.34
16	德国	79758000	1.09	52	澳大利亚	23957000	0.33
17	伊朗	78920000	1.08	53	喀麦隆	23601000	0.32
18	土耳其	77720000	1.06	54	叙利亚	23229000	0.32
19	刚果（金）	72853000	1	55	安哥拉	22567000	0.31
20	泰国	68311000	0.94	56	科特迪瓦	21543000	0.30
21	法国	67019000	0.92	57	斯里兰卡	21099000	0.29
22	英国	65040000	0.89	58	罗马尼亚	19874000	0.27
23	意大利	60547000	0.83	59	尼日尔	19799000	0.27
24	南非	55281000	0.76	60	布基纳法索	18589000	0.25
25	缅甸	55125000	0.76	61	智利	18057000	0.25
26	坦桑尼亚	51728000	0.71	62	马拉维	17740000	0.24
27	韩国	50464000	0.69	63	哈萨克斯坦	17062000	0.23
28	哥伦比亚	48479000	0.66	64	荷兰	16980000	0.23
29	西班牙	47847000	0.66	65	马里	16467000	0.23
30	肯尼亚	47590000	0.65	66	厄瓜多尔	16407000	0.22
31	阿根廷	42783000	0.59	67	危地马拉	16318000	0.22
32	乌克兰	42544000	0.58	68	津巴布韦	16250000	0.22
33	乌干达	41833000	0.57	69	柬埔寨	15902000	0.22
34	苏丹	41031000	0.56	70	赞比亚	15882000	0.22
35	阿尔及利亚	40320000	0.55	71	塞内加尔	15186000	0.21
36	波兰	38438000	0.53	72	乍得	13480000	0.19
37	加拿大	35873000	0.49	73	卢旺达	12793000	0.18
38	伊拉克	35820000	0.49	74	几内亚	12713000	0.17
39	摩洛哥	33932000	0.46	75	南苏丹	11995000	0.16
40	阿富汗	33278000	0.46	76	布隆迪	11287000	0.16
41	委内瑞拉	31785000	0.42	77	贝宁	11274000	0.15
42	秘鲁	31241000	0.43	78	玻利维亚	11226000	0.15

续表 7-2

排名	国　家	人口数量/人	占世界比重/%	排名	国　家	人口数量/人	占世界比重/%
79	古巴	11224000	0.15	115	土库曼斯坦	5412600	0.07
80	突尼斯	11206000	0.15	116	挪威	5085500	0.07
81	比利时	11160000	0.15	117	哥斯达黎加	5061900	0.07
82	希腊	11130000	0.15	118	中非共和国	4926400	0.07
83	索马里	10865000	0.15	119	刚果（布）	4850500	0.07
84	多米尼加	10835000	0.15	120	爱尔兰	4842100	0.07
85	葡萄牙	10604000	0.15	121	利比里亚	4749100	0.07
86	海地	10498000	0.14	122	巴勒斯坦	4705200	0.06
87	捷克	10460000	0.14	123	新西兰	4648500	0.06
88	阿联酋	10394000	0.14	124	黎巴嫩	4468300	0.06
89	匈牙利	9853400	0.14	125	格鲁吉亚	4432500	0.06
90	阿塞拜疆	9614600	0.13	126	克罗地亚	4254600	0.06
91	瑞典	9581600	0.13	127	毛里塔尼亚	4165800	0.06
92	白罗斯	9327200	0.13	128	巴拿马	4025600	0.06
93	塔吉克斯坦	8617000	0.12	129	波斯尼亚和黑塞哥维那	3835300	0.05
94	洪都拉斯	8552400	0.12				
95	奥地利	8441500	0.12	130	阿曼	3590500	0.05
96	以色列	8424400	0.12	131	摩尔多瓦	3549400	0.05
97	瑞士	8064300	0.11	132	科威特	3533300	0.05
98	巴布亚新几内亚	7753900	0.11	133	乌拉圭	3426800	0.05
99	多哥	7408300	0.10	134	阿尔巴尼亚	3195900	0.04
100	老挝	7105200	0.10	135	蒙古国	3060100	0.04
101	塞尔维亚	7090000	0.10	136	亚美尼亚	2976600	0.04
102	保加利亚	7079800	0.10	137	立陶宛	2954900	0.04
103	巴拉圭	7037500	0.10	138	牙买加	2788000	0.04
104	约旦	6888700	0.09	139	纳米比亚	2339400	0.03
105	厄立特里亚	6760400	0.09	140	博茨瓦纳	2140100	0.03
106	利比亚	6679000	0.09	141	马其顿	2126600	0.03
107	塞拉利昂	6535100	0.09	142	卡塔尔	2117900	0.03
108	萨尔瓦多	6377900	0.09	143	莱索托	2078900	0.03
109	尼加拉瓜	6257200	0.09	144	斯洛文尼亚	2043700	0.03
110	吉尔吉斯斯坦	5934400	0.08	145	拉脱维亚	1986100	0.03
111	丹麦	5648000	0.08	146	冈比亚	1969300	0.03
112	芬兰	5491500	0.08	147	科索沃	1852400	0.03
113	新加坡	5488500	0.08	148	几内亚比绍	1799900	0.03
114	斯洛伐克	5432900	0.07	149	加蓬	1767200	0.02

续表 7-2

排名	国　家	人口数量/人	占世界比重/%	排名	国　家	人口数量/人	占世界比重/%
150	巴林	1472600	0.02	175	巴巴多斯	287390	
151	特立尼达和多巴哥	1332700	0.02	176	瓦努阿图	260820	
152	毛里求斯	1329600	0.02	177	圣多美和普林西比	204030	
153	东帝汶	1309100	0.02	178	萨摩亚	193470	
154	爱沙尼亚	1303600	0.02	179	圣卢西亚	183680	
155	斯威士兰	1291300	0.02	180	圣文森特和格林纳丁斯	107940	
156	塞浦路斯	1203900	0.02				
157	吉布提	939250	0.01	181	格林纳达	107830	
158	斐济	902980	0.01	182	汤加	105970	
159	赤道几内亚	817240	0.01	183	基里巴斯	105920	
160	科摩罗	798120	0.01	184	密克罗尼西亚联邦	102100	
161	圭亚那	781450	0.01	185	安提瓜和巴布达	93758	
162	不丹	778130	0.01	186	塞舌尔	91689	
163	阿拉伯撒哈拉民主共和国	638760	0.01	187	安道尔	79403	
				188	多米尼克	72297	
164	黑山	604250	0.01	189	马绍尔群岛	56787	
165	所罗门群岛	600090	0.01	190	圣基茨和尼维斯	55368	
166	苏里南	558200	0.01	191	北马里亚纳群岛	45259	
167	卢森堡	555700	0.01	192	列支敦士登	37623	
168	佛得角	523670	0.01	193	摩纳哥	37393	
169	文莱	441220	0.01	194	圣马力诺	32572	
170	马耳他	425800	0.01	195	帕劳	21057	
171	巴哈马	385880	0.01	196	瑙鲁	10500	
172	伯利兹	351560		197	图瓦卢	10140	
173	马尔代夫	336410		198	圣赫勒拿	4131	
174	冰岛	329610		199	梵蒂冈	842	

数据来源：世界人口网 http：//www.renkou.org.cn。

在选取的100个中等收入国家的基础上，结合人口规模大于1000万的指标，由此确定的合作国别为40个，具体见表7-3。

表 7-3　根据人口规模和人均 GDP 确定的合作国别

国　家	人均 GDP 排名	人均 GDP/美元	国　家	人均 GDP 排名	人均 GDP/美元
哈萨克斯坦	63	10509.98	墨西哥	70	9005.02
马来西亚	64	9768.33	罗马尼亚	71	8980.66
俄罗斯	66	9329.3	巴西	72	8677.77
土耳其	69	9125.69	古巴	79	7650.23

续表 7-3

国　家	人均 GDP 排名	人均 GDP/美元	国　家	人均 GDP 排名	人均 GDP/美元
厄瓜多尔	87	6205.06	尼日利亚	129	2671.72
南非	88	6080	苏丹	132	2414.72
哥伦比亚	88	6056.15	乌兹别克斯坦	133	2132.11
秘鲁	89	6027.13	乌克兰	134	2114.95
泰国	90	5814.77	越南	135	2110.92
伊拉克	96	4943.76	印度	143	1593.26
阿尔及利亚	103	4154.12	巴基斯坦	144	1434.7
安哥拉	105	4101.47	也门	146	1406.29
斯里兰卡	111	3926.17	科特迪瓦	147	1398.99
危地马拉	112	3903.48	肯尼亚	148	1376.71
突尼斯	113	3822.36	加纳	149	1369.7
埃及	115	3614.75	赞比亚	150	1304.88
印尼	119	3346.49	喀麦隆	151	1217.26
玻利维亚	123	3076.79	孟加拉国	153	1211.70
菲律宾	125	2904.2	缅甸	154	1161.49
摩洛哥	126	2878.2	柬埔寨	155	1158.69

7.4 钢铁生产、消费情况及铁矿石生产、消费情况

钢铁的生产和消费情况是反映一个国家钢铁工业的基础状况的一个指标。无产量或者产量很低的国家，意味着钢铁工业基础薄弱，不仅缺乏配套的设施，同时还缺乏发展的理念、管理的人才和专业的工程技术人才、劳动力人才等。因此，将有一定工业基础的国家作为合作选择的国家。粗钢产量和消费量见表 7-4，中间产品及最终产品进出口情况见表 7-5。

铁矿石是钢铁生产的重要原料。随着世界发展格局的不断变化，铁矿石的出口可能正在逐渐转变为初级产品出口。因此，铁矿石的生产和消费情况也是选择合作国别的一个重要参考指标，见表 7-6。

表 7-4　2015 年粗钢产量和消费量

国家和地区	消费排名	消费/kt	产量排名	产量/kt	人均粗钢消费量排名	人均粗钢消费量/kg
中国大陆	1	700350	1	803825	38	251.2
美国	2	108333	4	78845	58	167.8
印度	3	89353	3	89026	108	33.3
日本	4	67800	2	105134	65	138
韩国	5	58125	6	69670	32	290.7
俄罗斯	6	44578	5	70898	13	466.2

续表 7-4

国家和地区	消费排名	消费 /kt	产量排名	产量 /kt	人均粗钢消费量排名	人均粗钢消费量 /kg
德国	7	42275	7	42676	75	108.7
土耳其	8	36554	9	31517	47	219
墨西哥	9	28848	13	18225	112	26.1
意大利	10	26133	11	22018	20	396.2
巴西	11	23657	8	33256	120	12.7
越南	12	21226	24	5647	96	58.7
中国台湾	13	21059	12	21392	54	187.3
伊朗	14	20800	14	16146	72	113.8
泰国	15	19458	36	3718	52	191.4
加拿大	16	14827	17	12473	53	190.6
法国	17	14520	15	14984	121	12.3
沙特阿拉伯	18	14000	27	5229	19	412.5
印度尼西亚	19	13656	30	4854	56	179.1
西班牙	20	13653	16	14845	12	509
波兰	21	13632	19	9198	81	93.6
英国	22	11811	18	10907	107	34.7
马来西亚	23	11629	35	3784	51	201.6
埃及	24	11622	25	5506	57	169.7
菲律宾	25	10186	52	968	117	14
阿联酋	26	7833	38	3006	67	131.6
捷克	27	7632	26	5262	6	723.9
巴基斯坦	28	7087	39	2892	130	1.8
澳大利亚	29	6968	29	4925	34	275.8
阿尔及利亚	30	6656	58	650	7	705
阿根廷	31	5991	28	5028	102	44.9
南非	32	5855	23	6417	71	123.2
新加坡	33	5100	66	501	69	127
比利时—卢森堡	34	4702	21	7257	95	58.7
哥伦比亚	35	4515	49	1211	79	98
罗马尼亚	36	4266	37	3352	37	259.5
孟加拉国	37	4209	79	100	123	11.2
秘鲁	38	4084	51	1082	26	340.1
奥地利	39	3984	20	7687	45	225.5
乌克兰	40	3823	10	22968	97	58

续表 7-4

国家和地区	消费排名	消费 /kt	产量排名	产量 /kt	人均粗钢消费量排名	人均粗钢消费量 /kg
荷兰	41	3802	22	6995	84	86.9
中国香港	42	3774			9	523.9
瑞典	43	3673	32	4374	106	35.4
伊拉克	44	3387			78	100.1
智利	45	3215	50	1112	91	72
以色列	46	3110	70	300	122	12.1
摩洛哥	47	3000	65	516	100	48.7
哈萨克斯坦	48	2943	34	3910	10	517.8
瑞士	49	2750	46	1475	35	274.2
匈牙利	50	2702	45	1675	62	162.4
缅甸	51	2605	84	35	92	68.2
斯洛伐克	52	2486	31	4562	98	53
葡萄牙	53	2480	43	2030	36	262.9
委内瑞拉	54	2271	47	1345	82	93
厄瓜多尔	55	1989	57	720	66	133.3
尼日利亚	56	1873	78	100	21	385.7
芬兰	57	1872	33	3988	17	437
乌兹别克斯坦	58	1842	59	643	115	16.3
肯尼亚	59	1824	89	20	8	535.7
白罗斯	60	1810	41	2510	61	162.7
卡塔尔	61	1662	40	2593	59	167
阿曼	62	1619	44	2000	103	39.6
科威特	63	1609			18	413.4
丹麦	64	1563			63	148.6
利比亚	65	1539	69	352	60	166.8
朝鲜	66	1507			40	245.1
保加利亚	67	1368	64	543	50	209.8
约旦	68	1236	74	150	73	112.1
危地马拉	69	1176	68	403	128	4.9
埃塞俄比亚	70	1111			22	383.4
希腊	71	1097	54	910	74	110.8
挪威	72	1096	62	590	109	32.7
新西兰	73	1067	56	793	80	95
阿塞拜疆	74	1060	72	180	43	227.1

续表 7-4

国家和地区	消费排名	消费/kt	产量排名	产量/kt	人均粗钢消费量排名	人均粗钢消费量/kg
斯洛文尼亚	75	1059	60	604	88	76.9
斯里兰卡	76	1028	87	30	70	123.6
黎巴嫩	77	976			30	306.5
哥斯达黎加	78	969			83	87.3
加纳	79	969	88	25	118	14
突尼斯	80	889	81	50	101	48.3
安哥拉	81	834			46	224.7
阿尔巴尼亚	82	728	63	550	42	235.6
克罗地亚	83	720	76	122	114	19.8
波斯尼亚—黑塞哥维亚	84	714	55	819	125	10.3
坦桑尼亚	85	712			94	59.9
塞尔维亚	86	704	53	955	49	210.3
玻利维亚	87	629			24	360.5
吉布提	88	626			105	37.5
爱尔兰	89	625			64	140.7
也门	90	621			104	39.1
立陶宛	91	604			68	130.2
巴拿马	92	553			77	101.1
多米尼加	93	473			25	353.1
塞内加尔	94	448			41	239.6
洪都拉斯	95	393			5	743.7
莫桑比克	96	392			48	218.6
象牙海岸	97	369			29	310.7
蒙古	98	366	83	45	16	443.9
萨尔瓦多	99	360	75	124	110	29.6
苏丹	100	356			86	79.6
格鲁吉亚	101	348			131	0
爱沙尼亚	102	341			2	910.1
特立尼达和多巴哥	103	338	61	591	15	458.1
摩尔多瓦	104	313	67	443	11	512.2
巴林	105	302			76	107.4
拉脱维亚	106	293			1	1155.7
叙利亚	107	293	91	5	31	296
喀麦隆	108	288			99	49.6

续表 7-4

国家和地区	消费排名	消费/kt	产量排名	产量/kt	人均粗钢消费量排名	人均粗钢消费量/kg
巴拉圭	109	260	82	48	127	8.8
乌拉圭	110	249	80	97	23	375.6
马其顿	111	233	77	121	28	331.4
多哥	112	204			116	15.9
黑山	113	192	73	150	3	900.7
赞比亚	114	181			119	13.3
古巴	115	160	71	284	33	286.3
刚果（布）	116	160			111	27.9
津巴布韦	117	158			39	248.8
乌干达	118	155	86	30	87	79
塞浦路斯	119	153			14	464.7
几内亚	120	152			129	4
刚果（金）	121	145	85	30	85	85.3
贝宁	122	138			4	855.4
毛里塔尼亚	123	133	90	5	55	182.5
毛里求斯	124	121			27	336.7
尼加拉瓜	125	120			90	72.7
马达加斯加	126	119			93	61.6
加蓬	127	100			89	73
赤道几内亚	128	83			44	227.1
冰岛	129	53				224.4
马耳他	130	46			113	23.1
塞尔维亚和黑山	131	0			124	11.2
世界		1616813		1620408	126	10.1

数据来源：worldsteel。

表 7-5 中间及最终产品进出口

国家和地区	排名	出口/kt	排名	进口/kt
美国	14	10000	1	36485
德国	5	25146	2	24817
韩国	3	31173	3	21674
意大利	7	16475	4	19936
土耳其	9	14342	5	18614
越南	35	1512	6	16343
泰国	38	1254	7	14628

续表 7-5

国家和地区	排名	出口/kt	排名	进口/kt
法国	10	14003	8	13656
印度	16	7563	9	13284
中国大陆	1	111556	10	13178
比利时	8	15202	11	12073
印尼	30	2003	12	11413
墨西哥	23	3898	13	10031
波兰	20	5084	14	9214
西班牙	15	9590	15	8885
加拿大	19	6038	16	8021
埃及	56	172	17	7881
马来西亚	32	1823	18	7816
中国台湾	12	11177	19	7510
菲律宾	61	107	20	7282
英国	18	7280	21	7182
荷兰	13	10629	22	6803
阿联酋	46	634	23	6608
沙特阿拉伯	59	129	24	6491
阿尔及利亚	92	5	25	6300
捷克	21	4830	26	6146
日本	2	40804	27	5918
新加坡	33	1729	28	5180
伊朗	37	1300	29	5107
俄罗斯	4	29702	30	4364
奥地利	17	7440	31	4194
孟加拉国	93	5	32	3967
中国香港	57	168	33	3694
罗马尼亚	26	2585	34	3454
巴基斯坦	72	53	35	3411
巴西	11	13708	36	3195
瑞典	24	3207	37	3077
哥伦比亚	69	66	38	2912
伊拉克	115	0	39	2878
澳大利亚	45	841	40	2868
葡萄牙	27	2324	41	2740
斯洛伐克	22	4825	42	2677
以色列	90	6	43	2651

续表 7-5

国家和地区	排名	出口/kt	排名	进口/kt
丹麦	43	935	44	2436
缅甸	96	2	45	2420
瑞士	39	1136	46	2330
匈牙利	36	1440	47	2275
秘鲁	58	149	48	2209
摩洛哥	74	42	49	2019
智利	65	79	50	1905
保加利亚	42	943	51	1741
肯尼亚	100	1	52	1708
南非	28	2190	53	1699
尼日利亚	89	6	54	1677
白罗斯	29	2170	55	1481
斯洛文尼亚	41	993	56	1407
黎巴嫩	102	1	57	1196
阿根廷	49	450	58	1195
阿曼	60	118	59	1182
希腊	40	997	60	1173
乌兹别克斯坦	79	17	61	1160
卢森堡	25	2908	62	1139
突尼斯	71	53	63	1098
厄瓜多尔	77	28	64	1027
挪威	48	528	65	1000
科威特	116	0	66	1000
芬兰	31	1902	67	962
斯里兰卡	103	1	68	951
危地马拉	81	16	69	920
立陶宛	53	330	70	894
加纳	99	1	71	889
拉脱维亚	47	576	72	864
约旦	101	1	73	863
阿塞拜疆	85	11	74	839
多米尼加	73	44	75	829
乌克兰	6	17721	76	804
土库曼斯坦	107	0	77	798
克罗地亚	55	218	78	772
委内瑞拉	66	78	79	725

续表 7-5

国家和地区	排名	出口/kt	排名	进口/kt
坦桑尼亚	114	0	80	667
塞尔维亚	44	908	81	665
爱尔兰	67	74	82	658
巴拿马	87	9	83	590
马其顿	51	406	84	515
苏丹	113	0	85	507
哈萨克斯坦	34	1705	86	505
哥斯达黎加	88	8	87	504
玻利维亚	109	0	88	428
爱沙尼亚	62	104	89	422
利比亚	83	13	90	419
塞内加尔	112	0	91	419
格鲁吉亚	63	91	92	412
也门	82	14	93	402
新西兰	52	347	94	394
塔吉克斯坦	106	0	95	379
象牙海岸	111	0	96	345
叙利亚	118	0	97	325
波斯尼亚—黑塞哥维亚	50	419	98	314
萨尔瓦多	91	5	99	313
洪都拉斯	80	17	100	306
巴拉圭	110	0	101	303
吉尔吉斯斯坦	94	2	102	301
卡塔尔	117	0	103	300
喀麦隆	84	12	104	281
古巴	86	9	105	272
阿尔巴尼亚	68	74	106	238
朝鲜	75	33	107	234
特立尼达和多巴哥	64	83	108	231
乌拉圭	76	31	109	215
尼加拉瓜	95	2	110	171
牙买加	108	0	111	158
摩尔多瓦	54	273	112	151
塞浦路斯	97	1	113	144
巴林	70	66	114	128
亚美尼亚	105	0	115	72

续表 7-5

国家和地区	排名	出口/kt	排名	进口/kt
黑山	78	27	116	66
冰岛	104	0	117	50
马耳他	98	1	118	44
世界		462379		453536

数据来源：worldsteel。

表 7-6 铁矿石生产及进出口情况

国家和地区	产量排名	产量/kt	进口排名	进口/kt	出口排名	出口/kt
澳大利亚	1	811239	32	2792	1	810529
巴西	2	422547			2	366194
印度	3	142500	12	9515	19	4211
中国大陆	4	123500	1	953370		
俄罗斯	5	101973	13	8103	7	21241
乌克兰	6	81966	34	2255	4	45653
南非	7	61380	40	429	3	65254
加拿大	8	45954	18	6596	5	36864
美国	9	43100	26	4550	15	8157
伊朗	10	39370	39	492	11	13125
瑞典	11	24600	43	70	8	20090
智利	12	15431			9	14127
墨西哥	13	14441	37	1460	28	176
毛里塔尼亚	14	11600			12	12132
哈萨克斯坦	15	11359			14	8365
委内瑞拉	16	8251			16	6016
秘鲁	17	7321			13	9944
土耳其	18	6010	11	10011		
蒙古	19	5754			17	5876
利比里亚	20	4300			18	5438
挪威	21	3290	46	27	20	3804
新西兰	22	3164			23	2071
塞拉利昂	23	2563			22	2585
奥地利	24	2400	25	5137		
越南	25	2374			27	266
波斯尼亚—黑塞哥维亚	26	2100			29	145
朝鲜	27	1931			25	1543
埃及	28	1500	35	2209		
缅甸	29	1210				

续表 7-6

国家和地区	产量排名	产量/kt	进口排名	进口/kt	出口排名	出口/kt
阿尔及利亚	30	700				
马来西亚	31	511	9	14742	10	13262
印度尼西亚	32	500	23	5424	21	3130
德国	33	450	4	40964	33	65
哥伦比亚	34	366	48	1		
阿根廷	35	300	24	5189	26	310
突尼斯	36	300				
韩国	37	59	3	73282		
特立尼达和多巴哥	38	32	15	7779	37	0
巴林			21	6059	30	128
比利时—卢森堡			17	6631	36	6
保加利亚			47	1		
捷克			20	6370		
丹麦			44	53		
芬兰			30	3423	34	38
法国			8	15655	31	100
洪都拉斯					32	80
中国香港			29	3655		
匈牙利			36	1641		
意大利			14	8076		
日本			2	131010		
利比亚			41	306		
荷兰			5	30911	6	23362
其他独联体国家			45	52		
巴拉圭			42	108		
菲律宾			7	15836	24	1577
波兰			16	7247		
卡塔尔			33	2451		
罗马尼亚			31	2964		
沙特阿拉伯			27	4031		
塞尔维亚			38	1287		
新加坡			49	1		
斯洛伐克			22	5536	35	14
西班牙			19	6377		
中国台湾			6	23814		
阿联酋			28	3850		

续表 7-6

国家和地区	产量排名	产量/kt	进口排名	进口/kt	出口排名	出口/kt
英国			10	12047		
世界		2006346		465071		1512248

数据来源：worldsteel。

根据钢铁工业基础情况和铁矿石生产消费情况，选择的合作国别见表 7-7。国家的风险等级是考察合作风险的一个重要指标。本章选取了经济学人的国家风险评级指标 EIU。

表 7-7　综合考虑产业基础情况及资源情况确定的合作国家

国　家	EIU 评级	国　家	EIU 评级
俄罗斯	BB	斯里兰卡	B
哈萨克斯坦	B	菲律宾	BBB
马来西亚	BBB	印度尼西亚	BB
巴西	BB	埃及	B
土耳其	BB	摩洛哥	BB
墨西哥	BBB	尼日利亚	CCC
罗马尼亚	BB	越南	B
哥伦比亚	BB	印度	BB
伊朗	B	加纳	B
秘鲁	BBB	巴基斯坦	B
南非	BB	肯尼亚	B
厄瓜多尔	B	孟加拉	BB
泰国	BBB	缅甸	B
阿尔及利亚	B	古巴	CCC
安哥拉	CCC		

7.5 重点考虑合作国别选择结果

剔除未建交国家和处于 C、CC、CCC 级的高风险国家，由此确定了推荐的合作国别清单如下：

（1）亚洲。印度尼西亚、马来西亚、越南、印度、泰国、巴基斯坦、哈萨克斯坦、伊朗、土耳其、缅甸、斯里兰卡、孟加拉国、菲律宾。

（2）拉丁美洲。厄瓜多尔、秘鲁、巴西、墨西哥、哥伦比亚。

（3）非洲。南非、阿尔及利亚、埃及、摩洛哥、肯尼亚、加纳。

（4）欧洲。俄罗斯、罗马尼亚。

由于中国的钢铁工业不论是管理和技术上都还存在较大的提升空间，在国际合作中还需要与发达国家开展全面的技术合作和市场合作，提升并做强中国的钢铁工业，为此，应考虑与德国、美国、法国、日本、韩国等国家广泛的国际合作，本书将这些国家的钢铁行业基本信息及分析也列在了第 8 章。

缅甸、加纳、越南、埃及、斯里兰卡、伊朗、厄瓜多尔、肯尼亚、巴基斯坦、阿尔及利亚、哈萨克斯坦、阿根廷等国需要重点防范风险。

本书确定优先考虑的国别是基于简单的数据分析所获得的，由于考虑的参数有限，特别是没有考虑其他方面综合的因素，因此仅是一种参考，为合作做出一个初步的指导。合作总是有风险的，但也总是有成绩的，更全面的分析和更详尽的调研是合作前必须完成的基本功课。

8 重点合作国基本情况分析

通过一些指标的选取，在第7章推荐了31个国家作为开展钢铁国际合作的对象。为了使读者对这些国家的基本情况，特别是钢铁工业发展的历史和现状有一个基本认识，本章通过采用一些权威数据对有关国家的情况进行了分析。

在当今的信息时代，一方面很容易找到一个国别的多种信息，另一方面又很难准确把握一个国别的信息。为了使读者能够站在开展钢铁国际合作这一视角认识相关国家的情况，力求信息简约准确，并为开展钢铁国际合作提供数据的分析参考，本章选取数据时坚持了概略性、权威性、可用性、可溯性等原则，在数据分析时具有针对性，针对钢铁工业产业链发展和现状，针对钢铁的生产、消费和市场贸易等。

本章采用的数据主要有以下的类别：

（1）基础数据。本章选择了不同的角度对一个国家的基本评价数据。由于各国的相关信息在政府相应的网站上以及行业的相关分析中都能够比较容易的获得，同时任何一项合作都会做详尽的调查工作，因此本章所采用的基础数据未就相关的信息做出详尽的描述，仅提供概略性的描述。基础数据的主要来源有以下几个方面：

1）GDP经济指标来自世界银行2017年公布的截至2015年数据。

2）清廉指数来自透明国际（Transparency International）2016年数据。

3）营商环境排名来自世界银行2016年10月25日正式发布年度报告《2017年营商环境报告：人人机会平等》的数据。

4）国际竞争力排名数据来自世界经济论坛2017年数据（The Global Competitiveness Report 2017-2018）。

5）对美元汇率统一使用了2017年9月29日星期五数据做参考。

6）经济自由度指数（Index of Economic Freedom）采用《华尔街日报》和美国传统基金会发布的2017年度报告。

7）人类发展指数（HDI——Human Development Index）采用了联合国开发计划署（UNDP）在官网上公布的数据（2017年）。

8）人口数据来自相关国家公布的近期数据。

9）中信保国家风险评级和主权信用评级引自中国出口信用保险公司《国家风险分析报告（2016）》。

10）两国之间进出口情况数据来自商务部网站公布的2016年数据。

11）国家经济贸易情况及税收等数据资料来自外交部、商务部网站上的相关信息以及国家官方发布的相关信息。

（2）钢铁行业数据。各国的钢铁行业数据及分析是本章的核心数据。本部分包含了一个国家的钢铁工业发展现状、钢铁工业的发展规划、钢铁贸易情况、钢铁企业的有关情况，以及铁矿石、废钢等生产、使用及贸易的有关情况。为了反映一段时间的发展规律，选取了最近10余年来的数据，并给出了相关的规律走势，供读者参考使用。分析采用的相关数据来自世界钢铁协会（Worldsteel）和各国公布的有关数据。

由于各国发展的不平衡，钢铁工业的发展阶段也存在较大的差异，因此不是所有的国家都有完整的数据。作为比较，在国别上保留了完整的数据表格，使对该国的情况掌握更直观。

（3）与钢铁行业发展相关的数据。这些数据包括基础设施配套能力、钢铁工业发展有关的税收环境及政策环境等。

由于税收和行业政策可能随着时间和环境的改变而发生变化，本章中收录的各国的税收政策和对钢铁行业的鼓励政策可能会发生变化。因此在具体使用时，还需要进行官方的核实。

尽管在数据使用上尽量保持了客观性，但数据本身既是客观事实的同时，也具有文化的属性，代表特殊的背景和环境。因此，所有的数据分析都不能代替具体项目开展合作前的具有针对性的尽职调查。

8.1 亚洲

8.1.1 印度尼西亚 Indonesia

8.1.1.1 基本情况

印度尼西亚基本情况见表8-1。

表8-1 国家基本情况表

首都	雅加达	领土面积	约190万平方千米
人口	2.6亿	官方语言	印尼语
主要民族	爪哇族45%，巽他族14%	主要宗教	伊斯兰教（87%）
货币	印尼盾（IDR）	对美元汇率	13465∶1
GDP	8619亿美元	人均GDP	3346美元
GDP增长率	3.53%	营商环境排名	61.52（91/190）
清廉指数（透明国际）	37（90/176）	国际竞争力	4.68（36/137）
经济自由度指数	61.9（84/180）	人类发展指数（HDI）	0.698（113/188）
中信保国家风险评级	5（5/9）	主权信用风险评级	BBB（4/9）
EIU评级	BB	与我国建交时间	1950年4月13日建交，1967年冻结外交关系。1990年8月8日恢复外交关系
主要双边协议	1990年7月，《中华人民共和国政府和印度尼西亚共和国政府关于恢复两国外交关系的公报》； 1990年6月5日，《海运协定》； 1994年，《促进和保护投资协定》； 2000年5月，《中华人民共和国和印度尼西亚共和国关于未来双边合作方向的联合声明》； 2001年，《避免双重征税和防止偷漏税协定》； 2005年4月，《中华人民共和国与印度尼西亚共和国关于建立战略伙伴关系的联合宣言》； 2005年7月，《中华人民共和国与印度尼西亚共和国联合声明》；		

续表 8-1

主要双边协议	2010 年 1 月，《中华人民共和国政府和印度尼西亚共和国政府关于落实战略伙伴关系联合宣言的行动计划》； 2012 年 3 月，《中华人民共和国和印度尼西亚共和国联合声明》； 2013 年 10 月，《中华人民共和国和印度尼西亚共和国全面战略伙伴关系未来规划》； 2015 年 3 月，《中华人民共和国和印度尼西亚共和国关于加强全面战略伙伴关系的联合声明》； 2015 年 4 月，《中华人民共和国与印度尼西亚共和国联合新闻公报》		
中国出口	306.86 亿美元	中国进口	150.97 亿美元

根据世界经济论坛 2017 年统计分析报告，商务活动中将面临的主要问题有（按照百分制的权重）：

（1）腐败，13.8%。

（2）政府官僚主义，11.1%。

（3）融资渠道，9.2%。

（4）基础设施不足，8.8%。

（5）政策不稳定，8.6%。

8.1.1.2　印度尼西亚经济结构及贸易情况

印度尼西亚（以下简称印尼）位于亚洲东南部，由太平洋和印度洋之间的数万个大小岛屿组成。印尼矿产资源丰富，是国际上煤炭及镍、铁、锡等金属矿产品市场供应的重要来源，印尼采矿业占总 GDP 比重为 11.78% 。印尼的第二大产业是石油天然气产业，该产业占 GDP 的比重为 7.3%。印尼的油气资源丰富，其中核实的石油储量为 6.4 亿吨，天然气储量 4.8 万亿~5.1 万亿立方米。

工业制造业是印尼重要的支柱产业，占 GDP 比重的 23.94%，其中纺织、电子、木材加工、钢铁、机械、汽车是出口创汇的重要门类。

2016 年印尼对外贸易总额 2800.85 亿美元，其中出口总额 1444.34 亿美元、进口总额 1356.51 亿美元。其中棕油及制品出口 147.53 亿美元，占出口总额的 11.23%；机械及电子产品出口 81.35 亿美元，占比 6.19%；珠宝出口 63.69 亿美元，占比 4.85%；车辆及零部件 58.68 亿美元，占比 4.47%；橡胶及制品出口 56.63 亿美元，占比 4.31%。大宗进口商品中，机械及电子设备进口 154.17 亿美元，占进口总额的 13.18%；塑料及制品进口 70.0 亿美元，占比 5.99%；有机化学品进口 47.91 亿美元，占比 4.1%。

中国为印尼非油气产品第一大贸易伙伴，日本和美国分居第二位和第三位。按出口额计算，中国为印尼第二大出口国，美国和日本分居第一位和第三位。

8.1.1.3　钢铁行业基本情况

随着近几年印尼经济的不断发展，基建、汽车、造船及机械制造行业对钢材的需求不断上升，拉动了钢铁材料的需求。但目前印尼本地钢企的生产装备及技术相对落后，大部分钢企的生产装备多为 20 世纪七八十年代的设备，难以形成规模效应，远不能满足快速增长的钢铁需求，目前钢材消费还主要依赖进口。过去 10 年间，印尼钢铁企业未进行大规模的设备更新改造，生产能力和技术水平不高。印尼政府近年一直在努力增加国内钢铁产能，以减少对进口的依赖。为此，政府近年来加强了与外国投资者和国内私营部门的合作，拟大力引进外资和私人资本发展钢铁产业。

印尼规模最大的钢铁企业为喀拉喀托钢铁公司（Krakatau Steel），属于国有企业，其他大部分钢铁企业规模都较小。截至 2016 年底，印尼各项产品产能、消耗及进出口情况统计如表 8-2。

表 8-2　钢铁行业主要数据表

生铁产量		粗钢产量	475 万吨
钢材实际消费	1342 万吨	人均钢材实际消费	52. 0kg
钢材进口	1257 万吨	钢材出口	160 万吨
铁矿石生产	50 万吨	铁矿石进口	511 万吨
铁矿石出口	381 万吨	钢产量世界排名	30
废钢进口	102 万吨	废钢出口	5. 9 万吨

注：铁矿石生产及钢材实际消费数据为 2015 年数据。

8. 1. 1. 4　钢铁生产和消费情况

印尼近几年的钢铁产量及消费情况如图 8-1 所示。

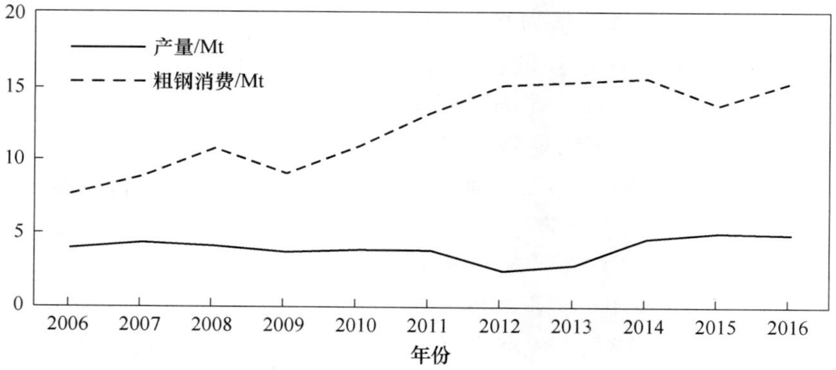

图 8-1　近几年钢产量和消费量图

2016 年粗钢产量为 475 万吨，长材约 303 万吨，扁平材约 352 万吨，管材约 129 万吨。印尼实现了全连铸，全部为电炉炼钢。2017 年粗钢生产 480 万吨，较 2016 年增长了 1. 1%。

2016 年，印尼粗钢表观消费为 1521 万吨，人均粗钢消费 58 公斤；成品钢表观消费 1267 万吨，人均成品钢表观消费 48. 5kg。2015 年钢材实际消费 1341. 9 万吨，人均实际消费 52. 0kg。

主要消费产品为，以扁平材为主，超过 50%，建筑业是钢材最大的消费行业。

8. 1. 1. 5　钢铁生产基础设施配套能力

印尼已探明的煤炭储量 280. 2 亿吨，居世界第 10 位。主要是次烟煤和褐煤。印尼的铁矿主要分布在爪哇岛南部沿海、西苏门答腊、南加里曼丹和南苏拉威西，总储量为 21 亿吨。可以说，虽然印尼国内自然资源丰富，生产钢铁的原材料也多有分布，但由于印尼自身的体制等方面的原因，还不能完全自给，需要通过进口来满足内需。

2013 年印尼开采及出口铁矿石量达到高峰，分别为 2157 万吨和 2231 万吨。但自 2013 年起印尼矿产政策不断加紧，2014 年 1 月 12 日起禁止直接出口国内原矿。因此，2013 年至 2014 年印尼铁矿石产量及进、出口量出线跳崖式下跌。2015 年，印尼铁矿石生产 50 万吨，出口 313 万吨，进口 542 万吨。印尼近几年的铁矿石进口及出口情况如图 8-2 所示。

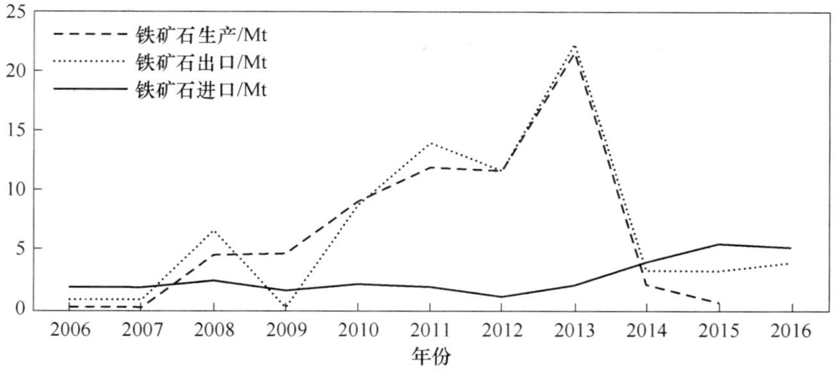

图 8-2 铁矿石生产及进出口情况

由于印尼全部为电炉炼钢，废钢的消费较大，以进口为主。2015 年进口废钢 102 万吨，比 2014 年的 214 万吨大幅下降了 50%以上。

基础设施建设相对滞后。公路全长 34 万千米，高速公路总里程不到 1000km。铁路总长 6458km，以窄轨为主。水路运输较发达。

截至 2015 年底，电力总装机容量 5000 万千瓦，个人和企业用电比例为 7：3。

采用梯度电价，每度电分别为 0. 034~0. 038 美元。

8. 1. 1. 6 钢铁贸易

印尼本土的钢铁企业生产规模有限，印尼市场消费的钢材长期依赖进口。随着印尼经济的快速发展，印尼对钢材的需求量大幅增加，但本国的生产能力还处于较低水平。2016 年印尼进口钢材 1257. 4 万吨，出口 159. 9 万吨，如图 8-3 所示。印尼钢铁产品进口国家主要来源为中国、日本、俄罗斯、韩国、乌克兰等。自中国进口的主要是棒线材，自日本进口的主要是高附加值的冷轧板和镀锌板。

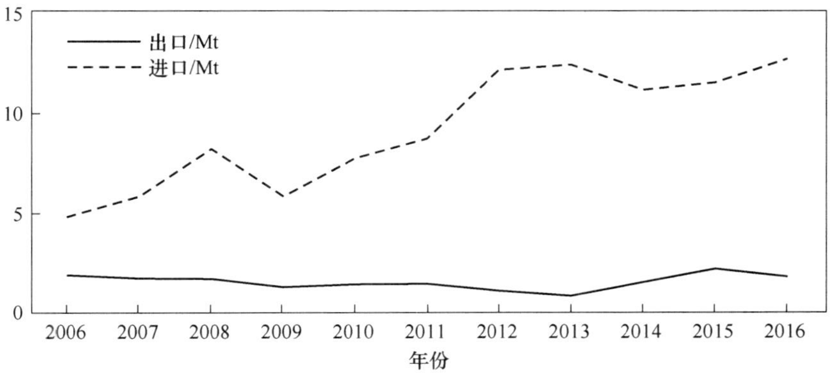

图 8-3 钢材进出口变化情况

8.1.1.7 行业相关政策

A 税收体系

印尼实行中央和地方两级征税制度，现行的主要税种有公司所得税、个人所得税增值税、奢侈品销售税、土地和建筑物税、离境税、印花税、娱乐税、电台与电视税、道路税、机动车税、自行程税、广告税、外国人税和发展税等。

B 主要税种

(1) 所得税。执行2008年7月17日印尼国会通过的《所得税法》，个人所得税税率为30%。个人所得税共分为四档，5000万印尼盾以下，税率5%；5000万印尼盾至2.5亿印尼盾，税率15%；2.5亿~5亿印尼盾，税率25%；5亿印尼盾以上，税率30%。

企业所得税率，税率为25%。印尼对中型、小型、微型企业还有鼓励政策，减免50%的所得税。

(2) 增值税。一般情况下，对进口、生产和服务类交易等征收10%的增值税。

(3) 印花税。征收3000或6000印尼盾的象征性税收。

(4) 房产税。每年对土地、房产与永久建筑物征收土地与房产税。税率一般不超过房产售价的0.3%。

C 外汇管理

实行相对自由的外汇管理制度。印尼盾可以自由兑换，资本可自由转移。货币实行自由浮动汇率政策，银行采取一揽子货币汇率定价法，根据印尼主要贸易伙伴的货币汇率的特别提款权的汇率变化来确定印尼盾的对外比价，每日公布其汇率。

D 钢铁行业投资鼓励政策

印尼鼓励钢铁工业和炼油厂的投资建设，为提高本国钢铁产能，包括给予长达15年的免税期，并给予2年期的减税50%优惠。

8.1.1.8 主要钢铁冶金、矿山生产企业

国内约有钢铁企业124家，主要分布于爪哇岛、苏门答腊岛、加里曼丹岛和苏拉威西岛，其中大部分集中于爪哇岛，企业规模以为小企业为主，其中喀拉喀托钢铁公司（Krakatau Steel）属印尼国有企业，是印尼最大的钢铁企业，粗钢产能约590万吨，占据印尼粗钢产能的一半以上。

喀拉喀托钢铁公司成立于1970年，钢铁生产集中在万丹省芝勒贡，粗钢产能315万吨，主要产品热轧卷、冷轧卷、棒线材。韩国POSCO、日本新日铁住金均有与该钢厂的合资，建设新的钢铁生产线。

古龙钢铁集团是印尼最大的民营钢铁企业，成立于1986年。产能195万吨，拥有4家子公司，分别是Gunung Garuda、Gunung Raja Paksi、Gunung Gahapi Sakti和Gunung Steel Construction。

8.1.1.9 生产和消费情况（数据来源：Worldsteel）

有关生产和消费情况见表8-3~表8-7。

表 8-3 需求和供应平衡表（2016 年）

品种	生产/kt	出口/kt	进口/kt	间接净出口/kt	表观消费/kt	人均表观消费/kg	实际消费/kt	人均实际消费/kg
铁矿石	500	3808	5110					
生铁	…	569	19					
直接还原铁			3					
粗钢	4746	1599	12574		15214	58.3		
成品钢	6552	845	7172	-2043	12673	48.5	13419	52.0
热轧长材	3031	143	1797					
热轧扁平材	3521	552	4745					
管材	1288	150	630					

注：铁矿石生产、间接净出口和实际钢材消费数据为 2015 年数据。

表 8-4 分品种年度生产表 单位：kt

品 种	2006 年	2007 年	2008 年	2009 年	2010 年	2011 年	2012 年	2013 年	2014 年	2015 年	2016 年
铁矿石	85	84	4455	4561	8976	11815	11546	21566	2000	500	
直接还原铁	1200	1321	1209	1119	1274	1228	524	757	155	53	
粗钢	3759	4160	3915	3501	3664	3621	2254	2644	4428	4854	4746
电炉	3759	4160	3915	3501	3664	3621	2254	2644	4428	4854	4746
热轧长材	2655	2762	2703	2663	2804	2819	2716	2718	2885	3196	3031
热轧扁平材	2494	2548	2495	2430	2407	2629	2701	2398	3590	2972	3521
热轧棒材	1366	1382	1398	1397	1412	1414	1474	1605	1603	1738	1673
线材	834	920	839	800	922	932	809	672	628	661	595
热轧板材	835	730	835	787	822	811	806	539	1539	1326	1500
热轧板、卷、带钢	332	364	329	331	317	182	257	317	523	521	703
管材	779	643	637	641	670	642	687	668	1105	1277	1288
焊接钢管	779	643	637	641	670	642	687	668	1105	1277	1288

表 8-5 年度钢消费表

品 种	2006 年	2007 年	2008 年	2009 年	2010 年	2011 年	2012 年	2013 年	2014 年	2015 年	2016 年
粗钢表观消费/kt	7494	8694	10587	8908	10744	13148	15006	15237	15483	13656	15214
人均粗钢表观消费/kg	32.7	37.4	45	37.4	44.5	53.7	60.5	60.6	60.8	53	58.3
成品钢表观消费/kt	6245	7245	8823	7420	8950	10952	12500	12692	12898	11375	12673
人均成品钢表观消费/kg	27.2	31.2	37.5	31.1	37	44.7	50.4	50.5	50.7	44.2	48.5
成品钢实际消费/kt	7421	7998	11028	9463	11585	14253	16238	15871	15815	13419	
成品钢人均实际消费/kg	32.4	34.4	46.9	39.7	47.9	58.2	65.5	63.2	62.2	52.0	

表 8-6 年度铁矿石、废钢生产及进出口表 单位：kt

品 种	2006 年	2007 年	2008 年	2009 年	2010 年	2011 年	2012 年	2013 年	2014 年	2015 年	2016 年
铁矿石产量	85	84	4455	4561	8976	11815	11546	21566	2000	500	
铁矿石出口	706	706	6513	49	8656	13889	11546	22308	3162	3130	3808
铁矿石进口	1761	1737	2300	1488	2029	1804	973	1932	3869	5424	5110
废钢出口	115	81	75	39	40	40	41	42	42	52	59
废钢进口	1063	604	1907	1500	1644	2157	1944	2399	2137	1020	1020

表 8-7 年度钢铁贸易表 单位：kt

品 种	2006 年	2007 年	2008 年	2009 年	2010 年	2011 年	2012 年	2013 年	2014 年	2015 年	2016 年
半成品和成品钢出口	1709	1532	1516	1104	1236	1249	901	660	1342	2003	1599
半成品和成品钢进口	4698	5712	8070	5712	7614	8595	12032	12297	11026	11413	12574
钢锭和半成品出口	32	8	36	2	13	2	4	6	313	635	752
钢锭和半成品进口	1923	2037	2598	2093	2414	2175	3818	3828	3697	4574	5394
长材出口	292	269	315	295	188	262	115	138	115	98	143
长材进口	640	848	1195	763	1128	1251	1824	2099	1907	1775	1797
扁平材出口	1204	987	893	541	539	507	255	147	448	487	552
扁平材进口	1743	2465	3521	2280	3261	4327	5117	5231	4556	4336	4745
管材出口	180	267	267	262	490	477	527	368	465	782	150
管材进口	386	355	748	565	804	831	1264	1129	856	718	630
生铁出口	0	0	0	94	117	…	2	63	286	283	569
生铁进口	17	15	161	85	47	54	183	263	23	9	19
直接还原铁出口	9	0	…	0	1	0	42	0	21	1	
直接还原铁进口	276	385	290	223	156	178	350	182	37	34	3
钢材间接出口	1231	1455	1693	1274	1467	1554	1629	1565	1710	1232	
钢材间接进口	2407	2208	3898	3317	4102	4855	5367	4744	4627	3275	
钢材间接净出口	−1176	−753	−2205	−2043	−2635	−3301	−3738	−3179	−2918	−2043	

8.1.2 马来西亚 Malaysia

8.1.2.1 基本情况

马来西亚基本情况见表 8-8。

表 8-8 马来西亚国家基本情况表

首都	吉隆坡	领土面积	33 万平方千米
人口	3033 万	官方语言	马来语
主要民族	马来人、华人、印度人	主要宗教	伊斯兰教、佛教、印度教
货币	马来西亚林吉特（MYR）	对美元汇率	4.222 : 1

续表 8-8

GDP	2963 亿美元	人均 GDP	9768 美元
GDP 增长率	3.48%	营商环境排名	78.11（23/190）
清廉指数	49（55/176）	国际竞争力	5.17（23/137）
经济自由度指数	73.8（27/180）	人类发展指数（HDI）	0.789（59/188）
中信保国家风险评级	4（4/9）	主权信用风险评级	A（3/9）
EIU 评级	BBB	与我国建交时间	1974 年 5 月 31 日
主要双边协议	1999 年 5 月 31 日，中马关于迈向 21 世纪全方位合作的框架文件； 2000 年 4 月 12 日，中马就中国加入 WTO 的双边协议； 2009 年 2 月 28 日，中马双边本币互换协议； 2009 年 6 月 3 日，中马关于互免持外交、公务（官员）护照人员签证的协定； 2011 年 4 月 28 日，中马关于扩大和深化经济贸易合作的协定； 2012 年 6 月 15 日，中马关于马中关丹产业园合作的协定； 2013 年 10 月 4 日，中马政府经贸合作五年规划（2013~2017 年）； 2015 年 11 月 23 日，关于进一步推进中马经贸投资发展的合作计划； 2015 年 11 月 23 日，关于加强产能和投资合作的协定； 2015 年 11 月 23 日，关于政府市场主体准入和商标领域合作谅解备忘录； 2015 年 11 月 23 日，马来西亚输华棕榈油质量安全的谅解备忘录		
中国出口	439.9 亿美元	中国进口	533 亿美元

根据世界经济论坛 2017 年统计分析报告，商务活动中将面临的主要问题有（按照百分制的权重）：

（1）融资渠道，12.5%。

（2）外汇管制，9.2%。

（3）政府官僚主义，8.9%。

（4）通货膨胀，8.5%。

（5）税率，7.9%。

8.1.2.2 马来西亚经济结构及贸易情况

自然资源丰富。橡胶、棕油和胡椒的产量和出口量居世界前列。原是世界产锡大国，近年来产量逐年减少。马来西亚石油储量丰富，此外还有铁、金、钨、煤、铝土、锰等矿产。以锡、石油和天然气开采为主。据马来西亚能源、绿色科技与水务部统计，原油储量为 52.5 亿桶，天然气储量为 24889.85 亿立方米。据马来西亚统计局统计，2016 年马来西亚石油产量为 3270 万吨，天然气产量为 738 亿立方米。原油主要出口至澳大利亚、印度、泰国和日本。液化天然气主要出口国日本、韩国、中国。

政府鼓励以本国原料为主的加工工业，重点发展电子、汽车、钢铁、石油化工和纺织品等。2016 年，马制造业领域 GDP 为 2549.6 亿林吉特。

2016 年，农业、采矿业、制造业、建筑业和服务业在 GDP 中所占比重分别为 8.1%、8.8%、23.0%、4.5%和 54.2%。2016 年出口产品主要是电子电器、化学化工、石油、液化天然气和棕榈油，进口产品主要是电子电器、化学及化工、石油、机械器具及零件和金属制品。

截至 2015 年吸收外资存量 1176.44 亿美元，当年吸收外资 111.21 亿美元。

8.1.2.3 钢铁行业基本情况

2016 年钢铁行业的基本情况见表 8-9。

马来西亚钢铁冶炼主要采用电炉炼钢工艺流程，炼钢原料为直接还原铁。从马来西亚钢铁行业的产业集中度来看，还是处于散乱的状态，大多是小型轧钢厂，数量众多，没有达到规模化经营的程度。

表 8-9 钢铁行业主要数据表

生铁产量		粗钢产量	276.4 万吨
钢材实际消费	1052.1 万吨	人均钢材实际消费	342.4kg
钢材进口	907.3 万吨	钢材出口	142.8 万吨
铁矿石生产	51 万吨	铁矿石进口	2296.6 万吨
铁矿石出口	2238.4 万吨	钢产量世界排名	39
废钢进口	31.6 万吨	废钢出口	15.1 万吨

注：铁矿石生产及钢材实际消费数据为 2015 年数据。

8.1.2.4 钢铁生产和消费情况

2016 年粗钢产量 276 万吨，长材产量 348 万吨，扁平材产量 30 万吨，全部为电炉炼钢。2016 年粗钢表观消费量 1192.5 万吨，人均粗钢表观消费量 382.4kg；成品钢表观消费量 1025.6 万吨，人均成品钢表观消费 328.8kg。2015 年钢材实际消费 1052.1 万吨，人均实际消费 342.4kg。近几年钢铁的产量和消费量情况如图 8-4 所示。由图可以看出，马来西亚的钢铁产量呈下降的趋势，钢产量世界排名由 2015 年的 35 位滑落为 2016 年的 39 位。消费呈上升的趋势，对外依存度呈扩大之势。2017 年粗钢产量较 2016 年增长了 1.3%。

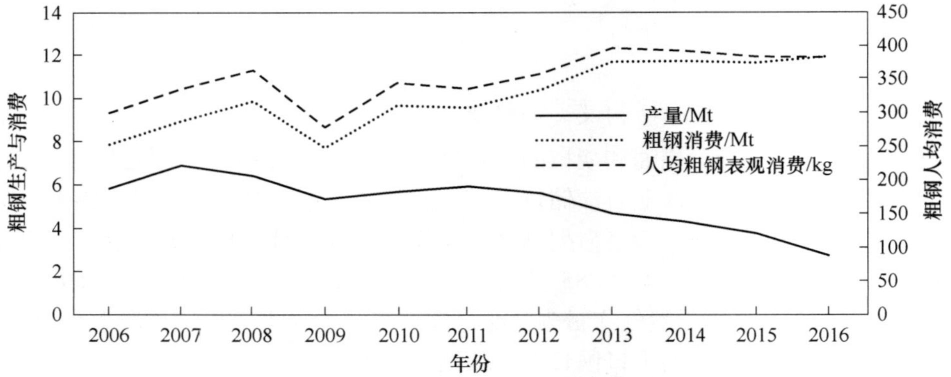

图 8-4 近几年粗钢产量与消费量

8.1.2.5 钢铁生产基础设施配套能力

马来西亚钢铁业的发展有很多的先天不足，作为钢铁行业的上游行业，其铁矿石原料，虽然本土能够提供，但相对匮乏，而作为冶炼钢铁必备的炼焦煤更是几乎为零。

图 8-5 为马来西亚铁矿石生产及进出口情况。2015 年，铁矿石生产大幅降低至 51 万吨，铁矿石出口 1326 万吨，进口 1474 万吨。

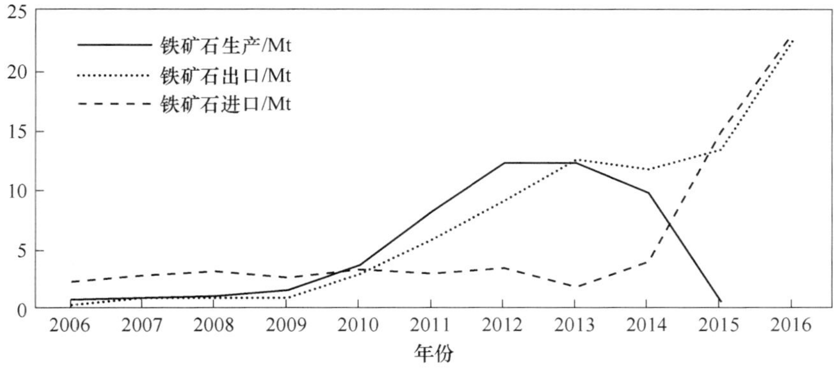

图 8-5 铁矿石生产及进出口情况

由于采用电炉炼钢，对废钢和直接还原铁的需求较大，部分直接还原铁出口，同时进口废钢。2016 年废钢进口 31.6 万吨，为近年来的最低水平，出口直接还原铁 39 万吨，如图 8-6 所示。

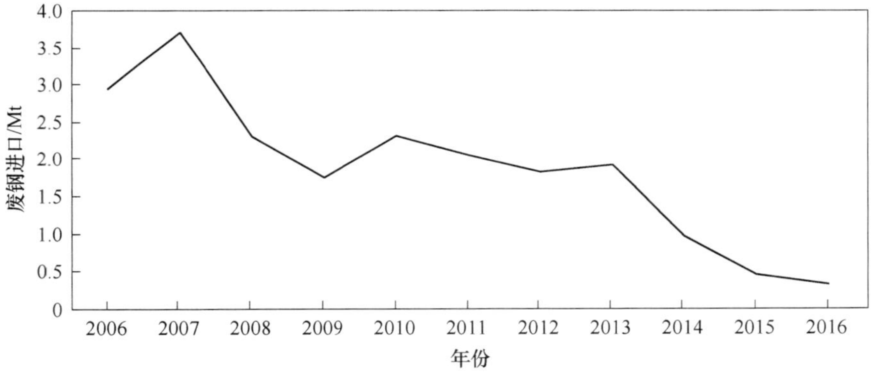

图 8-6 废钢进口情况

截至 2014 年底，马来西亚公路总长约 20.4 万公里。

马来西亚 2013 年发电量约 1318.5 亿千瓦时，其中燃气机组占 45.3%、燃煤机组占 38.5%、水电机组占 10.6、柴油机组占 5.4%，其他 0.2%。

马来西亚水费按照不同的用水标准分段计价，各州收费标准不同。

电费东部、西部略有不同，工业用电约 0.05~0.12 美元/度。

8.1.2.6 钢铁贸易

马来西亚是钢铁净进口国，且净进口量逐年增加，如图 8-7 所示。2016 年马来西亚成品及半成品钢出口 142.8 万吨，其中钢坯和半成品 10.5 万吨，长材 42.5 万吨，扁平材 59.6 万吨，钢管产品 28 万吨。进口 907.3 万吨，其中钢坯及半成品 22.3 万吨，长材 379.1 万吨，扁平材 437.1 万吨，钢管 65.2 万吨。

8.1.2.7 行业相关政策

A 税收体系

联邦政府和各州政府实行分税制。联邦财政部负责管理全国税务，负责制定税收政

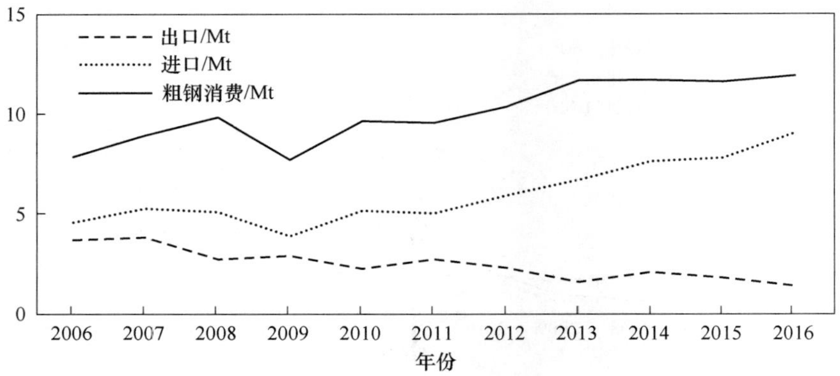

图 8-7 钢材进出口情况

策，由财政部下属的内陆税务局和皇家关税局负责征收直接税和间接税。直接税包括所得税和石油税等，间接税包括国产税、关税和进出口税、销售税、服务税和印花税等。各州政府征收土地税、矿产税、森林税、执照税、娱乐税和酒店税、门牌税等。外国公司和外国人与马来西亚企业和公民具有同等纳税的义务。

马来西亚采用自我纳税评估体制，预缴公司税可按 12 个月分期缴纳。纳税年度结束后的 7 个月内，必须进行年度纳税申报。

B 主要税种

（1）公司税：24%。

（2）石油所得税：38%。征收对象为在马来西亚从事石油领域上游行业的企业。

（3）个人所得税：年收入不超过 26501 马币的本国公民，征收 1%~26%的个人所得税。外国公民为固定税率 26%。

（4）预扣税：非本地公司或者个人缴纳预扣税。特殊所得 10%、利息 15%、承包商按照合同 10%、其他 10%。

（5）销售税：5%~10%

（6）服务税：6%，面向从事服务的人员。

C 外汇管理

在马来西亚注册的外国企业可以在当地商业银行开设外汇账户。外汇进出需要核准，汇出无特别税金。

D 钢铁行业投资鼓励政策

马来西亚鼓励外国投资进入钢铁行业，并出台了一系列的鼓励政策和优惠措施。鼓励政策和优惠措施主要是以税务减免的方式，分为直接税激励和间接税激励两种。

马来西亚钢铁行业的政府主管部门为国际贸易与工业部（MITI），该部负责制定钢铁行业相关产业政策，并根据行业发展需要采取必要措施保护本国行业的发展。目前，钢铁行业政策主要有：

（1）生产执照无条件发放。马来西亚政府鼓励本地和外国资本投资钢铁行业，特别对长材和扁材产品生产执照的发放无任何限制。

（2）进口税削减。长材产品最惠国进口税在 2009 年减低至 10%，2010 年降至 5%。

扁材进口税将分阶段削减，2012 年削减至 10%~20%，2015 年至 10%~15%，直到 2018 年降至 0~10%。

（3）部分产品和原材料进口免关税。三类产品享受进口免关税待遇：1）生产面向国外市场的产品所需的进口原材料；2）无法在马本地生产并在本地销售的特定产品；3）生产零关税成品钢所需的进口原材料。

（4）进口准证。对 211 个税号的长材产品实行进口准证豁免政策。对于冷、热轧钢、钢板和电镀锌板的进口准证，实行自由签发。

为了保护本国企业的发展，自 2013 年 2 月 1 日起，马来西亚政府取消 18 个等级钢铁产品的免税进口政策，其后不久停止发放临时进口准证（Temporary Certificate of Approval）。此外，马来西亚政府也表示将加大强制性标准执行力度，阻止国外低品质产品进入本地市场。

8.1.2.8 主要钢铁冶金、矿山生产企业

金狮集团 The Lion Group，Malaysia，成立于 1978 年，是马来西亚国内最大的钢铁生产企业。金狮集团钢铁业务遍及东南亚，主要厂家及机构在马来西亚、新加坡和印度尼西亚，它具有规模化炼钢、热卷轧钢和 85 万吨小型材的轧钢能力。

除金狮集团外，其他较大的钢铁企业有：安裕钢铁公司（创建于 1961 年，主要长材生产厂家，轧钢产能 58 万吨）、中钢马来西亚公司、首钢马来西亚公司、南达钢铁公司等。

8.1.2.9 生产和消费情况（数据来源：Worldsteel）

有关生产和消费情况见表 8-10~表 8-14。

表 8-10 需求和供应平衡表（2016 年）

品　种	生产/kt	出口/kt	进口/kt	间接净出口/kt	表观消费/kt	人均表观消费/kg	实际消费/kt	人均实际消费/kg
铁矿石	511	22384	22966					
生铁	522	0	36					
直接还原铁	656	522	16					
粗钢	2764	1428	9073		11925	382.4		
成品钢	4577	1301	8813	-520	10256	328.8	10521	342.4
热轧长材	3484	425	3791					
热轧扁平材	297	596	4371					
管材	796	280	652					

注：铁矿石生产、间接净出口和实际钢材消费数据为 2015 年数据。

表 8-11 分品种年度生产表　　单位：kt

品　种	2006 年	2007 年	2008 年	2009 年	2010 年	2011 年	2012 年	2013 年	2014 年	2015 年	2016 年
铁矿石	667	802	982	1470	3558	8078	12144	12134	9615	511	
生铁										477	522

续表 8-11

品　　种	2006 年	2007 年	2008 年	2009 年	2010 年	2011 年	2012 年	2013 年	2014 年	2015 年	2016 年
直接还原铁	1277	1872	1958	2388	2390	2877	2329	1399	1007	957	656
粗钢	5834	6895	6423	5354	5694	5941	5612	4693	4316	3784	2764
氧气转炉											
电炉	5834	6895	6423	5354	5694	5941	5612	4693	4316	3784	2764
热轧长材	3485	3520	3667	3694	3601	3591	3769	3730	3892	3340	3484
热轧扁平材	2240	2335	1880	1409	1366	1520	1185	1250	867	887	297
大型型材											
小型型材											
钢筋											
热轧棒材	1942	1944	2324	2335	2110	2324	2444	2670	2782	2868	2796
线材	1175	1331	1109	1164	1327	1202	1210	1005	1032	449	649
热轧板（≥3mm）	320	235	201	187	166	197	152	143	144	180	220
热轧板、卷、带钢（<3mm）	1920	2100	468	276	1200	1323	1033	1107	723	707	77
电工板											
管材	682	673	769	617	660	569	688	707	801	842	796
无缝钢管											
焊接钢管	682	673	769	617	660	569	688	707	801	842	796

表 8-12　年度钢消费表

品　　种	2006 年	2007 年	2008 年	2009 年	2010 年	2011 年	2012 年	2013 年	2014 年	2015 年	2016 年
粗钢表观消费/kt	7883	8947	9873	7727	9668	9578	10374	11685	11720	11629	11925
人均粗钢表观消费/kg	300.1	334.7	363.0	279.3	343.8	335.2	357.5	396.6	391.9	383.4	382.4
成品钢表观消费/kt	6779	7694	8491	6645	8314	8238	8922	10049	10079	10001	10256
人均成品钢表观消费/kg	258.1	287.8	312.2	240.2	295.7	288.3	307.4	341.0	337.1	329.7	328.8
成品钢实际消费/kt	7445	8264	8662	7224	9230	8652	9549	11081	10600	10521	
成品钢人均实际消费/kg	283.5	309.1	318.5	261.2	328.3	302.8	329.0	376.1	354.5	342.4	

表 8-13 年度铁矿石、废钢生产及进出口表 单位：kt

品 种	2006 年	2007 年	2008 年	2009 年	2010 年	2011 年	2012 年	2013 年	2014 年	2015 年	2016 年
铁矿石产量	667	802	982	1470	3558	8078	12144	12134	9615	511	
铁矿石出口	205	828	805	825	2815	5697	8931	12428	11610	13262	22384
铁矿石进口	2145	2677	3043	2523	3199	2852	3291	1711	3814	14742	22966
废钢出口	86	60	38	78	101	70	80	53	52	47	151
废钢进口	2941	3714	2303	1741	2308	2050	1816	1921	961	446	316

表 8-14 年度钢铁贸易表 单位：kt

品 种	2006 年	2007 年	2008 年	2009 年	2010 年	2011 年	2012 年	2013 年	2014 年	2015 年	2016 年
半成品和成品钢出口	3726	3861	2754	2920	2294	2746	2319	1618	2100	1823	1428
半成品和成品钢进口	4613	5301	5123	3908	5189	5067	5942	6722	7637	7816	9073
钢锭和半成品出口	318	1018	707	647	565	916	602	146	102	118	105
钢锭和半成品进口	408	402	229	132	162	142	251	142	187	171	223
长材出口	555	640	673	758	717	625	493	390	387	378	425
长材进口	752	994	985	796	1154	1196	1612	2114	2958	3454	3791
扁平材出口	1377	1334	810	533	524	487	391	350	428	495	596
扁平材进口	2587	2889	2922	2432	3120	2951	3187	3463	3563	3748	4371
管材出口	1458	748	545	970	476	702	817	717	1163	812	280
管材进口	825	953	930	513	717	729	851	951	867	395	652
生铁出口											
生铁进口	330	504	488	69	4	80	58	153	62	16	36
直接还原铁出口	200	321	322	255	473	570	861	479	703	391	522
直接还原铁进口	0	321	276	195	185	36	14	59	46	54	16
钢材间接出口	1545	1526	1764	1657	2008	1788	1809	1252	1864	1895	
钢材间接进口	2210	2096	1936	2236	2924	2203	2437	2285	2385	2415	
钢材间接净出口	-666	-570	-172	-579	-916	-415	-628	-1033	-521	-520	

8.1.3 越南 Vietnam

8.1.3.1 基本情况

越南基本情况见表 8-15。

表 8-15 越南国家基本情况表

首都	河内	领土面积	32.96 万平方千米
人口	9158 万	官方语言	越南语
主要民族	京族（85.7%）、岱依族、傣族	主要宗教	佛教、天主教、和好教、高台教等
货币	越南盾（VND）	对美元汇率	22725：1

续表 8-15

GDP	1936 亿美元	人均 GDP	2111 美元
GDP 增长率	5.53%	营商环境排名	63.83（82/190）
清廉指数	33（113/176）	国际竞争力	4.36（55/137）
经济自由度指数	52.4（147/180）	人类发展指数（HDI）	0.683（115/188）
中信保国家风险评级	6（6/9）	主权信用风险评级	BB（5/9）
EIU 评级	B	与我国建交时间	1950 年 1 月 18 日
主要双边协议	1991 年 11 月 7 日，《贸易协定》； 1992 年 2 月 14 日，《经济合作协定》； 1992 年 2 月 14 日，《关于互免签证的协定》； 1992 年 3 月 8 日，《民用航空运输协定》； 1992 年 3 月 8 日，《海运协定》； 1992 年 12 月 2 日，《关于鼓励和相互保护投资协定》； 1992 年 12 月 2 日，《文化协定》； 1992 年 12 月 2 日，《科学技术合作协定》； 1994 年 4 月 9 日，《关于货物过境的协定》； 1994 年 11 月 22 日，《关于保证进出口商品质量和相互认证的合作协定》； 1994 年 11 月 22 日，《关于成立经济、贸易合作委员会的协定》； 1994 年 11 月 22 日，《汽车运输协定》； 1995 年 5 月 17 日，《关于对所得避免双重征税和防止偷漏税的协定》； 1996 年 4 月 16 日，《卫生合作协定》； 1998 年 10 月 19 日，《边贸协定》； 2006 年 11 月 16 日，《关于扩大和深化双边经贸合作的协定》； 2011 年 10 月 15 日，《2012—2016 年经贸合作五年发展规划》； 2011 年 10 月 15 日，《关于修改中越两国政府汽车运输协定的议定书》； 2011 年 10 月 15 日，《关于实施中越两国政府汽车运输协定的议定书》； 2011 年 12 月 21 日，《卫生合作协定》； 2013 年 6 月 20 日，《落实中越全面战略合作伙伴关系行动计划》； 2013 年 10 月 13 日，《关于互设贸易促进机构的协定》； 2013 年 10 月 13 日，《关于建设跨境经济合作区的备忘录》； 2015 年 11 月 6 日，《关于促进产能合作的谅解备忘录》。 2016 年 9 月 12 日，《两国政府经贸合作五年发展规划延期和补充协议》。 2016 年 9 月 12 日，《两国政府边境贸易协定》（2016 年修订）； 2016 年 9 月 12 日，《关于产能合作项目清单的谅解备忘录》		
中国出口	661.2 亿美元	中国进口	298.4 亿美元

根据世界经济论坛 2017 年统计分析报告，商务活动中将面临的主要问题有（按照百分制的权重）：

（1）融资渠道，12.3%。

（2）未受过教育的劳动力，10.4%。

（3）腐败，10.0%。

（4）本国劳动力职业道德问题，9.5%。

（5）税收制度，8.7%。

（6）政策不稳定，8.4%。

（7）基础设施不足，8.3%。

8.1.3.2 越南经济结构及贸易情况

2016年越共十二大通过了《2016~2020年经济社会发展战略》，提出2016~2020年经济年均增速达到6.5%~7%，到2020年，人均GDP增至3200~3500美元。

越南矿产资源丰富，种类多样。主要的矿产资源有煤、铁、钛、锰、铬、铝、锡、磷等，其中煤、铁、铝储量较大。越南已探明天然气储量3000亿立方米、煤炭储量38亿吨、铁矿石储量13亿吨、铝土矿储量54亿吨、铜矿储量1000万吨、稀土储量2200万吨、铬矿储量2000万吨、钛矿储量2000万吨、锆矿储量450万吨、镍矿储量152万吨、高岭土储量2000万吨。森林面积约1000万公顷。

2016年，越南国民经济中农业占16.32%，工业和建筑业占32.72%，服务业占40.92%。

越南和世界上150多个国家和地区有贸易关系。2015年货物进口贸易总额约为3492亿美元，其中出口额1759亿美元，增长8.6%，进口额1733亿美元，增长4.6%。

越南主要贸易对象为中国、美国、欧盟、东盟、日本、韩国。主要出口商品有原油、服装纺织品、水产品、鞋类、大米、木材、电子产品、咖啡。主要出口市场为欧盟、美国、东盟、日本、中国。主要进口商品有汽车、机械设备及零件、成品油、钢材、纺织原料、电子产品和零件。主要进口市场为中国、东盟、韩国、日本、欧盟、美国。

截至2016年12月，越南吸引外国投资227.6亿美元。实际到位资金155.4亿美元。对越南投资排名前四位的国家依次是韩国、日本、新加坡和中国。

8.1.3.3 钢铁行业基本情况

截至2016年底越南钢铁行业的基本情况见表8-16。

表8-16 钢铁行业主要数据表

生铁产量	260万吨	粗钢产量	781.1万吨
钢材实际消费	1940.7万吨	人均钢材实际消费	207.4kg
钢材进口	1949.4万吨	钢材出口	253万吨
铁矿石生产	237万吨	铁矿石进口	
铁矿石出口	94.8万吨	钢产量世界排名	20
废钢进口	328.6万吨	废钢出口	

注：铁矿石生产及钢材实际消费数据为2015年数据。

越南钢铁工业起步较晚，1959年成立了首家钢铁企业——太原钢铁公司，基础相对薄弱。相对需求来说，不仅产能不足，同时资源利用和配套能力也不足，处于发展的起步阶段。

8.1.3.4 钢铁生产和消费情况

越南2016年粗钢产量781.1万吨，长材产量865.7万吨，管材产量206.1万吨，生铁产量260万吨。工艺以电炉炼钢为主，近几年转炉炼钢发展较快。

2016年粗钢表观消费2596.3万吨，人均粗钢消费量274.5kg；钢材表观消费2232.8万吨，人均钢材表观消费236.1kg。2015年实际钢材消费1940.7万吨，人均实际钢材消费 207.4kg，如图 8-8 所示。

近几年越南的钢铁工业发展较快，产能快速增加。产量世界排名由 2015 年的 24 名提升到 2016 年的第 20 名。根据世界钢铁协会的数据，2017 年粗钢产量比 2016 年同期增长了 31.9%，呈现出加速发展的趋势。

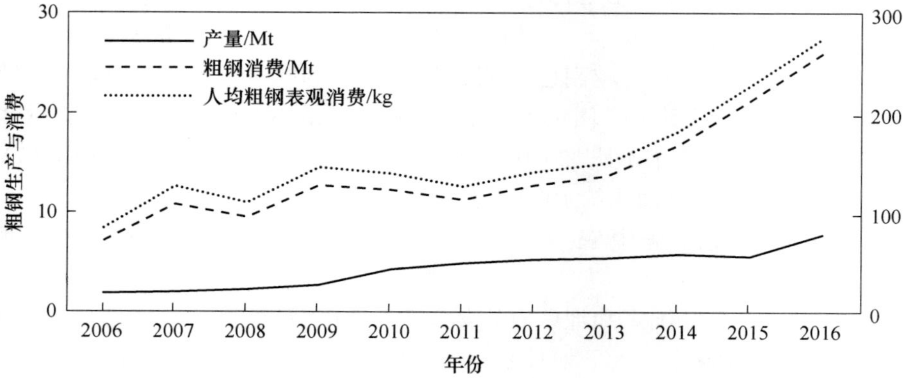

图 8-8　粗钢生产与消费情况

8.1.3.5　钢铁生产基础设施配套能力

越南探明铁矿石储量 13 亿吨，但是产量较低，2015 年开采 237 万吨。近几年铁矿石开采及贸易情况如图 8-9 所示。

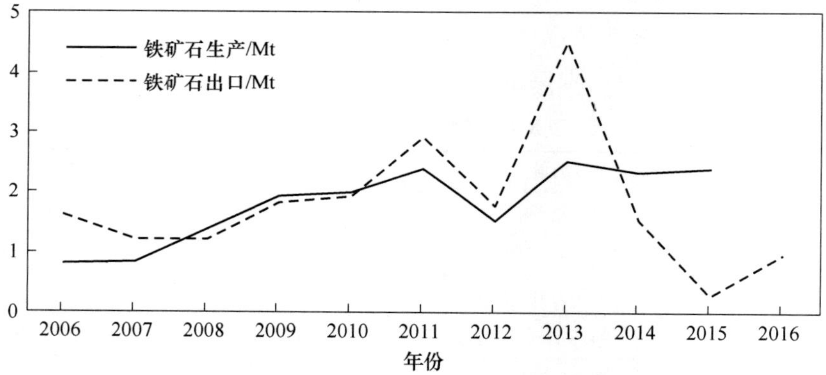

图 8-9　铁矿石生产与进出口情况

废钢是越南重要的钢铁原材料，随着产能的扩大，进口呈现快速增长之势，如图 8-10 所示。

越南主要运输方式是公路运输，截至 2015 年底总里程为 20 多万公里。内河水运居于运输的第二位，现有 23 个码头年吞吐量 700 万吨。铁路总里程为 2600 公里，以米轨为主，铁路客运量占全国客运量的比重为 1%。

目前越南交通基础设施较为落后，主要表现为高速公路里程短，铁路网络集中覆盖在城市区域，港口配备设施较差。其中，公路路面退化严重，大约有 40% 的公路路面状况较差。公路运输占据了国内货物 60% 的市场份额。

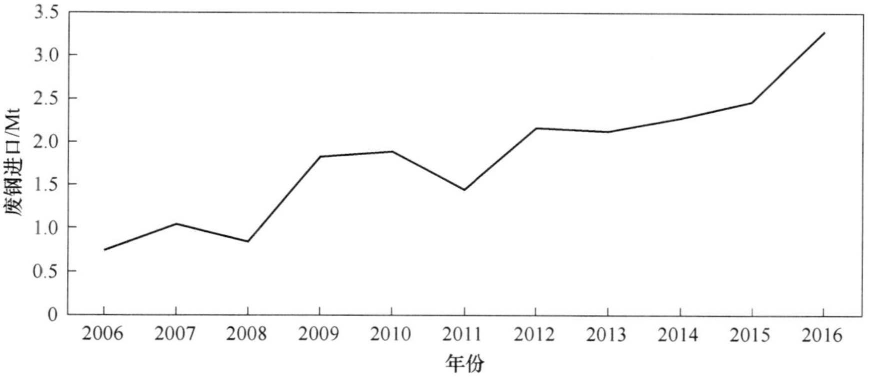

图 8-10　越南废钢进口情况

2015 年，总发电量 1594 亿千瓦时，人均用电量 1536 千瓦时。

居民用水价格一般为 0.25~0.56 美元/m^3，工业用水价格一般为 0.42~0.49 美元/m^3。

居民用电价格为 0.049~0.112 美元/度，工业用电价格为 0.027~0.14 美元/度。

居民用气价格为 1.6~1.81 美元/kg，商业用气价格为 1.69~1.98 美元/kg。

8.1.3.6　钢铁贸易

越南是钢铁净进口国，2016 年出口成品及半成品钢铁 253 万吨，其中长材 30.1 万吨，扁平材 186.8 万吨，钢管产品 35.6 万吨；进口成品及半成品钢铁 1949.4 万吨，其中钢坯及半成品 75.4 万吨，长材 379.3 万吨，扁平材 1456.2 万吨，钢管 36.1 万吨。进出口情况如图 8-11 所示。

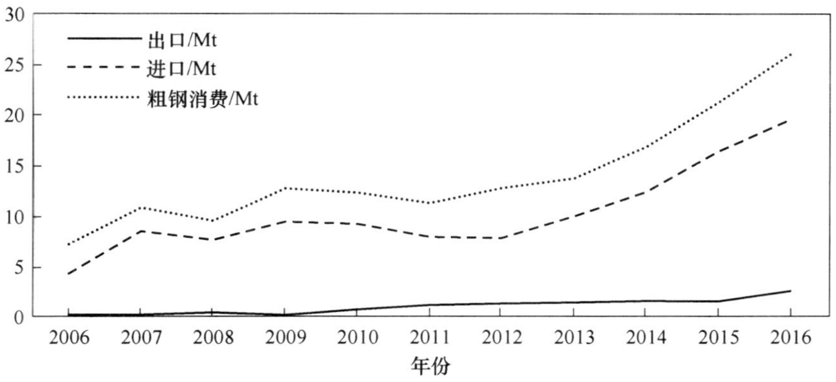

图 8-11　钢材进出口情况

8.1.3.7　行业相关政策

A　税收体系

实行属地税法，外资与内资企业采用统一税收标准，对不同领域的项目实施不同的税率和减免期限。特别鼓励投资项目所得税率为 10%，减免期限为 4~15 年；鼓励投资项目所得税率为 15%，减免期限为 2~10 年，普通投资项目所得税率为 25%。

B　主要税种

以间接税为主，主要税种有企业所得税、个人所得税、增值税、特别销售税、社会保障税、健康保险、进出口税、生产特许权使用费、财产税和预提税。

C　外汇管理

外国投资者可根据越南外汇管理规定开设越南盾或外汇账户，如需在国外银行开设账户，需经越南国家银行批准。外国投资者可向从事外汇经营的金融机构购买外汇。

D　钢铁行业投资鼓励政策

炼钢项目为越南鼓励投资的项目。

8.1.3.8　主要钢铁冶金、矿山生产企业

A　越南钢铁总公司

成立于1990年，总部位于河内市，2011年进行重组，是由钢铁公司和金属公司组建而成。主要分公司包括太原钢铁公司、南方钢铁公司、岘港钢铁公司，钢坯生产能力150万吨，轧钢生产能力250万吨，铁矿石生产能力30万吨。

越中矿产与冶金有限责任公司为越南钢铁总公司与中国企业的合资公司，产能50万吨，主要产品为钢坯。

B　台塑河静钢铁公司

中国台湾台塑集团在越南投资建立的钢铁联合企业，台塑持股70%，台湾中钢持股20%，日本JFE持股5%，一期产能705万吨，设计总产能2250万吨。

C　Pomina钢铁公司

成立于1999年，钢坯产能210万吨，轧钢能力150万吨，拥有3座炼钢厂。

D　和发集团

创建于1992年，越南最大的民营钢铁企业集团。产能55万吨，主要产品为线材、螺纹钢和钢管等。

8.1.3.9　生产和消费情况（数据来源：Worldsteel）

有关生产和消费情况见表8-17～表8-21。

表8-17　需求和供应平衡表（2016年）

品　种	生产/kt	出口/kt	进口/kt	间接净出口/kt	表观消费/kt	人均表观消费/kg	实际消费/kt	人均实际消费/kg
铁矿石	2374	948						
生铁	2600	71	74					
直接还原铁								
粗钢	7811	2530	19494		25963	274.5		
成品钢	10718	2525	18716	-1153	22328	236.1	19407	207.4
热轧长材	8657	301	3793					
热轧扁平材		1868	14562					
管材	2061	356	361					

注：铁矿石生产、间接净出口和实际钢材消费数据为2015年数据。

表 8-18 分品种年度生产表 单位：kt

品 种	2006 年	2007 年	2008 年	2009 年	2010 年	2011 年	2012 年	2013 年	2014 年	2015 年	2016 年
铁矿石	797	828	1372	1905	1972	2371	1506	2495	2308	2374	
生铁	211	170	255	275	500	600	650	650	1393	1700	2600
直接还原铁											
粗钢	1869	2024	2250	2700	4314	4900	5298	5474	5847	5647	7811
氧气转炉								500	877	1409	2343
电炉	1869	2024	2250	2700	4314	4900	5298	4653	4385	3381	4687
热轧长材	3468	3955	3867	4723	5659	5470	5049	5123	5657	7199	8657
热轧扁平材											
大型型材											
小型型材											
钢筋											
热轧棒材	2289	2859	2898	3495	4666	4428	3975	4100	4582	5930	7086
线材	936	960	887	1039	950	1007	1044	1001	1035	1147	1302
热轧板（≥3mm）											
热轧板、卷、带钢(<3mm)											
电工板											
管材	460	528	550	568	674	731	775	969	1221	1548	2061
无缝钢管											
焊接钢管	460	528	550	568	674	731	775	969	1221	1548	2061

表 8-19 年度钢消费表

品 种	2006 年	2007 年	2008 年	2009 年	2010 年	2011 年	2012 年	2013 年	2014 年	2015 年	2016 年
粗钢表观消费/kt	7148	10833	9516	12700	12293	11276	12740	13685	16792	21226	25963
人均粗钢表观消费/kg	84.1	126.3	109.9	145.2	139.1	126.2	141.0	149.8	181.7	227.1	274.5
成品钢表观消费/kt	6147	9316	8184	10922	10572	9698	10956	11769	14441	18254	22328
人均成品钢表观消费/kg	72.3	108.6	94.5	124.9	119.7	108.6	121.3	128.8	156.2	195.3	236.1
成品钢实际消费/kt	6584	9948	8918	11616	11245	10392	11299	12313	15200	19407	
成品钢人均实际消费/kg	77.5	116.0	103.0	132.8	127.3	116.3	125.1	134.7	164.5	207.4	

表 8-20 年度铁矿石、废钢生产及进出口表 单位：kt

品 种	2006 年	2007 年	2008 年	2009 年	2010 年	2011 年	2012 年	2013 年	2014 年	2015 年	2016 年
铁矿石产量	797	828	1372	1905	1972	2371	1506	2495	2308	2374	
铁矿石出口	1600	1200	1200	1800	1900	2895	1749	4502	1518	266	948

续表 8-20

品　　种	2006 年	2007 年	2008 年	2009 年	2010 年	2011 年	2012 年	2013 年	2014 年	2015 年	2016 年
铁矿石进口											
废钢出口											
废钢进口	750	1050	853	1830	1889	1451	2169	2131	2277	2466	3286

表 8-21　年度钢铁贸易表　　单位：kt

品　　种	2006 年	2007 年	2008 年	2009 年	2010 年	2011 年	2012 年	2013 年	2014 年	2015 年	2016 年
半成品和成品钢出口	188	181	396	151	695	1137	1280	1383	1523	1512	2530
半成品和成品钢进口	4232	8483	7600	9433	9211	7869	7779	9951	12359	16343	19494
钢锭和半成品出口		1	396	4	1	116	82	81	126	25	1
钢锭和半成品进口	1728	2045	2276	2283	1942	814	452	358	336	591	754
长材出口	173					37	50	54	74	79	301
长材进口	317		3861	1234	1248	1142	1271	1733	2485	4130	3793
扁平材出口						819	796	915	1097	1154	1868
扁平材进口	2093		4804	2558	5668	5603	5738	7526	9090	11100	14562
管材出口	16					161	348	329	223	234	356
管材进口	94		258	225	340	295	301	307	418	499	361
生铁出口	12	49	22	148	58	9			74	46	71
生铁进口	11	28	17	148	35	49	38	47	17	33	74
直接还原铁出口											
直接还原铁进口											
钢材间接出口	218	295	423	307	468	666	805	804	868	874	
钢材间接进口	655	927	1157	1001	1141	1361	1148	1347	1628	2027	
钢材间接净出口	-437	-631	-734	-694	-673	-695	-343	-544	-759	-1153	

8.1.4 印度 India

8.1.4.1 基本情况

印度基本情况见表 8-22。

表 8-22　印度国家基本情况表

首都	新德里	领土面积	298 万平方千米
人口	13.27 亿（2016 年 8 月）	官方语言	英语和印地语
主要民族	印度斯坦族、泰卢固族、马拉地族、泰米尔族	主要宗教	印度教、伊斯兰教
货币	印度卢比（INR）	对美元汇率	65.35 : 1
GDP	20888 亿美元	人均 GDP	1593 美元

续表 8-22

GDP 增长率	6.64%	营商环境排名	55.27（130/190）
清廉指数	40（79/176）	国际竞争力	4.59（40/137）
经济自由度指数	52.6（143/180）	人类发展指数	0.624（131/188）
中信保国家风险评级	5（5/9）	主权信用风险评级	BBB（4/9）
EIU 评级	BB	与我国建交时间	1950 年 4 月 1 日
主要双边协议	1984 年 8 月 15 日，中印贸易协定； 2003 年 6 月，中印关系原则和全面合作的宣言； 2005 年 4 月，中印联合声明，宣布建立面向和平与繁荣的战略合作伙伴关系； 2007 年 9 月 5 日，中印关于简化签证手续谅解备忘录； 2007 年 9 月 5 日，中印关于对所得税避免双重征税和防止偷漏税的协定； 2014 年 9 月，关于构建更加紧密的发展伙伴关系的声明		
中国出口	582.4 亿美元	中国进口	133.8 亿美元

根据世界经济论坛 2017 年统计分析报告，商务活动中将面临的主要问题有（按照百分制的权重）：

（1）腐败，9.2%。

（2）融资渠道，8.5%。

（3）税率，7.9%。

（4）基础设施不足，7.0%。

（5）本国劳动力职业道德问题，7.0%。

8.1.4.2 印度经济结构与贸易情况

印度有矿藏近 100 种。云母产量居世界第一，煤和重晶石产量居世界第三。主要资源可采储量初步估计为，煤 2533.01 亿吨，铁矿石 134.6 亿吨，铝土 24.62 亿吨，铬铁矿 9700 万吨，锰矿石 1.67 亿吨，锌 970 万吨，铜 529.7 万吨，铅 238.1 万吨，石灰石 756.79 亿吨，磷酸盐 1.42 亿吨，黄金 68 吨，石油 7.56 亿吨，天然气 10750 亿立方米。

主要工业包括纺织、食品加工、化工、制药、钢铁、水泥、采矿、石油和机械等。汽车、电子产品制造、航空和空间等新兴工业近年来发展迅速。2015/2016 财年印度工业生产指数同比增长 3.1%。电力行业同比增长 4.5%，在三大主要行业中增长最快。制造业和采矿业分别同比增长 3.1%和 2.3%。

2016 年，印度制造业增加值同比实际增长 8.4%。采矿业增长 0.16%，电力部门增长 6.18%，全部工业生产指数同比仅微增 0.20%。

在印度的国民经济中，服务业占 52.6%。

2015/2016 财年，印度吸引外国直接投资约 319 亿美元，其中 60%的投资来自小国，排名前几位的分别是新加坡、毛里求斯、荷兰、美国，主要投资领域包括计算机、服务业、贸易等。

8.1.4.3 印度钢铁行业情况

印度现代钢铁企业是在 1875 年的 Kulti 建立的，后来成为 Bengal Iron and Steel Company，并最后成为 Indian Iron and Steel Company。The Tata Iron and Steel Company 于 1907 年成立，

于1911年生产出生铁。

印度在1947年独立时仅有3家钢铁企业，分别是塔塔钢铁公司、印度钢铁公司和Visveswaraya钢铁公司，钢铁产能约100万吨。发展到今天，印度的粗钢产量和消费均已排在世界的第三位，也是全球最大的直接还原铁生产国，煤基海绵铁产量约占90%。钢铁工业对印度GDP的贡献接近2%，钢铁产业雇佣人数超过60万。2016年钢铁行业的相关数据见表8-23。

表8-23　钢铁行业主要数据表

生铁产量	6371.4万吨	粗钢产量	9547.7万吨
钢材实际消费	7978.4万吨	人均钢材实际消费	60.9kg
钢材进口	990.4万吨	钢材出口	1032.5万吨
铁矿石生产	14250万吨	铁矿石进口	359.7万吨
铁矿石出口	2169.7万吨	钢产量世界排名	3
废钢进口	638万吨	废钢出口	

注：铁矿石生产及钢材实际消费数据为2015年数据。

根据世界钢铁协会的数据，2017年印度的钢产量为1.0137亿吨，比2016年同期增长了6.2%，高于世界的平均增幅。

印度的钢铁生产以私营企业为主，国有企业占比保持在20%左右，并呈缓慢下降之势。在世界钢铁协会统计的2016年产量300万吨以上的钢铁生产公司，印度有6家公司上榜，分别是塔塔钢铁集团、京德勒西南钢铁公司、印度钢铁管理局（SAIL）、艾萨钢铁集团、威扎吉钢铁公司、金达尔钢铁电力公司（JSPL）。

8.1.4.4　钢铁生产和消费情况

2016年粗钢产量9547.7万吨，长材产量4616万吨，扁平材产量5156万吨。

2016年粗钢表观消费量9168.1万吨，人均粗钢表观消费量69.2kg；钢材表观消费8352.2万吨，人均钢材表观消费63.1kg。2015年钢材实际消费7978.4万吨，人均钢材实际消费60.9kg。从图8-12可以看出，印度的钢产量和表观消费量基本持平。

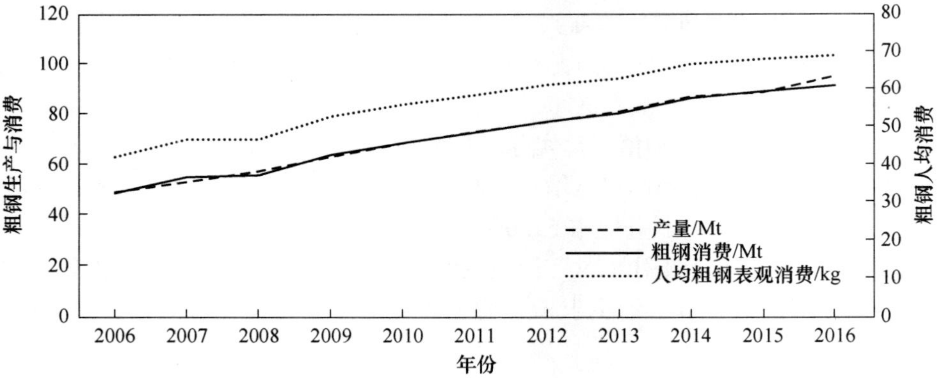

图8-12　粗钢生产与消费情况

印度直接还原铁近几年的生产情况及占全部粗钢产量的比重变化情况如图8-13所示。

在印度，电炉炼钢的产量大于转炉炼钢的产量，发展的趋势基本相同，如图 8-14 所示。

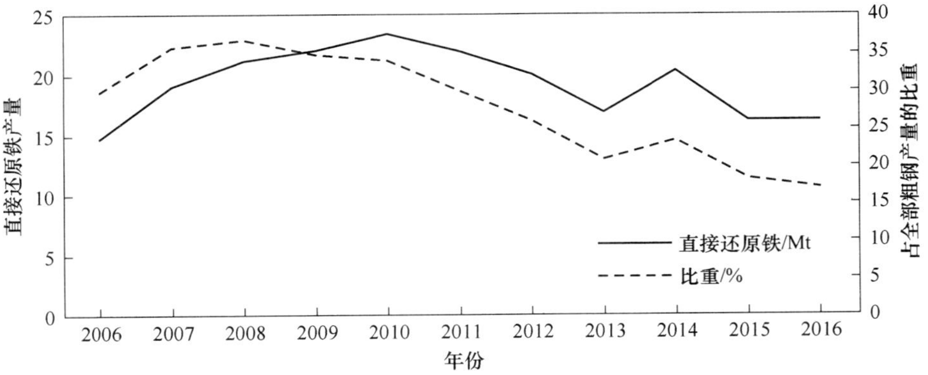

图 8-13　直接还原铁生产情况

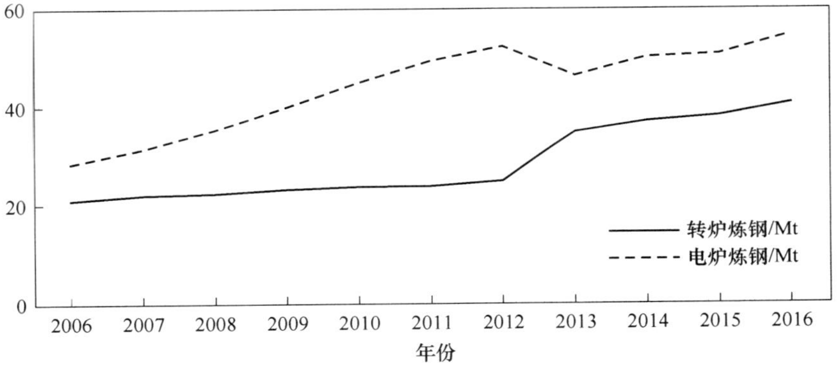

图 8-14　转炉炼钢和电炉炼钢发展情况

8.1.4.5　钢铁生产基础设施配套能力

印度铁矿石储量全球排第五位，铁矿石以净出口为主，但近年来产量和出口量均呈下降之势，并导致 2015 年进口大于出口，如图 8-15 所示。2015 年铁矿石生产 1.425 亿吨，出口 421 万吨，进口 952 万吨。

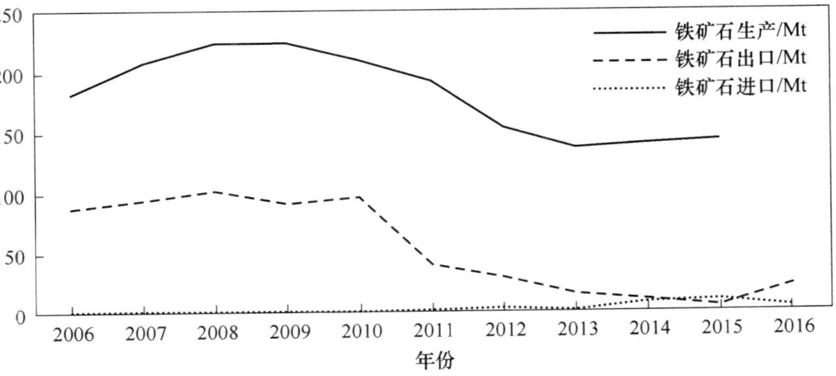

图 8-15　铁矿石生产及进出口情况

印度的废钢以进口为主，2016 年进口 638 万吨，如图 8-16 所示。

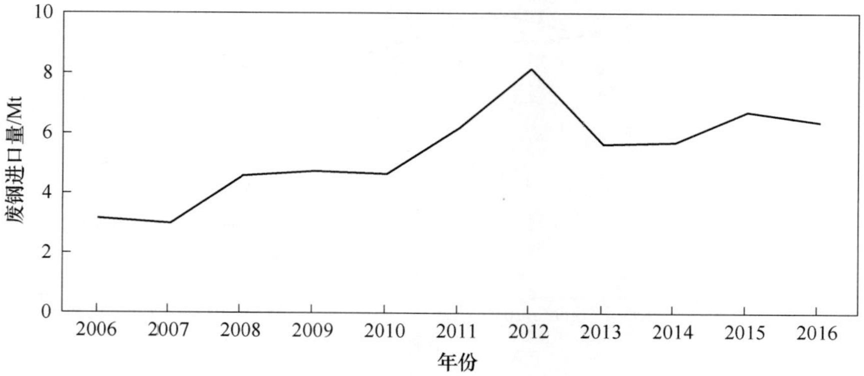

图 8-16　印度废钢进口情况

印度的公路分国家、邦和边境三种，总长约 490 万公里，其中国道和高速公路总长 9 万公里、邦道总长 15 万公里、其他道路 445 万公里，运量占全国客运量的 85%和货运量的 60%。

铁路总长 6. 6 万公里。

海运能力居世界第 16 位，主要港口 2015 年吞吐量为 8. 7 亿吨。

印度是全球第三大电力生产国和第四大电力消费国，截至 2015 年底，总装机容量 195. 6 兆千瓦，火电占 69. 8%、水电占 15. 2%、可再生能源占 13%、核电占 2. 1%。

由于水、电、气供应紧张，不同地区价格有所不同。

8. 1. 4. 6　钢铁贸易

钢铁进口国，但是进口与出口都比较活跃，近两年出口呈现下降趋势，进口出现上升趋势，如图 8-17 所示。

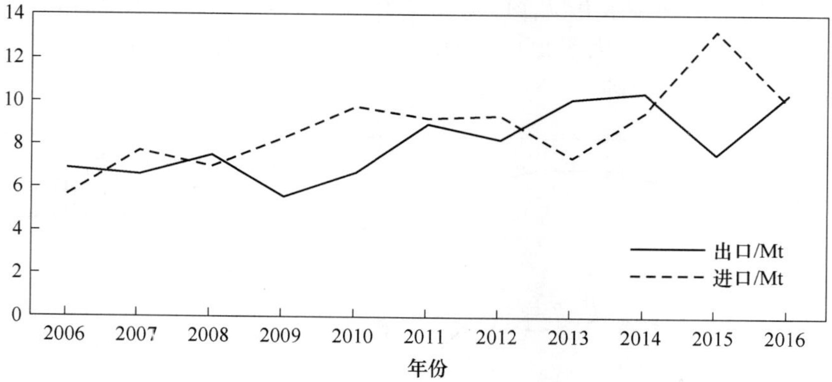

图 8-17　印度钢铁进出口情况

2016 年出口成品及半成品钢铁 1032. 5 万吨，其中钢坯及半成品 176. 6 万吨，长材 104. 8 万吨，扁平材 579. 1 万吨，钢管 134. 5 万吨。进口成品及半成品钢铁 990. 4 万吨，其中钢坯及半成品 57. 7 万吨，长材 142. 1 万吨，扁平材 711. 9 万吨，钢管 75. 2 万吨。

8.1.4.7 行业相关政策

A 税收体系

印度的税制以宪法为基础，没有议会的授权，政府不能课税。印度实行中央、邦和地方三级课税制度。

中央税包括公司所得税、资本所得税、个人所得税、遗产和赠予税、销售税、消费税、增值税、社会保障税、节省外汇税、注册税、土地和建筑物价税、支出税、印花税、关税等。

各邦政府课征税种主要包括交通工具税、土地价值税、农业所得税、职业税等。

地方政府课征税中主要包括土地与建筑物税（对租金征收）、土地增值税、广告税、财产转让税等。

印度的纳税年度开始于4月1日，结束于3月31日。

B 主要税种

（1）公司所得税：本国公司35%，外国公司40%。

（2）资本收入税：实物资产出售收入的税率一般为20%。

（3）个人所得税：采用超额累进税率制。

（4）货物税/消费税：在印度境内生产制造出的产品必须征消费税。大多数商品的消费税率为16%。年产值在1000万卢比以内的小型企业免交消费税。

（5）销售税：分中央销售税和地方销售税两种。中央销售一般为4%，在邦内从事的销售活动，需要缴纳地方销售税，一般为15%。邦与邦之间的销售，如果其目的是用于制造业、零售、发电、采矿等，一般征收4%的销售税。

（6）增值税：只针对商品，不针对服务。

C 外汇管理

印度储备银行是外汇管理的主管部门。外汇管理局具体负责外汇交易和控制。法规规定政府放开外汇管制，经常账户下的卢比可以自由兑换，实际有限制。

8.1.4.8 主要钢铁冶金、矿山生产企业

印度的钢铁公司较多，主要钢铁公司有：

（1）印度钢铁管理局（SAIL）。中央国有企业，印度政府持有75%股份，剩余被金融机构、银行、员工和个人等持有。有5家钢铁联合企业，分别是Bhilai钢厂、Rourkela钢厂、Durgapur钢厂、Bokaro钢厂和Burnpur钢厂。有3家特殊钢和合金钢厂。

2014/2015财年铁水产量1540万吨，粗钢产量1390万吨。

（2）The Indian Iron and Steel Co., Ltd.。成立于1918年，拥有两座高炉，能力在500t/d。

（3）Rashtriya Ispat Nigam Ltd.公司（RINL）。RINL公司是国有企业，是第一家沿海钢铁联合企业Visakhapatnam钢铁企业的实体。截至2015年底，RINL公司的产能630万吨/年，有17954名正式员工（管理人员5552名，非工会监事572名，工人11830名）。该公司拥有一家子公司，即东方东子公司。该公司主要生产长材，包括钢筋、线材、圆钢和结构钢。此外，公司还对外销售小方坯、大方坯、生铁和副产品如煤化工产品和炉渣。

（4）JSW 钢铁公司。产品包括热轧、冷轧、彩涂板、线棒材、特殊钢等。2015 年在全球最佳钢铁企业中排名第六。

（5）塔塔钢铁公司 The Tata Iron and Steel Company 。建立于 1907 年，于 1911 年生产出生铁。最初设计产能 12. 5 万吨，拥有两座 350t 高炉，4 座 40t 平炉，拥有一套蒸汽粗轧机和一套钢轨轧机。到 1939 年，产量提升到 80 万吨，1942 年 83. 9 万吨。

目前业务遍布全球 50 多个国家。

（6）埃萨钢铁印度公司。粗钢产能 854 万吨/年。

（7）京德勒不锈钢公司。全球 10 大不锈钢公司之一，产能 180 万吨/年。

另外有 76 家钢铁公司产量占印度的 60%，包括 Adhunik Metaliks Ltd. 、Aditya Ispat Ltd. 、Anil Special Steel Inds. Ltd. 、Ashiana Ispat Ltd. 、Ashirwad Steels & Inds. Ltd. 、Balasore Alloys Ltd. 、Bhushan Steel Ltd. 、Bhuwalka Steel Inds. Ltd. 、Bihar Sponge Iron Ltd. 、Electrotherm（India）Ltd. 、Facor Steels Ltd. 、Gallantt Metal Ltd. 、Gangotri Iron & Steel Co. Ltd. 、Godawari Power & Ispat Ltd. 、Gontermann-Peipers（India）Ltd. 、Gopal Iron & Steels Co.（Gujarat）、Hisar Metal Inds. Ltd. 、India Steel Works Ltd. 、J S W Steel Ltd. 、Jai Balaji Inds. Ltd. 、Jayaswal Neco Inds. Ltd. 、Jindal Stainless Ltd. 、Jindal Steel & Power Ltd. 、Kalyani Steels Ltd. 、Kamdhenu Ispat Ltd. 、Kanishk Steel Inds. Ltd. 、Lloyds Metals & Energy Ltd. 、M S P Steel & Power Ltd. 、Maithan Alloys Ltd. 、Marmagoa Steel Ltd. 、Metkore Alloys & Inds. Ltd. 、Modern Steels Ltd. 、Monnet Ispat & Energy Ltd. 、Mukand Ltd. 、National General Inds. Ltd. 、Orissa Sponge Iron & Steel Ltd. 、Panchmahal Steel Ltd. 、Pennar Industries Ltd. 、Prakash Industries Ltd. 、Prakash Steelage Ltd. 、R M G Alloy Steel Ltd. 、Rajratan Global Wire Ltd. 、Rathi Steel & Power Ltd. 、Real Strips Ltd. 、Rohit Ferro-Tech Ltd. 、Ruchi Strips & Alloys Ltd. 、S A L Steel Ltd. 、Sarda Energy & Minerals Ltd. 、Shah Alloys Ltd. 、Sharda Ispat Ltd. 、Shree Steel Wire Ropes Ltd. 、Southern Ispat & Energy Ltd. 、Steel Authority of India Ltd. 、Steelco Gujarat Ltd. 、Stelco Strips Ltd. 、Sujana Metal Products Ltd. 、Sujana Towers Ltd. 、Sunflag Iron & Steel Co. Ltd. 、Suraj Products Ltd. 、Surana Industries Ltd. 、Surya Roshni Ltd. 、Tata Metaliks Ltd. 、Tata Sponge Iron Ltd. 、Tata Steel Ltd. 、Tayo Rolls Ltd. 、Tube Investments of India Ltd. 、Tulsyan N E C Ltd. 、Unison Metals Ltd. 、Usha Martin Ltd. 、Uttam Galva Steels Ltd. 、Uttam Value Steels Ltd. 、V B C Ferro Alloys Ltd. 、V B C Industries Ltd. 、Vallabh Steels Ltd. 、Vardhman Industries Ltd. 、Vaswani Industries Ltd. 。

8. 1. 4. 9　生产和消费情况（数据来源：Worldsteel）

有关生产和消费情况见表 8-24～表 8-28。

表 8-24　需求和供应平衡表（2016 年）

品　种	生产/kt	出口/kt	进口/kt	间接净出口/kt	表观消费/kt	人均表观消费/kg	实际消费/kt	人均实际消费/kg
铁矿石	142500	21697	3597					
生铁	63714	556	38					
直接还原铁	16244	262	22					

续表 8-24

品　种	生产/kt	出口/kt	进口/kt	间接净出口/kt	表观消费/kt	人均表观消费/kg	实际消费/kt	人均实际消费/kg
粗钢	95477	10325	9904		91681	69.2		
成品钢	99810	8184	9292	413	83522	63.1	79784	60.9
热轧长材	46160	1048	1421					
热轧扁平材	51560	5791	7119					
管材	2090	1345	752					

注：铁矿石生产、间接净出口和实际钢材消费数据为 2015 年数据。

表 8-25　分品种年度生产表

单位：kt

品　种	2006 年	2007 年	2008 年	2009 年	2010 年	2011 年	2012 年	2013 年	2014 年	2015 年	2016 年
铁矿石	180917	206939	223000	223600	209000	191800	152600	136100	139700	142500	
生铁	28256	36488	37313	38233	39560	43624	47987	51359	55166	58393	63714
直接还原铁	14740	19060	21200	22030	23420	21970	20050	16893	20366	16228	16244
粗钢	49450	53468	57791	63527	68976	73471	77264	81299	87292	89026	95477
氧气转炉	20800	21811	22151	23002	23500	23632	24664	34773	37045	38216	40796
电炉	28185	31181	35223	40133	45060	49474	52350	46391	50211	50810	54737
热轧长材	17993	24348	27764	28268	31708	31452	35179	34966	37855	41800	46160
热轧扁平材	28915	27368	26821	28172	30026	32769	39676	42101	40956	48100	51560
大型型材	3382	4977	5312	5260	5659	4757	5091	6894	6689	7558	7590
小型型材											
钢筋											
热轧棒材											
线材											
热轧板（≥3mm）	3216	3738	3957	3969	4126	4283	4472	3889	4492	4293	4320
热轧板、卷、带钢（<3mm）	12830	12063	11899	12140	12520	14118	17888	21586	21819	20317	23670
电工板	160	166	161	168	181	161	158	136	131	137	200
管材	1027	1218	1402	1556	1890	1804	2060	1982	2077	2143	2090
无缝钢管											
焊接钢管											

表 8-26　年度钢消费表

品　种	2006 年	2007 年	2008 年	2009 年	2010 年	2011 年	2012 年	2013 年	2014 年	2015 年	2016 年
粗钢表观消费/kt	49100	55491	56209	64360	69082	73154	77436	80655	86704	89353	91681
人均粗钢表观消费/kg	42.3	47.0	47.0	53.0	56.1	58.6	61.3	63.0	66.9	68.2	69.2
成品钢表观消费/kt	45600	51482	51438	57892	64940	69788	72383	73652	76054	80053	83522

续表 8-26

品　　种	2006 年	2007 年	2008 年	2009 年	2010 年	2011 年	2012 年	2013 年	2014 年	2015 年	2016 年
人均成品钢表观消费/kg	39.2	43.6	43.0	47.7	52.8	55.9	57.3	57.6	58.7	61.1	63.1
成品钢实际消费/kt	46193	51665	51666	58075	65871	68694	72296	74694	75186	79784	
成品钢人均实际消费/kg	39.7	43.8	43.2	47.8	53.5	55.1	57.2	58.4	58.0	60.9	

表 8-27　年度铁矿石、废钢生产及进出口表　　单位：kt

品　　种	2006 年	2007 年	2008 年	2009 年	2010 年	2011 年	2012 年	2013 年	2014 年	2015 年	2016 年
铁矿石产量	180917	206939	223000	223600	209000	191800	152600	136100	139700	142500	
铁矿石出口	86785	93728	101404	90747	95931	39156	28432	14426	9844	4211	21697
铁矿石进口	806	1122	600	623	450	1316	2822	1115	7413	9515	3597
废钢出口											
废钢进口	3145	2990	4579	4727	4643	6175	8156	5632	5699	6710	6380

表 8-28　年度钢铁贸易表　　单位：kt

品　　种	2006	2007 年	2008 年	2009 年	2010 年	2011 年	2012 年	2013 年	2014 年	2015 年	2016 年
半成品和成品钢出口	6870	6590	7485	5552	6690	8940	8232	10078	10379	7563	10325
半成品和成品钢进口	5660	7700	6973	8288	9744	9213	9341	7392	9477	13284	9904
钢锭和半成品出口	950	681	1126	695	222	481	601	1253	1601	769	1766
钢锭和半成品进口	470	210	504	648	559	563	823	248	413	765	577
长材出口		550	632	455	621	949	707	776	908	766	1048
长材进口		730	714	668	1008	904	963	881	1626	2015	1421
扁平材出口		3680	3430	2747	3097	4985	4445	6369	5899	4373	5791
扁平材进口		5910	5128	6434	7289	6896	6868	5648	6744	9829	7119
管材出口		1360	1839	1476	2235	2047	1989	1430	1463	1215	1345
管材进口		840	574	508	674	813	642	576	657	643	752
生铁出口	680	820	613	397	752	1197	394	1063	835	542	556
生铁进口	4	20	27	8	256	11	12	46	27	35	38
直接还原铁出口	38	50	29	17	69	70	126	117	167	132	262
直接还原铁进口	0	0	0	1	39	422	1069	671	178	38	22
钢材间接出口	2672	2647	3720	3314	2539	4518	4692	4857	5289	5056	
钢材间接进口	3265	2830	3948	3497	3471	3423	4606	5899	4421	4643	
钢材间接净出口	-593	-183	-228	-183	-931	1094	87	-1042	868	413	

8.1.5　泰国 Thailand

8.1.5.1　基本情况

泰国基本情况见表 8-29。

表 8-29　泰国国家基本情况表

首都	曼谷	领土面积	51.3 万平方千米
人口	6572 万	官方语言	泰国语
主要民族	泰族、老挝族、马来族、华人等	主要宗教	佛教、伊斯兰教
货币	泰铢（THB）	对美元汇率	33.34：1
GDP	3951 亿美元	人均 GDP	5815 美元
GDP 增长率	2.48%	营商环境排名	72.53（46/190）
清廉指数（透明国际）	35（101/176）	国际竞争力	4.72（32/137）
经济自由度指数	66.2（55/180）	人类发展指数（HDI）	0.740（87/188）
中信保国家风险评级	5（5/9）	主权信用风险评级	BBB（4/9）
EIU 评级	BBB	与我国建交时间	1975 年 7 月 1 日
主要双边协议	1985 年，促进和保护投资协定； 1986 年，避免双重征税和防止偷漏税协定； 1997 年，年贸易经济和技术合作谅解备忘录； 2011 年、2014 年，年双边货币互换协议； 2003 年 10 月，两国在中国—东盟自贸区框架下实施蔬菜、水果零关税安排； 2004 年 6 月，泰国承认中国完全市场经济地位； 2009 年 6 月，扩大和深化双边经贸合作的协议； 2012 年 4 月，经贸合作五年发展规划； 2014 年 12 月，两国央行签署《关于在泰国建立人民币清算安排的合作谅解备忘录》，并续签《双边本币互换协议》		
中国出口	382.9 亿美元	中国进口	371.7 亿美元

根据世界经济论坛 2017 年统计分析报告，商务活动中将面临的主要问题有（按照百分制的权重）：

（1）政府不稳定/政变，13.6%。

（2）政府官僚主义，12.1%。

（3）政策不稳定，12.0%。

（4）创新能力不足，10.5%。

（5）腐败，10.1%。

（6）未受过教育的劳动力，9.7%。

8.1.5.2　泰国经济结构及贸易情况

泰国实行自由经济政策，依赖美、日、中等外部市场。农产品是外汇收入的主要来源之一，是世界天然橡胶最大出口国。

泰国的主要矿产资源有钾盐、锡、褐煤、油页岩、天然气，还有锌、铅、钨、铁、锑、铬、重晶石、宝石和石油等。其中钾盐储量 4000 亿吨，居世界第一，锡储量约 120 万吨，占世界总储量的 12%。油页岩储量约 187 万吨，褐煤储量约 20 亿吨，天然气储量约 365 亿立方米，石油储量 1500 万吨。森林总面积 1440 万公顷，覆盖率 25%。

泰国的工业为出口导向型。主要工业门类有采矿、纺织、电子、塑料、食品加工、玩具、汽车装配、建材、石油化工、软件、轮胎、家具等。工业在国内生产总值中的比重不断上升。

2016 年 GDP 中，农业占 6.3%，制造业和其他工业占 27.5%，服务业占 66.2%。

对外贸易在国民经济中具有重要地位。2016 年对外贸易额为 4094 亿美元，其中出口额 2136 亿美元，进口额 1957 亿美元。中国、日本、东盟、美国、欧盟等是泰国重要贸易伙伴。

泰国主要出口产品有汽车及零配件、电脑及零配件、集成电路板、电器、初级塑料、化学制品、石化产品、珠宝首饰、成衣、鞋、橡胶、家具、加工海产品及罐头、大米、木薯等。主要进口产品有机电产品及零配件、工业机械、电子产品零配件、汽车零配件、建筑材料、原油、造纸机械、钢铁、集成电路板、化工产品、电脑设备及零配件、家用电器、珠宝金饰、金属制品、饲料、水果及蔬菜等。

8.1.5.3　钢铁行业基本情况

截至 2016 年年底，泰国钢铁行业的基本情况见表 8-30。

近年来，泰国钢铁工业发展受到国内宏观经济、对外贸易等方面影响，粗钢产量波动较大。根据世界钢协统计，2008 年金融危机前，泰国是东盟地区仅次于马来西亚的第二大产钢国，粗钢产量曾达到历史最高的 560 万吨（2007 年），之后逐步震荡下行，降至 2015 年 370 万吨，产量排在越南、印度尼西亚、马来西亚之后。

泰国没有高炉炼铁设备，全部为电炉炼钢。

表 8-30　钢铁行业主要数据表

生铁产量		粗钢产量	382.5 万吨
钢材实际消费	1503.8 万吨	人均钢材实际消费	219kg
钢材进口	1760.5 万吨	钢材出口	146 万吨
铁矿石生产	3.2 万吨	铁矿石进口	
铁矿石出口		钢产量世界排名	35
废钢进口	95.3 万吨	废钢出口	43.1 万吨

注：铁矿石生产及钢材实际消费数据为 2015 年数据。

8.1.5.4　钢铁生产和消费情况

2016 年，泰国粗钢产量 382.5 万吨，长材 530.1 万吨，扁平材 267.6 万吨。粗钢表观消费量 2243 万吨，人均粗钢表观消费量为 324.4kg；钢材表观消费量 1921.2 万吨，人均钢材消费 279kg。2015 年钢材实际消费 1503.8 万吨，人均实际钢材消费 219kg，如图 8-18 所示。

2017 年粗钢产量 448 万吨，比 2016 年增长 17.2%。

泰国建筑业、汽车制造、机械制造等行业钢材需求旺盛，其钢材表观消费量在东盟国家中最大。

建筑业用钢占总消费的 50%左右，汽车及零部件钢材需求量占泰国钢材总需求量的 18%～20%。

8.1.5.5　钢铁生产基础设施配套能力

泰国全部为电炉炼钢，铁矿石的产量急剧下降，废钢的进口量也大幅走低，2015 年铁矿石生产 3.2 万吨，2016 年废钢净进口 52.2 万吨，如图 8-19 和图 8-20 所示。根据世界钢铁协会统计，2017 年 1～11 月粗钢产量比 2016 年同期增加了 14%。

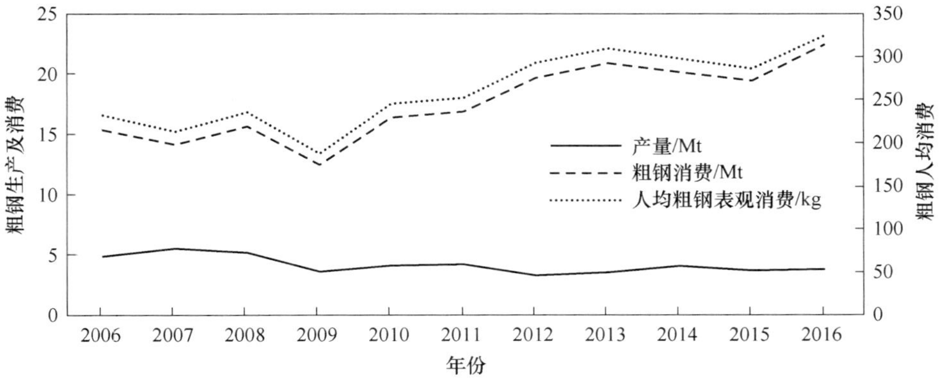

图 8-18 泰国近几年钢铁生产与消费情况图

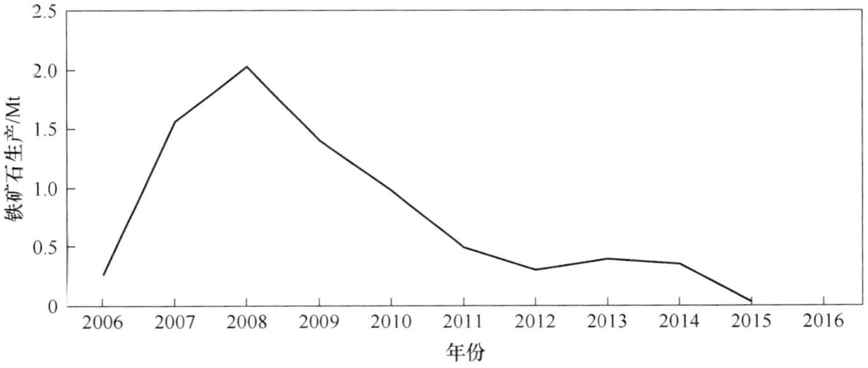

图 8-19 泰国铁矿石生产情况

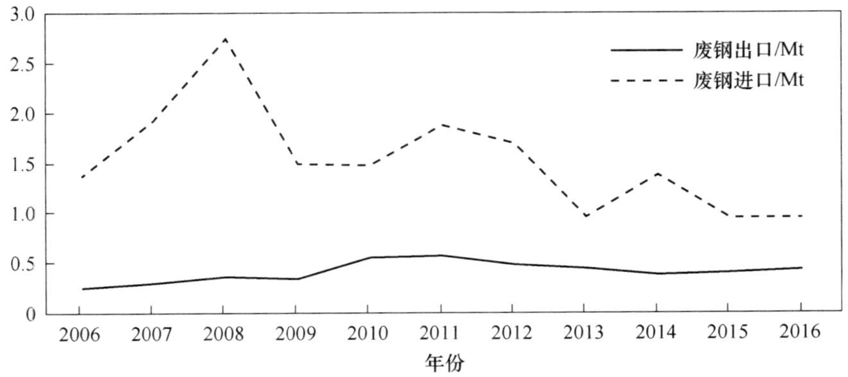

图 8-20 泰国废钢进出口情况

公路交通运输业较发达，公路总里程 51537km。其中一级公路 7100km，二级公路 10780km，府级公路 33200km，城际公路 280km。

铁路为窄轨，总长 4451km，全国共 47 府通铁路。

湄公河和湄南河为泰国两大水路运输干线。全国共有122个港口。廉差邦港是泰国最大的物流枢纽，集装箱运输量占国内的52%。泰国重要码头还包括曼谷港、清盛港、清孔港和拉农港等。海运线可达中国、日本、美国、欧洲和新加坡。

电力基本能满足国内需求。2013年总装机容量34251GW，外购电力3045GW。天然气发电占总发电的65%。其中自缅甸进口的天然气占泰国发电用天然气的28%。

水费按照用量分为12档收费，居民费率为8.5～14.45泰铢/m^3，工业、商业费率为9.5～15.81泰铢/m^3。

小型企业、商业和住宅电费费率为1.8～3泰铢/(kW·h)，大型企业为1.67～1.73泰铢/(kW·h)。

8.1.5.6 钢铁贸易

泰国是钢铁净进口国。2016年出口钢铁成品及半成品146万吨，其中长材77.1万吨、扁平材29.7万吨、钢管产品25.6万吨。进口1760.5万吨，其中钢坯及半成品494万吨、长材290万吨、扁平材987万吨、钢管78万吨，如图8-21所示。

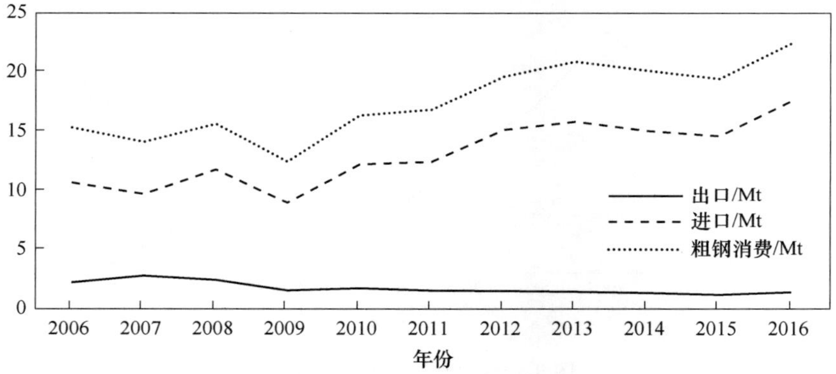

图8-21 泰国钢铁进出口贸易情况

泰国钢材进口主要集中在中、日、韩三国，其中来自日本的进口量最大，2010年以来一直稳定在500万吨以上，占泰国钢铁产品进口总量的30%以上。自中国的钢铁产品进口增长迅猛，是泰国第二大进口来源。泰国自韩国进口的钢铁产品基本保持稳定，在170万吨左右，是泰国钢铁产品第三大进口来源。

泰国钢铁产品出口规模不大，并出现逐年下滑趋势，主要出口国家和地区为马来西亚、印度尼西亚、印度、中国台湾和新加坡。

8.1.5.7 行业相关政策

A 税收体系

税收法律根据为《税法典》，财政部有修改权，税务厅依法实施征税和管理工作。外国公司和外国人与泰国公司和泰国人同等纳税。

B 主要税种

(1) 直接税：

1) 个人所得税。按照公历年度纳税，五级超额累进制。税基为所有应税收入减去相关费用后的余额。按照5%～37%的6级超额累进税率征收。

2）企业所得税。纳税比例为净利润的30%，每半年缴纳一次。企业间所得的红利免征50%的税。

（2）间接税和其他税种：

1）增值税。普通税率为7%。任何年营业额超过120万泰铢的个人或单位，只要在泰国销售应税货物或提供应税服务，都应在泰国缴纳增值税。

2）特别营业税。对金融、寿险等特殊行业征收的税。

C 外汇管理

出入境对持有外汇数量没有限制。利润汇出征收10%的汇款税。

D 钢铁行业投资鼓励政策

金属产品冶炼加工属于鼓励投资行业。

8.1.5.8 主要钢铁冶金、矿山生产企业

国际上一些大型钢铁公司，如韩国浦项、日本新日铁住金、JFE钢铁和塔塔钢铁等都在泰国有钢铁产业的布局。国内没有大型钢铁联合企业，产能的增长受到限制。

（1）伟成发钢工业公司（Sahaviriya Steel Industriesplc）。泰国最大的板材生产商，年产能约400万吨，旗下主要有Bang Saphan厂，主要装备有板坯连铸机、宽带钢/薄板热轧机、带钢冷轧机、带卷涂镀生产线、电镀锌生产线、酸洗生产线等。主要产品为碳素钢，热轧板卷（用于再轧制），热轧酸洗涂油卷（宽650~1650mm，厚1.2~6.5mm），热轧未涂覆薄板/带卷（宽900~1550mm、厚1~19mm）。

（2）G钢铁公司。成立于1995年，粗钢年产能180万吨，主要有两家生产厂。Rayong厂，主要装备：两座152t电弧炉，两座钢包炉，板坯连铸机，热轧机（粗轧2机架、精轧6机架）；Chonburi厂，主要装备：DRI车间，电弧炉，板坯连铸，6机架热轧机，平整机，热浸镀锌线，推拉式酸洗线。

（3）塔塔钢铁（泰国）公司。2005年，印度塔塔钢铁公司出资约60亿卢比收购泰国千禧钢公司40%股份，并将其更名为塔塔钢铁（泰国）公司，主要生产钢筋（圆钢和螺纹钢）、盘条、小型型材等，是泰国最大的长材生产厂商，年产能约170万吨。该公司主要有3家下属子公司。暹罗钢铁公司（Siam Iron and Steel），主要装备：一座42t 42MV·A直径4750mm交流电弧炉，一座15/18MV·A直径2500mm交流钢包炉，一套3流小方坯连铸机（130mm×130mm、130mm×170mm），一套小型型材轧机，一套线材轧机。

（4）暹罗建筑用钢公司（Siam Construction Steel）。主要装备：一座80t 60/72MV·A直径5800mm交流电弧炉，一座10/12MV·A直径2800mm交流钢包炉，一套3流小方坯连铸机（150mm×150mm），一套棒材轧机。

（5）N.T.S.钢铁集团（N.T.S.Steel Group）。主要装备：一座80t 72MV·A直径5800mm电弧炉，一座12/14.7MV·A直径3200mm钢包炉，一套小方坯连铸机（150mm×150mm），一套棒材轧机，一套线材轧机。

8.1.5.9 生产和消费情况（数据来源：Worldsteel）

有关生产和消费情况见表8-31~表8-35。

表 8-31　需求和供应平衡表（2016 年）

品种	生产/kt	出口/kt	进口/kt	间接净出口/kt	表观消费/kt	人均表观消费/kg	实际消费/kt	人均实际消费/kg
铁矿石	32	0	0					
生铁		2	462					
直接还原铁								
粗钢	3825	1460	17605		22430	324.4		
成品钢	7977	1324	13549	1649	19212	279.0	15038	219
热轧长材	5301	771	2899					
热轧扁平材	2676	297	9870					
管材		256	780					

注：铁矿石生产、间接净出口和实际钢材消费数据为 2015 年数据。

表 8-32　分品种年度生产表　　单位：kt

品　种	2006 年	2007 年	2008 年	2009 年	2010 年	2011 年	2012 年	2013 年	2014 年	2015 年	2016 年
铁矿石	264	1555	2029	1401	977	489	303	390	348	32	
生铁											
直接还原铁											
粗钢	4914	5565	5211	3646	4145	4238	3328	3579	4095	3718	3825
氧气转炉											
电炉	4914	5565	5211	3646	4145	4238	3328	3579	4095	3718	3825
热轧长材	4242	3932	4250	3604	3663	3653	3763	3959	4326	4012	5301
热轧扁平材	4126	3944	3365	3351	3820	3283	2958	2886	2704	2343	2676
大型型材											
小型型材											
钢筋											
热轧棒材	3285	3018	3579	2846	2819	2731	2950	3498	3896	3589	4774
线材	957	914	671	758	844	921	813	595	430	435	528
热轧板（≥3mm）				308	392	370	389		217	156	175
热轧板、卷、带钢（<3mm）	3093	2309	2799	3042	3429	2913	2569	2651	2620	2308	2501
电工板											
管材											
无缝钢管											
焊接钢管											

表 8-33　年度钢消费表

品　种	2006 年	2007 年	2008 年	2009 年	2010 年	2011 年	2012 年	2013 年	2014 年	2015 年	2016 年
粗钢表观消费/kt	15360	14160	15655	12501	16378	16881	19667	20897	20161	19458	22430

续表 8-33

品　种	2006 年	2007 年	2008 年	2009 年	2010 年	2011 年	2012 年	2013 年	2014 年	2015 年	2016 年
人均粗钢表观消费/kg	232.1	213.4	235.6	187.8	245.6	252.3	292.8	309.8	297.7	286.3	324.4
成品钢表观消费/kt	12590	12718	13466	10750	14085	14518	16914	17972	17339	16734	19212
人均成品钢表观消费/kg	190.3	191.7	202.6	161.5	211.2	217.0	251.8	266.4	256.0	246.2	279.0
成品钢实际消费/kt	11586	11493	12430	10070	12884	13307	15990	16786	15521	15038	
成品钢人均实际消费/kg	175.1	173.2	187.1	151.3	193.2	198.9	238.1	248.9	229.2	219.0	

表 8-34　年度铁矿石、废钢生产及进出口表　　单位：kt

品　种	2006 年	2007 年	2008 年	2009 年	2010 年	2011 年	2012 年	2013 年	2014 年	2015 年	2016 年
铁矿石产量	264	1555	2029	1401	977	489	303	390	348	32	
铁矿石出口											
铁矿石进口	3	3	40			82	11	11	4		
废钢出口	245	302	361	342	547	567	481	437	384	397	431
废钢进口	1373	1932	2752	1490	1483	1877	1701	961	1383	945	953

表 8-35　年度钢铁贸易表　　单位：kt

品　种	2006 年	2007 年	2008 年	2009 年	2010 年	2011 年	2012 年	2013 年	2014 年	2015 年	2016 年
半成品和成品钢出口	2252	2802	2478	1587	1776	1599	1569	1504	1414	1254	1460
半成品和成品钢进口	10763	9803	11835	9027	12281	12498	15183	15866	15081	14628	17605
钢锭和半成品出口	18	132	182	145	220	160	113	49	6	4	118
钢锭和半成品进口	3925	2574	3566	3837	4010	3409	3991	3684	3127	3171	4940
长材出口	568	604	651	622	770	875	832	889	872	768	771
长材进口	1155	1358	1554	965	1532	1669	2109	2475	2787	2623	2899
扁平材出口	1401	1792	1289	593	482	278	249	251	243	211	297
扁平材进口	4608	5275	6195	3845	6307	6836	8428	9029	8347	8135	8970
管材出口	262	262	346	217	295	277	362	297	276	255	256
管材进口	1072	590	515	375	423	575	642	661	799	679	780
生铁出口	100	2	23	1	0	0	1	2	1	1	2
生铁进口	559	852	781	414	303	356	204	115	385	371	462
直接还原铁出口											
直接还原铁进口											
钢材间接出口	2751	3134	3427	2652	3687	4235	4751	4906	5121	4968	
钢材间接进口	1747	1909	2392	1972	2486	3024	3826	3721	3303	3319	
钢材间接净出口	1004	1225	1036	680	1200	1211	924	1185	1818	1649	

8.1.6 巴基斯坦 Pakistan

8.1.6.1 基本情况

巴基斯坦基本情况见表 8-36。

表 8-36 巴基斯坦国家基本情况表

首都	伊斯兰堡	领土面积	77.9 万平方千米
人口	1.89 亿	官方语言	英语
主要民族	旁遮普族、信德族、帕坦族、俾路支族	主要宗教	伊斯兰教
货币	巴基斯坦卢比（PKR）	对美元汇率	105.49 : 1
GDP	2711 亿美元	人均 GDP	1435 美元
GDP 增长率	2.56	营商环境排名	51.77（144/190）
清廉指数	32（116/176）	国际竞争力	3.67（115/137）
经济自由度指数	52.8（141/180）	人类发展指数（HDI）	0.550（147/188）
中信保国家风险评级	6（6/9）	主权信用风险评级	B（6/9）
EIU 评级	B	与我国建交时间	1951 年 5 月 21 日
主要双边协议	1989 年 2 月，双边投资保护协定； 1989 年 11 月，关于对所得避免双重征税和防止透漏税的协定； 2005 年 4 月，海关事务合作与互助协定； 2006 年 11 月，中巴经贸合作五年发展规划； 2006 年 11 月，自由贸易协定； 2007 年，矿产领域合作框架协议； 2008 年 10 月，自贸协定补充议定书； 2009 年 2 月，中巴自贸区服务贸易协定； 2011 年 12 月，续签中巴经贸合作五年发展规划； 2015 年 4 月，关于建立全天候战略合作伙伴关系的联合声明		
中国出口	164.5 亿美元	中国进口	24.8 亿美元

根据世界经济论坛 2017 年统计分析报告，商务活动中将面临的主要问题有（按照百分制的权重）：

（1）腐败，17.0%。

（2）税率，10.5%。

（3）政府不稳定/政变，8.2%。

（4）犯罪和盗窃，7.2%。

（5）政府官僚主义，7.0%。

8.1.6.2 巴基斯坦经济结构及贸易情况

巴基斯坦经济以农业为主，农业产值占国内生产总值 21%。

主要矿藏资源有天然气 4920 亿立方米、石油 1.84 亿桶、煤 1850 亿吨、铁 4.3 亿吨、铝土 7400 万吨，还有大量的铬矿、大理石和宝石。森林覆盖率 4.8%。

最大的工业是棉纺织业，其他还有毛纺织、制糖、造纸、烟草、制革、机器制造、化肥、水泥、电力、天然气、石油等。

2016 年 GDP 中农业、工业和服务业的比重分别为 19.53%、20.88%、59.59%。

8.1.6.3 钢铁行业基本情况

截至 2016 年年底，巴基斯坦钢铁行业的基本情况见表 8-37。

巴基斯坦钢铁企业生产技术和能力落后且较为分散，规模较小，分散于全国 350 家钢铁厂的年产能为 600 万吨，且其中仅有 10%的产品质量能真正达到国际标准。随着巴基斯坦经济增长趋稳和中巴经济走廊建设进入全面实施阶段，近年来巴钢铁消费量呈上升趋势。

表 8-37 钢铁行业主要数据表

生铁产量	16.3 万吨	粗钢产量	355.3 万吨
粗钢表观消费	812.1 万吨	人均粗钢表观消费	42kg
钢材进口	436 万吨	钢材出口	6.5 万吨
铁矿石生产		铁矿石进口	
铁矿石出口		钢产量世界排名	36
废钢进口	238.7 万吨	废钢出口	

注：生铁产量、铁矿石生产及钢材实际消费数据为 2015 年数据。

8.1.6.4 钢铁生产和消费情况

2016 年粗钢产量 355.3 万吨。工艺流程以转炉炼钢为主。

2016 年粗钢表观消费量 812.1 万吨，人均钢铁消费量 42kg。

2017 年粗钢产量 495 万吨，较 2016 年增长 39.3%，如图 8-22 和图 8-23 所示。

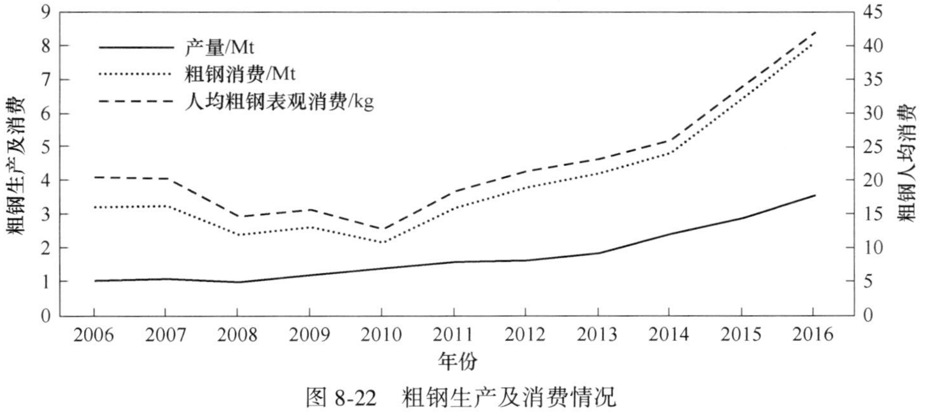

图 8-22 粗钢生产及消费情况

8.1.6.5 钢铁生产基础设施配套能力

巴基斯坦钢铁原料主要以废钢为主，是一个废钢净进口国，且进口增长迅速，年均进口增长为 24%，如图 8-24 所示。铁矿石的进口呈现快速下降的趋势。

巴基斯坦基础设施建设相对滞后，配套产业不发达，制约了钢铁工业的发展。

公路是巴基斯坦主要的交通运输方式，截至 2014 年底，总里程 263775km。公路货运占总货运量的 96%。

铁路运营里程为 7791km，货物运载能力仅 600 万吨。

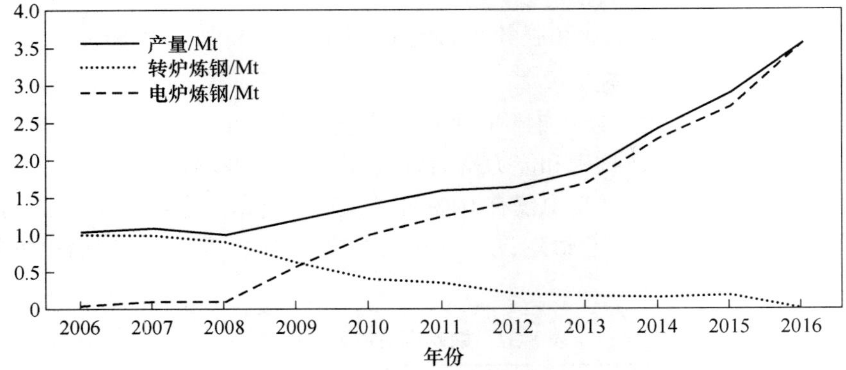

图 8-23　电炉炼钢和转炉炼钢生产情况

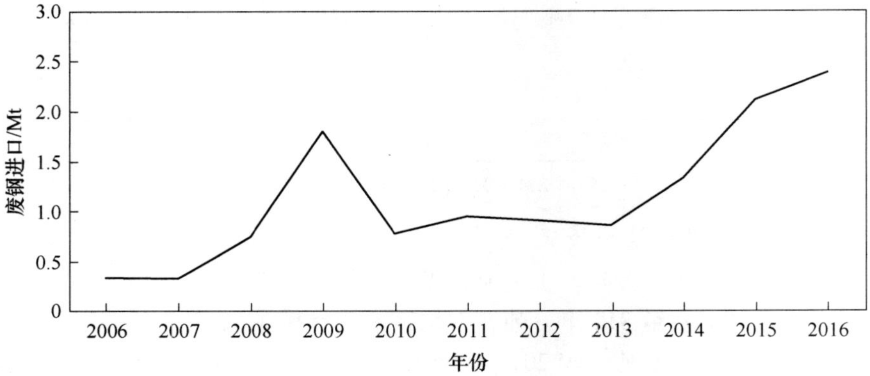

图 8-24　近几年废钢进口情况

在海运方面主要有三大港口，卡拉奇港、卡西姆港和瓜达尔港，2015 年货物吞吐量约 7500 万吨。

电力缺口较大，电力供应紧张，不能保证居民生活使用。

8.1.6.6　钢铁贸易

钢铁净进口国，2016 年，成品及半成品钢出口累计 6.5 万吨；进口 436 万吨，其中长材 74.2 万吨，扁平材 332.4 万吨。成品钢进口比 2015 年增长了 36%，如图 8-25 所示。

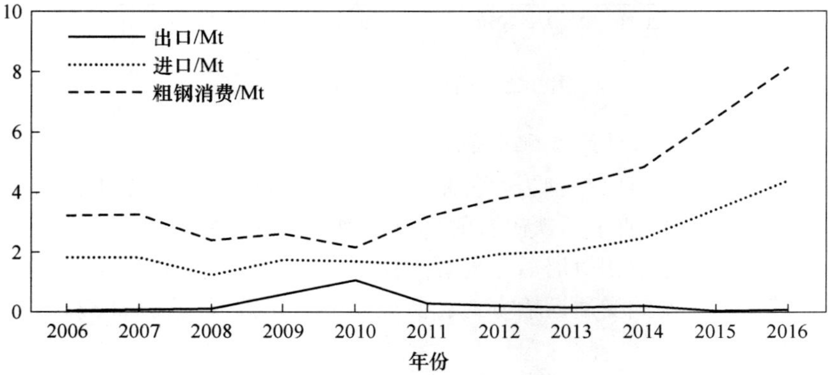

图 8-25　钢材进出口情况

8.1.6.7 行业相关政策

A 税收体系

税收分联邦政府、省政府、地区政府三级。联邦政府占70%，主要税种有所得税、关税、销售税、联邦消费税。省政府主要税种包括职业税、财产税、车辆税、印花税、土地税等。地区政府主要税种包括财产税、水资源税、进出口税、转让税、市场税以及其他税费等。税务主管部门为巴基斯坦联邦税收委员会。

B 主要税种

（1）所得税：企业所得税35%，个人所得税0.75%~20%。

（2）销售税：16%~21%。

（3）联邦消费税：5%~100%。

（4）关税：5%~35%。

C 外汇管理

没有外汇管制。

8.1.6.8 主要钢铁冶金、矿山生产企业

主要钢铁冶金、矿山生产企业有：

（1）International Steel。主要产品为扁平材，2016年市场总值5.28亿美元。冷轧卷产能60万吨、铸钢产能40万吨、镀锌彩涂钢产能8.4万吨。

（2）Amreli Steel。主要生产长材产品，2016年市场总值3.31亿美元。螺纹钢产能18万吨。

（3）International Industries。主要产品为管材，2016年市场总值3.12亿美元。产能50万吨。

（4）Crescent Steel。主要产品为大口径管道，2016年市场总值1.66亿美元。产能20万吨。

（5）Aisha Steel Mills。主要产品为扁平材，2016年市场总值1.64亿美元，冷轧卷产能22万吨。

（6）Mughal Steel。主要为长材产品，2016年市场总值1.61亿美元。螺纹钢产能15万吨、钢梁产能30万吨、角钢产能21.2万吨。

（7）Dost Steel。主要为长材产品，2016年市场总值4212万美元。螺纹钢产能35万吨。

（8）Huffaz Seamless Pipes。主要产品为无缝钢管，2016年市场总值1968万美元，产能10万吨。

8.1.6.9 生产和消费情况（数据来源：Worldsteel）

有关生产和消费情况见表8-38~表8-42。

表8-38 需求和供应平衡表（2016年）

品种	生产/kt	出口/kt	进口/kt	间接净出口/kt	表观消费/kt	人均表观消费/kg	实际消费/kt	人均实际消费/kg
铁矿石								

续表 8-38

品种	生产/kt	出口/kt	进口/kt	间接净出口/kt	表观消费/kt	人均表观消费/kg	实际消费/kt	人均实际消费/kg
生铁	163		26					
直接还原铁								
粗钢	3553	65	4360		8121	42.0		
成品钢			4321		7633	39.5		
热轧长材			742					
热轧扁平材			3324					
管材			255					

注：生铁生产、铁矿石生产、间接净出口和实际钢材消费数据为 2015 年数据。

表 8-39　分品种年度生产表　　单位：kt

品　种	2006 年	2007 年	2008 年	2009 年	2010 年	2011 年	2012 年	2013 年	2014 年	2015 年	2016 年
铁矿石											
生铁	1015	1002	915	629	415	358	198	165	142	163	
直接还原铁								60			
粗钢	1040	1090	1000	1200	1400	1592	1631	1845	2423	2892	3553
氧气转炉	1000	990	900	620	400	350	200	165	145	180	0
电炉	40	100	100	580	1000	1240	1430	1680	2280	2710	3553
热轧长材											
热轧扁平材											
大型型材											
小型型材											
钢筋											
热轧棒材											
线材											
热轧板（≥3mm）											
热轧板、卷、带钢(<3mm)											
电工板											
管材											
无缝钢管											
焊接钢管											

表 8-40　年度钢消费表

品　种	2006 年	2007 年	2008 年	2009 年	2010 年	2011 年	2012 年	2013 年	2014 年	2015 年	2016 年
粗钢表观消费/kt	3216	3249	2396	2621	2173	3189	3788	4210	4820	6464	8121
人均粗钢表观消费/kg	20.5	20.3	14.7	15.7	12.8	18.4	21.4	23.2	26.0	34.1	42.0

续表 8-40

品 种	2006 年	2007 年	2008 年	2009 年	2010 年	2011 年	2012 年	2013 年	2014 年	2015 年	2016 年
成品钢表观消费/kt	2573	2599	1917	2097	1738	2551	3030	3368	4530	6076	7633
人均成品钢表观消费/kg	16.4	16.3	11.8	12.6	10.2	14.7	17.1	18.6	24.4	32.1	39.5
成品钢实际消费/kt											
成品钢人均实际消费/kg											

表 8-41 年度铁矿石、废钢生产及进出口表 单位：kt

品 种	2006 年	2007 年	2008 年	2009 年	2010 年	2011 年	2012 年	2013 年	2014 年	2015 年	2016 年
铁矿石产量											
铁矿石出口											
铁矿石进口	1309	1078	489	37	2	116		0	80		
废钢出口											
废钢进口	354	337	764	1806	793	955	922	874	1340	2119	2387

表 8-42 年度钢铁贸易表 单位：kt

品 种	2006 年	2007 年	2008 年	2009 年	2010 年	2011 年	2012 年	2013 年	2014 年	2015 年	2016 年
半成品和成品钢出口	52	65	101	585	1063	292	220	159	224	53	65
半成品和成品钢进口	1826	1826	1230	1739	1695	1591	1953	2062	2477	3411	4360
钢锭和半成品出口											
钢锭和半成品进口	170	170	63	89	70	106	41	59	20	13	29
长材出口											
长材进口	248	244	151	214	137	145	160	169	400	684	742
扁平材出口											
扁平材进口	1311	1311	905	959	1432	1282	1663	1690	1926	2456	3324
管材出口											
管材进口	95	95	105	78	53	56	88	141	129	257	255
生铁出口											
生铁进口	16	16	10	16	15	9	8	5	7	23	26
直接还原铁出口											
直接还原铁进口											
钢材间接出口											
钢材间接进口											
钢材间接净出口											

8.1.7 哈萨克斯坦 Kazakhstan

8.1.7.1 基本情况

哈萨克斯坦基本情况见表 8-43。

表 8-43 哈萨克斯坦国家基本情况表

首都	阿斯塔纳	领土面积	272.5 万平方千米
人口	1743 万	官方语言	哈萨克语和俄语
主要民族	哈萨克族、俄罗斯族	主要宗教	伊斯兰教
货币	哈萨克坚戈（KZT）	对美元汇率	341 : 1
GDP	1844 亿美元	人均 GDP	10510 美元
GDP 增长率	-0.27%	营商环境排名	75.09（35/190）
清廉指数（透明国际）	29（131/176）	国际竞争力	4.35（57/137）
经济自由度指数	69（42/180）	人类发展指数（HDI）	0.794（56/188）
中信保国家风险评级	5（5/9）	主权信用风险评级	A（3/9）
EIU 评级	B	与我国建交时间	1992 年 1 月 3 日
主要双边协议	1992 年 2 月，中哈建立政府间经贸和科技合作委员会的协定； 1992 年 8 月，中哈关于鼓励和相互保护投资协定； 1995 年 9 月，中哈关于利用连云港装卸和运输哈过境货物的协定； 1997 年 9 月，中哈关于在石油天然气领域合作的协议； 1997 年 9 月，中哈海关合作与互助协定； 1999 年 11 月，中哈在反不正当竞争与反垄断领域合作的协定； 2000 年 7 月，中哈经济技术合作协定； 2001 年 9 月，中哈关于对所得避免双重征税和防止偷漏税的协定； 2004 年 5 月，中哈关于成立中哈合作委员会的协定； 2004 年 5 月，中哈关于在油气领域开展全面合作的框架协议； 2004 年 5 月，中哈经济贸易合作协定； 2004 年 9 月，中哈关于建立中哈霍尔果斯国际边境合作中心的框架协议； 2006 年 12 月，中哈经济合作发展构想； 2007 年 8 月，中哈非资源经济领域合作规划； 2013 年 9 月，中哈经贸合作中长期发展规划（至 2020 年）； 2015 年 8 月，中哈关于加强产能与投资合作的框架协议		
中国出口	84.4 亿美元	中国进口	58.5 亿美元

根据世界经济论坛 2017 年统计分析报告，商务活动中将面临的主要问题有（按照百分制的权重）：

（1）融资渠道，14.5%。

（2）腐败，13.8%。

（3）未受过教育的劳动力，11.9%。

（4）通货膨胀，9.7%。

（5）税收制度，8.7%。

（6）政府官僚主义，8.7%。

8.1.7.2 哈萨克斯坦经济结构及贸易情况

经济以石油、采矿、煤炭和农牧业为主。哈萨克斯坦境内有90多种矿藏，1200多种矿物原料。已经探明的资源量陆上石油储量48亿~59亿吨，所属里海石油储量80亿吨，天然气3.5万亿立方米，煤炭资源储量1767亿吨，铀储量150万吨，黄金储量1900t，铜储量3450万吨，铅储量1170万吨，锌储量2570万吨，铝矾土储量4.5亿吨，锰储量6亿吨，铁储量91亿吨，铬储量4亿吨，钨储量200万吨。

2016年哈萨克斯坦农业、工业、服务业增加值占GDP的比重分别为4.6%、32%和57.8%。采矿业是支柱产业，在工业总产值中占比为50%，其中石油开采是主要产业之一。

8.1.7.3 钢铁行业基本情况

2016年哈萨克斯坦钢铁行业的主要数据见表8-44。

黑色冶金业是哈萨克斯坦工业体系中的一个重要组成部分，年产值约占哈萨克斯坦加工业的15%，占工业总产值的6%。

表8-44 钢铁行业主要数据表

生铁产量	330.2万吨	粗钢产量	423.6万吨
钢材实际消费	342.9万吨	人均钢材实际消费	193.2kg
钢材进口	44.4万吨	钢材出口	250万吨
铁矿石生产	1136万吨	铁矿石进口	
铁矿石出口	156.3万吨	钢产量世界排名	32
废钢进口		废钢出口	19.4万吨

注：铁矿石生产及钢材实际消费数据为2015年数据。

8.1.7.4 钢铁生产和消费情况

钢铁生产及消费情况如图8-26所示。钢铁生产工艺以长流程为主，2016年，粗钢产量423.6万吨，其中长材约67万吨，扁平材280.6万吨。2017年粗钢产量445万吨，比2016年增长3.8%。

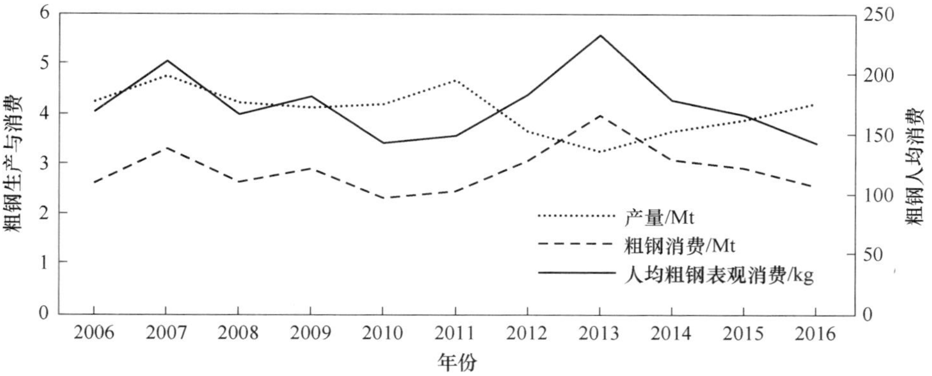

图8-26 粗钢生产及消费情况

从产品结构来看，哈萨克斯坦热轧板卷占比最高，达71%，这与哈萨克斯坦的钢铁产品主要用于石油天然气、矿山开采、机械制造、工业设备等行业有关；热轧长材占比为9%，管套、管件、无缝管、焊管合计占比16%。

2016年，粗钢表观消费258.4万吨，人均粗钢表观消费143.6kg；钢铁实际消费342.9万吨，钢铁实际人均消费193.2kg。根据世界钢铁协会的数据，2017年1~11月粗钢产量比2016年同期增长了7%。从粗钢的生产和消费历史来看，哈萨克斯坦维持了一个平稳的走势。

消费钢铁的主要行业有油气行业、交通运输基础设施、电力行业和城镇化。

油气行业哈萨克斯坦最重要的支出产业，占经济总量的比重为25%。哈油气资源丰富，总储量排名进入全球前十，同时也是中亚地区重要的原油出口国和供应国。哈境内已探明的石油储量占全球储量的3%，石油产区约占国土面积的62%，分布有大小油田162个。主要钢铁消费为油气管道。

交通运输基础设施存在很大的改善空间。2013年哈交通通信部出台《哈萨克斯坦交通基础设施发展国家纲要（2020）》，规定到2020年，对14个机场进行改造；对21390km的国家级公路进行维修，将使良好等级和较好等级的公路在哈公路中的占比提高至78%，完成对6条国际交通运输走廊的改造；新建2300km铁路线和对1400km的铁路进行电气化改造；进一步建设多斯托克站，在"霍尔果斯—东大门"经济特区建设陆港，在阿克套海港建设3个干货码头；2020年，通过哈萨克斯坦的过境转运量将提高两倍，到2050年将提高10倍。

据国际能源署数据，2012年人均电力表观消费量5085kW·h。哈萨克斯坦现有电站以煤炭为主，占75%，未来要发展水电站、油气为燃料的热电站、风电站和核电站。电力产业的发展目标是在2020年前使电力生产能够100%满足国内需求；改善电网结构，合理配置电力资源，完成对现有发电和配电基础设施设的改造。

哈萨克斯坦城镇化目标是到2050年，将城镇化率从当前的53%提升至70%左右，这会在长时间内带动钢铁需求。

8.1.7.5 钢铁生产基础设施配套能力

哈萨克斯坦煤炭资源总储存量估计2000亿吨左右，已查明有400多个煤矿床，褐煤占1/3。煤炭资源主要分布在3个大型煤田：Kargganda煤田，资源储量约465亿吨；Ekibastuz煤田，资源储量约91亿吨；迈科普煤田，资源储量约51亿吨。2011~2013年，哈煤炭年产量维持在1.1亿吨左右，占当年全球产量比重约为1.5%。

铁矿石资源丰富，探明的铁矿储量91亿吨，储量排世界第6位，近90%储量集中在北部托尔盖区。铁矿属于富矿，铁精粉含量可达65%。哈萨克斯坦地质家预测其远景储量为150亿吨，其中60%为富矿和易选矿。哈萨克斯坦是全球主要的铁矿石生产国和出口国之一，也是中国的主要进口来源国之一，2015年铁矿石生产1136万吨，出口837万吨。产量和出口量均出现下降的趋势，如图8-27所示。哈萨克斯坦铁矿的主要产区位于科斯塔奈州和卡拉干达州。

哈萨克斯坦交通运输主要靠公路，总里程9.74万千米，公路网仅次于俄罗斯，在独联体中居第二位。目前铁路干线总里程1.51万公里。

截至2015年，电力装机容量20844.2GW，火电站占83.3%，水电站占11.9%。北部

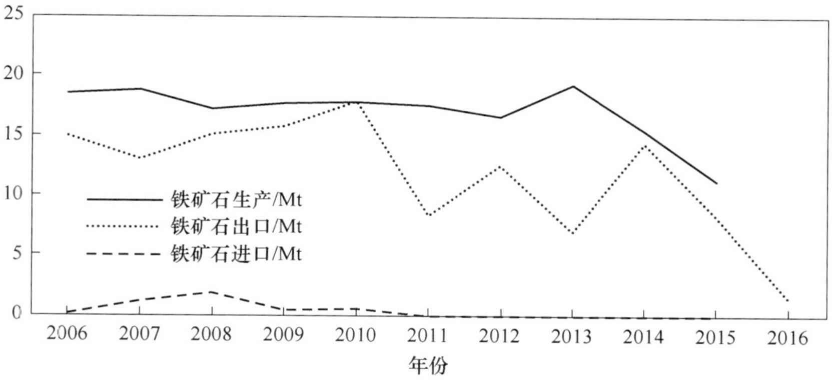

图 8-27　铁矿石生产及进出口情况

的发电能力占了全国发电的 79.2%，西部和南部电力短缺。全国电力需要进口。

水、电、燃气的价格相对较低，实行分段、分区、分时计算法，见表 8-45。

表 8-45　2016 年 1 月水电气价格表

项目	电/美元·(kW·h)$^{-1}$	水/美元·t^{-1}	天然气/美元·m^{-3}	95 号汽油/美元·L^{-1}
工业	0.06		0.08	0.4
民用	0.05	0.13	0.08	0.4

8.1.7.6　钢铁贸易

哈萨克斯坦是钢材净出口国，但是进出口额度近几年来逐年下降，如图 8-28 所示。2016 年，钢铁成品及半成品出口总计 250 万吨，其中长材 13.2 万吨、扁平材 169.2 万吨；钢铁成品及半成品进口 43.0 万吨，其中长材 5.4 万吨、扁平材 18.4 万吨、管材 20.1 万吨。

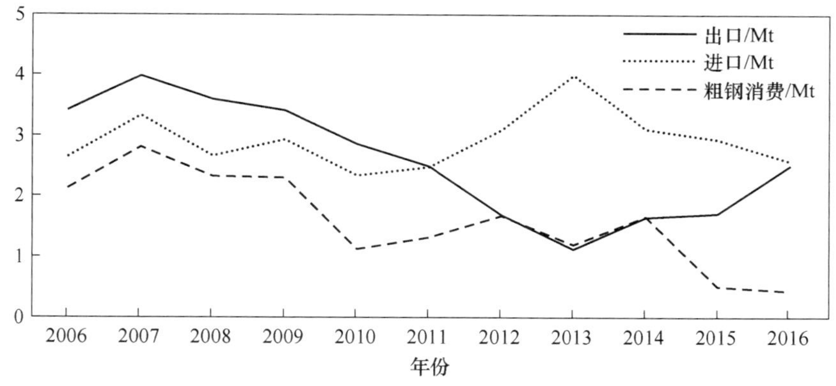

图 8-28　钢材进出口情况

分品种看，哈萨克斯坦出口的钢铁产品主要是板材、钢锭和钢坯；进口的钢铁产品主要是管材、长材和高附加值板材。

分国别来看，哈萨克斯坦的钢材进口来源国主要是俄罗斯、中国、韩国、乌克兰。哈萨克斯坦钢材出口目的国主要是俄罗斯、中国、日本、伊朗、德国、美国等。

8.1.7.7　行业相关政策

A　税收体系

依据《哈萨克斯坦税法典》，税收制度遵循属地原则，依据纳税人的所得是否来源于哈国境内来确定其纳税义务。

B　主要税种

(1) 企业所得税：20%。

(2) 增值税：12%。

(3) 个人所得税：10%。

(4) 社会税：11%。

C　外汇管理

经常项目和资本项目均实行有条件的可自由兑换。

D　钢铁行业投资鼓励政策

对外商投资无特殊优惠政策，冶金工业为鼓励外商投资领域。

8.1.7.8　主要钢铁冶金、矿山生产企业

目前，哈萨克斯坦共有矿冶和钢铁企业33家，产能主要集中在阿克纠宾斯克州、卡拉干达州、科斯塔奈州和巴甫洛达尔州，行业集中度较高。在哈萨克斯坦投资的跨国钢铁企业主要有安塞洛米塔尔、浦项、Evraz。投资意愿最大的是北方钢铁股份有限公司和新利佩茨克钢铁股份公司。

(1) 欧亚资源集团（ENRC）。主要从事矿产开发和铁合金生产。资源集团下属的铁合金生产企业主要有哈萨克斯坦铬公司、阿克纠宾铁合金公司（各类高碳和低碳铬铁、铬精矿与金属铬）、阿克苏铁合金公司（各种铬铁、硅铁、硅铬铁、硅锰铁）、“A&K”铁铝合金公司、铁米尔套电冶公司、顿河公司、铁米尔套电力冶金综合体公司等。

下属的铁矿采选企业“索科洛夫-萨尔拜”铁矿公司位于科斯塔奈州的鲁德尼市。旗下有4个铁矿、1座白云石矿和1座石灰石矿。除索科洛夫矿为露天和地下开采外，其余均为露天矿。主要从事镍矿、铁矿、铬矿、锰矿等开采，再从精矿进一步提炼该类金属或生产合金。在哈萨克斯坦国内只有一个消费者米塔尔铁米尔套公司，主要出口对象是俄罗斯和中国。俄罗斯是最大的消费者，主要是马格尼达戈尔斯克冶金厂和车里雅宾斯克冶金厂。

(2) 阿赛洛-米塔尔铁米尔套股份有限公司。前身是苏联著名的第三大炼钢厂“卡拉干达钢厂”，是哈萨克斯坦唯一拥有整条冶金生产线的钢铁企业。1996年被印度的米塔尔公司收购。

主要产品有生铁与铸铁、厚165~240mm的板坯、厚1.8~8mm的热轧板钢、厚0.4~2mm的冷轧板钢、厚9~14mm的中等厚度板钢、厚0.4~1.5mm带镀层的板钢、电炉板钢、厚0.2~0.35mm的铁皮、多种弯型材等。产品大体上40%销往中国和东南亚，30%销往伊朗，20%独联体地区，其他地区20%。

2013年生产粗钢296.7万吨，占全国粗钢产量的80.6%。主要产品为铸铁（262万吨）、钢（297万吨）、轧材（228万吨）。

(3) 阿赛洛米塔尔管材产品阿克套股份公司。产品是螺旋缝钢管，2013年产量1.57万吨。

（4）哈铬业股份公司。主要生产铁合金，2013 年产量 167.7 万吨。

（5）KSP Steel 有限责任公司。主要生产管材，2013 年产量为 12.9 万吨。

8.1.7.9　生产和消费情况（数据来源：Worldsteel）

有关生产和消费情况见表 8-46～表 8-50。

表 8-46　需求和供应平衡表（2016 年）

品　种	生产/kt	出口/kt	进口/kt	间接净出口/kt	表观消费/kt	人均表观消费/kg	实际消费/kt	人均实际消费/kg
铁矿石	11359	1563						
生铁	3302	35						
直接还原铁								
粗钢	4236	2500	444		2584	143.6		
成品钢	3786	1834	439	-751	2325	129.3	3429	193.2
热轧长材	670	132	54					
热轧扁平材	2806	1692	184					
管材	310	10	201					

注：铁矿石生产、间接净出口和实际钢材消费数据为 2015 年数据。

表 8-47　分品种年度生产表　　单位：kt

品　种	2006 年	2007 年	2008 年	2009 年	2010 年	2011 年	2012 年	2013 年	2014 年	2015 年	2016 年
铁矿石	18600	18908	17295	17785	17921	17636	16722	19373	15546	11359	
生铁	3393	3240	2761	2409	2640	3190	2831	2756	3185	3235	3302
直接还原铁											
粗钢	4269	4782	4250	4146	4220	4699	3676	3275	3681	3910	4236
氧气转炉	3742	4110	3373	3283	3293	3636	2904	3009	3526	3620	4175
电炉	527	672	877	863	927	1064	773	266	155	290	60
热轧长材	173	187	68	70	48	87	290	352	558	750	670
热轧扁平材	2963	3421	2784	2953	2857	3119	2299	2295	2439	2541	2806
大型型材					7						
小型型材				1			4	20			
钢筋	173	187	68	69	41	87	286	332	558	750	566
热轧棒材											
线材											
热轧板（≥3mm）	40	93	39	13	34	69	39	21	90	85	118
热轧板、卷、带钢(<3mm)	1386	1619	1317	1283	1162	1410	1039	1146	1142	1187	1324
电工板											
管材	62	93	111	155	238	273	235	305	311	310	
无缝钢管		1	33	75	127	149	100	156	175	183	193
焊接钢管	62	93	78	80	111	124	135	149	136	127	

表 8-48　年度钢消费表

品　　种	2006 年	2007 年	2008 年	2009 年	2010 年	2011 年	2012 年	2013 年	2014 年	2015 年	2016 年
粗钢表观消费/kt	2647	3328	2663	2930	2339	2475	3090	3988	3114	2943	2584
人均粗钢表观消费/kg	169.7	211.2	167.3	182.0	143.4	149.5	183.7	233.2	179.3	167.0	143.6
成品钢表观消费/kt	2383	2995	2397	2637	2105	2227	2781	3589	2803	2649	2325
人均成品钢表观消费/kg	152.7	190.1	150.6	163.8	129.1	134.6	165.3	209.9	161.3	150.3	129.3
成品钢实际消费/kt	3896	4878	3861	3957	3146	3571	4625	5373	4639	3429	
成品钢人均实际消费/kg	249.7	309.6	242.6	245.8	192.9	215.7	275.0	314.2	267.0	193.2	

表 8-49　年度铁矿石、废钢生产及进出口表　　单位：kt

品　　种	2006 年	2007 年	2008 年	2009 年	2010 年	2011 年	2012 年	2013 年	2014 年	2015 年	2016 年
铁矿石产量	18600	18908	17295	17785	17921	17636	16722	19373	15546	11359	
铁矿石出口	15046	13153	15200	15856	17969	8443	12616	7088	14494	8365	1563
铁矿石进口	183	1229	1936	504	624						
废钢出口	2593	805	1797	856	816	866	781	726	14	7	194
废钢进口											

表 8-50　年度钢铁贸易表　　单位：kt

品　　种	2006 年	2007 年	2008 年	2009 年	2010 年	2011 年	2012 年	2013 年	2014 年	2015 年	2016 年
半成品和成品钢出口	3417	3977	3585	3408	2860	2491	1693	1132	1650	1705	2500
半成品和成品钢进口	2134	2814	2320	2295	1134	1316	1667	1201	1660	505	444
钢锭和半成品出口	548	700	875	725	830	754	786	202	369	289	665
钢锭和半成品进口	9	9	41	19	4	754	786	202	369	1	1
长材出口	85	60	56	54	56	41	44	61	133	114	132
长材进口	1257	1761	864	837	594	98	158	194	111	55	54
扁平材出口	2685	3057	2481	2564	1918	1658	823	837	1090	1255	1692
扁平材进口	241	365	244	231	165	126	205	182	469	175	184
管材出口	49	135	174	65	55	38	40	31	57	46	10
管材进口	619	670	1162	1201	366	334	509	609	701	271	201
生铁出口	6	14	14	3		1	1	1	3	2	35
生铁进口											
直接还原铁出口											
直接还原铁进口											
钢材间接出口	355	274	297	139	89	211	187	182	150	63	
钢材间接进口	1868	2157	1761	1459	1130	1555	2032	1966	1986	815	
钢材间接净出口	-1513	-1883	-1464	-1320	-1041	-1344	-1844	-1784	-1836	-751	

8.1.8 伊朗 Iran

8.1.8.1 基本情况

伊朗基本情况见表 8-51。

表 8-51 国家基本情况表

首都	德黑兰	领土面积	164 万平方千米
人口	7910 万	官方语言	波斯语
主要民族	波斯人 66%	主要宗教	伊斯兰教（90%）
货币	伊朗里亚尔（IRR）	对美元汇率	33805：1
GDP	4113 亿美元	人均 GDP	5200 美元
GDP 增长率	0.9%	营商环境排名	57.26（120/190）
清廉指数（透明国际）	29（131/176）	国际竞争力	4.27（69/137）
经济自由度指数	50.5（155/180）	人类发展指数（HDI）	0.774（69/188）
中信保国家风险评级	6（6/9）	主权信用风险评级	BB（5/9）
EIU 评级	B	与我国建交时间	1971 年 8 月 16 日
主要双边协议	2016 年 1 月，《中伊两国政府关于共同推进“丝绸之路经济带”和“21 世纪海上丝绸之路”建设的谅解备忘录》； 2016 年 1 月，《关于加强产能、矿产和投资合作的谅解备忘录》； 2016 年 1 月，《关于加强两国投资领域合作的谅解备忘录》； 2002 年 4 月，中伊签署《关于对所得税避免双重征税和防止偷漏税的协定》； 2000 年 6 月，中伊签署《关于相互促进和保护投资协定》		
中国出口	177.9 亿美元	中国进口	160.5 亿美元

根据世界经济论坛 2017 年统计分析报告，商务活动中将面临的主要问题有（按照百分制的权重）：

（1）融资渠道，14.6%。

（2）政府官僚主义，10.9%。

（3）政策不稳定，10.4%。

（4）基础设施不足，9.9%。

（5）通货膨胀，9.6%。

（6）腐败，9.1%。

8.1.8.2 伊朗经济结构及贸易情况

伊朗是海湾和西亚地区的工业强国之一，工业以石油开采业为主，另外还有炼油、钢铁、电力、纺织、汽车制造、机械制造、食品加工、建材、地毯、家用电器、化工、冶金、造纸、水泥和制糖等。石化产业是伊朗的经济支柱和外汇收入的主要来源之一，石油收入占伊朗外汇总收入的一半以上。

伊朗外贸出口的主要商品为油气产品，出口结构过于单一。非石油出口产品主要有石化产品（包括凝析油）、金属矿石、皮革、地毯、水泥、钢材、有色金属、水果和干果等；进口商品主要有食品、燃料、运输工具、机械设备、化工原料、通信设备、药品、饮料及烟草等。

伊朗吸收外资主要集中在原油、天然气、汽车、铜矿、石化、食品和药品行业。从外资来源地看，亚洲和欧洲是伊朗最主要的外资来源地。

8.1.8.3　钢铁行业基本情况

伊朗钢铁工业相对较为发达，是中东地区的钢铁大国，其钢产量占中东地区钢产量的55%。截至2016年年底的钢铁数据见表8-52。

表8-52　钢铁行业主要数据表

生铁产量	225.1万吨	粗钢产量	1789.5万吨
钢材实际消费	2087.9万吨	人均钢材实际消费	263.1kg
钢材进口	468.3万吨	钢材出口	565.4万吨
铁矿石生产	3937万吨	铁矿石进口	39万吨
铁矿石出口	1786.9万吨	钢产量世界排名	14
废钢进口	1.5万吨	废钢出口	0.2万吨

注：铁矿石生产及钢材实际消费数据为2015年数据。

目前伊朗大约80%的钢铁产量由国有钢铁企业占据。伊朗钢铁企业的普通股一般都在伊朗证券交易所上市交易。目前伊朗有4家宽带钢轧钢厂，有25家直接还原铁生产厂，年产能约为2420万吨。伊斯法罕钢铁公司拥有3座高炉，年产能约为360万吨。

伊朗钢铁企业普遍缺乏资金，主要是因为国内贷款利率太高以及政府没有能力进行资本投入，只有少数钢铁企业能够获得低成本离岸贷款。伊朗一些钢铁企业现代化程度较差，地理位置不佳，运输成本相对较高。目前伊朗钢铁企业正在推进“私有化”，将所有权转让给私营部门。

伊朗大部分长材产能都是生产钢筋，仅有少数几条棒线材生产线。伊朗缺乏钢轨轧机和大型型钢轧机，缺乏石油化工用不锈钢管轧机，此外板材轧机也需要升级。伊朗镀锡板需求量相对较大，而伊朗国内年产能仅有10万吨，每年需进口量13万吨左右。

2011年，伊朗正式宣称开始启动修建一条连接伊朗、阿富汗、塔吉克斯坦、吉尔吉斯斯坦和中国的铁路连通计划。因该计划重在以铁路连通为主而被外界称为“钢铁丝绸之路”或“丝绸铁路”。

2016年年初对伊朗的制裁解除后，引起各国对投资伊朗的兴趣。

8.1.8.4　钢铁生产和消费情况

伊朗近几年的钢铁产量及消费情况如图8-29所示。

伊朗的电炉炼钢占产量的85.1%，氧气顶吹转炉炼钢为14.9%。转炉炼钢所占比重呈逐年下降趋势，实现了全连铸。热轧产品为1548.3万吨，占钢材的比重为93.7%，如图8-30所示。

伊朗2016年粗钢产量为1789.5万吨，2017年产量为2172.6万吨，比2016年同期增长了21.4%。伊朗的钢铁生产保持了稳步、快速的发展。

钢铁的主要产品是建筑用钢。2016年3月~2017年2月，伊朗消耗1379万吨半成品和1755万吨成品材，出现下降，主要是建筑业低迷，导致消费能力下降。

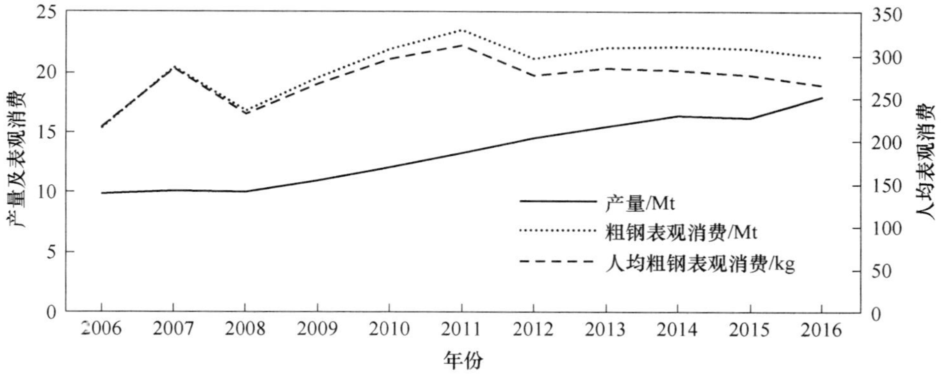

图 8-29　近几年钢产量和消费量

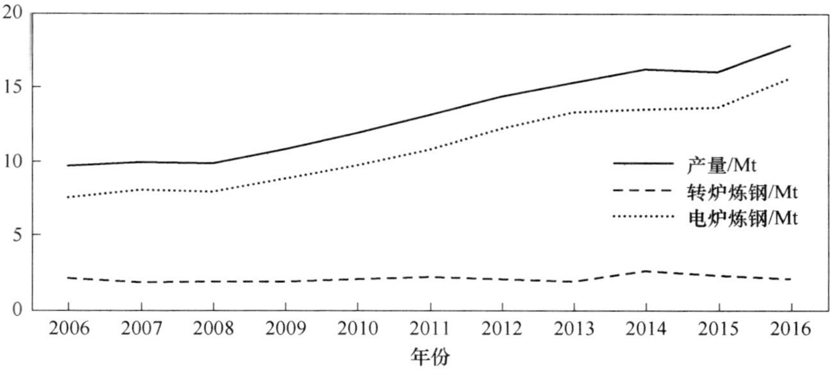

图 8-30　近几年转炉炼钢和电炉炼钢生产情况

8.1.8.5　钢铁生产基础设施配套能力

伊朗拥有丰富的铁矿石和天然气资源，为发展钢铁工业提供了有利的条件，也直接影响了工艺流程。直接还原铁成为该国现行和发展规划的首选。

铁矿石生产及进出口情况如图 8-31 所示。

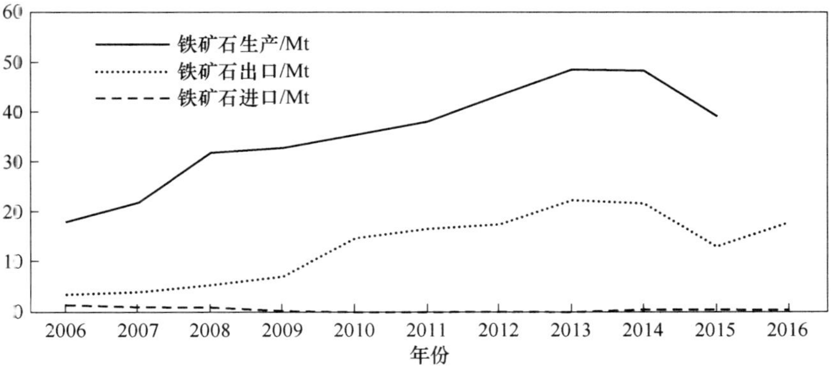

图 8-31　铁矿石生产及进出口情况

伊朗的估计铁矿石储量为 46 亿吨，已探明储量为 27 亿吨，含铁 15 亿吨，能满足目前产能的需求，并出口产量的 1/3。铁矿石的开采量占世界的 2%。

2014年自产铁矿石5200万吨，出口2010万吨，2013年出口量最高，达到2360万吨，2015年出口量降至1170万吨。

铁矿石主要出口到中国，约占出口量的97%。

伊朗球团矿年产能为2270万吨，铁精矿年产能为4360万吨。

目前，伊朗每年需要进口球团矿1000万~1200万吨，同时也缺乏优质铁精矿。一部分伊朗国产铁矿石因水分含量太高和颗粒尺寸不合理导致直接还原铁质量不高。规划的新矿区严重缺水，尤其是该国东北部的新矿区。总体来看，伊朗直接还原铁脉石含量相对较高，金属化率较低，为91%，碳含量较低，为1.7%。与其他国家相比，伊朗生产的直接还原铁不能在电炉炼钢中得到有效使用。

据伊朗工业矿业和贸易部称，伊朗将计划对铁矿石和直接还原铁出口征税，并且税率将逐步提高。旨在刺激当地对钢铁生产的投资，而非出口原料。

伊朗天然气丰富，价格低廉，部分原因是天然气不能出口。目前伊朗天然气价格仅为每千立方米43.54美元，每立方米天然气大约产生34500BTU能量。利用天然气生产直接还原铁，每吨直接还原铁的能源成本约13.67美元，因此该国主要选择生产直接还原铁。

目前，工业用电实行阶梯电价，30kW为一个阶梯，电价在3400~8600里亚尔/度，见表8-53。

表8-53　水电参考价格表

项　目	价　格
工业用水	9000里亚尔/m^3
居民用水	4000里亚尔/m^3
工业用电	3400~8600里亚尔/度（30kW阶梯电价）
居民用电	1800里亚尔/度（30kW阶梯电价）
生产用气	2500里亚尔/m^3
居民用气	夏季1500里亚尔/m^3，冬季960里亚尔/m^3

8.1.8.6　钢铁贸易

伊朗一直以来是钢材净进口国，但是净进口量逐年下降，2015年进口钢材511万吨，出口130万吨。由于内部需求降低，于2016年成为净出口国，如图8-32所示。伊朗钢铁协会数据显示，2016年3月~2017年2月，伊朗共出口半成品和钢铁产品486万吨，其中半成品出口322万吨，比去年同期增长108%，其他钢铁产品共出口164万吨，同比下降16%。

钢铁主要出口国别主要有13个国家和地区，中东北非（50%）、远东（40%）、美国（10%）。出口主要品种有方坯半成品产品189万吨，同比增长29%，占全部出口的39%；半成品产品板坯133万吨，同比增长14倍，占全部出口的27%；热轧卷出口102万吨，同比下降27%，占全部出口的21%；螺纹钢出口23.4万吨，占5%；冷轧卷出口14.7万吨，占3%。

8.1.8.7　钢铁发展规划

2014年，伊朗制订钢铁工业战略发展计划，确定到2025年钢铁年产能目标为5500万吨。钢表观消费量从1700万吨增至3400万吨，人均约200kg提高到500kg，这意味着每年将有2100万吨产量供出口。到2025年的规划产能及投资见表8-54。

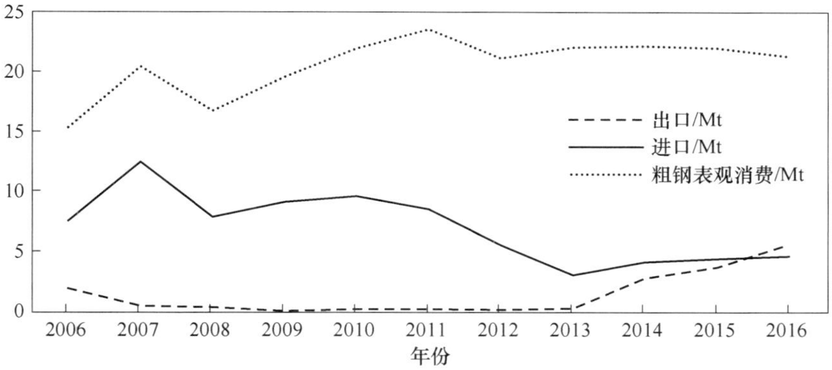

图 8-32 钢材进出口变化情况

表 8-54 到 2025 年的各项规划产能及投资

项 目	粗 钢	直接还原铁	生 铁	球 团	选 矿
2025 年规划产能/Mt	55.0	53	5.8	80.0	87.0
现有产能/Mt	28.8	24.5	3.7	32.0	44.0
需要增加的产能/Mt	26.21	28.5	2.1	48.0	43.0
投资需求/百万欧元	3434.9	2253.9		1346.2	1763.7
已完成投资/百万欧元	1838.1	1183.5		1042.3	599.9

伊朗发展钢铁业具有有利的条件，具有潜力巨大的钢铁市场需求前景、低成本能源（天然气和电力）、成本较低的铁矿石、有利于向中东地区国家出口的良好地理位置等。

钢铁行业的发展还存在着较多的问题，主要有钢铁工业发展和相关配套基础设施建设资金严重缺乏；伊朗国内资金成本很高，目前银行贷款年利率约为 22%；多家机构预测，伊朗货币里亚尔在未来 10 年有大幅升值的风险；没有足够的低成本铁矿石储量来满足伊朗钢铁行业未来 10 年的大发展，一部分原因是矿山开采和升级所需水资源短缺，导致越来越多的铁矿石需要进行地下开采。为确保粗钢年产能达到 5500 万吨，伊朗每年需要 2.98 亿立方米的水，所需水将来自海水淡化和城市循环供应。能耗也将从每年相当 587 万立方米天然气增加到 980 万立方米；缺乏高效的全国铁路运输系统，还需新建 3600km 的铁路，不仅运输原材料，还能降低钢材出口成本；劳动生产率低。

8.1.8.8 行业相关政策

A 税收体系

《伊朗伊斯兰共和国直接税法》是伊朗税收体系的主要组成部分，包括纳税人、财产税、所得税、各种规定等。原则上对房地产、未开发土地、继承财产、从事农业活动、工资、职业、公司、附带收入以及通过各种来源获得的总收入征收直接税收。2002 年 2 月，伊朗议会通过立法改革国家的税制，减少公司税，增加增值税，所得税由原来的 54%降到 25%。2013 年初，伊朗国内的增值税税率已从上一年的 3%提高到 4%，2015 年 3 月 21 日起，经过议会批准，伊朗政府进一步上调增值税到 9%。

B　主要税种

伊朗主要税赋由工资所得税、营业所得税、法人所得税及其他税赋组成，税率根据应税收入的不同而不同。

（1）工资所得税。阶梯收税，免税额为4200万里亚尔，超出部分对应的税收见表8-55。

表8-55　工资所得税税赋

工资/×10^7里亚尔	<3	3~10	10~25	25~100	>100
税赋/%	15	20	25	30	35

（2）营业所得税。自然人通过营业的收入交所得税，税赋与工资所得税同。

（3）法人所得税。公司的收入和法人通过其在伊朗境内外其他盈利性业务活动所获得的收入总额在扣除了经营中的亏损、非免税亏损和直接税法规定的免税款额后，分别按照25%纳税。对于在伊朗签订的任何有关建设承包、技术项目、制造安装项目、运输项目、建筑规划项目、测量、绘图、监理、技术转让和其他方面的服务合同，按总收入的12%纳税。

C　外汇管理

目前，外国居民及投资者不能在伊朗当地银行开设外汇账户，必须兑换成当地货币方可进行储蓄。市场对外汇的供应和需求取决于政府的决定。只有按照政府的要求才能获得外汇。

根据《伊朗保护和鼓励外国投资法》，投资者在完成全部义务并交纳了法定的费用后，经委员会通过并财经部部长批准，可将原投资及利息或投资余款汇出伊朗。

D　钢铁行业投资鼓励政策

投资商可以在100万吨以上生产能力的钢铁项目中占60%~80%的股份。

8.1.8.9　主要钢铁冶金、矿山生产企业

主要钢铁冶金、矿山生产企业见表8-56~表8-100。

表8-56　Ardakan球团厂

公司英文名称	Ardakan Pelletizing Plant
球团产能	每年340万吨
位置	Km25，Ardakan-Naein Highway，Yazd，Iran
占地面积	602公顷
建设时间	2004年9月
投产时间	2007年9月
总投资	21000亿里亚尔
机械与设备	总重16241t，67.5%国产，32.5%进口
年工作天数	300天
用电	0.042kW·h/t
天然气	33.8m^3/h
水	0.099m^3/t
铁含量	66%

表 8-57 Golgoharl 球团厂

公司英文名称	Golgoharl Pelletizing Plant
球团产能	每年 530 万吨
位置	Gol Gohar Sirjan
股东	Gol Gohar
占地面积	602 公顷

表 8-58 Zarand 球团厂

公司英文名称	Zarand Pelletizing Plant
球团产能	每年 250 万吨
位置	Zarand
股东	Mihdco

表 8-59 Mobarake 钢铁厂

公司英文名称	Mobarake Steel Manking Plants
位置	靠近 Mobarakeh，在 Isfahan 西南 75km
网址	http://www.msc.ir/
占地面积	35 平方千米
球团产能	每年 720 万吨
直接还原铁产能	每年 500 万吨
炼钢产能	8×180t EAF
热轧产能	每年 1165 万吨

表 8-60 Khozestan 钢厂

公司英文名称	Khozestan Steel Company
位置	Ahwaz 市
网址	http://www.ksc.ir
占地面积	3.8 平方千米
球团产能	每年 620 万吨
直接还原铁产能	每年 400 万吨
炼钢产能	每年 350 万吨

表 8-61 Esfahan 钢铁公司

公司英文名称	Esfahan Steel Company
位置	Isfahan 西北 45km
网址	https://www.esfahansteel.com
炼钢产能	每年 280 万吨

表 8-62 Iranian Ghadir 钢铁公司

公司英文名称	Iranian Ghadir Iron and Steel Co.
位置	25kilometers from the city of Ardakan, Yazd
网址	http://www.igisco.com
占地面积	86 公顷
直接还原铁产能	每年 80 万吨

表 8-63 Arfa 钢铁公司

公司英文名称	Arfa Iron and Steel Co.
位置	近 Ardakan Naein 路
网址	http：//www. arfa-co. com/en/
直接还原铁产能	每年 80 万吨
炼钢产能	每年 80 万吨

表 8-64 Khorasan 钢铁公司

公司英文名称	Khorasan Steel Company
位置	Neyshabor 西南 45km
网址	http：//www. khorasansteel. com
占地面积	1400 公顷
轻型钢结构产能	每年 55 万吨
直接还原铁产能	每年 160 万吨
炼钢产能	每年 63 万吨（钢坯）

表 8-65 South Kaveh 钢铁公司

公司英文名称	Kaveh Steel Company
位置	Bandar Abbas
网址	http：//www. sksco. ir
占地面积	170 公顷
直接还原铁产能	每年 120 万吨
炼钢产能	每年 240 万吨（在建）

表 8-66 Khuzestan Oxin 钢铁公司

公司英文名称	Khuzestan Oxin Steel Co.
位置	Khuzestan
网址	www. oxinsteel. ir
占地面积	160 公顷
成立	2005 年
产品	热轧宽厚板
热轧产能	每年 105 万吨

表 8-67 伊朗国家钢铁工业集团

公司英文名称	Iran National Steel Industries Group
位置	Ahwaz
网址	http：//insig. org/
占地面积	1200 公顷
成立	1963 年
炼钢产能	每年 186. 5 万吨

表 8-68 Hormozgan 钢铁公司

公司英文名称	Hormozgan Steel Company（HOSCO）
位置	BandarAbbas
网址	www. hosco. ir
产品	平板
炼钢产能	每年 150 万吨

表 8-69 Natanz 钢铁公司

公司英文名称	Natanz Steel Company
位置	Natanz
网址	http：//www. natanzsteel. com
占地面积	1200 公顷
成立	1999 年
产品	线材
热轧产能	每年 100 万吨

表 8-70 伊朗合金钢公司

公司英文名称	Iran Alloy SteelCo.
位置	Esfahan
网址	http：//iasco. ir
成立	1999 年

表 8-71 Kavian 钢铁

公司英文名称	Kavian Steel
位置	Ahwaz
产品	钢板
炼钢产能	每年 84 万吨

表 8-72 Pasco 钢铁公司

公司英文名称	Pasco Steel Complex
位置	Shiraz 市南 70km
网址	http：//www. pascosteel. com
占地面积	300 公顷
产品	钢坯
炼钢产能	每年 150 万吨

表 8-73　Vian 钢铁冶炼铸造公司

公司英文名称	Vian Steel Melting and Casting Company（VISCO）
成立	2003 年
位置	Hamedan
网址	www. viansteel. com
技术	Siemens-VAI
产品	(120×120)～(160×160)方坯
炼钢产能	每年 60 万吨

表 8-74　Bonab 钢铁工业公司

公司英文名称	Bonab Steel Industries Complex
位置	Bonab
网址	http：//mfbco. ir/en
产品	型钢
轧钢产能	每年 350 万吨

表 8-75　Ferro Gilan Complex

公司英文名称	Ferro Gilan Complex
成立	2004 年
位置	Rasht 西南 15km
网址	www. ferrogilan. com/index_ f. php
占地面积	60 公顷
产能	镀锌板 35 万吨/年，200 万吨/年热轧板，50 万吨/年冷轧板

表 8-76　Kashan Amir Kabir Steel Co.

公司英文名称	Kashan Amir Kabir Steel Co.
位置	Kashan 东 14km
网址	http：//amirkabirsteelco. ir/en
占地面积	72 公顷
成立	2000 年
产品	镀锌板
产能	54 万吨/年，包括 14 万吨镀锌板，25 万吨冷轧板，15 万吨退火板

表 8-77　Natanz 炼钢公司

公司英文名称	Natanz Steel Making Co.
位置	Natanz
网址	www. natanzsteelmelting. com
占地面积	80 公顷
产品	(125×125)～(150×150)方坯

表 8-78 Azarbaiejan 钢铁公司

公司英文名称	Azarbaiejan Steel Co.
位置	Mianeh
网址	www. azsco. ir
成立	1989 年
产品	棒材、圆钢等
轧钢产能	每年 55 万吨

表 8-79 Ardebil 钢铁公司

公司英文名称	Ardebil Steel Co.
位置	Ardebil
产品	棒材、板带
轧钢产能	每年 30 万吨

表 8-80 Semnan 热轧厂

公司英文名称	Semnan Hot Rolling Mill
位置	Semnan
网址	www. srtmg. com
产品	棒材
轧钢产能	每年 100 万吨

表 8-81 Hirbod 钢厂

公司英文名称	Zarandieh Hirbod Steel Industries Company（Hirbod Steel）
位置	Zarandieh
网址	http：//www. hirbodsteel. com/en
产品	钢筋，管道
轧钢产能	每年 220 万吨

表 8-82 Yazd 热轧厂

公司英文名称	Yazd Rolling Mill
位置	Yazd
网址	http：//en. yazdrollingmill. com
成立	1980 年
产品	线棒材
轧钢产能	每年 110 万吨

表 8-83 Boyer Sanat

公司英文名称	Boyer Sanat
位置	Yasooj
产品	钢坯
炼钢产能	每年 30 万吨

表 8-84 Kavir 钢厂

公司英文名称	Kavir Steel
位置	Kashan
网址	http：//kavirsteel. ir/page. aspx？ pi = 1&sl = 1
产品	棒材
轧钢产能	每年 35 万吨

表 8-85 七钻石公司

公司英文名称	Seven Steel Company
位置	Shiraz
网址	http：//www. seven-diamonds. com
产品	镀锌板
产能	每年 90 万吨

表 8-86 Amir Kabir 钢铁公司

公司英文名称	Amir Kabir Steel Co.
位置	Arak
产品	钢筋条
轧钢产能	每年 50 万吨

表 8-87 Jahan Foolad Gharb

公司英文名称	Jahan Foolad Gharb
位置	Kermanshah
网址	http：//jahanfoulad-co. com/en
产品	角钢、棒材
轧钢产能	每年 30 万吨

表 8-88 Foolad Gharb 亚洲公司

公司英文名称	Foolad Gharb Asia
位置	距 Salafchegan35 公里
网址	http：//www. wasco-ir. com/en
产品	线材
轧钢产能	每年 50 万吨

表 8-89 Sadr 钢铁公司

公司英文名称	Sadr Steel Company
位置	距 Khoramabad Andimeshk14km
网址	http：//www. sadrsteel. com
占地面积	35 公顷
产品	棒材
轧钢产能	每年 20 万吨

表 8-90　Golestan 钢铁公司

公司英文名称	Golestan Steel
位置	Gonbad Kavoos
网址	http://www.golestansteel.com
占地面积	6 公顷
产品	棒线材
轧钢产能	每年 34 万吨

表 8-91　Chaharmahal & Bakhtiyary 汽车板有限公司

公司英文名称	Chahar Mahal And bakhtiyary Automotive Sheet Company（CBASCO）
位置	距 Borujen35 公里
网址	http://www.cbasco.ir/Content/Default.aspx?Landir=ltr&Lan=En
产品	镀锌板
产能	每年 30 万吨

表 8-92　Persian 钢厂

公司英文名称	Persian Steel
位置	Takistan
网址	http://persiansteel.co/en/
占地面积	50 公顷
成立	1986 年
产品	钢坯、镀锌板、彩钢板
产能	每年 50 万吨

表 8-93　Taraz 金属厂

公司英文名称	Taraz Metal
位置	Shahre Kord
网址	http://tarazmetal.com
产品	镀锌及镀锌合金
产能	每年 33 万吨

表 8-94　Khazar 钢厂

公司英文名称	Khazar Steel Co.
位置	Rasht
网址	http://www.khazarsteel.com
炼钢产能	每年 50 万吨（钢坯）

表 8-95 Foolad Alborz 伊朗公司

公司英文名称	Foolad Alborz Iranian
网址	http：//www. faicosteel. net
位置	距 Sari Neka 公路 15km
轧钢产能	每年 70 万吨
产品	钢筋、角钢

表 8-96 Sarmad 钢铁公司

公司英文名称	Sarmad Iron & Steel
网址	http：//www. sarmadsteel. ir
位置	距 Abarkooh-Yazd15km
轧钢产能	每年 70 万吨
产品	钢筋、角钢

表 8-97 Sahand 钢铁公司

公司英文名称	Sahand Steel Company
位置	距 Bonab15km
产品	钢筋、角钢
轧钢产能	每年 50 万吨

表 8-98 Orumieh 钢铁集团

公司英文名称	Orumieh Steel Group
位置	距 OrumiehMahabad 公路 25km
占地面积	225 公顷
产品	管、螺旋焊管

表 8-99 Chadormalu 矿业和工业公司

公司英文名称	Chadormalu Mining and Industrial Company（CMIC）
位置	Yazd 东部 180 公里，伊朗沙漠中心
成立	1992 年
产品及产能	生产用于直接还原炼铁的铁精矿（1050 万吨/年）和用于高炉炼铁的破碎铁矿石（100 万吨/年）、球团（340 万吨/年）、块矿和铁精粉（120 万吨/年）
主要指标	铁矿石地质储量：39900 万吨，铁品位 55. 3%，含磷（质量分数）0. 94%，含硫（质量分数）0. 19%

表 8-100 伊朗中心铁矿公司

公司英文名称	Iran Central Iron Ore Company
位置	Yazd 省，Bafgh 东北 125km
成立	1962 年
主要指标	铁矿石地质储量：71 亿吨

8.1.8.10 生产和消费情况（数据来源：Worldsteel）

有关生产和消费情况见表 8-101～表 8-106。

表 8-101　需求和供应平衡表（2016 年）

品　种	生产/kt	出口/kt	进口/kt	间接净出口/kt	表观消费/kt	人均表观消费/kg	实际消费/kt	人均实际消费/kg
铁矿石	39370	17869	390					
生铁	2251	7	0					
直接还原铁	16013	34	0					
粗钢	17895	5654	4683		21228	264.4		
成品钢	15483	2257	4424	-1159	19105	238.0	20879	263.1
热轧长材	7662	498	551					
热轧扁平材	7811	1631	3533					
管材	10	128	340					

注：铁矿石生产、间接净出口和实际钢材消费数据为 2015 年数据。

表 8-102　分品种年度生产表　单位：kt

品　种	2006 年	2007 年	2008 年	2009 年	2010 年	2011 年	2012 年	2013 年	2014 年	2015 年	2016 年
铁矿石	18134	22000	32000	33000	35549	38260	43497	48693	48451	39370	
生铁	2041	2118	2176	2433	2540	2242	2143	2007	2782	2459	2251
直接还原铁	6929	7491	7399	8099	9350	10368	11582	14458	14551	14546	16013
粗钢	9789	10051	9964	10908	11995	13197	14463	15422	16331	16146	17895
氧气转炉	2200	1930	1984	1992	2150	2296	2157	2013	2724	2407	2183
电炉	7590	8120	7980	8916	9845	10901	12306	13409	13607	13739	15712
热轧长材	4464	5183	4994	5136	8460	8988	8785	8406	8206	7261	7662
热轧扁平材	4714	4102	3815	4744	6935	7824	8476	8250	8276	7872	7811
大型型材	1620	1910	1704	1846	2230	2223	2087	1948	1788	1286	974
小型型材	27	17	21	31	620	721	864	664	663	664	345
钢筋	2817	3256	3269	3259	5610	6044	5834	5794	—	5311	6343
热轧棒材	0	0	0	0	0	0	0	0	0	0	
线材	0	0	0	0	0	0	0	0	0	0	
热轧板（≥3mm）	418	132	—	—	65	322	585	615	774	798	669
热轧板、卷、带钢（<3mm）	4297	3970	3815	4744	6870	7502	7891	7635	7503	7075	7142
电工板	0	0	0	0	0	0	0	0	0	0	
管材	26	24	26	25	30	30	31	29	5	16	10
无缝钢管	0	0	0	0	0	0	0	0	0	0	
焊接钢管	0	0	0	0	0	0	0	0	0	0	

表 8-103　主要企业的产能　　单位：kt

企业名称	球团产能	直接还原铁	炼钢	热轧	冷轧
Ardakan Pelletizing Plant	3400				
Golgohar1 Pelletizing Plant	5300				
Zarand Pelletizing Plant	2500				
Mobarake Steel Making Plants	7200	5000	16700	11650	
Khozestan Steel Company	6200	4000	3500		
Esfahan Steel Company				2800	
Iranian Ghadir Iron and Steel Co.		800			
Arfa Iron and Steel Co.		800	800		
Khorasan steel company		1600	720		
Khuzestan Oxin Steel Co.				1050	
Iran National Steel Industries Group			1865		
Hormozgan Steel Company (HOSCO)			1500		
Natanz Steel Company				1000	
Kavian steel				840	
Pasco Steel Complex			1500		
Vian Steel Melting and Casting Company (VISCO)			600		
Bonab Steel Industries Complex				3500	
Ferro Gilan Complex				2000	500
Kashan Amir Kabir Steel Co.			540		250
Azarbaiejan Steel Co.				550	
Ardebil Steel Co.				300	
Semnan Hot Rolling Mill				1000	
Zarandieh Hirbod Steel Industries Company (Hirbod Steel)				2200	
Yazd Rolling Mill				1100	
Boyer Sanat			300	350	
Kavir Steel					
Persian steel			500		
Khazar Steel Co.			500		
Foolad alborz Iranian			700		
主要企业产能合计	24600	12200	29725	28340	750

表 8-104　年度钢消费表

品种	2006 年	2007 年	2008 年	2009 年	2010 年	2011 年	2012 年	2013 年	2014 年	2015 年	2016 年
粗钢表观消费/kt	15311	20343	16717	19496	21878	23467	21081	21998	22089	21911	21228
人均粗钢表观消费/kg	215.9	283.6	230.5	265.7	294.6	312.1	275.7	284.1	281.7	276.1	264.4
成品钢表观消费/kt	13780	18309	15045	17546	19690	21120	18973	19798	18880	19720	19105
人均成品钢表观消费/kg	194.3	255.3	207.4	239.1	265.2	280.9	249.1	255.7	253.5	248.5	238.0
成品钢实际消费/kt	14924	19893	17092	18802	21443	22956	20655	21225	21880	20879	
成品钢人均实际消费/kg	210.4	277.4	235.6	256.3	288.8	304.1	270.2	274.1	279.0	263.1	

表 8-105　年度铁矿石、废钢生产及进出口表　单位：kt

品　种	2006 年	2007 年	2008 年	2009 年	2010 年	2011 年	2012 年	2013 年	2014 年	2015 年	2016 年
铁矿石产量	18134	22000	32000	33000	35549	38260	43497	48693	48451	39370	
铁矿石出口	3545	3988	5395	7107	14833	16675	17534	22462	21796	13125	17869
铁矿石进口	1421	1038	929	216	—	—	39	0	500	492	390
废钢出口	54	57	99	7	69	12	21	2	0	0	2
废钢进口	42	42	85	6	3	6	5	24	2	1	15

表 8-106　年度钢铁贸易表　单位：kt

品　种	2006 年	2007 年	2008 年	2009 年	2010 年	2011 年	2012 年	2013 年	2014 年	2015 年	2016 年
半成品和成品钢出口	2000	582	450	131	297	270	260	368	2868	3798	5654
半成品和成品钢进口	7566	12246	7914	9139	9613	8556	5604	3111	4187	4472	4683
钢锭和半成品出口	—	0	50	—	66	6	1	90	746	1353	3372
钢锭和半成品进口	2003	4154	2922	2230	3151	2085	2053	304	346	142	255
长材出口	—	—	—	—	—	56	31	27	17	26	498
长材进口	1378	1301	1725	2117	1875	1633	650	679	829	592	551
扁平材出口	—	—	—	—	—	205	225	248	695	1179	1631
扁平材进口	3061	3061	2388	1993	3709	3980	2049	1728	3024	4140	3533
管材出口	—	—	—	—	—	1	2	3	0	1	128
管材进口	1119	1119	807	817	866	837	845	395	399	336	340
生铁出口	—	—	2	101	14	36	0	0	0	0	7
生铁进口	0	0	40	43	1	0	0	0	0	0	0
直接还原铁出口	—	—	137	—	0	30	—	32	—	—	34
直接还原铁进口	61	61	138	39	0	—	—	—	—	—	
钢材间接出口	56	113	119	47	40	38	109	59	57	40	
钢材间接进口	1200	1697	2165	1303	1793	1874	1791	1485	2058	1200	
钢材间接净出口	-1144	-1584	-2047	-1256	-1753	-1836	-1682	-1427	-2000	-1159	

8.1.9　土耳其 The Republic of Turkey

8.1.9.1　基本情况

土耳其基本情况见表 8-107。

表 8-107　土耳其国家基本情况表

首　都	安卡拉	领土面积	78.4 万平方千米
人口	7670 万	官方语言	土耳其语
主要民族	土耳其族、库尔德族	主要宗教	伊斯兰教
货币	新土耳其里拉（TRY）	对美元汇率	3.55：1
GDP	7179 亿美元	人均 GDP	9126 美元

续表 8-107

GDP 增长率	2.46	营商环境排名	67.19（69/190）
清廉指数	41（75/176）	国际竞争力	4.42（53/137）
经济自由度指数	65.2（60/180）	人类发展指数（HDI）	0.767（71/188）
中信保国家风险评级	5（5/9）	主权信用风险评级	BBB（4/9）
EIU 评级	BB	与我国建交时间	1971 年 8 月 4 日
主要双边协议	1981 年 5 月，贸易协定书； 1981 年 12 月，经济、工业和技术合作协定； 1989 年 11 月，海运协定； 1989 年 11 月，关于互免签证协议； 1990 年 11 月 13 日，相互促进与保护投资协定； 1995 年 5 月 23 日，关于对所得避免双重征税和防止偷漏税的协定； 2000 年 4 月，能源领域经济和技术合作框架协议； 2002 年 4 月，关于在信息技术领域合作谅解备忘录； 2008 年 10 月，关于在水利领域开展技术合作的谅解备忘录； 2015 年 11 月，关于“一带一路”倡议和“中间走廊”倡议相对接的谅解备忘录		
中国出口	186.2 亿美元	中国进口	29.5 亿美元

根据世界经济论坛 2017 年统计分析报告，商务活动中将面临的主要问题有（按照百分制的权重）：

（1）政策不稳定，13.7%。

（2）融资渠道，11.8%。

（3）未受过教育的劳动力，11.7%。

（4）外汇管制，9.1%。

（5）政府官僚主义，8.9%。

（6）通货膨胀，7.9%。

（7）税率，7.4%。

（8）政府不稳定/政变，7.3%。

8.1.9.2　土耳其经济结构及贸易情况

土耳其矿产资源比较丰富，主要有天然石、大理石、硼矿、铬、钍和煤等，其中，天然石和大理石储量达到世界储量的 40%，品种数量均居世界第一。三氧化二硼储量 7000 万吨；钍储量占全球总储量的 22%；铬矿储量 1 亿吨。此外，黄金、白银、煤储量分别为 516t、1100t 和 155 亿吨。石油、天然气资源匮乏，水资源短缺，人均拥水量只有 $1430m^3$。

土耳其工业主要有食品加工、纺织、汽车、采矿、钢铁、石油、建筑、木材和造纸等产业。

2016 年，土耳其农业、工业和服务业占 GDP 的比重分别为 7%、32% 和 61%。

主要进口商品为原油、天然气、化工产品、机械设备、钢铁等，主要出口产品是农产品、食品、纺织品、服装、金属产品、车辆及零配件等。近年来，钢铁、汽车、家电及机械产品等逐步进入国际市场。2016 年外贸总额 3412 亿美元，其中进口 1986 亿美元，出口 1426 亿美元。

8.1.9.3 钢铁行业情况

截至 2016 年年底，土耳其钢铁行业的基本情况见表 8-108。

土耳其是钢铁生产大国，产量在全球排名第 8 位。以电炉炼钢为主，2016 年电炉炼钢占 65.9%。

表 8-108 钢铁行业主要数据表

生铁产量	1030.4 万吨	粗钢产量	3316.3 万吨
钢材实际消费	3252.9 万吨	人均实际消费	415.6kg
钢材进口	1700.9 万吨	钢材出口	1534.9 万吨
铁矿石生产	601 万吨	铁矿石进口	1041.8 万吨
铁矿石出口		钢产量世界排名	8
废钢进口	1771.6 万吨	废钢出口	15.6 万吨

注：铁矿石生产及钢材实际消费数据为 2015 年数据。

8.1.9.4 钢铁生产和消费情况

2016 年，土耳其粗钢产量 3252.9 万吨，以热轧长材为主，产量为 2190 万吨，如图 8-33 所示。2016 年粗钢表观消费 3625 万吨，人均粗钢表观消费 455.9kg；钢材表观消费 3407.7 万吨，人均钢材表观消费 428.6kg。2015 年实际钢材消费 3252.9 万吨，实际钢材人均消费 415.6kg。

2017 年粗钢产量 3752.4 万吨，较 2016 年增长 13.1%。

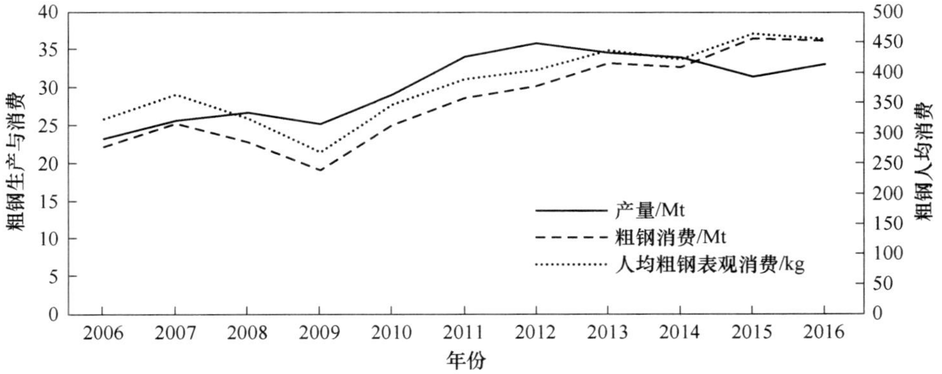

图 8-33 粗钢生产与消费情况

炼钢以电炉炼钢为主，与钢产量有很强的相关性。转炉炼钢稳步发展，近几年的生产情况如图 8-34 所示。

8.1.9.5 钢铁生产基础设施配套能力

土耳其以废钢为原料电炉炼钢为主，废钢主要依靠进口，2016 年废钢进口 1771.6 万吨。由于废钢的不稳定，进口呈现下降的趋势，铁矿石的消费量出现上升，2013 年废钢

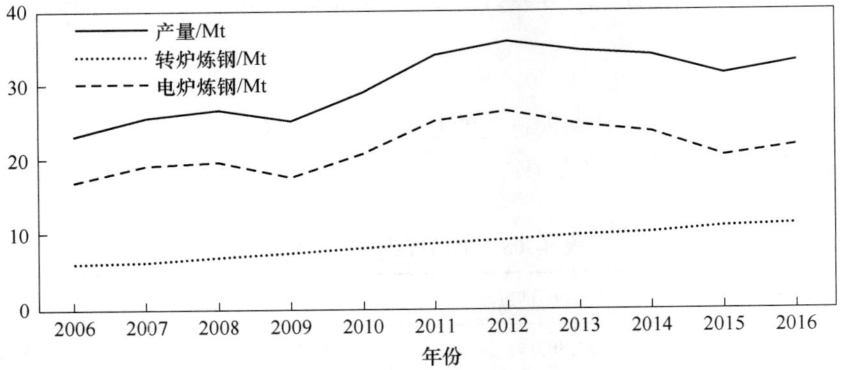

图 8-34　转炉炼钢和电炉炼钢生产情况

进口额 75 亿美元、2014 年废钢进口额 71 亿美元、2015 年废钢进口额 42 亿美元。2015 年铁矿石生产 601 万吨，进口 1001 万吨，如图 8-35 所示。

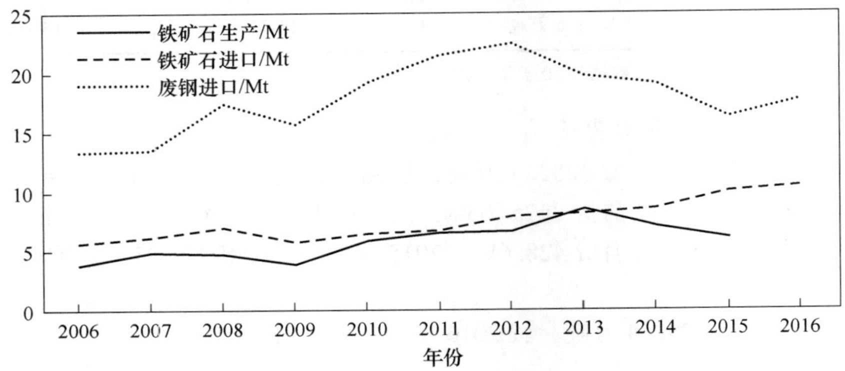

图 8-35　铁矿石及废钢进出口情况

公路运输是土耳其的主要运输方式，95%的乘客和 90%的货物依靠公路运输。2014 年年底公路总里程达 23.67 万公里。

截至 2014 年年底，铁路总长 10087km，大部分老化，运力有限。

2014 年电力总装机容量 6 万兆瓦，其中水电占 35%，火电占 53%，可再生能源占 12%。电力不能满足国内需要。

根据土耳其配电公司 TEDAS 2016 年的信息，土耳其工业用电白天的价格为 0.07 美元/(kW·h)，晚上的价格为 0.031 美元/(kW·h)。

根据伊斯坦布尔供水和污水处理管理局的信息，一般工业用水的价格为净水 2.97 美元/m^3，废水 0.28 美元/m^3。

土耳其的天然气价格分阶梯收取，少于 30 万立方米时为 0.293 美元/m^3，超过 30 万立方米时，为 0.268 美元/m^3。

8.1.9.6　钢铁贸易

2016 年，土耳其出口成品及半成品钢材 1534.9 万吨，进口成品及半成品钢材 1700.9 万吨，如图 8-36 所示。出口产品主要是长材，进口只要是扁平材。

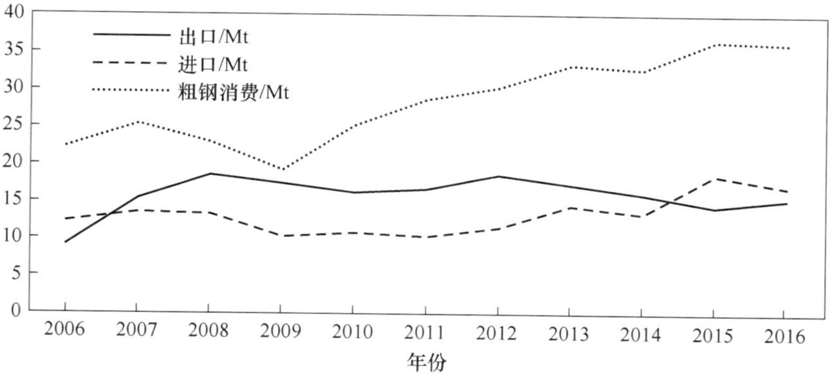

图 8-36　钢材进出口情况

8.1.9.7　发展规划

2009 年，埃尔多安政府制定了“2023 年发展规划”，规划到 2023 年，实现经济总量跻身世界前 10 大经济体等目标。这些规划的实施直接影响钢铁的需求。

其中，在交通设施上，土耳其政府计划在 2023 年前建成 3.65 万公里的双线车道、7500km 高速公路和 7 万公里沥青公路；2019 年在博斯普鲁斯海峡建成穿越海底隧道和第三座大桥，在达达尼尔海峡架设一座大桥；在全国修建 1 万公里高速铁路，新修 4000km 普通铁路，修建 8000km 电气化信号铁路，计划每年改造 500km 铁路，将铁路进一步私有化，将火车站改造并入高速列车车站，推动土耳其与高加索、中东和北非的铁路项目，并将铁路连接到全国主要港口；将全国输送管道长度增加至 60717km；在爱琴海、地中海、马尔马拉海和黑海建设转运港，到 2019 年建成至少一个世界十大港口，提供 3200 万 TEU 集装箱的运输处理能力，5 亿吨固体和 3.5 亿吨液体的处理能力；在全国建设 100 个码头，容量达到 5 万艘游艇。目前，一些项目已经建设完成。

8.1.9.8　行业相关政策

A　税收体系

实行属地税法与属人税法相结合的税收体系，外国投资者与本地公司和自然人同等纳税。共有 14 种税，直接税 2 种，包括个人所得税和公司所得税，间接税 12 种，见表 8-109。

表 8-109　土耳其主要税种及税率

税　种	税　基	税　率
企业所得税		20%
预缴公司税	资本净值增长	20%
个人所得税	净应税收入	所有收入来源，包括工资收入
增值税（VAT）	销售价值	
常规		18%
融资租赁服务		视租赁项目的 VAT 而定
基本的食品、纺织品		8%
某些农产品		1%

续表 8-109

税　　种	税　　基	税　　率
银行与保险交易税		
常规		5%
银行间存款交易		1%
银行收回		1%
银行与经纪人之间的货币市场交易		1%
政府公债和国库券销售		1%
外币销售		0.10%
印花税	文件中指定的价值	通常为0.8%（租赁合同的0.2%，工资的0.06%）
赠予和遗产税	价值	1%～30%
关税	价值	多种
房地产转让	销售价值	每次交易（定义为一买方和一卖方）缴纳1.5%
特别消费税		
石油产品	每公升、每千克等	特定
机动车辆	价值和发动机排量	1%～84%
酒精饮料和烟草产品	价值、烟草产品零售价	25%～275.6%和总额
奢侈品	价值	6.7%～20%
特殊交通税	服务费	
移动通信服务		25%
卫星或有线		15%
其他电信服务		15%
机动车辆税	型号、发动机、重量	指定金额，每年修改
主要市政税与地方税		
房地产税	课税价值	
建筑物		0.1%～0.4%
土地		0.1%～0.6%
娱乐税	按关税、毛利	特定，0%～20%
交通税	收费	1%
电力煤气消费税	销售价值	1.50%
环境保护税	按住所和经营场所	指定金额，每年修改

资料来源：商务部国别指南。

B　主要税种

（1）所得税。所有收入都需征收所得税，包括在土耳其境内及境外的收入。利润基本利率20%，个人所得税15%～35%。

（2）增值税。税率为1%、8%和18%。

(3) 消费税。包括增值税、特别消费税、银行保险交易税、印花税等。

(4) 财产税。包括遗产及赠予税、不动产税和汽车税。

C　外汇管理

无外汇管制，外国投资企业可在土耳其开立外汇账户，只有在成为注册资本时才必须转换成里拉。

8.1.9.9　生产和消费情况（数据来源：Worldsteel）

有关生产和消费情况见表 8-110～表 8-114。

表 8-110　需求和供应平衡表（2016 年）

品　种	生产 /kt	出口 /kt	进口 /kt	间接净出口 /kt	表观消费 /kt	人均表观消费/kg	实际消费 /kt	人均实际消费/kg
铁矿石	6010		10418					
生铁	10184	10	1101					
直接还原铁			77					
粗钢	3316.3	15349	17009		36250	455.9		
成品钢	32100	15006	10830	1852	34077	428.6	32529	415.6
热轧长材	21900	10189	1662					
热轧扁平材		3093	8666					
管材		1724	502					

注：铁矿石生产、间接净出口和实际钢材消费数据为 2015 年数据。

表 8-111　分品种年度生产表　单位：kt

品　种	2006 年	2007 年	2008 年	2009 年	2010 年	2011 年	2012 年	2013 年	2014 年	2015 年	2016 年
铁矿石	3785	4849	4697	3855	5814	6450	6557	8492	6982	6010	
生铁	5952	6235	6704	7004	7679	8173	8613	9180	9364	10184	10304
直接还原铁											
粗钢	23315	25754	26806	25304	29143	34107	35885	34654	34035	31517	33163
氧气转炉	6185	6392	7034	7563	8238	8832	9325	9931	10283	11035	11317
电炉	17130	19362	19771	17741	20905	25275	26560	24723	23752	20482	21846
热轧长材	13500	14900	15700	14700	15500	18800	20205	21465	21295	20800	21900
热轧扁平材											
大型型材											
小型型材											
钢筋											
热轧棒材											

续表 8-111

品　　种	2006 年	2007 年	2008 年	2009 年	2010 年	2011 年	2012 年	2013 年	2014 年	2015 年	2016 年
线材											
热轧板（≥3mm）											
热轧板、卷、带钢（<3mm）											
电工板											
管材											
无缝钢管											
焊接钢管	3090	3376	3266	2928	3439	3765	4250	4202			

表 8-112　年度钢消费表

品　　种	2006 年	2007 年	2008 年	2009 年	2010 年	2011 年	2012 年	2013 年	2014 年	2015 年	2016 年
粗钢表观消费/kt	22270	25309	22862	19198	25131	28665	30286	33305	32750	36554	36250
人均粗钢表观消费/kg	324. 1	364. 1	325. 0	269. 4	347. 5	389. 9	404. 6	436. 9	422. 5	464. 7	455. 9
成品钢表观消费/kt	21222	23770	21453	18026	23567	26931	28468	31301	30773	34361	34077
人均成品钢表观消费/kg	308. 9	341. 9	305. 0	253. 0	325. 9	366. 3	380. 3	410. 6	396. 9	436. 8	428. 6
成品钢实际消费/kt	19274	21526	18711	16182	22320	25908	27129	29780	28447	32529	
成品钢人均实际消费/kg	280. 5	309. 7	266. 0	227. 1	308. 7	352. 4	362. 4	390. 7	366. 9	415. 6	

表 8-113　年度铁矿石、废钢生产及进出口表　　单位：kt

品　　种	2006 年	2007 年	2008 年	2009 年	2010 年	2011 年	2012 年	2013 年	2014 年	2015 年	2016 年
铁矿石产量	3785	4849	4697	3855	5814	6450	6557	8492	6982	6010	
铁矿石出口											
铁矿石进口	5587	6088	6900	5685	6382	6644	7842	8114	8544	10011	10418
废钢出口	53	98	78	67	94	106	95	102	168	145	156
废钢进口	13352	13500	17415	15666	19200	21453	22415	19725	19068	16251	17716

表 8-114　年度钢铁贸易表　　单位：kt

品　　种	2006 年	2007 年	2008 年	2009 年	2010 年	2011 年	2012 年	2013 年	2014 年	2015 年	2016 年
半成品和成品钢出口	9180	15393	18535	17413	16223	16688	18574	17305	16024	14342	15349
半成品和成品钢进口	12290	13529	13271	10236	10746	10304	11499	14462	13394	18614	17009
钢锭和半成品出口	2230	2470	2501	2424	3737	2455	2980	1567	603	302	272
钢锭和半成品进口	3255	3571	3849	3629	2401	2158	3356	5430	4777	7885	6160
长材出口	6782	6245	12937	11783	9254	10527	11774	11447	10993	10183	10189
长材进口	1006	298	984	766	1184	1347	1301	1456	1443	1558	1662
扁平材出口	1313	134	1368	1648	1520	2299	1863	2379	2501	2437	3093
扁平材进口	7719	5746	8007	5580	6833	6428	6446	7117	6730	8608	8666
管材出口	959	528	1682	1523	1664	1651	1900	1851	1864	1354	1724

续表 8-114

品 种	2006 年	2007 年	2008 年	2009 年	2010 年	2011 年	2012 年	2013 年	2014 年	2015 年	2016 年
管材进口	295	170	335	234	309	356	375	435	422	542	502
生铁出口	1	28	10	11	8	9	8	6	5	5	10
生铁进口	338	724	803	772	565	1138	1377	968	913	1172	1101
直接还原铁出口		37									
直接还原铁进口	44	126	88	21	14	0	5	29	46	47	77
钢材间接出口	4536	5226	5787	4359	4729	5181	5471	5831	6238	6328	
钢材间接进口	2588	2981	3045	2515	3483	4158	4132	4310	3912	4476	
钢材间接净出口	1948	2245	2742	1844	1247	1023	1339	1521	2326	1852	

8.1.10 缅甸 Myanmar

8.1.10.1 基本情况

缅甸基本情况见表 8-115。

表 8-115 缅甸国家基本情况表

首 都	内比都	领土面积	68 万平方千米
人口	5390 万	官方语言	缅语
主要民族	缅族、掸族	主要宗教	佛教
货币	缅甸元（MMK）	对美元汇率	1348：1
GDP	626 亿美元	人均 GDP	1161 美元
GDP 增长率	6.38%	营商环境排名	44.56（170/190）
清廉指数	28（136/176）	国际竞争力	
经济自由度指数	52.5（146/180）	人类发展指数（HDI）	0.556（145/188）
中信保国家风险评级	8（8/9）	主权信用风险评级	B（6/9）
EIU 评级	B	与我国建交时间	1950 年 6 月 8 日
主要双边协议	1971 年，贸易协定，双方给予最惠国待遇； 1994 年，关于边境贸易的谅解备忘录； 1997 年 5 月 28 日，关于成立经济贸易和技术合作联合工作委员会的协定； 2001 年 7 月，关于开展地质矿产合作的谅解备忘录； 2001 年 12 月 12 日，投资促进与保护协定； 2004 年 3 月 24 日，关于促进贸易、投资和经济合作的谅解备忘录； 2004 年 7 月 12 日，关于信息通讯领域合作的谅解备忘录； 2006 年 2 月，中缅航空运输协议		
中国出口	96.5 亿美元	中国进口	56.2 亿美元

8.1.10.2 缅甸经济结构及贸易情况

缅甸自然条件优越，资源丰富。2015/2016 财年，缅甸国内生产总值约 670 亿美元，人均约 1291 美元，经济增长率 7.0%。外国直接投资 637.22 亿美元，外债余额 91 亿美元。主要贸易伙伴是中国、泰国、新加坡、日本、韩国。

矿产资源主要有锡、钨、锌、铝、锑、锰、金、银等，已探明铜矿石储量 9.55 亿吨，铅 30 万吨、锌 50 万吨、银 750 万吨、镍 80 万吨、铁 2.23 亿吨，金储量 45t。缅甸商务部数据显示，2015/2016 财年缅甸出口包括玉石在内的矿产品达 9.3 亿美元。石油和天然气在内陆及沿海均有较大蕴藏量。截至 2013 年 6 月，探明煤储量逾 4.9 亿吨，探明大陆架石油储量达 22.73 亿桶，天然气 8.1 万亿立方英尺，共有陆地及近海油气区块 77 个。水利资源丰富，伊洛瓦底江、钦敦江、萨尔温江、锡唐江四大水系纵贯南北，水利资源占东盟国家水利资源总量的 40%，由于缺少水利设施，尚未得到充分利用。

主要工业有石油和天然气开采、小型机械制造、纺织、印染、碾米、木材加工、制糖、造纸、化肥和制药等。

2016 年的 GDP 中，农业占 26.8%，工业占 34.5%，服务业占 38.7%。

8.1.10.3 钢铁行业基本情况

截至 2016 年年底，钢铁行业的基本情况见表 8-116。

表 8-116 钢铁行业主要数据表

生铁产量		粗钢产量	3.5 万吨
粗钢表观消费	256 万吨	人均粗钢表观消费	48.4kg
钢材进口	237.4 万吨	钢材出口	
铁矿石生产		铁矿石进口	
铁矿石出口		钢产量世界排名	81
废钢进口		废钢出口	

8.1.10.4 钢铁生产和消费情况

缅甸钢铁的消费以进口为主。2016 年粗钢表观消费 256 万吨，人均表观消费 48.4kg。钢材表观消费 240.6 万吨，人均钢材消费 45.5kg，如图 8-37 所示。

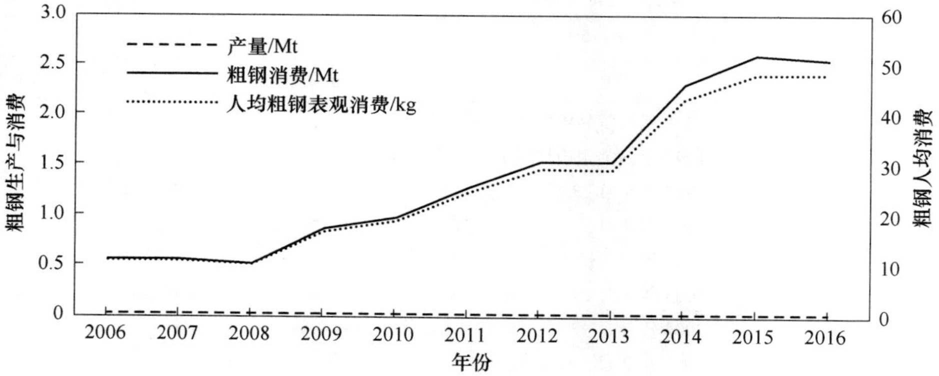

图 8-37 粗钢生产与消费情况

8.1.10.5 钢铁生产基础设施配套能力

缅甸的交通以水运为主，铁路以窄轨为主。公路总里程 3.4 万公里，铁路全长 5760km。

2015 年电力总装机容量 471 万千瓦，水电占全国发电的 74%。工业用电有缺口。

8.1.10.6 钢铁贸易

2016 年粗钢进口 237.4 万吨，其中长材进口 131 万吨、扁平材进口 78.9 万吨、管材进口 27.1 万吨。从图 8-38 可以看出，缅甸的钢铁消费严重依赖进口。

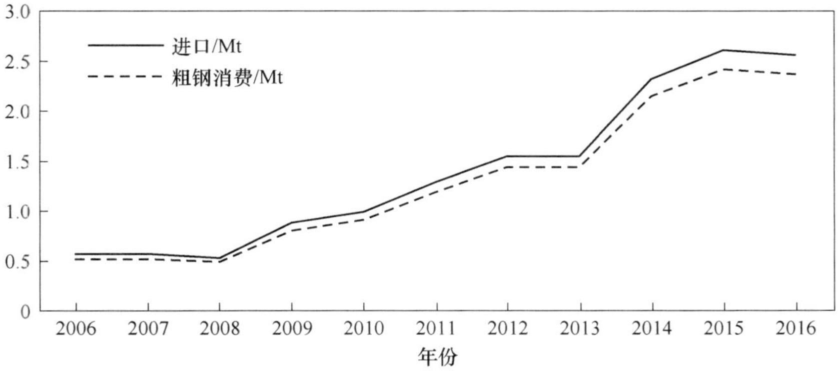

图 8-38 缅甸粗钢进口情况

8.1.10.7 行业相关政策

A 税收体系

税收体系包括对国内产品和公共消费征税、对收入和所有权征税、关税、对国有财产使用权征税 4 个主要项目下的 15 种水费。实行属地税制，企业每月按照财政部要求纳税。

缅甸联邦议会于 2015 年 4 月 2 日通过了 2015 年税收法。规定除特殊商品及免征税商品外的所有国产及进口商品征收 5%贸易税。对 16 种特殊商品征收贸易税税率为：卷烟 120%、烟叶烟丝及雪茄类产品 60%，酒类 60%（其中红酒 50%），柚木及硬木板材 25%，珠宝玉石毛料 15%，珠宝玉石成品 5%，除厢式皮卡外 1.8L 以上车辆 25%，汽油、柴油及航空用油 10%，天然气 8%。免征贸易税商品共 102 种，主要为农副产品、特定部门用品及服务类行业等。

B 主要税种

（1）所得税见表 8-117。

表 8-117 所得税

项目	税种	纳税人	税率/%
1	企业所得税	本地公司	25
		外资企业	35
		依照《外商投资法》成立的外资企业	25
2	个人所得税	个人	0~25，收入超过 3000 万缅币按 25
3	资本所得税	本地	10
		非本地	40

（2）利润税。税基是私人公司和自营者的收入、利润、资本所得，3%~50%不等。

（3）商业税见表 8-118。

表 8-118 商业税

项目类号	商品表	税率/%	项目类号	商品表	税率/%
1	72	免税	5	55	25
2	58	5	6	19（特殊商品）	30~200
3	134	10	7	10 种服务	5~30
4	91	20			

（4）关税见表 8-119。

表 8-119 关税

进口税	24 个税率，0~40%
特许税	0~10%
出口税	计税商品为：大米及其制品，100 缅元/公吨；豆类及其他作物、油籽饼、生皮和皮，5%；竹，5%
边境出口税	0~15%

C 外汇管理

由外贸银行、外汇管理委员会负责进行外汇管理。未经外汇管理局负责人许可，任何人在国内不得买卖、借贷、兑换外汇。

8.1.10.8 生产和消费情况（数据来源：Worldsteel）

有关生产和消费情况见表 8-120~表 8-124。

表 8-120 需求和供应平衡表（2016 年）

品 种	生产/kt	出口/kt	进口/kt	间接净出口/kt	表观消费/kt	人均表观消费/kg	实际消费/kt	人均实际消费/kg
铁矿石								
生铁								
直接还原铁								
粗钢	35		2374		2560	48.4		
成品钢			2370		2406	45.5		
热轧长材			1310					
热轧扁平材			789					
管材			271					

表 8-121 分品种年度生产表 单位：kt

品 种	2006 年	2007 年	2008 年	2009 年	2010 年	2011 年	2012 年	2013 年	2014 年	2015 年	2016 年
铁矿石											
生铁											
直接还原铁											
粗钢	25	25	25	25	25	25	25	30	35	35	35

续表 8-121

品 种	2006 年	2007 年	2008 年	2009 年	2010 年	2011 年	2012 年	2013 年	2014 年	2015 年	2016 年
氧气转炉											
电炉	25	25	25	25	25	25	25	30	35	35	35
热轧长材											
热轧扁平材											
大型型材											
小型型材											
钢筋											
热轧棒材											
线材											
热轧板（≥3mm）											
热轧板、卷、带钢（<3mm）											
电工板											
管材											
无缝钢管											
焊接钢管											

表 8-122 年度钢消费表

品 种	2006 年	2007 年	2008 年	2009 年	2010 年	2011 年	2012 年	2013 年	2014 年	2015 年	2016 年
粗钢表观消费/kt	570	569	533	876	991	1292	1549	1554	2317	2605	2560
人均粗钢表观消费/kg	11.3	11.2	10.5	17.0	19.1	24.8	29.5	29.3	43.4	48.3	48.4
成品钢表观消费/kt	535	535	501	823	931	1214	1456	1461	2178	2449	2406
人均成品钢表观消费/kg	10.6	10.6	9.8	16.0	18.0	23.3	27.7	27.6	40.8	45.4	45.5
成品钢实际消费/kt											
成品钢人均实际消费/kg											

表 8-123 年度铁矿石、废钢生产及进出口表 单位：kt

品 种	2006 年	2007 年	2008 年	2009 年	2010 年	2011 年	2012 年	2013 年	2014 年	2015 年	2016 年
铁矿石产量											
铁矿石出口											
铁矿石进口											
废钢出口											
废钢进口											

表 8-124 年度钢铁贸易表 单位：kt

品 种	2006 年	2007 年	2008 年	2009 年	2010 年	2011 年	2012 年	2013 年	2014 年	2015 年	2016 年
半成品和成品钢出口											1
半成品和成品钢进口	519	519	486	802	911	1193	1439	1437	2147	2420	2374
钢锭和半成品出口											
钢锭和半成品进口	121	121	135	45	52	10	11	36	12	21	1
长材出口											
长材进口	228	198	171	471	445	420	575	776	1352	1475	1310
扁平材出口											
扁平材进口	117	117	120	202	246	326	342	412	600	674	789
管材出口											
管材进口	53	53	56	68	164	432	506	211	180	248	271
生铁出口											
生铁进口											
直接还原铁出口											
直接还原铁进口											
钢材间接出口											
钢材间接进口											
钢材间接净出口											

8.1.11 斯里兰卡 Sri Lanka

8.1.11.1 基本情况

斯里兰卡基本情况见表 8-125。

表 8-125 斯里兰卡国家基本情况表

首都	科伦坡	领土面积	65610 平方千米
人口	2144 万	官方语言	僧伽罗语、泰米尔语
主要民族	僧伽罗族、泰米尔族	主要宗教	佛教、印度教、基督教、伊斯兰教
货币	斯里兰卡卢比（LKR）	对美元汇率	153.15：1
GDP	823 亿美元	人均 GDP	3926 美元
GDP 增长率	3.81%	营商环境排名	58.79（110/190）
清廉指数（透明国际）	36（95/176）	国际竞争力	4.08（85/137）
经济自由度指数	57.4（112/180）	人类发展指数（HDI）	0.766（73/188）
中信保国家风险评级	5（5/9）	主权信用风险评级	CCC（7/9）
EIU 评级	B	与我国建交时间	1957 年 2 月 7 日
主要双边协议	1986 年，关于相互促进和保护投资协定； 2003 年 8 月 11 日，避免双重征税协议		
中国出口	43.1 亿美元	中国进口	2.6 亿美元

根据世界经济论坛2017年统计分析报告，商务活动中将面临的主要问题有（按照百分制的权重）：

（1）政府官僚主义，11.8。

（2）本国劳动力职业道德问题，11.1。

（3）政策不稳定，9.5。

（4）劳工限制，9.2。

（5）政府不稳定/政变，7.9。

（6）税率，7.1。

8.1.11.2 斯里兰卡经济结构及贸易情况

以种植园经济为主，主要作物有茶叶、橡胶、椰子和稻米。工业基础薄弱，以农产品和服装加工业为主。在南亚国家中率先实行经济自由化政策。

主要矿产资源有石墨、宝石、钛铁、锆石、云母等。石墨、宝石、云母等已开采。渔业、林业和水力资源丰富。

工业主要有纺织、服装、皮革、食品、饮料、烟草、造纸、木材、化工、石油加工、橡胶、塑料和金属加工及机器装配等工业，大多集中于科伦坡地区。

2016年农业、工业、服务业占GDP的比重分别为7.1%、26.8%和56.5%。

8.1.11.3 钢铁行业基本情况

斯里兰卡钢铁行业基本情况见表8-126。

表8-126 钢铁行业主要数据表

生铁产量		粗钢产量	3万吨
粗钢表观消费	115.2万吨	人均粗钢表观消费	55.4kg
钢材进口	106.7万吨	钢材出口	
铁矿石生产		铁矿石进口	
铁矿石出口		钢产量世界排名	84
废钢进口		废钢出口	

8.1.11.4 钢铁生产和消费情况

钢铁的消费主要依靠进口。2016年粗钢表观消费量115.2万吨，人均粗钢表观消费量为55.4kg，钢材消费量108.3万吨，人均钢材表观消费量52.1kg，如图8-39所示。

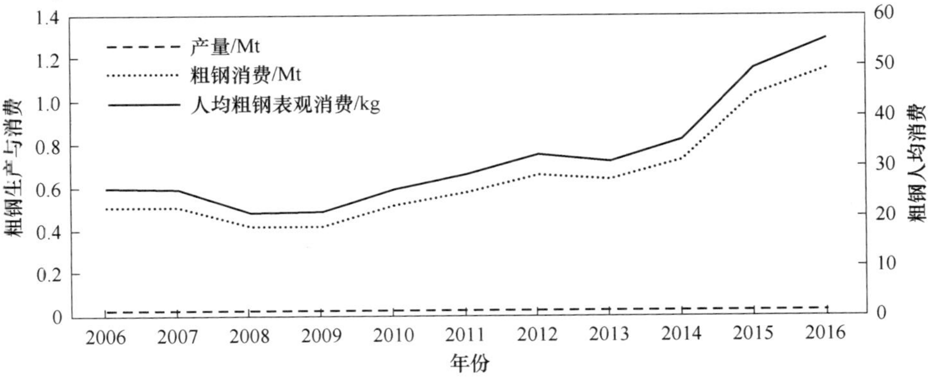

图8-39 钢铁生产及消费情况

8.1.11.5 钢铁生产基础设施配套能力

全国公路总里程 11.71 万公里，铁路总里程 1640km，铁路货运仅占 1%。由于是一个岛国，主要的工业设施都建在沿海地区。海运是主要的运输方式。

2014 年斯里兰卡电厂装机容量 3850GW。

8.1.11.6 钢铁贸易

2015 年成品及半成品钢材进口 106.7 万吨，其中长材进口 50.7 万吨，扁平材进口 32.2 万吨，如图 8-40 所示。

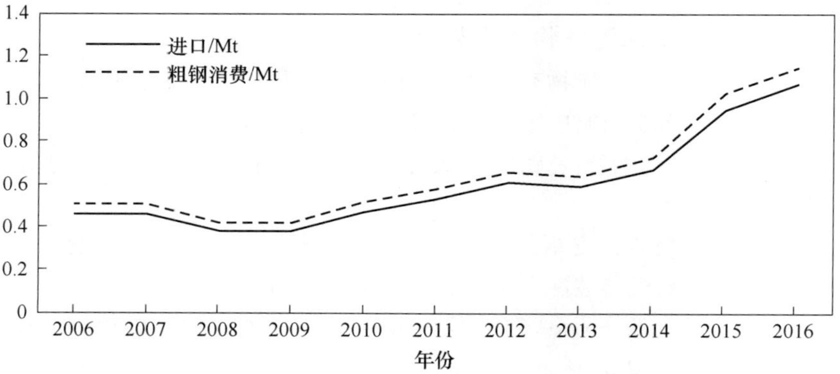

图 8-40 钢铁进口情况

8.1.11.7 行业相关政策

A 税收体系

斯里兰卡税收体系和制度比较健全，税收监管比较严格，当地实行属地税制，同时税收政策也经常发生变化。

斯里兰卡会计结算年度是从每年的 4 月 1 日到次年的 3 月 31 日。

斯里兰卡没有营业税，但有企业所得税、预提税、个人所得税、增值税、经济服务税、关税、印花税等，其中，斯里兰卡关税为 30%～300%，特别是为进口替代制定的关税税率饱受争议。

B 主要税种

（1）企业所得税。主要办公场所或其实际管理地在斯里兰卡的公司为居民企业，需就其全球所得进行纳税。非居民企业仅需就其来源于斯里兰卡的所得进行纳税。2014～2015 年，公司法定税率为 28%，从事烟酒贸易的企业法定税率为 40%，风险投资公司税率为 12%。此外，对一些特殊行业或营业额达到一定金额的企业实行特殊税率。

企业所得税当中有预扣企业所得税，该税种是业主在给承包商付款的时候以付款额为基数代扣代缴，企业被预扣的企业所得税在会计年度年终时在应缴企业所得税中进行抵扣，如企业出现亏损不需要缴纳企业所得税或者企业被预扣的企业所得税大于企业应缴纳的企业所得税，则该部分被预扣的企业所得税可以递延到下一年度进行抵扣。

（2）预提税。向居民纳税人或非居民纳税人支付的股息、银行或其他金融机构向居民企业支付的利息等情况下，应征收 10%的预提税，适用税收协定规定向非居民纳税人支付的股息可享受较低税率或免税的除外。对于一些特殊情况，斯里兰卡政府还规定特殊税率的预提税。

（3）个人所得税。在一个纳税年度内在斯里兰卡停留超过183天以上的个人为居民纳税人。居民纳税人需就其全球所得纳税，非居民纳税人仅需就其来源于斯里兰卡境内的所得纳税。每年政府会对纳税人的税收减免额及税率进行调整。2014~2015年，居民纳税人可享受500000卢比的税收减免，实行最高税率为24%的累进税率。

（4）增值税。大部分产品销售、服务提供及货物进口需缴纳增值税。产品销售或服务提供销售额超过每季度300万卢比或每年1200万卢比的纳税人，需缴纳增值税并在税务局进行相关登记。2017年最新年税率调整为15%，直接出口商品和部分项目可享受零税率或免税。

（5）经济服务税。斯里兰卡政府自2003年4月开始征收经济服务税，由业主在付款的时候根据付款额代扣代缴，和预扣企业所得税一样，经济服务税也可以在会计年度期末企业应缴纳的企业所得税中进行抵扣。2014~2015年，该税种起征点为每季度营业额达5000万卢比，税率为营业额的0.25%。

（6）建筑行业担保基金税。斯里兰卡政府从2005年开始征收建筑行业担保基金税，税率为建筑合同额的0.25%~1%，该税不能从企业应缴纳的企业税中抵扣。

（7）国家建设税。2014~2015年，进口商、生产商、服务提供商、批发和零售商需就其营业额缴纳2%的国家建设税。该税种的起征点为每季度营业额达300万卢比。制造业和服务业的税基为可纳税营业额；批发和零售行业中，分销商的税基为可纳税营业额的25%；其他的冬藏为可纳税营业额的50%。对特定的货物和服务实行税收减免。

（8）印花税。斯里兰卡政府就不动产转让及特定凭证征收印花税，税率以省政府规定为准。公司股份的发行与转让也需缴纳印花税。

C 外汇管理

斯里兰卡对外汇实施管制，外币可以自由兑换成斯里兰卡卢比，但斯里兰卡卢比不能自由兑换成外币，除非得到斯里兰卡外管局的批准。外资企业因业务发展需要可在当地开立外汇账户。利润汇出需要交税，外资企业适用的税率为10%，汇出外汇资金另外需要交纳0.1%的借记税。外国人可以携带不超过5000美元的外币现金出境，携带外币入境对金额无限制，但超过15000美元必须向海关申报。

8.1.11.8 生产和消费情况（数据来源：Worldsteel）

有关生产和消费情况见表8-127~表8-131。

表8-127 需求和供应平衡表（2016年）

品 种	生产/kt	出口/kt	进口/kt	间接净出口/kt	表观消费/kt	人均表观消费/kg	实际消费/kt	人均实际消费/kg
铁矿石								
生铁								
直接还原铁								
粗钢	30	1	1067		1152	55.4		

续表 8-127

品 种	生产 /kt	出口 /kt	进口 /kt	间接净出口 /kt	表观消费 /kt	人均表观消费/kg	实际消费 /kt	人均实际消费/kg
成品钢			872		1083	52.1		
热轧长材			507					
热轧扁平材			323					
管材			42					

表 8-128 分品种年度生产表 单位：kt

品 种	2006 年	2007 年	2008 年	2009 年	2010 年	2011 年	2012 年	2013 年	2014 年	2015 年	2016 年
铁矿石											
生铁											
直接还原铁											
粗钢	30	30	30	30	30	30	30	30	30	30	30
氧气转炉											
电炉	30	30	30	30	30	30	30	30	30	30	30
热轧长材											
热轧扁平材											
大型型材											
小型型材											
钢筋											
热轧棒材											
线材											
热轧板（≥3mm）											
热轧板、卷、带钢（<3mm）											
电工板											
管材											
无缝钢管											
焊接钢管											

表 8-129 年度钢消费表

品 种	2006 年	2007 年	2008 年	2009 年	2010 年	2011 年	2012 年	2013 年	2014 年	2015 年	2016 年
粗钢表观消费/kt	510	507	417	423	517	580	664	638	731	1028	1152
人均粗钢表观消费/kg	25.9	25.6	20.9	21.1	25.6	28.6	32.5	31.1	35.4	49.6	55.4
成品钢表观消费/kt	479	477	392	397	486	545	624	600	687	966	1083
人均成品钢表观消费/kg	24.3	24.1	19.6	19.8	24.1	26.8	30.6	29.2	33.3	46.6	52.1
成品钢实际消费/kt											
成品钢人均实际消费/kg											

表 8-130 年度铁矿石、废钢生产及进出口表 单位：kt

品 种	2006 年	2007 年	2008 年	2009 年	2010 年	2011 年	2012 年	2013 年	2014 年	2015 年	2016 年
铁矿石产量											
铁矿石出口											
铁矿石进口											
废钢出口											
废钢进口											

表 8-131 年度钢铁贸易表 单位：kt

品 种	2006 年	2007 年	2008 年	2009 年	2010 年	2011 年	2012 年	2013 年	2014 年	2015 年	2016 年
半成品和成品钢出口		2	2	1	1	2	3	1	1	1	1
半成品和成品钢进口	460	460	375	378	466	529	613	586	673	951	1067
钢锭和半成品出口											
钢锭和半成品进口	162	162	151	126	130	172	240	239	223	197	193
长材出口											
长材进口	131	131	100	124	153	161	153	130	196	449	507
扁平材出口											
扁平材进口	128	128	104	97	140	151	181	176	219	260	323
管材出口											
管材进口	36	36	18	28	42	43	35	39	32	41	42
生铁出口											
生铁进口											
直接还原铁出口											
直接还原铁进口											
钢材间接出口											
钢材间接进口											
钢材间接净出口											

8.1.12 孟加拉国 Bangladesh

8.1.12.1 基本情况

孟加拉国基本情况见表 8-132。

表 8-132 孟加拉国国家基本情况表

首都	达卡	领土面积	14.757 万平方千米
人口	1.6 亿	官方语言	英语
主要民族	孟加拉族	主要宗教	伊斯兰教
货币	孟加拉国塔卡（BDT）	对美元汇率	81.82∶1
GDP	1951 亿美元	人均 GDP	1212 美元

续表 8-132

GDP 增长率	5.28%	营商环境排名	40.58（176/190）
清廉指数（透明国际）	26（145/176）	国际竞争力	3.91（99/137）
经济自由度指数	55（128/180）	人类发展指数（HDI）	0.579（139/188）
中信保国家风险评级	7（7/9）	主权信用风险评级	B（6/9）
EIU 评级	BB	与我国建交时间	1975 年 10 月 4 日
主要双边协议	1996 年 9 月 12 日，关于鼓励和相互保护投资协定； 1996 年 9 月 12 日，关于对所得避免双重征税和防止偷漏税的协定		
中国出口	139 亿美元	中国进口	8.1 亿美元

根据世界经济论坛 2017 年统计分析报告，商务活动中将面临的主要问题有（按照百分制的权重）：

（1）腐败，15.7%。

（2）基础设施不足，14.4%。

（3）政府官僚主义，11.7%。

（4）未受过教育的劳动力，11.5%。

（5）本国劳动力职业道德问题，8.3%。

（6）融资渠道，7.5%。

8.1.12.2 孟加拉国经济结构及贸易情况

孟加拉国是最不发达国家之一，经济发展水平较低，国民经济主要依靠农业。

矿产资源能源天然气已公布的储量为 3113.9 亿立方米，主要分布在东北几小块地区，煤储量 7.5 亿吨。森林面积约 200 万公顷，覆盖率约 13.4%。

工业以原材料和初级产品生产为主，包括水泥、化肥、黄麻及其制品、白糖、棉纱、豆油、纸张等；重工业薄弱，制造业欠发达。主要直接投资国为美国、英国、马来西亚、日本、中国、沙特阿拉伯、新加坡、挪威、德国、韩国等。

国际援助是孟加拉国外汇储备的重要来源，也是孟加拉国投资发展项目的主要资金来源。日本、美国、加拿大和世界银行、亚洲开发银行等国际机构是主要提供者。

2016 年，农业、工业、服务业占 GDP 的比重为 15.35%、31.54%和 53.12%。

8.1.12.3 钢铁行业基本情况

孟加拉国钢铁行业情况见表 8-133。

表 8-133 钢铁行业主要数据表

生铁产量		粗钢产量	10 万吨
粗钢表观消费	418.7 万吨	人均粗钢表观消费	25.7kg
钢材进口	397 万吨	钢材出口	0.4 万吨
铁矿石生产		铁矿石进口	
铁矿石出口		钢产量世界排名	74
废钢进口	201.1 万吨	废钢出口	

8.1.12.4 钢铁生产和消费情况

孟加拉国钢铁工业基础弱，2016年粗钢产量10万吨，粗钢表观消费418.7万吨，主要靠进口消费，人均粗钢表观消费25.7kg。2016年钢材表观消费400.5万吨，人均钢材表观消费24.6kg，如图8-41所示。

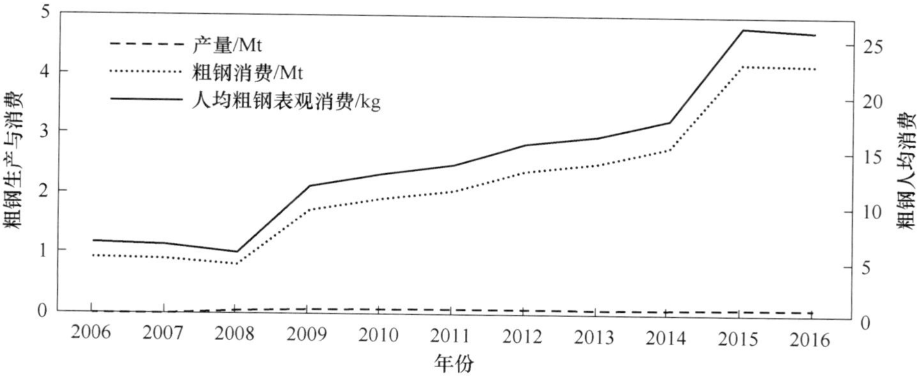

图8-41 钢铁生产和消费情况

8.1.12.5 钢铁生产基础设施配套能力

孟加拉国基础设施比较薄弱，公路总里程2.13万公里，铁路营运里程2656km。拥有2个海港和9个国内港口。

2015年电力全国总装机容量为10939GW，发电量45836kW·h时，人均消耗电力251kW·h。主要依靠火力发电（占93.32%）。

8.1.12.6 钢铁贸易

2016年进口粗钢397万吨，其中长材66.9万吨，扁平材239.4万吨，如图8-42所示。

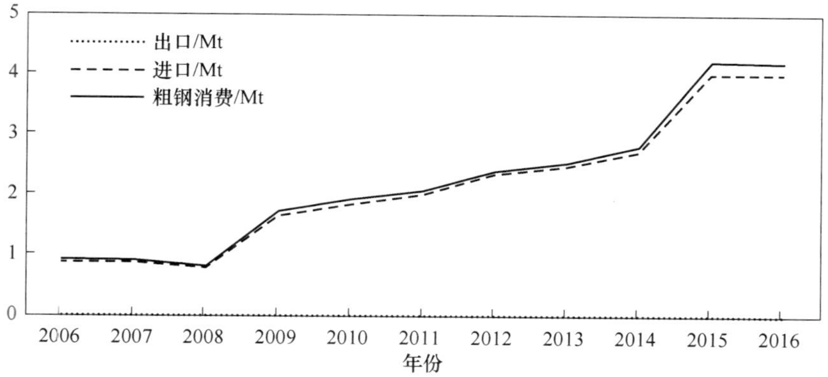

图8-42 钢铁进出口情况

8.1.12.7 行业相关政策

A 税收体系

实行以所得税和增值税为核心的税收体系，国税制，由财政部所属的国税局负责征收各种税负。

B　主要税种

(1) 所得税。企业所得税税率分别为：上市公司27.5%，非上市公司37.5%，金融及烟草42.4%。

(2) 关税。资本机械类关税3%，基础原材料类关税7%，半成品关税12%，成品关税25%。

(3) 增值税。统一税率15%。

C　外汇管理

在孟加拉国注册的外国企业可以开设外汇账户，用于进出口结算、利润汇回、外国人红利发放等。

8.1.12.8　生产和消费情况（数据来源：Worldsteel）

有关生产和消费情况见表8-134～表8-138。

表8-134　需求和供应平衡表（2016年）

品　种	生产/kt	出口/kt	进口/kt	间接净出口/kt	表观消费/kt	人均表观消费/kg	实际消费/kt	人均实际消费/kg
铁矿石								
生铁								
直接还原铁								
粗钢	100	4	3970		4187	25.7		
成品钢			3133		4005	24.6		
热轧长材			669					
热轧扁平材			2394					
管材			70					

表8-135　分品种年度生产表　　单位：kt

品　种	2006年	2007年	2008年	2009年	2010年	2011年	2012年	2013年	2014年	2015年	2016年
铁矿石											
生铁											
直接还原铁											
粗钢			50	70	78	85	87	84	90	100	100
氧气转炉											
电炉			50	70	78	85	87	84	90	100	100
热轧长材											
热轧扁平材											
大型型材											
小型型材											
钢筋											
热轧棒材											

续表 8-135

品 种	2006 年	2007 年	2008 年	2009 年	2010 年	2011 年	2012 年	2013 年	2014 年	2015 年	2016 年
线材											
热轧板（≥3mm）											
热轧板、卷、带钢（<3mm）											
电工板											
管材											
无缝钢管											
焊接钢管											

表 8-136 年度钢消费表

品 种	2006 年	2007 年	2008 年	2009 年	2010 年	2011 年	2012 年	2013 年	2014 年	2015 年	2016 年
粗钢表观消费/kt	925	905	817	1726	1916	2064	2390	2533	2798	4209	4187
人均粗钢表观消费/kg	6.4	6.2	5.5	11.5	12.6	13.5	15.4	16.1	17.6	26.1	25.7
成品钢表观消费/kt	858	840	806	1673	1858	2003	2311	2442	2696	4026	4005
人均成品钢表观消费/kg	5.9	5.7	5.4	11.2	12.3	13.1	14.9	15.5	16.9	25.0	24.6
成品钢实际消费/kt											
成品钢人均实际消费/kg											

表 8-137 年度铁矿石、废钢生产及进出口表 单位：kt

品 种	2006 年	2007 年	2008 年	2009 年	2010 年	2011 年	2012 年	2013 年	2014 年	2015 年	2016 年
铁矿石产量											
铁矿石出口											
铁矿石进口	44	44	102	101	0	158					
废钢出口											
废钢进口	253	253	337	545	238	325	205	279	459	946	2011

表 8-138 年度钢铁贸易表 单位：kt

品 种	2006 年	2007 年	2008 年	2009 年	2010 年	2011 年	2012 年	2013 年	2014 年	2015 年	2016 年
半成品和成品钢出口		18	10	8	12	14	19	26	18	5	4
半成品和成品钢进口	869	869	780	1641	1834	1990	2316	2458	2690	3967	3970
钢锭和半成品出口											
钢锭和半成品进口	158	158	145	379	539	752	1002	1026	916	460	831
长材出口											
长材进口	43	34	27	155	67	109	96	105	210	1407	669
扁平材出口											
扁平材进口	629	629	586	489	1161	1078	1118	1265	1507	2020	2394
管材出口											

续表 8-138

品　　种	2006 年	2007 年	2008 年	2009 年	2010 年	2011 年	2012 年	2013 年	2014 年	2015 年	2016 年
管材进口	39	39	18	63	54	44	97	58	53	77	70
生铁出口											
生铁进口											
直接还原铁出口											
直接还原铁进口											
钢材间接出口											
钢材间接进口											
钢材间接净出口											

8.1.13 菲律宾 Philippines

8.1.13.1 基本情况

菲律宾基本情况见表 8-139。

表 8-139 菲律宾国家基本情况表

首都	马尼拉	领土面积	29.97 万平方千米
人口	1.01 亿	官方语言	英语、菲律宾语
主要民族	马来族	主要宗教	天主教
货币	菲律宾比索（PHP）	对美元汇率	50.79：1
GDP	2925 亿美元	人均 GDP	2904 美元
GDP 增长率	4.26%	营商环境排名	60.40（99/190）
清廉指数（透明国际）	35（101/176）	国际竞争力	4.35（56/137）
经济自由度指数	65.6（58/180）	人类发展指数（HDI）	0.682（116/188）
中信保国家风险评级	6（6/9）	主权信用风险评级	BBB（4/9）
EIU 评级	BBB	与我国建交时间	1975 年 6 月 9 日
主要双边协议	1975 年 6 月 9 日，贸易协定； 1978 年，科技合作协定； 1979 年，文化合作协定； 1979 年，民用航空运输协定； 1992 年 7 月，关于鼓励和相互保护投资协定； 1993 年，经济技术合作协定； 1999 年 11 月，关于对所得避免双重征税和防止偷漏税的协定； 2001 年，信息产业合作备忘录； 2005 年 4 月，促进贸易和投资合作的谅解备忘录； 2006 年，关于建立中菲经济合作伙伴关系的谅解备忘录； 2006 年 6 月，关于扩大和深化双边经济贸易合作的框架协定； 2011 年，经贸合作五年发展规划		
中国出口	266.7 亿美元	中国进口	189.8 亿美元

根据世界经济论坛2017年统计分析报告，商务活动中将面临的主要问题有（按照百分制的权重）：

（1）政府官僚主义，19.7%。

（2）基础设施不足，17.9%。

（3）腐败，13.7%。

（4）税收制度，10.9%。

（5）税率，8.9%。

（6）政策不稳定，7.6%。

8.1.13.2 菲律宾经济结构及贸易情况

菲律宾是出口导向型经济。第三产业在国民经济中地位突出，农业和制造业占有一定的比重。

矿产资源主要有铜、金、银、铁、铬、镍等20余种。铜蕴藏量约48亿吨、镍10.9亿吨、金1.36亿吨。地热资源丰富，预计有20.9亿桶原油标准能源。巴拉望岛西北部海域有石油储量约3.5亿桶。

2016年工业产值约为939.88亿美元，同比增长8.5%。工业产值占国内生产总值30.8%。其中，制造业占GDP的16.3%，建筑业占6%，矿产业占0.7%，电力及水气业占2.6%。

2016年，农业、工业、服务业占GDP的比重分别为9.7%、30.8%、59.5%。

8.1.13.3 钢铁行业基本情况

截至2016年年底，菲律宾钢铁行业的主要情况见表8-140。

表8-140 钢铁行业主要数据表

生铁产量		粗钢产量	107.5万吨
钢材实际消费	885.6万吨	人均实际消费	87.1kg
钢材进口	724.8万吨	钢材出口	4.8万吨
铁矿石生产		铁矿石进口	423万吨
铁矿石出口	21.1万吨	钢产量世界排名	52
废钢进口		废钢出口	21.7万吨

注：钢材实际消费数据为2015年数据。

8.1.13.4 钢铁生产和消费情况

钢铁的消费以进口为主。2016年粗钢产量107.5万吨，钢材产量434.6万吨。粗钢表观消费1125.3万吨，人均粗钢表观消费108.9kg。钢材表观消费967.7万吨，人均钢材表观消费93.7kg。2015年钢材实际消费885.6万吨，人均实际钢材消费87.1kg，如图8-43所示。

8.1.13.5 钢铁生产基础设施配套能力

铁矿石以进口为主，2015年进口1584万吨，比2014年增长了1倍多。2016年进口423万吨，出现大幅度下降，如图8-44所示。

基础设施相对比较落后，公路通行里程为21.6万公里，国道占15%，省道占13%。铁路总长1200km，可运营的铁路仅400km。

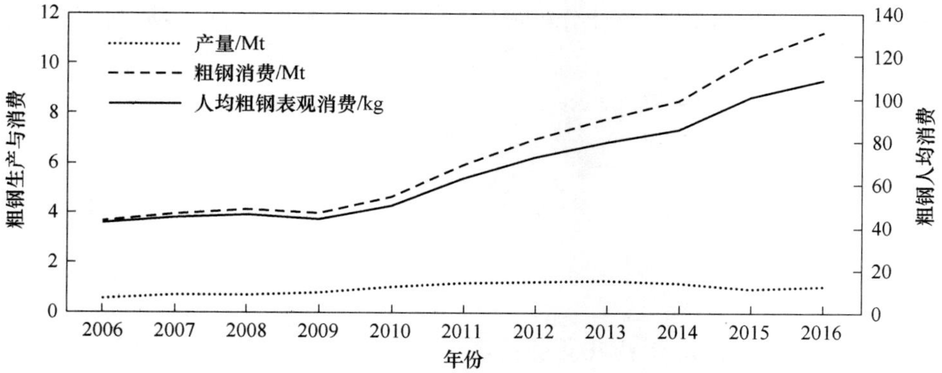

图 8-43 粗钢生产及消费情况

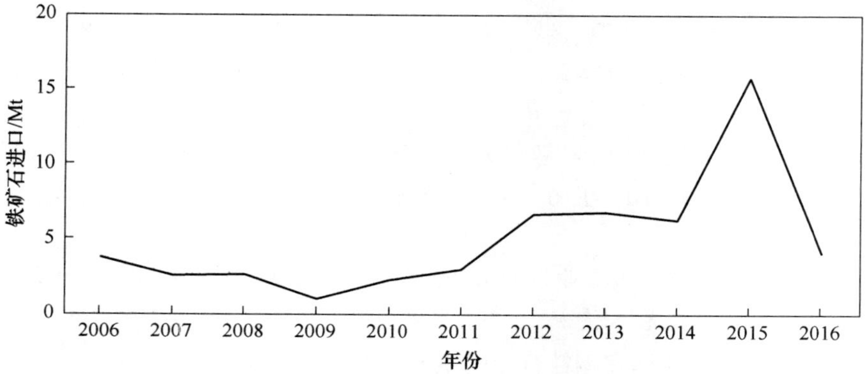

图 8-44 铁矿石进口情况

电力紧缺，成本较高。2015 年总装机容量 1758. 5 万千瓦。

住宅用水价格约为 0. 266~0. 55 美元/m^3，工业用水价格约为 1. 28~1. 29 美元/m^3。

住宅用电价格约为 0. 313 美元/度，工业用电价格约为 0. 25 美元/度。

天然气约为 1. 2 美元/m^3。

8. 1. 13. 6 钢铁贸易

2016 年成品及半成品钢进口 724. 8 万吨，占消费的 71. 5%。其中长材进口 459. 6 万吨，扁平材进口 311. 1 万吨，如图 8-45 所示。

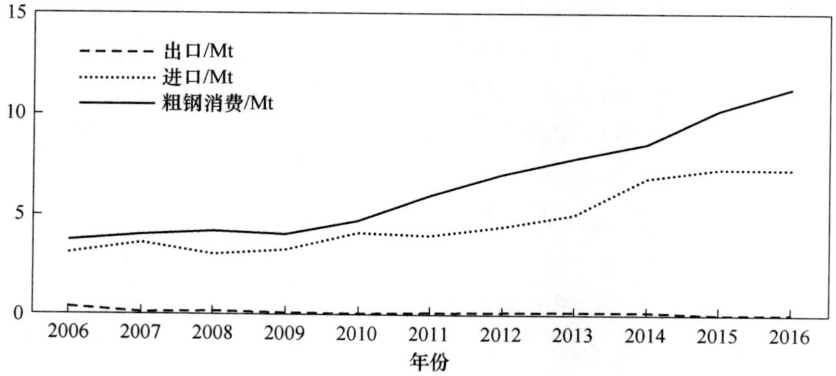

图 8-45 钢材进出口情况

8.1.13.7 行业相关政策

A 税收体系

依据《国家内部收入法》开展税收工作。

B 主要税种

(1) 所得税。国内公司以菲律宾国内外所有净收入为基础纳税，常驻外国公司就菲律宾境内取得的净收入纳税。公司的税率为30%。

(2) 增值税。税率为12%。

(3) 消费税。主要征收对象为在菲律宾生产、制造的用于国内销售或消费以及其他目的的特定商品。

C 外汇管理

实施浮动汇率，可以自由买卖外汇。在菲律宾注册的外国公司可以在菲律宾银行开设外汇账户，用于进出口结算。在菲律宾工作的外国人，其合法税后收入可以全部转出。

8.1.13.8 生产和消费情况（数据来源：Worldsteel）

有关生产和消费情况见表8-141~表8-145。

表8-141 需求和供应平衡表（2016年）

品 种	生产/kt	出口/kt	进口/kt	间接净出口/kt	表观消费/kt	人均表观消费/kg	实际消费/kt	人均实际消费/kg
铁矿石		211	4230					
生铁								
直接还原铁								
粗钢	1075	48	7248		11253	108.9		
成品钢	4346		8084	-96	9677	93.7	8856	87.1
热轧长材	4346		4596					
热轧扁平材			3111					
管材	330		377					

注：间接净出口和实际钢材消费数据为2015年数据。

表8-142 分品种年度生产表 单位：kt

品 种	2006年	2007年	2008年	2009年	2010年	2011年	2012年	2013年	2014年	2015年	2016年
铁矿石											
生铁											
直接还原铁											
粗钢	558	718	711	824	1050	1200	1260	1308	1196	968	1075
氧气转炉											
电炉	558	718	711	824	1050	1200	1260	1308	1196	968	1075
热轧长材	1301	1490	1598	1875	2133	2420	2653	3020	3273	4013	4346
热轧扁平材	319	292	221	102							
大型型材											

续表 8-142

品　种	2006 年	2007 年	2008 年	2009 年	2010 年	2011 年	2012 年	2013 年	2014 年	2015 年	2016 年
小型型材											
钢筋											
热轧棒材	1086	1412	1520	1703	1931	2100	2392	2744	2923	3553	3956
线材											
热轧板（≥3mm）											
热轧板、卷、带钢（<3mm）	319	292	221	102							
电工板											
管材	69	52	138	58	50	90	99	300	330	330	330
无缝钢管											
焊接钢管	69	52	138	58	50	90	99	300	330	330	330

表 8-143　年度钢消费表

品　种	2006 年	2007 年	2008 年	2009 年	2010 年	2011 年	2012 年	2013 年	2014 年	2015 年	2016 年
粗钢表观消费/kt	3675	3950	4134	3993	4650	5940	6986	7796	8517	10186	11253
人均粗钢表观消费/kg	42.0	44.4	45.8	43.6	50.0	62.9	72.8	79.9	85.9	101.1	108.9
成品钢表观消费/kt	3161	3397	3555	3434	3999	5108	6008	6705	7325	8760	9677
人均成品钢表观消费/kg	36.1	38.2	39.4	37.5	43.0	54.1	62.6	68.7	73.9	87.0	93.7
成品钢实际消费/kt	3671	4224	4377	4105	4733	5728	6612	7591	7363	8856	
成品钢人均实际消费/kg	41.9	47.5	48.5	44.8	50.9	60.6	68.9	77.8	74.3	87.1	

表 8-144　年度铁矿石、废钢生产及进出口表　　单位：kt

品　种	2006 年	2007 年	2008 年	2009 年	2010 年	2011 年	2012 年	2013 年	2014 年	2015 年	2016 年
铁矿石产量											
铁矿石出口							1378	1086	1265	1577	211
铁矿石进口	3818	2627	2700	1066	2334	3045	6746	6891	6352	15836	4230
废钢出口	1245	963	713	391	547	543	253	170	403	188	217
废钢进口											

表 8-145　年度钢铁贸易表　　单位：kt

品　种	2006 年	2007 年	2008 年	2009 年	2010 年	2011 年	2012 年	2013 年	2014 年	2015 年	2016 年
半成品和成品钢出口	345	110	148	76	57	105	131	159	145	21	48
半成品和成品钢进口	3066	3559	3003	3211	4050	3927	4384	4972	6805	7282	7248
钢锭和半成品出口	32		9	2	2	34					
钢锭和半成品进口	1123	928	1103	914	1183	786	328	311	172	431	82
长材出口											
长材进口	560	571	402	691	640	629	257	334	3175	4146	4596

续表 8-145

品　种	2006 年	2007 年	2008 年	2009 年	2010 年	2011 年	2012 年	2013 年	2014 年	2015 年	2016 年
扁平材出口											
扁平材进口	1178	1233	869	1182	2014	2277	944	1118	2926	2752	3111
管材出口											
管材进口	205	190	123	130	210	233	94	113	230	328	377
生铁出口											
生铁进口											
直接还原铁出口											
直接还原铁进口											
钢材间接出口	330	375	376	492	605	686	900	780	1711	1945	
钢材间接进口	839	1202	1198	1164	1340	1306	1504	1666	1749	2042	
钢材间接净出口	-510	-827	-822	-672	-734	-620	-604	-886	-38	-96	

8.2 美洲

8.2.1 厄瓜多尔 Ecuador

8.2.1.1 基本情况

厄瓜多尔基本情况见表 8-146。

表 8-146　厄瓜多尔国家基本情况表

首都	基多	领土面积	25.6 万平方千米
人口	1614 万	官方语言	西班牙语
主要民族	印欧混血种人、印第安人、白人	主要宗教	天主教（94%）
货币	美元	对美元汇率	
GDP	1002 亿美元	人均 GDP	6205 美元
GDP 增长率	-1.34%	营商环境排名	57.97（114/190）
清廉指数	31（120/176）	国际竞争力	3.91（97/137）
经济自由度指数	49.3（160/180）	人类发展指数（HDI）	0.739（89/188）
中信保国家风险评级	8（8/9）	主权信用风险评级	BB（5/9）
EIU 评级	B	与我国建交时间	1980 年 1 月 2 日
主要双边协议	1982 年 11 月 16 日，文化合作协定； 1984 年 5 月 17 日，关于经济和科学技术合作的基础协定； 1994 年 3 月 21 日，关于鼓励和相互保护投资协定； 1999 年 8 月 30 日，科学技术合作协定； 2000 年 5 月 18 日，关于太平洋地区经济合作的谅解备忘录； 2010 年 12 月，关于加强科技合作的框架协议； 2013 年 1 月，关于避免所得双重征税和打击偷漏税的协定； 2013 年 11 月，航空运输协定；		

续表 8-146

主要双边协议	2015 年 1 月，关于建立战略伙伴关系的联合声明； 2016 年 11 月，关于建立全面战略伙伴关系的联合声明； 2016 年 11 月，关于开展产能与投资合作的框架协议； 2016 年 11 月，关于工业园区和经济发展特区合作的谅解备忘录		
中国出口	28.9 亿美元	中国进口	12.4 亿美元

根据世界经济论坛 2017 年统计分析报告，商务活动中将面临的主要问题有（按照百分制的权重）：

（1）政策不稳定，16.6%。

（2）税率，14.2%。

（3）劳工限制，11.8%。

（4）腐败，11.8%。

（5）政府官僚主义，9.9%。

（6）税收制度，7.2%。

8.2.1.2 厄瓜多尔经济结构及贸易情况

厄瓜多尔自然资源丰富，产业结构较单一。石油出口约占财政收入 40%左右。已经探明可采石油储量为 88 亿桶，居拉美第四位，日产原油 52.6 万桶，居拉美第五位。金、银、铜等矿藏丰富。森林覆盖率 42.5%。厄瓜多尔是世界第一大香蕉出口国和主要鲜花出口国之一。

主要出口石油、香蕉、大虾和鲜花，主要进口机械设备、工业原料、燃料和消费品等。主要贸易伙伴是美国、欧盟、中国、巴拿马、哥伦比亚、秘鲁。2016 年，厄瓜多尔进出口总额 323.43 亿美元，同比下降 16.7%。其中，进口总额 155.45 亿美元，同比下降 23.97%；出口总额 167.98 亿美元，同比下降 8.36%。

2016 年，厄瓜多尔基础设施建设、建筑业、商业、农牧渔业、油矿业等分别占 GDP 总值的 13.8%、9.6%、10%、8.9%和 4.2%。

8.2.1.3 钢铁行业基本情况

截至 2016 年年底，厄瓜多尔钢铁行业情况见表 8-147。

表 8-147 钢铁行业主要数据表

生铁产量		粗钢产量	57.6 万吨
钢材实际消费	212.3 万吨	人均钢材实际消费	131.5kg
钢材进口	92.7 万吨	钢材出口	3.3 万吨
铁矿石生产		铁矿石进口	
铁矿石出口		钢产量世界排名	59
废钢进口		废钢出口	0.2 万吨
钢铁出口到中国		钢铁从中国进口	

注：钢材实际消费数据为 2015 年数据。

厄瓜多尔钢铁工业不发达，没有钢铁联合企业，现有的钢铁厂生产规模较小，以深加工为主，主要用来为建筑业服务。

8.2.1.4　钢铁生产和消费情况

2016 年，粗钢生产 57.6 万吨，全部为电炉炼钢。热轧长材生产 68.2 万吨。2016 年粗钢表观消费 183.1 万吨，人均粗钢表观消费 111.8kg；钢材表观消费 156.6 万吨，人均钢材表观消费 95.6kg。2015 年实际钢材消费 212.3 万吨，人均钢材实际消费 131.5kg，如图 8-46 所示。

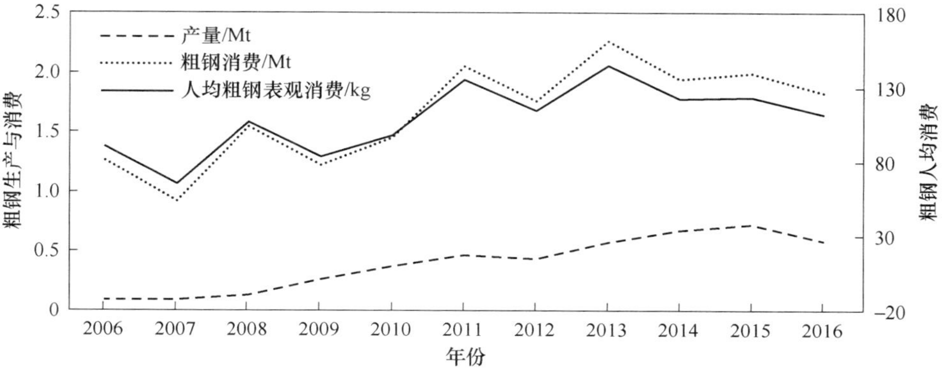

图 8-46　钢铁生产及消费情况

8.2.1.5　钢铁生产基础设施配套能力

由于采用电炉炼钢，且没有建立钢铁工业体系，缺乏支撑体系，因此没有铁矿石的生产和消费情况，主要消费为废钢和来料加工。

厄瓜多尔公路总里程 4.32 万公里。铁路全长 440km，处于停滞状态。

电力供应短缺，截至 2015 年年底，全国总装机容量 3072GW，可再生能源发电占 43.54%，进口电力占 4.28%。

8.2.1.6　钢铁贸易

2016 年进口成品及半成品钢 92.7 万吨，其中长材 20.5 万吨，扁平材 62.2 万吨，如图 8-47 所示。

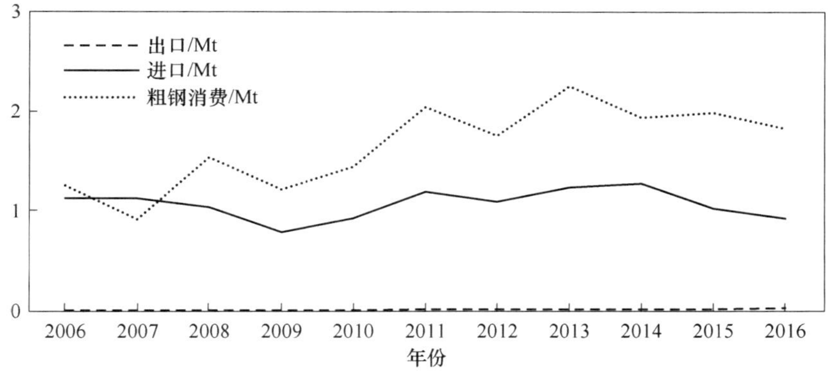

图 8-47　钢材进出口情况

8.2.1.7　行业相关政策

A　税收体系

厄瓜多尔税务局代表中央政府负责征缴赋税。

B　主要税种

（1）增值税。对在厄瓜多尔境内销售的进口及国产商品征收，税率为12%。

（2）所得税。税率为22%，成本和费用可以抵扣。

企业所得税为中央政府税，地方政府不能再征收。税率分3种：普通公司为22%，石油企业为44.4%，遗产、捐赠等的收益5%。

个人所得税实行累进制，最高25%。

（3）进口税。关税标准主要为从价税，海关与安第斯共同体关税水平一致，为0、5%、10%、15%、20%和35%。

C　外汇管理

采取较宽松的外汇管制政策，外资企业可以在厄瓜多尔根据需要按照要求提供相关文件和证明开立公司支票和存款账户。企业完税后净利润汇往境外只缴纳汇出税，不交所得税。

8.2.1.8　主要钢铁冶金、矿山生产企业

（1）Adelca。1963年建立，位于基多。

产品出口到委内瑞拉、哥伦比亚、秘鲁、智利，产品主要有：钢筋，直径为8~32mm；型材，包括方坯、圆钢、角钢、钢板等；镀锌钢丝等。主要原料为废钢。

（2）Novacero。建立于1973年，是厄瓜多尔最重要的25家公司之一，国家钢铁领域第二大公司。先作为ARMCO跨国集团的组成部分，在基多拥有一个工业厂，生产道路产品。1983年，在Lasso加入了第二个工业厂，生产和销售热轧钢产品（角钢、钢板、钢棒、T型结构钢）生产和销售冷成形产品（管道和型材）。

1992年，ARMCO将其厄瓜多尔的经营卖给了瑞士公司Eternit，1994年，该公司被卖给了国内的股东。在1996年，在Guayaguil市建立了第三个工业厂，自2001年1月起，两家公司合并为一家，名为Novacero-Aceropaxi S. A.，2005年增加了热轧钢材的生产，因此公司改名叫Novacero，S. A.，并新增了建筑棒材的生产，因此购买了现代轧机，并对相关设备进行了完善，以便能增加销售量，更大程度地占有市场。

2006年，开启了钢项目，安装了一个50t的电炉，2009年开始生产。产品包括钢筋、建筑结构钢、金属屋面瓦和墙板、结构型材、板带材等。

（3）ANDEC。成立于1964年，2004年，FUNASA加入ANDEC公司，承担废铁收集和回收工作，以生产钢坯。产品有可焊接钢条、圆滑钢条、角钢、钢板、箍筋，电网、方钢、棒材等。

8.2.1.9　生产和消费情况（数据来源：Worldsteel）

有关生产和消费情况见表8-148~表8-152。

表8-148　需求和供应平衡表（2016年）

品　种	生产/kt	出口/kt	进口/kt	间接净出口/kt	表观消费/kt	人均表观消费/kg	实际消费/kt	人均实际消费/kg
铁矿石								

续表 8-148

品　种	生产/kt	出口/kt	进口/kt	间接净出口/kt	表观消费/kt	人均表观消费/kg	实际消费/kt	人均实际消费/kg
生铁								
直接还原铁								
粗钢	576	33	927		1831	111.8		
成品钢	682		896	-422	1566	95.6	2123	131.5
热轧长材	682	10	205					
热轧扁平材			622					
管材			69					

注：间接净出口和实际钢材消费数据为2015年数据。

表 8-149　分品种年度生产表　单位：kt

品　种	2006年	2007年	2008年	2009年	2010年	2011年	2012年	2013年	2014年	2015年	2016年
铁矿石											
生铁											
直接还原铁											
粗钢	85	87	128	259	372	463	425	570	667	720	576
氧气转炉											
电炉	85	87	128	259	372	463	425	570	667	720	576
热轧长材	566	496	560	442	546	489	559	691	707	761	682
热轧扁平材											
大型型材											
小型型材	50	35	43	34	43	38	43	53	54	58	
预应力钢筋	430	426	481	379	446	399	479	593	607	653	682
热轧棒材											
线材											
热轧板（≥3mm）											
热轧板、卷、带钢（<3mm）											
电工板											
管材											
无缝钢管											
焊接钢管											

表 8-150　年度钢消费表

品　种	2006年	2007年	2008年	2009年	2010年	2011年	2012年	2013年	2014年	2015年	2016年
粗钢表观消费/kt	1259	920	1539	1222	1454	2047	1760	2262	1942	1989	1831
人均粗钢表观消费/kg	90.1	64.8	106.5	83.2	97.4	134.9	114.1	144.4	122.1	123.2	111.8

续表 8-150

品　种	2006 年	2007 年	2008 年	2009 年	2010 年	2011 年	2012 年	2013 年	2014 年	2015 年	2016 年
成品钢表观消费/kt	1133	828	1316	1045	1243	1750	1505	1934	1660	1701	1566
人均成品钢表观消费/kg	81.1	58.3	91.1	71.1	83.3	115.3	97.6	123.5	104.4	105.3	95.6
成品钢实际消费/kt	1386	1104	1708	1364	1681	2247	1977	2465	2196	2123	
成品钢人均实际消费/kg	99.3	77.7	118.2	92.9	112.5	148.0	128.2	157.4	138.1	131.5	

表 8-151　年度铁矿石、废钢生产及进出口表　　单位：kt

品　种	2006 年	2007 年	2008 年	2009 年	2010 年	2011 年	2012 年	2013 年	2014 年	2015 年	2016 年
铁矿石产量											
铁矿石出口											
铁矿石进口											
废钢出口	39	63	75	40	17	3	3	3	4	3	2
废钢进口											

表 8-152　年度钢铁贸易表　　单位：kt

品　种	2006 年	2007 年	2008 年	2009 年	2010 年	2011 年	2012 年	2013 年	2014 年	2015 年	2016 年
半成品和成品钢出口		14	13	10	27	25	20	22	21	28	33
半成品和成品钢进口	1125	1125	1044	793	927	1195	1095	1236	1283	1027	927
钢锭和半成品出口											
钢锭和半成品进口	353	353	376	169	132	117	54	75	34	0	22
长材出口						13	6	8	6	5	10
长材进口	217	217	164	160	145	230	221	251	259	214	205
扁平材出口											
扁平材进口	479	479	401	221	534	618	628	722	713	689	622
管材出口											
管材进口	74	74	100	109	115	225	190	187	275	113	69
生铁出口											
生铁进口											
直接还原铁出口											
直接还原铁进口											
钢材间接出口	82	74	84	72	72	65	91	61	50	52	
钢材间接进口	336	350	476	392	509	561	563	592	586	474	
钢材间接净出口	-253	-276	-392	-319	-437	-497	-472	-531	-535	-422	

8.2.2　秘鲁 Peru

8.2.2.1　基本情况

秘鲁基本情况见表 8-153。

表 8-153　秘鲁国家基本情况表

首都	利马	领土面积	128.5 万平方千米
人口	3115 万	官方语言	西班牙语
主要民族	印第安人、印欧混血种人、白人	主要宗教	天主教
货币	秘鲁新索尔（PEN）	对美元汇率	3.2648∶1
GDP	1891 亿美元	人均 GDP	6027 美元
GDP 增长率	1.92%	营商环境排名	70.25（54/190）
清廉指数	35（101/176）	国际竞争力	4.22（72/137）
经济自由度指数	68.9（43/180）	人类发展指数（HDI）	0.740（87/188）
中信保国家风险评级	5（5/9）	主权信用风险评级	A（3/9）
EIU 评级	BBB	与我国建交时间	1971 年 11 月 2 日
主要双边协议	1971 年 11 月 28 日，经济技术合作协定； 1972 年 8 月 9 日，贸易协定； 1986 年 11 月 4 日，文化合作协定； 1988 年 1 月 27 日，科学技术合作基础协定； 1988 年 11 月 2 日，经济技术合作基础协定； 1994 年 6 月 9 日，关于鼓励和相互保护投资协议； 1998 年 9 月 14 日，海运协定； 2000 年 1 月 28 日，关于中国加入世界贸易组织的双边协议； 2000 年 3 月 30 日，民用航空运输协定； 2000 年 8 月 14 日，环境合作协定； 2005 年 6 月 2 日，公路水路交通技术合作谅解备忘录； 2005 年 6 月 2 日，知识产权合作协议； 2008 年 3 月 19 日，关于促进能源和矿业领域合作的谅解备忘录； 2008 年 11 月 19 日，关于海关合作与行政互助的协定； 2009 年 4 月，关于地质矿业领域合作的谅解备忘录； 2009 年 4 月 28 日，自由贸易协定； 2013 年 4 月，关于促进中小企业交流与合作的谅解备忘录； 2013 年 4 月，关于促进能源和矿业领域合作的谅解备忘录； 2014 年 11 月，关于建立经济合作战略对话机制的谅解备忘录； 2014 年 11 月，关于设立两洋铁路项目联合工作组的谅解备忘录； 2015 年 5 月，关于促进产能与投资合作的框架协议； 2016 年 9 月，关于深化全面战略伙伴关系的联合声明； 2016 年 11 月，关于加强两国战略对接的谅解备忘录； 2016 年 11 月，关于经济合作战略对话机制项目清单的谅解备忘录； 2016 年 11 月，关于中秘自由贸易协定升级联合研究的谅解备忘录； 2016 年 11 月，关于工业园区合作的谅解备忘录； 2016 年 11 月，关于开展促进信息互联互通的谅解备忘录； 2016 年 11 月，关于加强矿业领域合作的谅解备忘录； 2016 年 11 月，环境合作协议		
中国出口	63.6 亿美元	中国进口	81.2 亿美元

根据世界经济论坛 2017 年统计分析报告，商务活动中将面临的主要问题有（按照百分制的权重）：

（1）腐败，18.0%。

（2）政府官僚主义，13.9%。

（3）税率，10.0%。

（4）基础设施不足，8.8%。

（5）劳工限制，8.3%。

（6）犯罪和盗窃，8.0%。

8.2.2.2　秘鲁经济结构及贸易情况

秘鲁是传统农矿业国，矿业资源丰富，银、铜、铅、金储量分别位居世界第一、第三、第四、第六，是世界第五大矿产国和世界第二大产铜国。

秘鲁实行自由贸易政策。主要出口矿产品、石油、农牧业产品、纺织品和渔产品等。2016 年秘鲁贸易总额 712.7 亿美元，其中出口 360.4 亿美元，进口 361.3 亿美元，同比分别增加 2.9%、8.4%和 0.3%。主要贸易伙伴为中国、美国、巴西、加拿大等。

2015 年，秘鲁第一、第二、第三产业占 GDP 的比重分别为 9%、30%和 61%。

8.2.2.3　钢铁行业基本情况

截至 2016 年年底，秘鲁钢铁工业情况见表 8-154。

表 8-154　钢铁行业主要数据表

生铁产量		粗钢产量	116.8 万吨
钢材实际消费	446.9 万吨	人均钢材实际消费	142.4kg
钢材进口	224.7 万吨	钢材出口	21.5 万吨
铁矿石生产	732 万吨	铁矿石进口	
铁矿石出口	968.7 万吨	钢产量世界排名	49
废钢进口	41.5 万吨	废钢出口	

注：铁矿石生产及钢材实际消费数据为 2015 年数据。

8.2.2.4　钢铁生产和消费情况

秘鲁 2016 年粗钢产量 116.8 万吨，热轧钢材产量 141.7 万吨。秘鲁逐步关闭了转炉炼钢，现在全部采用电炉炼钢工艺。2016 年粗钢表观消费量 382 万吨，人均粗钢表观消费量 120.2kg；钢材表观消费量 326.6 万吨，人均钢材表观消费 102.8kg。2015 年钢材实际消费 446.9 万吨，人均实际钢材消费 142.4kg，如图 8-48 所示。

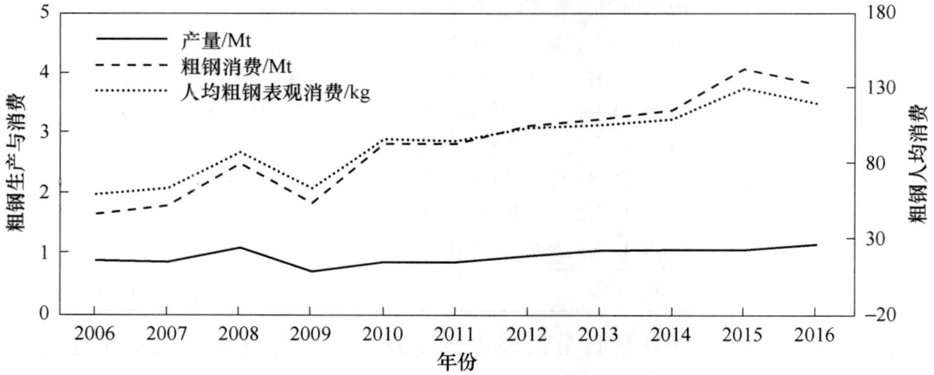

图 8-48　钢铁生产及消费情况

8.2.2.5 钢铁生产基础设施配套能力

秘鲁是铁矿石生产和净出口国，国内生产的铁矿石几乎都用来出口。2015 年铁矿石生产 732 万吨，出口 994 万吨，如图 8-49 所示。

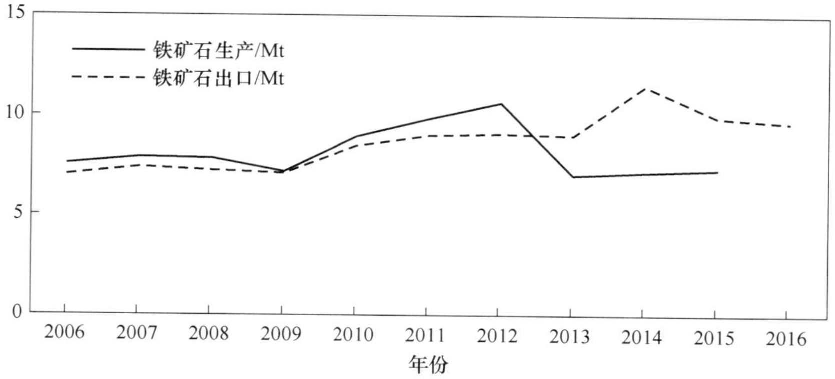

图 8-49　铁矿石生产及进出口情况

废钢是炼钢的主要原料，依靠进口。2016 年进口废钢 41.5 万吨，呈现持续增加的趋势，如图 8-50 所示。

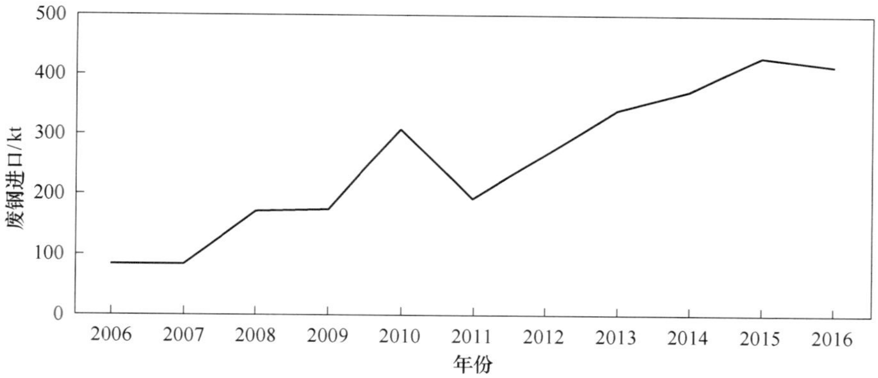

图 8-50　秘鲁废钢进口情况

秘鲁公路总里程 14.07 万公里，其中国道 2.5 万公里，省道 2.42 万公里。

截至 2014 年年底，秘鲁电力总装机容量 11284GW，其中水电 32%、火电 66%。总发电量 45487GW · h。

水电气参考价格见表 8-155。

表 8-155　秘鲁水电气价格

家庭用水 /索尔 · m^{-3}	工业用水 /索尔 · m^{-3}	居民用电 /索尔 · $(kW \cdot h)^{-1}$	家用罐装液化气 /索尔 · kg^{-1}	汽车用燃气 /索尔 · L^{-1}	90 号汽油 /索尔 · 加仑$^{-1}$
2.04	6.65	0.62	3.7	1.4	11.2

8.2.2.6 钢铁贸易

2016 年，秘鲁出口成品及半成品钢 21.5 万吨，主要是长材产品，如图 8-51 所示。成品及半成品钢进口224.7万吨。

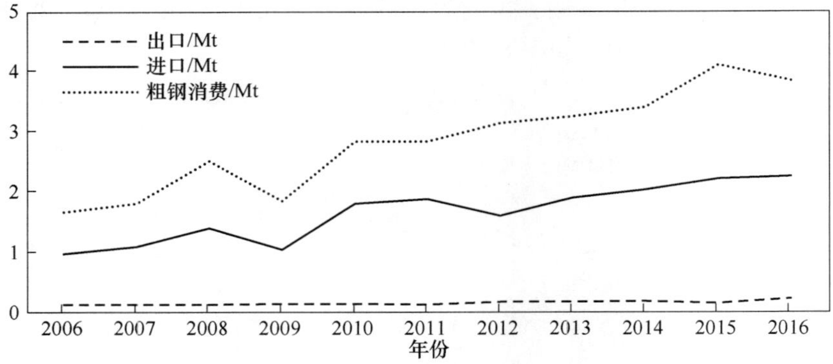

图8-51 钢材进出口情况

8.2.2.7 行业相关政策

A 税收体系

秘鲁实行属地税法，凡是在秘鲁的自然人和法人，均需遵守秘鲁的税法。

B 主要税种

（1）所得税。企业所得税在2017~2018年度为27%，自2019年起为26%。

居住地不在秘鲁的企业需要根据收益种类缴纳预提税，税率不等。

个人所得税实行累进税率，0~30%。

（2）增值税。也称一般销售税，税率为18%。

（3）矿业税。矿业企业需要缴纳矿业资源税、矿业特别税或矿业特别贡献金。采用超额累积税率。按营业利润计算，矿业资源税为1%~12%，矿业特别税率为2%~8.4%。

C 外汇管理

外汇管理基本实现了市场化调节。秘鲁对外汇进出境基本没有限制，美元与本币可以在市场上自由兑换和并行流通。

8.2.2.8 生产和消费情况（数据来源：Worldsteel）

有关生产和消费情况见表8-156~表8-160。

表8-156 需求和供应平衡表（2016年）

品　种	生产/kt	出口/kt	进口/kt	间接净出口/kt	表观消费/kt	人均表观消费/kg	实际消费/kt	人均实际消费/kg
铁矿石	7321	9687						
生铁								
直接还原铁	11		55					
粗钢	1168	215	2247		3820	120.2		
成品钢	1417		1905	-977	3266	102.8	4469	142.4
热轧长材	1360	203	820					
热轧扁平材	57		890					
管材			195					

注：铁矿石生产、直接还原铁进口、间接净出口和实际钢材消费数据为2015年数据。

表 8-157 分品种年度生产表 单位：kt

品 种	2006 年	2007 年	2008 年	2009 年	2010 年	2011 年	2012 年	2013 年	2014 年	2015 年	2016 年
铁矿石	7566	7896	7856	7186	8957	9838	10639	7014	7193	7321	
生铁	306	351	412								
直接还原铁	84	90	74	100	100	94	98	93	88	72	11
粗钢	896	881	1110	718	880	877	981	1069	1078	1082	1168
氧气转炉	279	324	378								
电炉	617	557	731	718	880	877	981	1069	1078	1082	1168
热轧长材	720	772	870	860	1032	885	1152	1304	1393	1291	1360
热轧扁平材	49	57	59	11	14	28	53	54	40	44	57
大型型材	6	4	3	1	1	6	4	3		3	
小型型材	107	78	80	56	129	44	81	100	85	99	
预应力钢筋	159	224	209	199	256	555	475	603	786	597	
热轧棒材	382	399	475	493	516	175	470	462	435	458	
线材	66	67	103	111	130	106	123	136	87	134	
热轧板（≥3mm）											
热轧板、卷、带钢（<3mm）					17	31	61	62	60	52	62
电工板											
管材											
无缝钢管											
焊接钢管											

表 8-158 年度钢消费表

品 种	2006 年	2007 年	2008 年	2009 年	2010 年	2011 年	2012 年	2013 年	2014 年	2015 年	2016 年
粗钢表观消费/kt	1670	1805	2514	1854	2832	2833	3130	3235	3392	4084	3820
人均粗钢表观消费/kg	59.7	63.8	87.8	63.9	96.4	95.2	103.8	105.8	109.5	130.2	120.2
成品钢表观消费/kt	1387	1543	2149	1585	2421	2422	2676	2766	2900	3492	3266
人均成品钢表观消费/kg	49.6	54.5	75.0	54.7	82.4	81.4	88.7	90.5	93.6	111.3	102.8
成品钢实际消费/kt	1750	2040	2892	2180	3239	3372	3775	3846	3891	4469	
成品钢人均实际消费/kg	62.6	72.1	101.0	75.2	110.3	113.3	125.2	125.8	125.6	142.4	

表 8-159 年度铁矿石、废钢生产及进出口表 单位：kt

品 种	2006 年	2007 年	2008 年	2009 年	2010 年	2011 年	2012 年	2013 年	2014 年	2015 年	2016 年
铁矿石产量	7566	7896	7856	7186	8957	9838	10639	7014	7193	7321	
铁矿石出口	7006	7401	7231	7111	8499	9019	9088	9006	11520	9944	9687
铁矿石进口			170		30	30					
废钢出口											
废钢进口	83	83	171	174	308	192	265	340	372	430	415

表 8-160　年度钢铁贸易表　　单位：kt

品　　种	2006 年	2007 年	2008 年	2009 年	2010 年	2011 年	2012 年	2013 年	2014 年	2015 年	2016 年
半成品和成品钢出口	133	128	127	135	138	134	166	166	178	149	215
半成品和成品钢进口	928	1049	1366	996	1779	1862	1573	1880	2015	2209	2247
钢锭和半成品出口											
钢锭和半成品进口	23	34	21	173	248	246	221	400	219	296	341
长材出口	129	122	125	126	131	124	152	155	168	156	203
长材进口	378	329	592	368	553	663	695	672	752	808	820
扁平材出口											
扁平材进口	415	559	554	339	789	681	854	682	839	781	890
管材出口											
管材进口	110	126	198	114	189	270	164	192	205	324	195
生铁出口											
生铁进口											
直接还原铁出口											
直接还原铁进口	52	52	—	43	47	29	52	41	40	55	
钢材间接出口	49	48	58	57	80	76	106	101	100	91	
钢材间接进口	412	545	800	652	898	1026	1205	1181	1091	1069	
钢材间接净出口	-363	-497	-743	-595	-818	-950	-1099	-1080	-991	-977	

8. 2. 3　巴西 Brazil

8. 2. 3. 1　基本情况

巴西基本情况见表 8-161。

表 8-161　巴西国家基本情况表

首都	巴西利亚	领土面积	851 万平方千米
人口	2. 0 亿	官方语言	葡萄牙语
主要民族	葡萄牙人和黑人后裔	主要宗教	罗马天主教
货币	巴西雷亚尔（BRL）	对美元汇率	3. 18：1
GDP	18037 亿美元	人均 GDP	8678 美元
GDP 增长率	-4. 59%	营商环境排名	56. 52（123/190）
清廉指数	40（79/176）	国际竞争力	4. 14（80/137）
经济自由度指数	52. 9（140/180）	人类发展指数（HDI）	0. 754（79/188）
中信保国家风险评级	6（6/9）	主权信用风险评级	BBB（4/9）
EIU 评级	BB	与我国建交时间	1974 年 8 月 15 日
主要双边协议	1978 年 1 月 7 日，贸易协定； 1979 年 5 月 22 日，海运协定； 1982 年 3 月 25 日，科学技术合作协定；		

续表 8-161

主要双边协议	1984 年 5 月 29 日，贸易协定补充议定书； 1985 年 11 月 1 日，地质科学合作的议定书； 1985 年 11 月 1 日，关于钢铁工业合作的议定书； 1988 年 7 月 6 日，技术合作议定书； 1988 年 7 月 6 日，关于电力（包括水电）科技合作协定； 1988 年 7 月，工业合作议定书； 1990 年 5 月 18 日，经济技术合作协定； 1991 年 8 月 5 日，关于对所得避免双重征税和防止偷漏税的协定； 1995 年 12 月 13 日，关于科技合作协定和经济技术合作协定的补充协议； 2004 年 11 月 12 日，贸易投资领域合作谅解备忘录； 2006 年 6 月 5 日，关于加强基础设施领域工程建设合作的协议； 2009 年 2 月 19 日，关于能源和矿业合作的议定书； 2009 年 5 月 19 日，关于进一步加强中巴战略伙伴关系的联合公报； 2009 年 5 月 19 日，关于石油、装备和融资的谅解备忘录； 2010 年 4 月 15 日，中巴高层协调与合作委员会关于建立知识产权工作组的谅解备忘录； 2011 年 4 月 12 日，水资源领域合作谅解备忘录； 2012 年 6 月 21 日，十年合作规划； 2012 年 6 月 21 日，关于海关行政互助的协定； 2013 年 3 月 26 日，关于宏观经济、财政和金融政策双边合作的谅解备忘录； 2013 年 3 月 26 日，人民币/巴西雷亚尔双边本币互换协议； 2014 年 7 月 17 日，关于加强铁路交通领域合作的谅解备忘录； 2014 年 7 月 17 日，关于促进投资与工业合作的谅解备忘录； 2015 年 5 月 19 日，关于开展产能投资与合作的框架协议； 2015 年 5 月 19 日，关于联合开展两洋铁路项目可行性基础研究的谅解备忘录		
中国出口	274.2 亿美元	中国进口	441.7 亿美元

根据世界经济论坛 2017 年统计分析报告，商务活动中将面临的主要问题有（按照百分制的权重）：

(1) 税率，18.6%。

(2) 劳工限制，12.5%。

(3) 腐败，12.3%。

(4) 政府官僚主义，12.0%。

(5) 基础设施不足，10.4%。

(6) 政策不稳定，7.4%。

8.2.3.2　巴西经济结构及贸易情况

农牧业发达，是多种农产品主要生产国和出口国。工业基础雄厚，门类齐全，石化、矿业、钢铁、汽车工业等较发达，民用支线飞机制造业和生物燃料产业在世界上居于领先水平。金融业较发达。

矿产、土地、森林和水力资源十分丰富。铌、锰、钛、铝矾土、铅、锡、铁、铀等 29 种矿物储量位居世界前列。铌矿储量已探明 455.9 万吨，产量占世界总产量的 90%以上。根据美国地质调查局公布的数据，铁矿石储量居世界第三位，产量居世界第二位。石油探明储量153亿桶，居世界第15位，南美地区第二位。水力资源丰富，拥有世界18%的淡水，人均淡水拥有量2.9万立方米，水力蕴藏量达1.43亿千瓦/年。

工业体系较完备，工业基础较雄厚。2015年工业产值1.1494万亿雷亚尔，同比衰退6.2%，占国内生产总值19.5%。主要工业部门有钢铁、汽车、造船、石油、水泥、化工、冶金、电力、建筑、纺织、制鞋、造纸、食品等。民用支线飞机制造业和生物燃料产业在世界居于领先水平。20世纪90年代中期以来，药品、食品、塑料、电器、通信设备及交通器材等行业发展较快，制鞋、服装、皮革、纺织和机械工业等萎缩。

2015年，可再生能源在一次能源生产总量中所占比重达41.2%，其中甘蔗制乙醇和水力发电分别占一次能源生产总量的16.9%和11.3%。乙醇、水电在可再生能源中占比分别为41.1%和27.5%。有相对完善的核燃料循环工业。有铀矿采冶、纯化、铀转化、浓缩和核燃料元件生产能力。现有运行核电机组2台，在建机组1台。

2016年，农业、工业和服务业占GDP的比重为4.69%、18.3%和78.01%。

8.2.3.3 钢铁行业基本情况

截至2016年年底，钢铁行业的有关情况见表8-162。

表8-162 钢铁行业主要数据表

生铁产量	2603.6万吨	粗钢产量	3127.5万吨
钢材实际消费	2263.7万吨	人均钢材实际消费	109.9kg
钢材进口	186万吨	钢材出口	1339.9万吨
铁矿石生产	42255万吨	铁矿石进口	
铁矿石出口	37396.3万吨	钢产量世界排名	9
废钢进口	3.3万吨	废钢出口	61.1万吨

注：铁矿石生产及钢材实际消费数据为2015年数据。

巴西是拉丁美洲最大钢铁生产国。根据世界钢铁协会的2016年度钢铁产量报告，在50个重要钢铁生产国家或地区中，巴西排名已经从第8位降至第9位。2016年巴西粗钢产量为3127.5万吨，低于2015年的3330万吨。

据巴西钢铁协会（IABr）统计，2017年前9个月，该国粗钢产量为2550万吨，同比增长9.1%。粗钢出口量为1100万吨，同比分别增长9.3%。前9个月进口量为183万吨，同比增长56.8%。巴西前三季度国内钢铁视消费量为1440万吨，同比增长5%。根据世界钢铁协会公布的数据，2017年粗钢产量3436.5万吨，比2016年同期增长了9.9%。

2017年前9个月巴西铁矿石出口量为2.81亿吨，同比分别增长1.4%。

8.2.3.4 钢铁生产和消费情况

2016年，巴西粗钢产量3127.5万吨，热轧长材产量864.7万吨，热轧扁平材产量1227.3万吨。以转炉炼钢为主。

2016年粗钢表观消费量为2024.1万吨，人均粗钢表观消费为97.5kg。钢材表观消费为1821.7万吨，人均钢材表观消费为87.7kg。2015年钢材实际消费2263.7万吨，人均钢材实际消费109.9kg，如图8-52所示。电炉炼钢和转炉炼钢情况如图8-53所示。

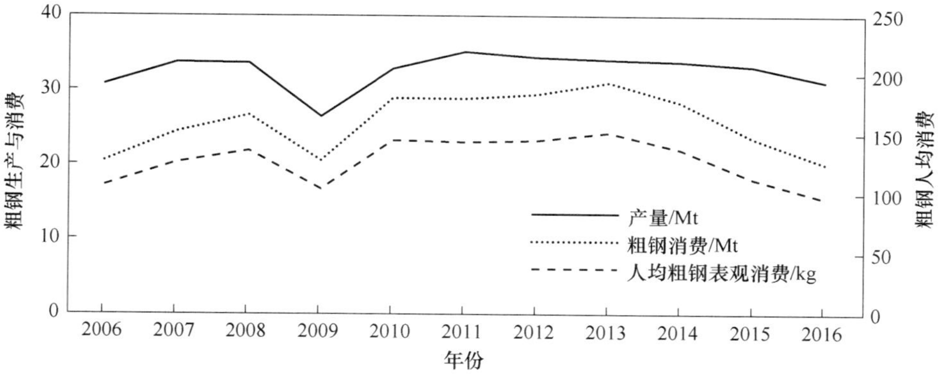

图 8-52　巴西钢铁生产及消费情况

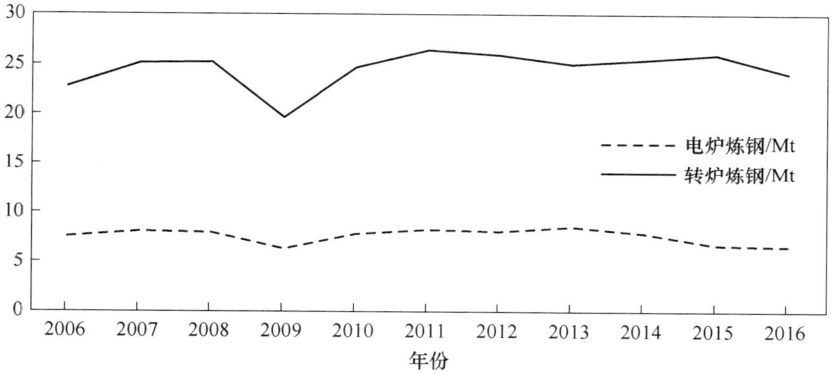

图 8-53　电炉炼钢和转炉炼钢情况

8.2.3.5　钢铁生产基础设施配套能力

巴西铁矿石储量是全球第三，产量是全球第二。2015 年铁矿石产量 4.23 亿吨，出口 3.66 亿吨，如图 8-54 所示。

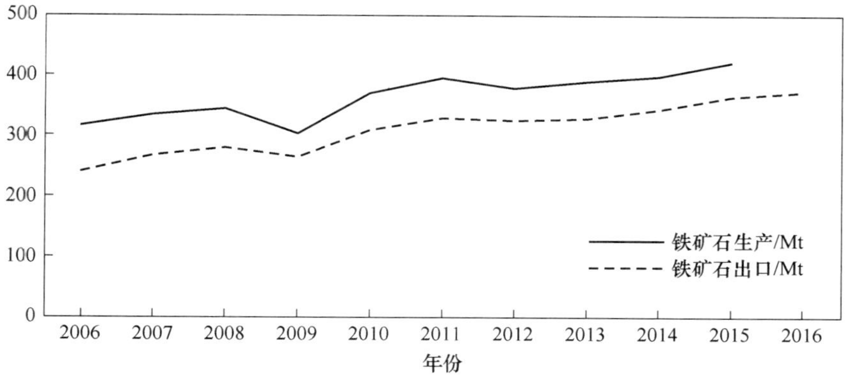

图 8-54　巴西铁矿石生产及出口情况

废钢以出口为主，2016 年出口废钢 61.1 万吨。

巴西物资运输以公路为主。2015 年巴西公路总里程 172.06 万公里，承担了全国货物运输量的 61%。

铁路总长度为 28190km，运输效能较低，平均时速仅 25km。

2014 年巴西全国用电 59.05 万兆瓦时。

8.2.3.6 钢铁贸易

2016 年，巴西出口成品及半成品钢 1339.9 万吨，主要为钢锭。进口成品及半成品钢 186 万吨，主要为热轧长材和扁平材产品，如图 8-55 所示。

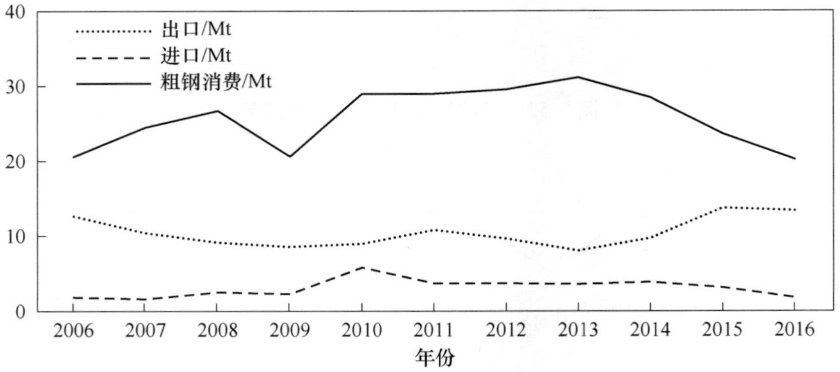

图 8-55 钢材进出口情况

8.2.3.7 行业相关政策

A 税收体系

巴西税收种类较为复杂，共有各种捐税 58 种，按行政可以分为联邦税、州税和市税三级。其中，联邦税包括所得税、工业产品税、进口税、出口税、金融操作税、临时金融流通税、农村土地税等；州政府税包括商品流通服务税、车辆税、遗产及馈赠税等；市政府税包括社会服务税、城市房地产税、不动产转让税等。除此之外，企业还要交纳各种社会性费用，具体包括社会保险金、工龄保障基金、社会一体化计划费、社会安全费等。巴西政府对税收采取分级征收和管理的办法。

外国投资者在巴西设立的无法人资格的分支机构（即分公司、经营实体（PE））和具有法人资格的分支机构（即子公司）都被认定为税务居民。

B 主要税种

a 联邦税

（1）所得税。分企业所得税、个人所得税和源头所得税三种。

1）企业所得税。每年分 4 次征收，截止时间分别为 3 月 31 日、6 月 30 日、9 月 30 日和 12 月 31 日。企业所得税经调整后应税所得总额在 24 万雷亚尔以下时，税率为 15%；超过 24 万雷亚尔以上部分，另增征收 10%。

2）个人所得税。月收入在 1058 雷亚尔以下免交所得税；月收入介于 1058.01~2115 雷亚尔之间，税率 15%；月收入超过 2115 雷亚尔，税率 27.5%。任何能产生盈利的商业活动，如买卖房屋、地皮、资产或利息收入等，均应在商业发票中或银行付息时扣所得税。有居留权的外国人每年应就其在巴西国内外所得总额，依前述个人所得税税率缴纳所得税；无居留权的外国人在进入巴西后12个月内，应就其在巴西境内所得扣缴15%；如其在前述期间于巴西停留时间超过183天，则由第13个月起，应就其在巴西国内外所得总额，依前述个人所得税税率缴纳所得税；如其在12个月内取得居留权，则自取得次日起，就其在巴西国内外所得总额，依前述个人所得税税率缴纳所得税。但与巴西签有避免双重课税协定者，不在此限。

3）源头所得税。对劳动营利、金融交易资本所得、利息和佣金的汇出、广告业收入、彩票赢利等所征收的税。此税税率和计征基础各不相同。

巴西政府每年稽查一次所得税，因此企业或个人必须保留税单5年。

（2）工业产品税。税率介于0~55%间，平均税率约为16%。此税由工业化生产企业交纳，若属进口商品，通关时由进口商交纳。原料、半制成品及包装材料等已缴纳工业产品税的作为抵税用。工业产品税属累进税。

（3）进口税。根据不同的商品，进口税率不同。目前平均税率为17%。一般原材料税率很低或为零，如耐火材料为5%，资本产品也较低，为5%；日用消费品一般为20%~30%左右。

（4）出口税。为鼓励出口，出口税征收的范围极窄。

（5）金融操作税。税率为2%。此税对进口商购外汇、银行信贷、保险、证券交易等业务征收。

（6）临时金融流通税。又称支票税，自1999年6月17日起征收3年，税率为0.38%。

（7）农业土地税。根据土地面积与使用程度而异，税率在0.03%~20%之间。例如，5000公顷以上的土地，使用程度为80%以上税率为0.45%；如使用程度在30%以下，税率为20%。

b 州政府税

（1）商品服务流通税。相当于增值税，属累进税。它以商业发票的总额为基数，共有两种税率，17%和18%，圣保罗州为18%，其他各州均为17%。

（2）车辆税。

（3）遗产、馈赠税。

c 市政府税

（1）社会服务税。如代客加工的加工费、维修费、劳务费等应交收入的1.5%。

（2）城市房地产税。房地产税根据建筑面积、占地面积和价值计算，可一次或分期支付。

（3）不动产转让税。税率为2%~6%不等。

d 社会性开支

（1）法人盈利捐（税）。税额根据公司营业额或实际利润金额计算。以营业额计税的企业，税率介于1.08%~2.88%之间；工业、商业1.08%；服务业2.88%。以利润计税的企业，税率为9%。

（2）社会保险金。依公司员工数目区分税率范围，税率介于26.8%~28.8%之间，存入巴西联邦储蓄银行。

（3）工龄保障基金。类似工龄补贴，企业每月交工资总额的8%，存入巴西联邦储蓄银行。

(4) 社会一体化税。实质是职工分红计划储备金，税额根据公司营业额或实际利润金额计算，以营业额计税的企业，税率为0.65%；以利润计税的企业，税率为1.65%。

(5) 社会安全费。税额根据公司营业额或实际利润金额计算，以营业额计税的企业，税率为0.75%；以利润计税的企业，税率为3%。

(6) 工会费。以会员公司申报的资本额为计税基础，税率介于0.02%~0.8%之间。

上述税收中，与投资相关的税收主要有企业所得税、个人所得税、工业产品税、商品流通服务税、临时金融流通税、法人盈利捐、社会安全费、社会一体化计划费、社会保险金和工会费。相关情况见表8-163。

表8-163　巴西与投资有关的税收

税目	计税基础	税　率
企业所得税（IRPJ）	利润	应税所得总额在240000雷亚尔以下时，税率为15%；超过240000雷亚尔以上部分，另增收10%
预提税（IRRF）—个人所得	申报月薪	月收入在1058雷亚尔以下免交所得税；月收入介于1058~2115雷亚尔之间，税率15%；月收入超过2115雷亚尔，税率27.5%
预提税（IRRF）—公司合同		对非纳税居民收取的版权使用费、服务费、资本利得、利息等征收，税率为15%~20%
社会贡献税（Social Contribution）	利润	对基金和福利机构收缴，税率为9%
工业产品税（IPI）—流转税	商品发票价格	0~55%，平均16%
商品服务流通税（ICMS）	商品发票价格	0~25%
临时金融流通税（CPMF）	提款或转账金额	0.38%
法人盈利捐税（CSL）	营业额或实际利润	以营业额计税的企业，税率介于1.08%~2.88%之间；工业、商业1.08%；服务业2.88%。以利润计税的企业，税率为9%
社会安全费（COFINS）	营业额或实际利润	以营业额计税的企业，税率为0.75%；以利润计税的企业，税率为3%
社会一体化税（PIS）	营业额或实际利润	以营业额计税的企业，税率为0.65%；以利润计税的企业，税率为1.65%
社会保险金（INSS）	申报薪资总额	依公司员工数目来区分税率范围，税率介于26.8%~28.8%之间
公会费（CSP）	会员公司申报的资本额	0.02%~0.80%之间，视产业而定
州政府商品服务税（ICMS）	商品发票价格	进口商品，17%~18%之间；本地交易，7%~18%之间
进口关税	成本+运费+保险	Brussels Harmonized Code中有具体规定

C　外汇管理

巴西中央银行是外汇兑换的管理部门。进口外汇兑换通过进口商与巴西央行授权的商业银行签署的“外汇买卖合同”进行。

巴西实行严格的外汇管制措施，未经批准，所有法人和个人都不能在巴西开立外汇账户。外汇进出必须通过巴西中央银行。外资企业利润汇出需要缴纳资本利得税，税率为 15%。

8.2.3.8　主要钢铁冶金、矿山生产企业

主要钢铁冶金、矿山生产企业有盖尔道（Gerdau）、米州钢铁（Usiminas）、巴西钢铁（CSN）和 CSP 等诸多钢铁企业。

8.2.3.9　生产和消费情况（数据来源：Worldsteel）

有关生产和消费情况见表 8-164~表 8-168。

表 8-164　需求和供应平衡表（2015 年）

品　种	生产/kt	出口/kt	进口/kt	间接净出口/kt	表观消费/kt	人均表观消费/kg	实际消费/kt	人均实际消费/kg
铁矿石	422547	373963						
生铁	26036	2179						
直接还原铁								
粗钢	31275	13399	1860		20241	97.5		
成品钢	21311	4936	1589	-1346	18217	87.7	22637	109.9
热轧长材	8647	1550	580					
热轧扁平材	12273	3111	904					
管材		275	105					

注：铁矿石生产、间接净出口和实际钢材消费数据为 2015 年数据。

表 8-165　分品种年度生产表　单位：kt

品　种	2006 年	2007 年	2008 年	2009 年	2010 年	2011 年	2012 年	2013 年	2014 年	2015 年	2016 年
铁矿石	318629	336526	346000	305000	372000	397000	380086	391100	399400	422547	
生铁	32452	35571	34925	25135	30955	33319	26900	26200	27016	27803	26036
直接还原铁	376	362	302	11							
粗钢	30901	33782	33716	26506	32948	35220	34524	34163	33897	33256	31275
氧气转炉	22821	25130	25231	19662	24627	26447	25962	25055	25507	26002	24173
电炉	7541	8081	7933	6349	7812	8231	8094	8570	7877	6720	6600
热轧长材	8493	9555	9790	8024	9755	10491	10207	10621	10030	8865	8647
热轧扁平材	14403	15691	14332	11852	15163	14265	14897	15013	14229	13388	12273
大型型材	588	697	725	428	568	735	788	819	715	635	
小型型材	451	457	444	292	422	439	421	402	412	340	
预应力钢筋	2982	3214	3746	3337	3763	4376	4461	4493	4252	3667	3197
热轧棒材	1405	1991	1811	1168	1812	1814	1585	1694	1511	1250	
线材	3068	3197	3064	2799	3190	3126	2953	3213	3140	2974	3104
热轧板（≥3mm）	1906	2071	1968	1237	1654	1599	1548	1423	1324	913	699
热轧板、卷、带钢（<3mm）	4074	4326	3925	3474	4592	4086	4377	4384	4541	4746	

续表 8-165

品　　种	2006 年	2007 年	2008 年	2009 年	2010 年	2011 年	2012 年	2013 年	2014 年	2015 年	2016 年
电工板	190	191	213	144	199	214	188	180	167	164	150
管材											
无缝钢管	557	491	571	346	484	483	591	629	657	388	391
焊接钢管											

表 8-166　年度钢消费表

品　　种	2006 年	2007 年	2008 年	2009 年	2010 年	2011 年	2012 年	2013 年	2014 年	2015 年	2016 年
粗钢表观消费/kt	20590	24511	26720	20640	29004	28993	29526	31131	28451	23657	20241
人均粗钢表观消费/kg	108.0	127.1	137.2	104.9	146.0	144.6	145.9	152.4	138.1	113.8	97.5
成品钢表观消费/kt	18535	22060	24048	18576	26669	26094	26573	28018	25606	21291	18217
人均成品钢表观消费/kg	97.2	114.4	123.5	94.4	134.3	130.1	131.3	137.2	124.3	102.4	87.7
成品钢实际消费/kt	16880	20872	23768	19113	28076	28128	28513	30402	27936	22637	
成品钢人均实际消费/kg	88.5	108.3	122.0	97.2	141.4	140.3	140.9	148.8	135.6	109.9	

表 8-167　年度铁矿石、废钢生产及进出口表　　单位：kt

品　　种	2006 年	2007 年	2008 年	2009 年	2010 年	2011 年	2012 年	2013 年	2014 年	2015 年	2016 年
铁矿石产量	318629	336526	346000	305000	372000	397000	380086	391100	399400	422547	
铁矿石出口	242527	269448	281683	266040	310931	330830	326515	329639	344385	366194	373963
铁矿石进口			66		126						
废钢出口	34	85	119	115	80	259	444	453	648	679	611
废钢进口	57	46	44	28	134	79	51	55	23	25	33

表 8-168　年度钢铁贸易表　　单位：kt

品　　种	2006 年	2007 年	2008 年	2009 年	2010 年	2011 年	2012 年	2013 年	2014 年	2015 年	2016 年
半成品和成品钢出口	12626	10414	9152	8607	8983	10824	9673	8081	9766	13708	13399
半成品和成品钢进口	1912	1636	2561	2357	5904	3783	3777	3683	3947	3195	1860
钢锭和半成品出口	5738	5099	5665	4612	5257	7170	6637	5273	6295	8717	8446
钢锭和半成品进口	806	53	60	37	53	25	32	11	14	74	245
长材出口	2279	1950	1394	1327	1129	1198	816	932	898	1110	1550
长材进口	430	321	480	566	1440	1046	1298	1329	1358	1072	580
扁平材出口	4088	3031	1756	2406	2353	2183	1960	1513	2146	3518	3111
扁平材进口	553	1002	1569	1546	4134	2358	2101	1989	2315	1839	904
管材出口	438	255	263	218	200	244	235	335	410	346	275
管材进口	105	117	194	183	245	304	314	319	221	168	105
生铁出口	6251	5953	6300	3158	2309	3247	3027	2692	2588	2752	2179
生铁进口											
直接还原铁出口											

续表 8-168

品　种	2006 年	2007 年	2008 年	2009 年	2010 年	2011 年	2012 年	2013 年	2014 年	2015 年	2016 年
直接还原铁进口											
钢材间接出口	3357	3449	3432	2069	2648	2868	2812	2963	2363	2357	
钢材间接进口	1703	2261	3151	2606	4055	4902	4752	5347	4694	3703	
钢材间接净出口	1655	1188	280	-537	-1407	-2034	-1940	-2384	-2330	-1346	

8.2.4 墨西哥 Mexico

8.2.4.1 基本情况

墨西哥基本情况见表 8-169。

表 8-169　墨西哥国家基本情况表

首都	墨西哥城	领土面积	197.3 万平方千米
人口	1.27 亿	官方语言	西班牙语
主要民族	印第安人、印欧混血种人	主要宗教	天主教
货币	墨西哥比索（MXN）	对美元汇率	18.15∶1
GDP	11438 亿美元	人均 GDP	9005 美元
GDP 增长率	1.15%	营商环境排名	72.29（47/190）
清廉指数	30（123/176）	国际竞争力	4.44（51/137）
经济自由度指数	63.6（70/180）	人类发展指数（HDI）	0.762（77/188）
中信保国家风险评级	5（5/9）	主权信用风险评级	BBB（4/9）
EIU 评级	BBB	与我国建交时间	1972 年 2 月 14 日
主要双边协议	1973 年 4 月 22 日，贸易协定； 1975 年 9 月 9 日，科技合作协定； 1984 年 7 月 18 日，海运合作协定； 1986 年 12 月 7 日，社会经济计划合作； 1990 年 10 月 29 日，社会保障合作协议； 1993 年 12 月 17 日，中国银行和墨西哥外贸银行互惠信贷协议； 1995 年 10 月 6 日，中墨电信领域合作谅解备忘录； 2005 年 1 月 24 日，中国进出口银行与墨西哥国家外贸银行相互提供信贷额度的框架协议； 2005 年 9 月 12 日，关于对所得避免双重征税和防止偷漏税的协定； 2005 年 9 月 12 日，矿业领域合作谅解备忘录； 2006 年 5 月 20 日，关于能源领域合作的谅解备忘录； 2006 年 5 月 20 日，关于道路、海洋和内河运输及相关基础设施领域合作谅解备忘录； 2006 年 5 月 20 日，信息通信领域合作谅解备忘录； 2009 年 2 月 10 日，关于矿业合作的谅解备忘录； 2013 年 6 月 4 日，关于能源领域合作的谅解备忘录； 2013 年 6 月 4 日，矿业领域合作谅解备忘录； 2013 年 6 月 4 日，关于加强基础设施建设领域合作谅解备忘录； 2013 年 6 月 4 日，关于加强贸易救济合作的谅解备忘录		
中国出口	338 亿美元	中国进口	100.5 亿美元

根据世界经济论坛2017年统计分析报告，商务活动中将面临的主要问题有（按照百分制的权重）：

（1）腐败，20.2%。

（2）犯罪和盗窃，12.9%。

（3）政府官僚主义，12.1%。

（4）税率，9.2%。

（5）税收制度，7.5%。

（6）融资渠道，7.1%。

8.2.4.2 墨西哥经济结构及贸易情况

墨西哥主要出口的物资有原油、工业制成品、石油产品、服装、农产品等，主要出口对象国家和地区为美国、加拿大、欧盟、中美洲、中国等；主要进口的物资有食品、医药制品、通信器材等，主要进口来源国为美国、中国、德国、日本、韩国等。2016年外贸总额7609.9亿美元，其中出口3739.3亿美元，进口3870.6亿美元。

2016年，墨西哥农业、工业、服务业占GDP的比重为3.7%、33.1%和63.2%。

8.2.4.3 钢铁行业基本情况

截至2016年年底，墨西哥钢铁行业情况见表8-170。

表8-170 钢铁行业主要数据表

生铁产量	447.6万吨	粗钢产量	1880.9万吨
钢材实际消费	2012万吨	人均钢材实际消费	159.8kg
钢材进口	967.9万吨	钢材出口	408.4万吨
铁矿石生产	1444万吨	铁矿石进口	369.9万吨
铁矿石出口	4.1万吨	钢产量世界排名	13
废钢进口	189.3万吨	废钢出口	41.6万吨

注：铁矿石生产及钢材实际消费数据为2015年数据。

墨西哥是拉美第二大产钢国，仅次于巴西，2016年产量排世界第13位。墨西哥钢铁产区主要集中在北部和中部地区，科维拉州、米却肯州和新莱昂州为三大产区，2015年3个州的产量占全国产量的74.4%。

8.2.4.4 钢铁生产和消费情况

2016年，粗钢产量1880.9万吨（其中转炉炼钢491.9万吨，电炉炼钢1389万吨），高炉生铁产量447.6万吨，直接还原铁产量530.6万吨。2016年粗钢表观消费2842.1万吨，人均粗钢表观消费222.8kg。钢材表观消费2539.3万吨，人均钢材表观消费199.1kg。2015年钢材实际消费2012万吨，人均实际钢材消费159.8kg。2017年粗钢产量2000万吨，较2016年增长6.3%，如图8-56所示。

8.2.4.5 钢铁生产基础设施配套能力

2015年铁矿石生产1444.1万吨，基本满足国内生产的需要，如图8-57所示。

2016年废钢净进口147.7万吨。

墨西哥公路总里程约37.8万公里，免费公路约5万公里，洲际公路约8.4万公里，

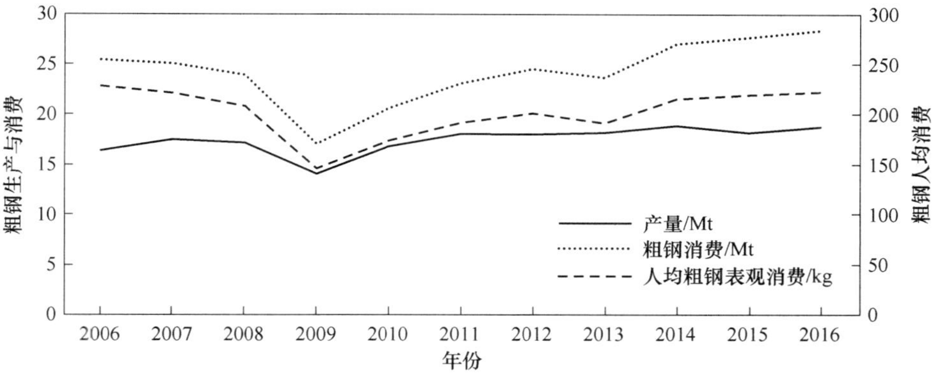

图 8-56 粗钢生产和消费情况

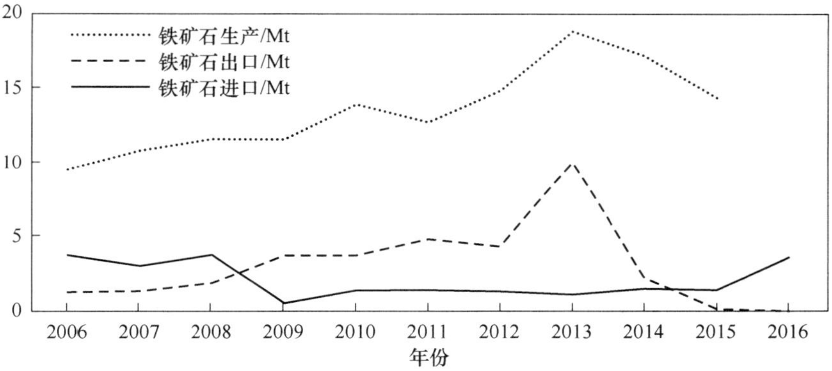

图 8-57 铁矿石生产和进出口情况

80%的公路状况良好，运输货物量占全部运输货物量的 55%，客运量占 98%。

截至 2015 年，墨西哥铁路总长 26727km，在营运的有 22000km。

墨西哥电力主要由联邦电力委员会经营，其发电量占全国发电量的 95%以上。居民电力服务接入率为 98.11%。

墨西哥各地区水电气价格差距较大。

8.2.4.6 钢铁贸易

墨西哥为钢铁净进口国。2016 年，墨西哥成品及半成品钢出口 408.4 万吨，进口 967.9 万吨；长材出口 116.3 万吨，进口 161.5 万吨；扁平材出口 112.6 万吨，进口 682.6 万吨。生铁进口 55.1 万吨，直接还原铁进口 54.9 万吨，如图 8-58 所示。

8.2.4.7 行业相关政策

A 税收体系

墨西哥宪法规定，联邦政府、州（市）政府均有权征税。联邦政府享有征收国内主要税种的权利，尤其是企业所得税。

B 主要税种

（1）企业所得税。税率为 30%。

（2）增值税。税率为 16%。

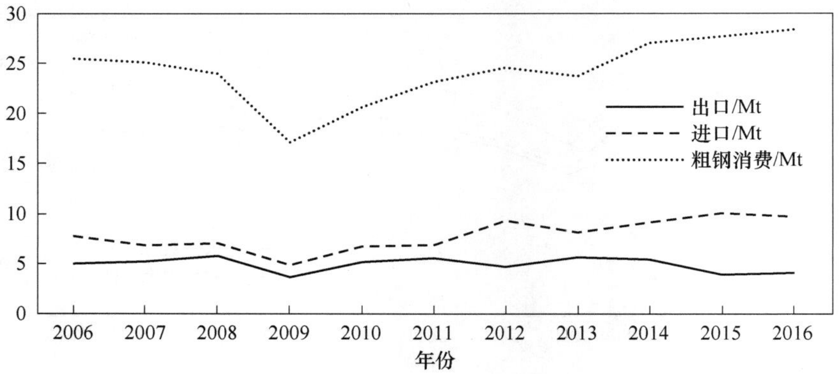

图 8-58 钢材进出口情况

（3）资源税及勘探开采权费用。每半年支付一次，税率随着年限越长而越高。

（4）经营资产税。税率为 2%。

C 外汇管理

墨西哥对外汇收支没有管制，在经常项目下和资本项目下同时实施货币自由兑换。美元可以自由汇出和汇入，公司盈利可在完税后汇出。

8.2.4.8 生产和消费情况（数据来源：Worldsteel）

有关生产和消费情况见表 8-171～表 8-175。

表 8-171 需求和供应平衡表（2016 年）

品 种	生产/kt	出口/kt	进口/kt	间接净出口/kt	表观消费/kt	人均表观消费/kg	实际消费/kt	人均实际消费/kg
铁矿石	14441	41	3699					
生铁	4476		551					
直接还原铁	5306		549					
粗钢	18809	4084	9679		28421	222.8		
成品钢	18697	3307	9170	4658	25393	199.1	20120	159.8
热轧长材	8742	1163	1615					
热轧扁平材	9154	1126	6826					
管材	1700	1018	729					

注：铁矿石生产、间接净出口和实际钢材消费数据为 2015 年数据。

表 8-172 分品种年度生产表 单位：kt

品 种	2006 年	2007 年	2008 年	2009 年	2010 年	2011 年	2012 年	2013 年	2014 年	2015 年	2016 年
铁矿石	9615	10916	11688	11677	13998	12806	14916	18840	17248	14441	
生铁	3790	4078	4450	3919	4707	4609	4611	4911	5115	4575	4476
直接还原铁	6167	6265	6012	4147	5368	5854	5586	6100	5979	5499	5306
粗钢	16447	17573	17209	14132	16870	18110	18073	18242	18930	18225	18809
氧气转炉	4188	4558	5011	4337	5155	5066	4989	5363	5679	5414	4919

续表 8-172

品 种	2006 年	2007 年	2008 年	2009 年	2010 年	2011 年	2012 年	2013 年	2014 年	2015 年	2016 年
电炉	12259	13014	12198	9795	11715	13044	13084	12880	13251	12812	13890
热轧长材	6541	7075	6930	6468	6762	7415	7763	7745	8084	8305	8742
热轧扁平材	7185	7488	6564	5938	7368	7602	7617	7627	8594	8596	9154
大型型材	357	466	417	326	360	370	465	455	583	678	866
小型型材	496	426	459	372	400	367	333	393	412	426	456
预应力钢筋	3350	3515	3370	3161	3161	3422	3608	3735	3770	4054	4149
热轧棒材	606	607	520	425	540	691	847	788	915	782	714
线材	1731	2061	2163	2184	2302	2565	2509	2374	2403	2365	2556
热轧板（≥3mm）	504	525	569	317	477	597	610	628	742	538	745
热轧板、卷、带钢（<3mm）	5275	5385	5107	4942	5823	5758	5725	5957	6523	6757	7044
电工板											
管材	1338	1193	1314	1170	1375	1460	1840	1924	2070	1741	1700
无缝钢管	747	664	680	589	679	776	889	985	1064	736	801
焊接钢管	591	529	634	581	696	685	952	939	1006	1005	899

表 8-173 年度钢消费表

品 种	2006 年	2007 年	2008 年	2009 年	2010 年	2011 年	2012 年	2013 年	2014 年	2015 年	2016 年
粗钢表观消费/kt	25480	25111	23984	17098	20648	23140	24604	23726	27070	27707	28421
人均粗钢表观消费/kg	228.8	221.9	208.6	146.4	174.1	192.2	201.6	191.7	215.9	220.1	222.8
成品钢表观消费/kt	17133	17106	17737	15175	17760	19804	20911	20131	22879	24214	25393
人均成品钢表观消费/kg	153.8	151.2	154.3	129.9	149.7	164.5	171.3	162.7	182.5	190.6	199.1
成品钢实际消费/kt	16593	16114	17688	14467	16573	17504	19101	17170	19353	20120	
成品钢人均实际消费/kg	149.0	142.4	153.8	123.8	139.7	145.4	156.5	138.8	154.3	159.8	

表 8-174 年度铁矿石、废钢生产及进出口表 单位：kt

品 种	2006 年	2007 年	2008 年	2009 年	2010 年	2011 年	2012 年	2013 年	2014 年	2015 年	2016 年
铁矿石产量	9615	10916	11688	11677	13998	12806	14916	18840	17248	14441	
铁矿石出口	1313	1381	1952	3815	3815	4906	4406	10105	2291	176	41
铁矿石进口	3864	3127	3875	557	1426	1460	1368	1142	1551	1460	3699
废钢出口	549	805	—	702	1014	1053	858	779	701	459	416
废钢进口	1561	1500	851	850	934	733	946	864	915	1483	1893

表 8-175 年度钢铁贸易表 单位：kt

品 种	2006 年	2007 年	2008 年	2009 年	2010 年	2011 年	2012 年	2013 年	2014 年	2015 年	2016 年
半成品和成品钢出口	4990	5212	5766	3619	5183	5537	4688	5639	5395	3898	4084
半成品和成品钢进口	7724	6828	7040	4858	6732	6846	9266	8117	9111	10031	9679

续表 8-175

品　种	2006 年	2007 年	2008 年	2009 年	2010 年	2011 年	2012 年	2013 年	2014 年	2015 年	2016 年
钢锭和半成品出口	2365	2537	2906	1003	1749	1833	1020	1340	1291	707	731
钢锭和半成品进口	1322	1041	787	514	319	226	1007	333	520	520	419
长材出口	646	794	1215	858	1237	1330	1458	1812	1534	1229	1163
长材进口	1495	1357	1180	851	1152	1465	1647	1524	1572	1815	1615
扁平材出口	1042	1039	751	1159	1358	1399	1099	1308	1255	1007	1126
扁平材进口	4422	3883	4533	3106	4714	4537	5854	5437	6118	6773	6826
管材出口	883	786	841	562	795	914	969	1104	1238	896	1018
管材进口	300	469	485	347	476	525	668	725	788	800	729
生铁出口											
生铁进口	403	167	138	135	168	208	166	284	323	838	551
直接还原铁出口		120					55				
直接还原铁进口	290	172	5	26	—	130	185	109	159	203	549
钢材间接出口	8909	9209	8190	5880	8523	10655	11475	12188	13851	14322	
钢材间接进口	8369	8217	8141	5172	7336	8355	9664	9228	10325	9664	
钢材间接净出口	540	992	49	708	1187	2300	1811	2960	3526	4658	

8. 2. 5　哥伦比亚 Columbia

8. 2. 5. 1　基本情况

哥伦比亚基本情况见表 8-176。

表 8-176　哥伦比亚国家基本情况表

首都	波哥大	领土面积	114. 2 万平方千米
人口	4823 万	官方语言	西班牙语
主要民族	印欧混血种人、白人	主要宗教	天主教
货币	哥伦比亚比索（COP）	对美元汇率	2941. 9 : 1
GDP	2921 亿美元	人均 GDP	6056 美元
GDP 增长率	2. 15%	营商环境排名	70. 92（53/190）
清廉指数	37（90/176）	国际竞争力	4. 29（66/137）
经济自由度指数	69. 7（37/180）	人类发展指数（HDI）	0. 727（95/188）
中信保国家风险评级	6（6/9）	主权信用风险评级	BBB（4/9）
EIU 评级	BB	与我国建交时间	1980 年 2 月 7 日
主要双边协议	1981 年 7 月 17 日，贸易协定； 1981 年 10 月 1 日，文化协定； 1981 年 12 月 23 日，科学技术合作协定； 1985 年 10 月 29 日，经济合作协定； 2005 年 4 月 6 日，信息通信领域合作谅解备忘录； 2008 年 11 月 22 日，关于促进和保护投资的双边协定； 2015 年 5 月，关于加强中哥投资促进合作的谅解备忘录； 2015 年 5 月，关于加强产能合作的谅解备忘录		
中国出口	75. 8 亿美元	中国进口	35. 5 亿美元

根据世界经济论坛2017年统计分析报告，商务活动中将面临的主要问题有（按照百分制的权重）：

（1）腐败，17.6%。

（2）税率，14.2%。

（3）政府官僚主义，9.2%。

（4）基础设施不足，8.7%。

（5）政策不稳定，7.9%。

（6）劳工限制，7.5%。

8.2.5.2 哥伦比亚经济结构和贸易情况

哥伦比亚在拉美地区属中等发展水平，近10余年经济保持了增长的势头。

主要出口产品包括石油和石油产品、化工产品、煤炭、咖啡、农副产品和纺织品等，主要进口产品包括机械设备、化工产品、农副产品、纺织品和金属材料等。主要贸易对象包括美国、中国、墨西哥和日本等。2016年墨西哥进出口额分别为428.49亿美元和310.45亿美元，贸易逆差118.04亿美元。2017年上半年，墨西哥进出口额分别为228亿美元和174亿美元。

8.2.5.3 钢铁行业基本情况

截至2016年年底，哥伦比亚钢铁行业情况见表8-177。

表8-177　钢铁行业主要数据表

生铁产量	22.5万吨	粗钢产量	127.2万吨
钢材实际消费	509.9万吨	人均钢材实际消费	105.7kg
钢材进口	274.8万吨	钢材出口	6.6万吨
铁矿石生产	36.6万吨	铁矿石进口	
铁矿石出口		钢产量世界排名	46
废钢进口		废钢出口	2.7万吨

注：铁矿石生产及钢材实际消费数据为2015年数据。

8.2.5.4 钢铁生产和消费情况

哥伦比亚2016年粗钢产量127.2万吨，以电炉炼钢为主。热轧长材产量132.6万吨，热轧扁平材产量44.7万吨。2016年，粗钢表观消费461万吨，人均粗钢表观消费94.7kg；钢材表观消费366万吨，人均钢材表观消费75.2kg。2015年钢材实际消费509.9万吨，人均实际钢材消费105.7kg，如图8-59所示。

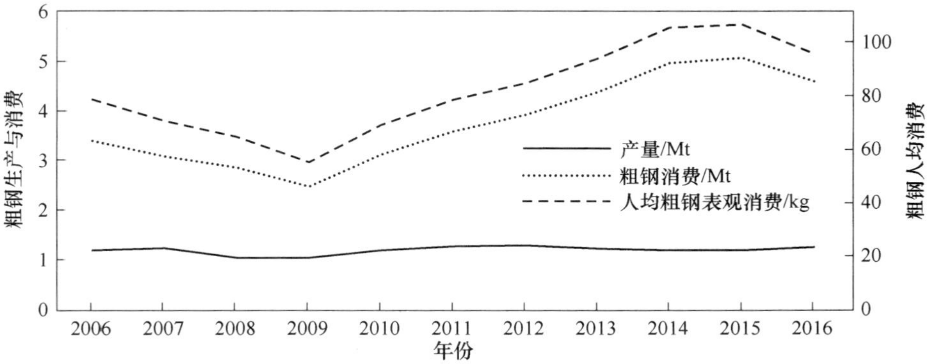

图8-59　粗钢生产与消费情况

8.2.5.5　钢铁生产基础设施配套能力

由于哥伦比亚的钢铁消费以进口为主，因此本国的铁矿石及废钢消费均比较低，贸易量较少。

2015 年生产铁矿石 36.6 万吨，出口废钢 3.4 万吨，如图 8-60 所示。

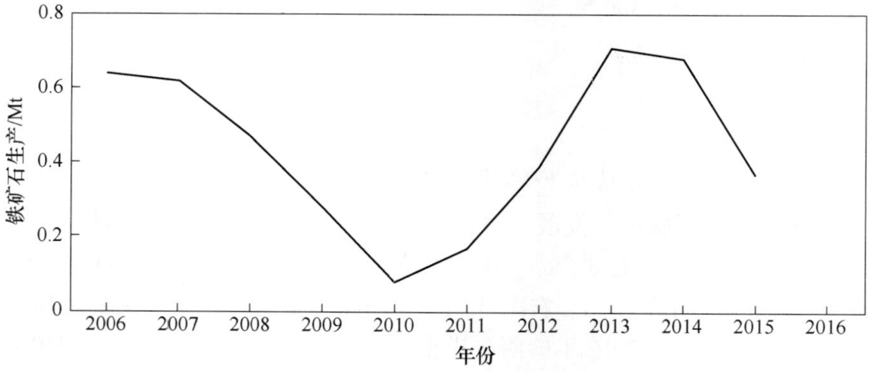

图 8-60　铁矿石生产情况

哥伦比亚基础设施相对落后，拖累了经济的发展。2013 年公路总里程 20.3 万公里，一级公路占 8.3%。全年运输货物 2.2 亿吨。铁路总长 794km，全年运输货物 7678 万吨。

电力基础设施及发电能力较好，电力资源相对充裕。水力发电占总发电量的 66%，其余发电来自天然气、柴油和太阳能等。

水电气的参考价格见表 8-178。

表 8-178　哥伦比亚首都水电气参考价格表

种　类	住　宅	商　业	工　业
水/美元 · m^{-3}	9.13	10.64	9.35
电/美元 · $(kW \cdot h)^{-1}$	0.20	0.23	0.24
天然气/美元 · m^{-3}	1.93	1.93	1.93
电话/美元 · min^{-1}	0.05	0.05	0.05

数据来源：商务部国别指南。

8.2.5.6　钢铁贸易

2016 年，成品及半成品钢进口 274.8 万吨，其中长材进口 105.9 万吨，扁平材进口 131.3 万吨。成品及半成品钢出口 6.6 万吨，如图 8-61 所示。

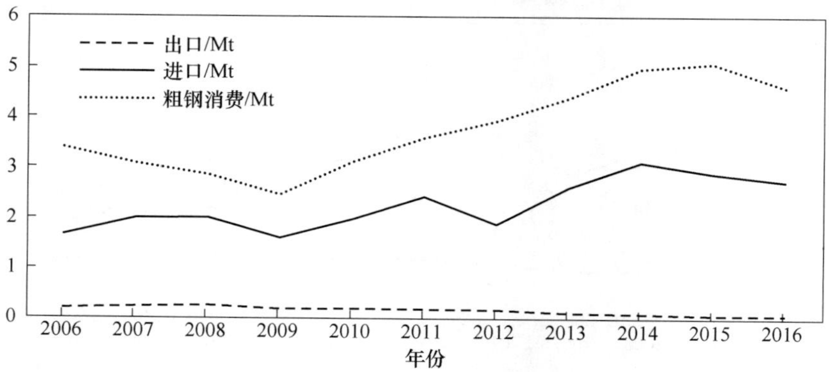

图 8-61　钢材进出口情况

8.2.5.7 行业相关政策

A　税收体系

哥伦比亚的税收体系以中央政府征税为主，地方政府可征收的税种很少。全国统一实行以所得税和增值税为主的税收制度。

税收征收以纳税者是否居留在哥伦比亚为主要考量，在哥伦比亚注册的独立法人的企业和居住在哥伦比亚的自然人，需要就其全球收入纳税，而在哥伦比亚没有注册为独立法人的外国企业和居留地不在哥伦比亚的自然人仅需就其在哥伦比亚的收入纳税。

B　主要税种

(1) 企业所得税。税率25%，外国企业33%。

(2) 个人所得税。按照收入划分为4档征收：1%，19%，28%，33%。

(3) 增值税。在哥伦比亚境内销售商品、提供服务和实施进口时需要缴纳增值税，根据不同的商品分别为0、5%、16%。

C　外汇管理

外资进入哥伦比亚需要经过在共和国银行登记后才能依法享受包括结购汇和自由进出等的权利。一般情况下，外资企业在当地不能设立美元账户。

8.2.5.8 生产和消费情况（数据来源：Worldsteel）

有关生产和消费情况见表8-179~表8-183。

表8-179　需求和供应平衡表（2016年）

品　种	生产/kt	出口/kt	进口/kt	间接净出口/kt	表观消费/kt	人均表观消费/kg	实际消费/kt	人均实际消费/kg
铁矿石	366		1					
生铁	225							
直接还原铁								
粗钢	1272	66	2748		4610	94.7		
成品钢	1772	65	2544	-1067	3660	75.2	5099	105.7
热轧长材	1326	6	1059					
热轧扁平材	447	46	1313					
管材		13	172					

注：铁矿石生产、间接净出口和实际钢材消费数据为2015年数据。

表8-180　分品种年度生产表　单位：kt

品　种	2006年	2007年	2008年	2009年	2010年	2011年	2012年	2013年	2014年	2015年	2016年
铁矿石	644	624	473	281	77	174	392	710	676	366	
生铁	360	341	308	342	327	302	345	307	234	240	225
直接还原铁											
粗钢	1211	1245	1053	1052	1208	1287	1302	1236	1208	1211	1272
氧气转炉	363	340	308	310	340	302	345	323	297	241	244
电炉	848	905	745	743	867	986	957	913	910	970	1028

续表 8-180

品　种	2006 年	2007 年	2008 年	2009 年	2010 年	2011 年	2012 年	2013 年	2014 年	2015 年	2016 年
热轧长材	1115	1169	1023	1066	1186	1351	1291	1297	1394	1420	1326
热轧扁平材	471	428	429	400	436	429	435	354	401	440	447
大型型材	19	21	5	6	9	4	1	3	2	1	
小型型材	166	146	109	103	113	110	89	72	85	74	
预应力钢筋	705	814	755	789	858	1045	1016	987	1092	1146	
热轧棒材	52	39	31	25	28	27	22	51	42	43	
线材	174	149	123	142	179	164	163	185	173	155	
热轧板（≥3mm）											
热轧板、卷、带钢（<3mm）		432			428	428	434	353	410	440	454
电工板											
管材											
无缝钢管											
焊接钢管											

表 8-181　年度钢消费表

品　种	2006 年	2007 年	2008 年	2009 年	2010 年	2011 年	2012 年	2013 年	2014 年	2015 年	2016 年
粗钢表观消费/kt	3400	3091	2865	2481	3134	3603	3926	4393	4890	5078	4610
人均粗钢表观消费/kg	77.6	69.7	63.8	54.6	68.3	77.6	83.7	92.8	104.2	105.3	94.7
成品钢表观消费/kt	2823	2760	2558	2233	2799	3218	3506	3488	3954	4032	3660
人均成品钢表观消费/kg	64.4	62.2	57.0	49.2	61.0	69.3	74.8	73.7	82.7	83.6	75.2
成品钢实际消费/kt	3335	3449	3345	2858	3677	4509	4804	4594	5188	5099	
成品钢人均实际消费/kg	76.1	77.7	74.5	62.9	80.1	97.2	102.5	97.0	108.6	105.7	

表 8-182　年度铁矿石、废钢生产及进出口表　　单位：kt

品　种	2006 年	2007 年	2008 年	2009 年	2010 年	2011 年	2012 年	2013 年	2014 年	2015 年	2016 年
铁矿石产量	644	624	473	281	77	174	392	710	676	366	
铁矿石出口											
铁矿石进口	9	9	150	20	9	4	3	3	0	1	1
废钢出口	11	12	28	36	92	107	63	76	64	34	27
废钢进口											

表 8-183　年度钢铁贸易表　　单位：kt

品　种	2006 年	2007 年	2008 年	2009 年	2010 年	2011 年	2012 年	2013 年	2014 年	2015 年	2016 年
半成品和成品钢出口	197	228	264	191	203	188	178	119	100	66	66
半成品和成品钢进口	1668	1996	2006	1606	1987	2439	1894	2628	3125	2912	2748
钢锭和半成品出口											

续表 8-183

品 种	2006 年	2007 年	2008 年	2009 年	2010 年	2011 年	2012 年	2013 年	2014 年	2015 年	2016 年
钢锭和半成品进口	158	154	159	142	69	120	69	133	244	163	193
长材出口	27	18	25	13	11	7	10	5	4	3	6
长材进口	281	367	407	352	346	496	730	922	946	1189	1059
扁平材出口	135	122	135	134	138	114	92	77	75	39	46
扁平材进口	1134	1227	1107	812	1239	1265	1356	1193	1536	1304	1313
管材出口	35	88	102	41	49	65	76	32	21	20	13
管材进口	94	203	317	279	314	540	408	371	389	244	172
生铁出口											
生铁进口	32	32					31				
直接还原铁出口											
直接还原铁进口											
钢材间接出口	207	263	212	154	148	151	171	188	164	153	
钢材间接进口	719	952	999	779	1026	1442	1469	1294	1398	1220	
钢材间接净出口	-512	-689	-787	-625	-878	-1291	-1298	-1106	-1234	-1067	

8.3 非洲

8.3.1 南非 South Africa

8.3.1.1 基本情况

南非基本情况见表 8-184。

表 8-184 南非国家基本情况表

首都	行政首都茨瓦内， 立法首都开普敦， 司法首都布隆方丹	领土面积	122 万平方千米
人口	5496 万	官方语言	英语、阿非利堪斯语、 祖鲁语等 11 种
主要民族	祖鲁人、阿非利卡人、 英裔非洲人	主要宗教	基督教、天主教
货币	南非兰特（ZAR）	对美元汇率	13.48 : 1
GDP	3146 亿美元	人均 GDP	5718 美元
GDP 增长率	-0.33%	营商环境排名	65.20（74/190）
清廉指数	45（64/176）	国际竞争力	4.32（61/137）
经济自由度指数	62.3（81/180）	人类发展指数（HDI）	0.666（119/188）
中信保国家风险评级	5（5/9）	主权信用风险评级	BB（5/9）
EIU 评级	BB	与我国建交时间	1998 年 1 月 1 日

续表 8-184

主要双边协议	1997 年 12 月 30 日，关于相互鼓励和保护投资协定； 1999 年 2 月 2 日，关于成立两国经济贸易联合委员会协定； 2000 年 4 月 25 日，关于避免双重征税和偷漏税协议； 2006 年 8 月 28 日，关于促进两国贸易和经济技术合作的谅解备忘录； 2014 年 12 月，5~10 年合作战略规划 2015~2024		
中国出口	158.6 亿美元	中国进口	301.8 亿美元

根据世界经济论坛 2017 年统计分析报告，商务活动中将面临的主要问题有（按照百分制的权重）：

（1）腐败，14.3%。

（2）犯罪和盗窃，12.1%。

（3）政府不稳定/政变，10.2%。

（4）税率，7.4%。

（5）政府官僚主义，7.0%。

8.3.1.2 南非经济结构和贸易情况

南非是非洲经济最发达的国家之一。自然资源丰富，矿业、制造业、农业和服务业是南非经济四大支柱，深井采矿等技术居于世界领先地位。

南非矿产资源丰富，是世界五大矿产资源国之一。现已探明储量并开采的矿产超过 70 种，且储量大、产量多。铂族金属、黄金、铬的储量居世界第一位，氟石、钒、锰、钛铁矿石、锆居第二位，钛居第四位，磷酸盐矿、铀、铅、锑居第五位，煤、锌居第八位，铜居第九位。根据南非矿业部统计数据，已探明的矿藏储量有黄金 6000t，占世界储量的 11.8%，铂族金属 6.3 万吨，锰 1.5 亿吨，占世界储量的 23.8%，钒 364 万吨，蛭石 1400 万吨，铬 31 亿吨，铀 29.5 万吨，煤 301.56 亿吨，钛 7130 万吨，锆 1400 万吨，氟石 4100 万吨，磷酸盐 15 亿吨，锑 2.1 万吨。

能源工业基础雄厚，技术较先进。制造业、建筑业、能源业和矿业是南非工业四大支柱产业。制造业门类齐全，主要产品有钢铁、金属制品、化工、运输设备、机器制造、食品加工、纺织、服装等。近年来，汽车制造等新兴出口产业发展较快。

由于政府实施基础设施发展规划，建筑业发展较快。

南非的矿业历史悠久，具有完备的矿业体系和开采冶炼技术，是南非经济的支柱之一。矿产品出口是南非经济的重要构成部分，2014 年矿产品出口额约占出口总额 28%。南非是世界上重要的黄金、铂族金属和铬生产国和出口国。钻石产量约占世界的 9%。

2016 年 GDP 的组成分别为农业 2.1%，矿业 7.3%，制造业 12.5%，电力、水、煤气供应业 2.1%，建筑业 3.6%，批发、零售、住宿业 13.9%，金融、地产和商业服务业 20.1%，政府服务业 15.4%，个人服务业 5.4%。在 2016 年，农业、工业、服务业增加值分别占 GDP 的 2.2%、29.2%和 68.7%。

8.3.1.3 钢铁行业情况

南非是非洲最大的工业国，已经形成了相对完善的工业体系。在非洲地区的钢铁、汽车、石油化工等领域的产值比重均超过 50%。

钢铁工业是南非的支柱产业之一，占南非 GDP 的比重为 16%，钢铁冶炼和钢材制造等相关从业人员达 19 万人。拥有六大钢铁联合公司、130 多家钢铁企业。

截至 2016 年年底，钢铁行业的基础数据见表 8-185。

表 8-185　钢铁行业主要数据表

生铁产量	431.1 万吨	粗钢产量	614.1 万吨
钢材实际消费	539.4 万吨	人均钢材实际消费	97.6kg
钢材进口	139.2 万吨	钢材出口	219.4 万吨
铁矿石生产	6138 万吨	铁矿石进口	34.1 万吨
铁矿石出口	6470.7 万吨	钢产量世界排名	24
废钢进口	6.6 万吨	废钢出口	64.4 万吨

注：铁矿石生产及钢材实际消费数据为 2015 年数据。

8.3.1.4　钢铁生产和消费情况

南非近几年钢产量及消费量情况如图 8-62 所示。

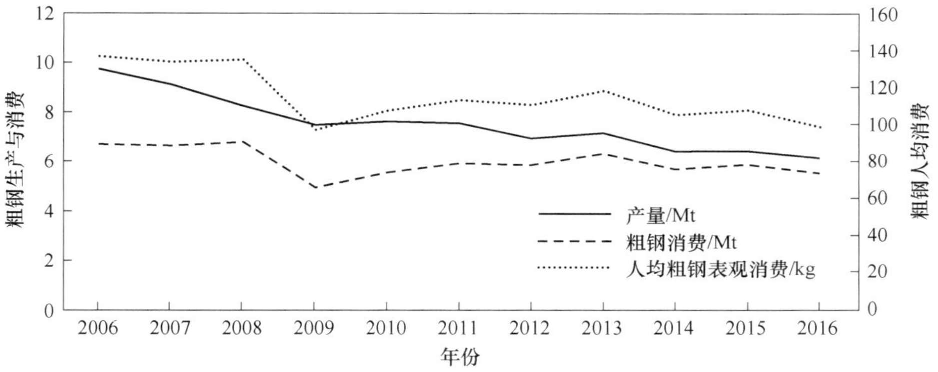

图 8-62　南非近几年钢产量和消费量图

南非 2016 年生铁产量为 4.311 百万吨，直接还原铁产量 0.7 百万吨，粗钢产量 6.1 百万吨（2015 年粗钢产量为 6.41 百万吨），呈持续下降之势。在 2015 年的粗钢生产中，转炉炼钢占比 56.5%，电炉炼钢占比 43.5%。热轧产品 5.7 百万吨。

2017 年粗钢产量 630.1 万吨，较 2016 年增长 2.6%。

2016 年粗钢表观消费为 551 万吨，人均粗钢表观消费 98.4kg，实际钢铁消费 539.4 万吨，实际钢铁人均消费 97.6kg，维持了近几年的消费水平。

南非钢铁下游需求行业中，对钢铁需求较大的是汽车、家电、电线等制造业，占比约 54.8%。汽车工业在南非 GDP 总量中的占比为 6.4%，在出口总量中的占比为 11.8%。

2013 年开始，南非贸易和工业部正式实施“汽车生产开发计划（ADDP）”（Auto Production and Development Program，2013~2020 年），将汽车工业选为重点发展对象，给研发企业提供补贴，对进口汽车阶段性下调关税，对汽车生产所需的进口零配件免税。基于前期的努力，目前南非在非洲大陆的汽车总产量占比达 64%，汽车向全球 148 个国家出口，在全球市场的占比不到 1%。

8.3.1.5 钢铁生产基础设施配套能力

南非的铁矿石供应完全可以满足本国市场的需要，同时也是继澳大利亚、巴西和印度之后的第四大海运铁矿石出口国。近几年铁矿石的生产和出口均呈现增长之势，如图 8-63 所示。南非现有昆巴（Kumba）、阿斯芒（Assmang）、耶弗拉兹海维尔德钢钒（EvrazHighveld）三大矿业公司，还包括力拓集团投资参与的其他矿业公司。

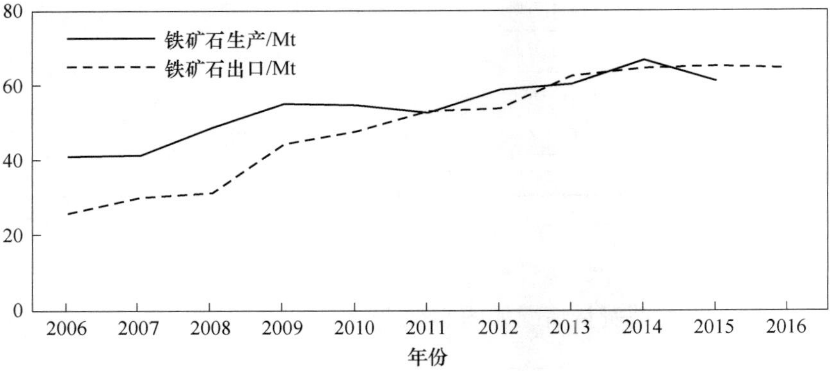

图 8-63 铁矿石生产及出口情况

昆巴铁矿石公司是南非最大的铁矿开采企业，年产能 3940 万吨，在北开普省（NorthernCape）经营赛申（Sishen）和 Kolomela 矿山，在林波波省（Limpopo）经营塔巴钦比（Thabazimbi）矿山。阿斯芒是南非第二大铁矿企业，非洲彩虹矿业公司和 Assore 公司分别持有其 50%的股权，位于北开普省的 Beeshoek 和 Khumani 矿山年产能总计达 650 万吨。耶弗拉兹海维尔德钢钒公司拥有马坡茨（Mapochs）钒铁矿，年产能约 200 万吨，磁铁矿石分离钒和钛之后，主要满足自身的钢铁生产需要。力拓集团在北开普省拥有 Palabora 铜矿山，也有少部分铁矿石储量，年产能 190 万吨，但其产出的铁矿石并没有向钢铁制造企业供应。另外，BurkMining、BJM、Motjoli、Sekoko 等公司也在北开普省进行铁矿资源的勘探工作。

除了铁矿石以外，南非的废钢供应企业约 140 家，锰矿资源占全球的 80%。萨曼科和阿斯芒是两家最大的锰矿企业，年产能分别为 450 万吨和 370 万吨，在废钢和锰矿方面实现了自给自足，但 50%的焦煤仍主要从澳大利亚进口。焦煤在钢铁的生产成本中占到了 27%，ExxaroResources（南非埃索矿业集团）是南非最大的焦煤生产企业，年产能 200 万吨。

南非有非洲最完善的交通运输系统，以铁路、公路为主。铁路总长约 3.41 万公里，其中 1.82 万公里为电气化铁路，年度货运量约 1.75 亿吨。公路分为国家、省及地方三级。总里程（含各级公路和街道）约 75.5 万公里，其中国家级公路 16170km。年客运量约 450 万人次，货运量 310 万辆。海洋运输业发达，约 98%的出口要靠海运完成，主要港口有开普敦、德班、东伦敦、伊丽莎白港、理查兹湾、萨尔达尼亚和莫瑟尔湾。年港口吞吐量约为 12 亿吨。德班是非洲最繁忙的港口及最大的集装箱集散地，年集装箱处理量达 120 万个。

在空运方面现约有 27 个民航机场，其中 11 个是国际机场。每周有 600 多个国内航班和 70 多个国际航班，与非洲、欧洲、亚洲及中东、南美一些国家直接通航。平均年客运量达 1200 万人次。

电力工业较发达，供应全非洲 40%的电力。其中约 92%为火力发电。但是对于南非的发展而言，电力仍然紧张，电费逐年上涨。南非主要电站位于约翰内斯堡附近，因此国内电价与电力运输距离、家用、商用、工矿用、时段、城市或农村用电挂钩，实行累进式计价方案，较为复杂。同时，电费包括接入费、网络费、服务费、能源费几部分。接入费按照实际发生的费用计算，服务费和能源费按天收取，能源费按照实际用电量收取。2013~2014 年平均电费为 0.66 兰特/度。

南非的工业用水根据流域的不同而价格不同，南非水费采取累进制收费制度，使用水量越多，水费越高。工业和商业用水价格按照不同标准，价格在 4.59~7.10 兰特之间。

8.3.1.6　钢铁贸易

南非是钢材净出口国，但净出口的量逐年下降，国内的消费没有太大的变化，主要是产量在逐年下降。

2016 年，南非成品及半成品钢铁产品出口 219.4 万吨，进口 139.2 万吨，净出口 80.2 万吨，如图 8-64 所示。钢铁产品主要出口到中国，且出口量大幅度增加。

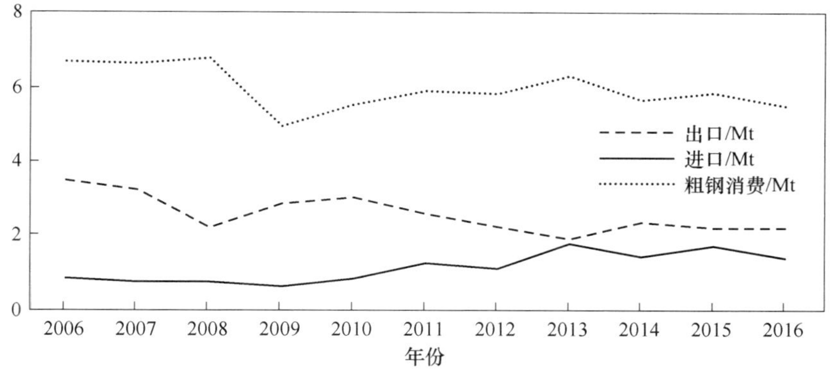

图 8-64　钢材进出口情况

出口中长材 43.1 万吨、扁平材 149 万吨；进口中长材 33 万吨，扁平材 91.2 万吨。

8.3.1.7　行业相关政策

A　税收体系

南非是直接税为主的国家，实行中央、省和地方三级课税，税收立法权和征收权主要集中在中央。南非实行按居住地征税的政策。

B　主要税种

(1) 公司所得税。公司根据类别征收所得税，普通公司（非矿业类）基本税率为 28%，并对股息、红利征收 10%的二级公司所得税；微型企业（年营业额小于 100 万兰特）按累进税率征收，分别为 1%、2%、5%和 7%；小企业（营业额下于 1400 万兰特）按累进制征税，0~28%；外国公司在南非设立的机构，税率为 33%；矿业公司、保险公司等实行特别税率。

(2) 个人所得税。实行累进税率 18%~40%。

（3）增值税。属于间接税，包含在南非境内销售的所有货物和服务中，税率为14%。所有商业实体，包括外国实体在南非的分公司所提供的商品和服务均须缴纳增值税。进口商品的增值税由海关代收。出口商品和某些服务的增值税为零。

（4）预扣税：

1）红利税：15%。

2）利息税：15%。

3）版权税：15%。

4）服务费预扣税：15%，2017年1月开始执行。

以上税率不包括通过双边税收协定（DTA）减免的情况。

根据中国与南非政府签订的避免双重税收协定，红利税税率为5%。

（5）关税和消费税见表8-186。

表8-186　关税和消费税

产品类别	海关法案	关税税率
钢铁产品	第72章 第73章	大部分免税 0~15%（如管材）
机械设备	第84章	大部分免税
电气设备	第85章	0~20%
黄金制品		免税
爆炸品	第36.02类	免税
矿车	第86.06类	免税

C　外汇管理

任何公司和个人，未经批准，不得拥有外国资产或从外国借贷，外汇管制通过南非储蓄银行及其制定的银行机构实施。

8.3.1.8　主要钢铁冶金、矿山生产企业

（1）安赛乐米塔尔南非公司AMSA。在南非全国钢铁生产总量中占比约75%。年产700万吨钢水，最终产品约550万吨，供应南非60%的钢铁产品，剩余出口至撒哈拉以南的非洲或其他地区。该公司的前身是Iscor有限公司，2004年被米塔尔公司收购，临近昆巴铁矿山，下设四大分厂。范德拜尔帕克（Vanderbiljpark）厂，世界最大的钢厂之一，拥有两座高炉、三座碱性氧化炉，年产钢水300万吨，产品为厚钢板和钢卷，主要生产热轧、冷轧、涂镀卷板产品；纽卡斯尔厂年产能40万吨，主要生产长材产品，32%用于出口。弗里尼欣（Vereeniging）厂是南非唯一一家生产热轧和冷拔无缝钢管的工厂，年产能10万吨，80%用于出口，目前暂时停产。萨尔达尼亚（Saldanha）厂采用Midrex和Corex工艺替代高炉和焦炉，致力于生产纯净钢的超薄热轧卷板（UTHRC），从铁矿石进入Corex或Midrex设备到生产出热轧卷板仅需要16h，年产能12万吨。

（2）耶弗拉兹海维尔德钢钒公司。产量位居第二，也是唯一一家采用高炉工艺的小型钢铁企业。该公司于2015年申请破产，目前已经处于停产状态。

（3）Cape Gate哥伦布不锈钢公司。

（4）Evraz Highveld公司。

(5) Scaw 金属集团。

8.3.1.9 生产和消费情况（数据来源：Worldsteel）

有关生产和消费情况见表 8-187~表 8-191。

表 8-187 需求和供应平衡表（2016 年）

品 种	生产/kt	出口/kt	进口/kt	间接净出口/kt	表观消费/kt	人均表观消费/kg	实际消费/kt	人均实际消费/kg
铁矿石	61380	64707	341					
生铁	4311	311	0					
直接还原铁	702	46	0					
粗钢	6141	2194	1392		5510	98.4		
成品钢	5450	2030	1354	-103	4979	88.9	5394	97.6
热轧长材	2200	431	330					
热轧扁平材	3250	1490	912					
管材		109	112					

注：铁矿石生产、间接净出口和实际钢材消费数据为 2015 年数据。

表 8-188 分品种年度生产表 单位：kt

品 种	2006 年	2007 年	2008 年	2009 年	2010 年	2011 年	2012 年	2013 年	2014 年	2015 年	2016 年
铁矿石	41326	41559	48983	55423	55000	52900	59000	60600	66920	61380	
生铁	6159	5358	5138	4444	5429	4604	4599	4928	4402	4464	4311
直接还原铁	1754	1736	1178	1340	1120	1414	1493	1295	1612	1125	702
粗钢	9718	9098	8246	7484	7617	7546	6938	7162	6412	6417	6141
氧气转炉	5174	4521	4504	3954	4367	3992	3904	4272	3623	3908	3820
电炉	4544	4577	3742	3530	3250	3555	3034	2890	2789	2510	2322
热轧长材	3014	2954	2713	2240	2350	2360	2200	2300	2200	2300	2200
热轧扁平材	4500	4153	3710	3310	3470	3490	3200	3500	3380	3400	3250
大型型材	554	494	509								
小型型材	306	304	304								
预应力钢筋	597	703	726								
热轧棒材	507	451	405								
线材	1011	954	741								
热轧板（≥3mm）	1350	1208	1138								
热轧板、卷、带钢（<3mm）	1347	1286	990								
电工板											
管材											
无缝钢管											
焊接钢管											

表 8-189　年度钢消费表

品　　种	2006 年	2007 年	2008 年	2009 年	2010 年	2011 年	2012 年	2013 年	2014 年	2015 年	2016 年
粗钢表观消费/kt	6680	6629	6779	4931	5534	5900	5827	6295	5657	5855	5510
人均粗钢表观消费/kg	136. 2	133. 4	134. 6	96. 7	107. 2	112. 9	110. 3	117. 9	104. 8	107. 4	98. 4
成品钢表观消费/kt	5868	5807	6126	4456	5001	5332	5266	5689	5112	5291	4979
人均成品钢表观消费/kg	119. 7	116. 9	121. 7	87. 4	96. 9	102. 1	99. 7	106. 5	94. 7	97. 1	88. 9
成品钢实际消费/kt	6280	6414	6444	4578	5305	5948	5889	6087	5172	5394	
成品钢人均实际消费/kg	128. 1	129. 1	128. 0	89. 8	102. 8	113. 9	111. 5	114. 0	95. 8	97. 6	

表 8-190　年度铁矿石、废钢生产及进出口表　　单位：kt

品　　种	2006 年	2007 年	2008 年	2009 年	2010 年	2011 年	2012 年	2013 年	2014 年	2015 年	2016 年
铁矿石产量	41326	41559	48983	55423	55000	52900	59000	60600	66920	61380	
铁矿石出口	26161	30336	31592	44559	47971	53343	54002	62763	64799	65254	64707
铁矿石进口	504	480	485	352	401	417	558	476	479	429	341
废钢出口	555	752	1270	1144	1224	1436	1632	1485	1486	1266	644
废钢进口	8	79	85	41	54	32	11	28	101	74	66

表 8-191　年度钢铁贸易表　　单位：kt

品　　种	2006 年	2007 年	2008 年	2009 年	2010 年	2011 年	2012 年	2013 年	2014 年	2015 年	2016 年
半成品和成品钢出口	3483	3219	2188	2844	3018	2567	2216	1888	2339	2190	2194
半成品和成品钢进口	848	757	760	635	843	1259	1108	1759	1418	1699	1392
钢锭和半成品出口	301	145	89	436	228	208	111	26	70	154	138
钢锭和半成品进口	139	86	8	7	6	89	10	116	139	32	17
长材出口	784	755	480	740	810	385	476	492	444	494	431
长材进口	175	140	215	106	190	414	281	335	265	349	330
扁平材出口	2173	2205	1427	1546	1830	1813	1477	1221	1630	1360	1490
扁平材进口	430	365	405	412	524	587	646	1088	850	1149	912
管材出口	207	88	174	106	138	148	137	131	178	166	109
管材进口	89	88	110	96	108	140	149	193	134	127	112
生铁出口	536	580	558	577	624	595	614	632	740	434	311
生铁进口											
直接还原铁出口	1	1	2	1	0	0	1	1	45	63	46
直接还原铁进口	56	76	2	0	0	0	1	0	1	0	
钢材间接出口	1233	1339	1475	1038	1237	1426	1436	1772	1794	1518	
钢材间接进口	1645	1946	1793	1161	1542	2041	2059	2169	1854	1621	
钢材间接净出口	-412	-607	-318	-122	-304	-616	-623	-398	-60	-103	

8.3.2 阿尔及利亚 Algeria

8.3.2.1 基本情况

阿尔及利亚基本情况见表 8-192。

表 8-192 阿尔及利亚国家基本情况表

首都	阿尔及尔	领土面积	238 万平方千米
人口	3993 万	官方语言	阿拉伯语
主要民族	阿拉伯人、柏柏尔人	主要宗教	伊斯兰教
货币	阿尔及利亚第纳尔（DZD）	对美元汇率	113：1
GDP	1648 亿美元	人均 GDP	4145 美元
GDP 增长率	1.85%	营商环境排名	47.76（156/190）
清廉指数	34（108/176）	国际竞争力	4.07（86/137）
经济自由度指数	46.5（172/180）	人类发展指数（HDI）	0.745（83/188）
中信保国家风险评级	6（6/9）	主权信用风险评级	BB（5/9）
EIU 评级	B	与我国建交时间	1958 年 12 月 20 日
主要双边协议	1964 年 9 月、1979 年 5 月、1999 年 10 月，贸易协定； 1982 年 1 月，成立经贸混委会的协定； 1996 年 10 月，双边投资保护协定； 2006 年 11 月，避免双重征税协定； 2016 年 6 月 2 日，关于提供无偿援助的经济技术合作协定		
中国出口	76 亿美元	中国进口	7.7 亿美元

根据世界经济论坛 2017 年统计分析报告，商务活动中将面临的主要问题有（按照百分制的权重）：

（1）政府官僚主义，18.9%。

（2）腐败，12.8%。

（3）融资渠道，11.8%。

（4）政策不稳定，9.4%。

（5）通货膨胀，7.7%。

8.3.2.2 阿尔及利亚经济结构及贸易情况

阿尔及利亚的石油与天然气产业是国民经济的支柱，其产值一直占阿 GDP 的 30%左右，税收占国家财政收入的 60%，出口占国家出口总额的 97%以上。粮食与日用品主要依赖进口。

石油探明储量约 17 亿吨，占世界总储量 1%，主要是撒哈拉轻质油，油质较高；天然气探明可采储量 4.58 万亿立方米，占世界总储量的 2.37%。阿尔及利亚油气产品大部分出口。其他矿藏主要有铁、铅锌、铀、铜、金、磷酸盐等。其中铁矿储量为 30 亿~50 亿吨。铅锌矿储量估计为 1.5 亿吨，铀矿 5 万吨，磷酸盐 20 亿吨，黄金 73t。

工业以油气产业为主，钢铁、冶金、机械、电力等其他工业部门不发达。油气产业占国内生产总值 45.1%，制造业仅占 5.2%。目前阿尔及利亚工业系统共有员工约 43 万人，其中国营工业企业职工 33 万人，私营企业员工约 10 万人。

2016 年，农业、工业、服务业占 GDP 的比重为 12%、34.2%和 53.5%。

8.3.2.3　钢铁行业基本情况

阿尔及利亚是建材进口大国，为完成依赖进口向本地化生产的转变，政府采取了各种措施，包括出台税收优惠政策、要求当地能够生产的物资必须当地采购等，鼓励和促进本地化生产。由于这些措施的实施，2016 年阿尔及利亚建材进口（水泥、钢木和陶瓷制品）额为 21 亿美元，同比下降 18.1%；水泥进口 3.06 亿美元，下降 35.45%；钢材进口 11.7 亿美元，进口量 271 万吨，下降 16.23%。为进一步提高工业产品自给足的能力，政府将继续大力发展钢铁等工业。钢铁行业主要数据见表 8-193。

表 8-193　钢铁行业主要数据表

生铁产量	30 万吨	粗钢产量	65 万吨
钢材实际消费	808.2 万吨	人均钢材实际消费	202.7kg
钢材进口	546.5 万吨	钢材出口	
铁矿石生产	70 万吨	铁矿石进口	
铁矿石出口		钢产量世界排名	55
废钢进口		废钢出口	

注：铁矿石生产及钢材实际消费数据为 2015 年数据。

8.3.2.4　钢铁生产和消费情况

2016 年阿尔及利亚粗钢产量 65 万吨，热轧长材产量 25 万吨。2016 年，粗钢表观消费 632 万吨，人均粗钢表观消费 155.6kg；钢材表观消费 568.8 万吨，人均钢材表观消费 140.1kg。2015 年钢材实际消费 808.2 万吨，人均实际钢材消费 202.7kg，如图 8-65 所示。

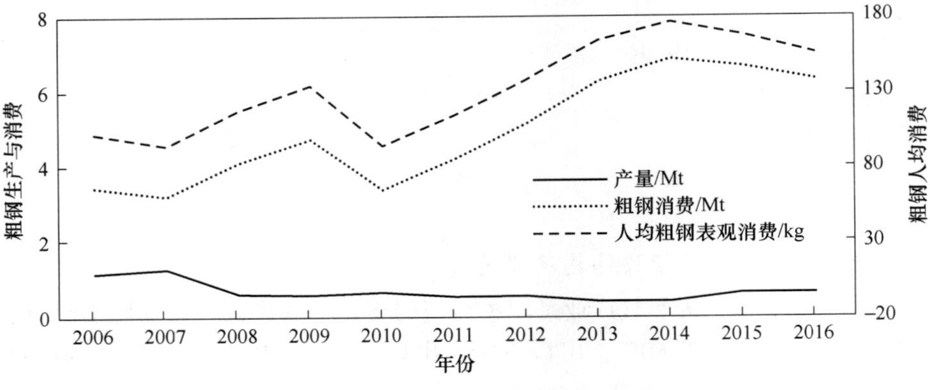

图 8-65　钢铁生产及消费情况

8.3.2.5　钢铁生产基础设施配套能力

伴随着钢产量的逐年下降，阿尔及利亚铁矿石产量逐年下降，并停止了铁矿石的贸易。2015 年生产铁矿石 70 万吨，如图 8-66 所示。

自 2011 年，废钢结束了出口。

阿尔及利亚公路总里程 11.2 万公里，铁路总长 4772km。

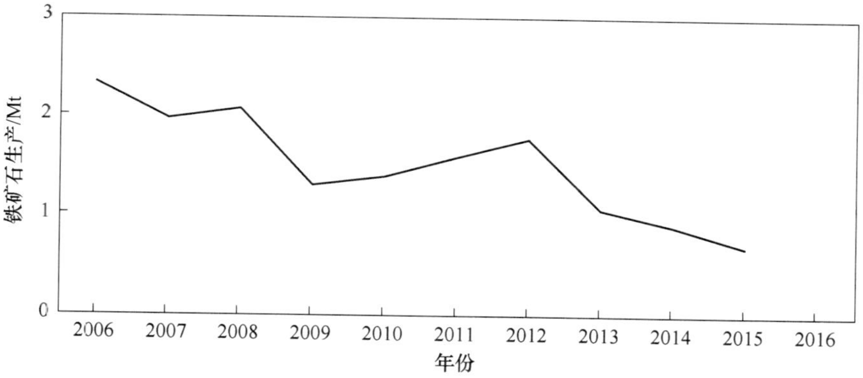

图 8-66　铁矿石生产情况

发电能力 8502GW。

8.3.2.6　钢铁贸易

阿尔及利亚的各类钢铁产品以进口为主。2016 年成品及半成品钢进口 546.5 万吨，其中长材进口 369.9 万吨、扁平材进口 80 万吨，如图 8-67 所示。

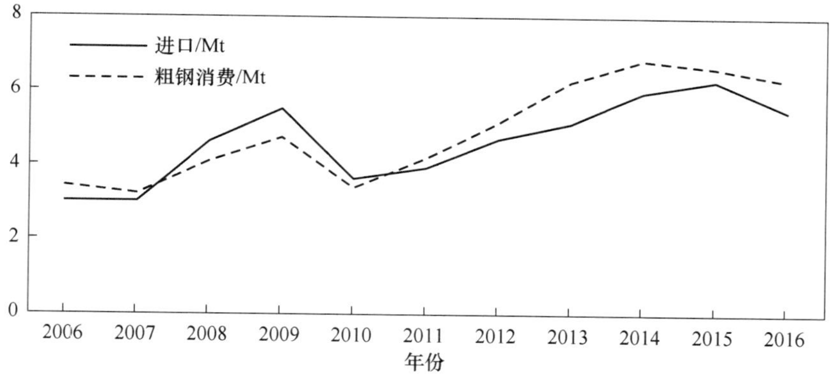

图 8-67　钢材进出口情况

8.3.2.7　行业相关政策

A　税收体系

阿尔及利亚现行税制以所得为主要税种，辅以其他机关税种构成。主要税种有总收入所得税、公司利润税、工商营业税、增值税、地产税、遗产税、内部消费税、石油税收、注册税、印花税等。征收方法采用源头扣缴和查实征收两种方法，分别适用于对薪金及利息所得的征税和对其他各项所得的征税。

B　主要税种

(1) 总收入所得税（IRG），也称个人所得税。纳税人的总收入包括生产经营收入、财产转让收入、利息、股息与红利收入、财产租赁收入、特许权使用费收入、工资及薪金收入、劳动报酬所得、稿酬收入和其他收入等。纳税人每一纳税年度的收入总额减去准予扣除款后的余额为应纳税所得额，见表 8-194。

表 8-194 总收入所得税（IRG）税率

全年应纳税所得额/第纳尔	税率/%
0~120000	0
120001~360000	20
360001~1440000	30
1440000 以上	35

数据来源：商务部国别指南。

（2）公司利润税（IBS）。阿尔及利亚的责任有限公司、一人有限责任公司、股份公司、合伙公司、工商事业机构等资本运作单位，以及税法规定的其他法人实体均需按规定缴纳公司利润税。征收对象为阿尔及利亚公司的境内及境外所得和外国公司来源于阿尔及利亚的所得。

公司利润指生产经营收入、资本利得、股息和利息、租金、特许权使用费、劳务收入和其他收入等减去为取得收入而发生的、税法允许扣除的各种费用和损失后的余额。公司利润税税率见表 8-195。

表 8-195 公司利润税（IBS）税率

基本利润税	25%
再投资利润税	12.5%
特殊收入款项须征缴的利润税：	
债权、存款、保证金等利润所得	10%
匿名票据或证券等利润所得	30%（可减免）
未在阿尔及利亚设立公司的外国企业提供服务所获得的利润	24%
特许权使用费收入利润	24%

（3）职业行为税（TAP），也称为营业税。在阿尔及利亚境内提供服务（建筑、旅游、饮食、运输、金融、文体、仓储、代理、广告、娱乐等）、转让无形资产（转让土地使用权、专利权、商标权、著作权等）或者销售不动产（销售建筑物及其他土地附着物等）的企业或个人应缴纳该税。职业行为税的征课对象主要为服务提供者或者自由职业者。税率为 2%。

（4）增值税（TVA）。在阿尔及利亚境内从事工业、商业或手工业、自由职业、金融保险、进口、批发零售、提供服务和智力支持、娱乐消费等职业者均须按规定缴纳增值税。

$$增值税应纳税额=销售额\times税率$$

销售额为纳税人销售货物或者提供服务向购买方收取的全部价款和价外费用，其中不含增值税支出。税率分为两种，其中基本增值税税率为 17%，适用于一般性行业；优惠增值税税率为 7%，适用于电力煤气等能源供应、食品、房地产、医疗服务和中介服务等行业。

（5）地产税（TF）。阿尔及利亚地产税按无建筑物地产和有建筑物地产两类进行课税，见表 8-196。

表 8-196　地产税（TF）税率

农业用地使用税	3%
非城区无建筑物土地使用税	5%
面积不超过 $500m^2$ 的城区无建筑物土地使用税	5%
面积大于 $500m^2$ 且不超过 $1000m^2$ 的无建筑物土地使用税	7%
面积超过 $1000m^2$ 的无建筑物土地使用税	10%
房产购置税	3%
房产转让税	10%
房产租赁税	7%
面积不超过 $500m^2$ 的城区有建筑物土地使用税	5%
面积大于 $500m^2$ 且不超过 $1000m^2$ 的有建筑物土地使用税	7%
面积超过 $1000m^2$ 的有建筑物土地使用税	10%

（6）印花税（DT）。阿尔及利亚政府对在官方注册登记的购销合同、商业票据、营业证书、转讫收据、身份证件等有关凭证的企业或个人征收印花税，见表 8-197。

表 8-197　印花税（DT）税率

普通合同	400 第纳尔
一般收据	200 第纳尔
营业执照	4000 第纳尔
身份证件	500 第纳尔

此外，现金支付的发票，按发票含税额征收 1%的印花税。

C　外汇管理

阿尔及利亚实行外汇管制。阿尔及利亚中央银行在外汇管制上有总管辖权，负责制定外汇交易管理法规并监督指定的银行实施法规。此外，中央银行授权阿尔及利亚国民银行、人民信贷银行、对外银行、地方发展银行、农业与乡村发展银行以及互助储蓄银行等 6 家国有商业银行对外汇实施管理，允许美国花旗银行、法国兴业银行等少数外国银行或私人银行在阿尔及利亚设立分行进行外汇业务操作。只有中央银行及其授权外汇银行才可进行第纳尔与其他外汇之间的兑换。除此之外，禁止其他在阿尔及利亚境内的任何外汇交易。

在阿尔及利亚境内的阿尔及利亚的公民，无论法人或是自然人，均可用外币开设外汇结算账户。外国人开设的外汇账户可以接收来自国外的汇款，也可以接收来自阿尔及利亚不同银行外币账户的转款，或者是等额的第纳尔，但在存储或支出时需按向国外转汇的条件进行办理。对以个人名义开设的外币账户，只有在贷方有余额的情形下，才允许操作，不允许出现借方余额。

对于非阿尔及利亚股权的外国公司，如果和阿尔及利亚股权公司签订了商业合同，则可以开立 CEDAC 账户（可转汇第纳尔账户，可与 INR 账户同时开立）。该账户的余额为第纳尔，在往国外转款时转为外汇。

8.3.2.8 生产和消费情况（数据来源：Worldsteel）

有关生产和消费情况见表 8-198～表 8-202。

表 8-198 需求和供应平衡表（2016 年）

品种	生产 /kt	出口 /kt	进口 /kt	间接净出口 /kt	表观消费 /kt	人均表观消费 /kg	实际消费 /kt	人均实际消费 /kg
铁矿石	700		2					
生铁	300	14						
直接还原铁								
粗钢	650	0	5465		6320	155.6		
成品钢	750		5012	-2092	5688	140.1	8082	202.7
热轧长材	250		3699					
热轧扁平材			800					
管材			513					

注：铁矿石生产、间接净出口和实际钢材消费数据为 2015 年数据。

表 8-199 分品种年度生产表 单位：kt

品种	2006 年	2007 年	2008 年	2009 年	2010 年	2011 年	2012 年	2013 年	2014 年	2015 年	2016 年
铁矿石	2340	1982	2077	1307	1400	1600	1784	1067	911	700	
生铁	1093	1193	690	680	696	360	350	300	300	300	300
直接还原铁											
粗钢	1158	1278	619	597	662	551	557	417	415	650	650
氧气转炉	1158	1278	619	597	662	551	557	417	415	650	650
电炉											
热轧长材	420	470	230	220	240	200	200	160	250	250	250
热轧扁平材											
大型型材											
小型型材											
钢筋											
热轧棒材											
线材											
热轧板（≥3mm）											
热轧板、卷、带钢（<3mm）											

续表 8-199

品种	2006 年	2007 年	2008 年	2009 年	2010 年	2011 年	2012 年	2013 年	2014 年	2015 年	2016 年
电工板											
管材											
无缝钢管											
焊接钢管											

表 8-200　年度钢消费表

品种	2006 年	2007 年	2008 年	2009 年	2010 年	2011 年	2012 年	2013 年	2014 年	2015 年	2016 年
粗钢表观消费/kt	3448	3232	4108	4752	3403	4208	5160	6268	6858	6656	6320
人均粗钢表观消费/kg	102.2	94.3	118.0	134.2	94.4	114.6	137.8	164.1	176.2	167.8	155.6
成品钢表观消费/kt	3103	2909	3697	4277	3063	3787	4644	5641	6173	5990	5688
人均成品钢表观消费/kg	91.9	84.9	106.2	120.8	85.0	103.1	124.0	147.7	158.5	151.0	140.1
成品钢实际消费/kt	3965	4051	5138	5868	4651	5273	6400	7561	8354	8082	
成品钢人均实际消费/kg	117.5	118.2	147.6	165.8	129.1	143.6	171.0	198.0	214.6	202.7	

表 8-201　年度铁矿石、废钢生产及进出口表　　单位：kt

品种	2006 年	2007 年	2008 年	2009 年	2010 年	2011 年	2012 年	2013 年	2014 年	2015 年	2016 年
铁矿石产量	2340	1982	2077	1307	1400	1600	1784	1067	911	700	
铁矿石出口											
铁矿石进口	543	543	213		117	11	26				2
废钢出口	728	335	667	668	379	1					
废钢进口											

表 8-202　年度钢铁贸易表　　单位：kt

品　种	2006 年	2007 年	2008 年	2009 年	2010 年	2011 年	2012 年	2013 年	2014 年	2015 年	2016 年
半成品和成品钢出口	100	124	84	10	3	11	23	15	4	5	0
半成品和成品钢进口	3018	3018	4653	5510	3654	3947	4723	5126	5975	6300	5465
钢锭和半成品出口											
钢锭和半成品进口	181	181	219	118	1	8	15	65	208	502	376
长材出口											

续表 8-202

品种	2006 年	2007 年	2008 年	2009 年	2010 年	2011 年	2012 年	2013 年	2014 年	2015 年	2016 年
长材进口	1917	1878	3001	3504	2581	3193	3732	3936	4480	4460	3699
扁平材出口											
扁平材进口	265	265	470	290	344	459	678	709	956	1065	800
管材出口											
管材进口	629	629	885	1313	711	279	289	367	323	413	513
生铁出口	30	46	50	65	33	27	23	9	17	14	
生铁进口											
直接还原铁出口											
直接还原铁进口											
钢材间接出口	12	3	5	4	2	3	15	2	1	8	
钢材间接进口	874	1145	1446	1595	1591	1489	1771	1921	2183	2100	
钢材间接净出口	-862	-1142	-1141	-1591	-1588	-1486	-1756	-1920	-2182	-2092	

8.3.3　埃及 Egypt

8.3.3.1　基本情况

埃及基本情况见表 8-203。

表 8-203　埃及国家基本情况表

首都	开罗	领土面积	100.1 万平方千米
人口	8670 万	官方语言	阿拉伯语
主要民族	阿拉伯人、科普特人	主要宗教	伊斯兰教、基督教
货币	埃及磅（EGP）	对美元汇率	17.62∶1
GDP	3308 亿美元	人均 GDP	3615 美元
GDP 增长率	2%	营商环境排名	56.64（122/190）
清廉指数	34（108/176）	国际竞争力	3.90（100/137）
经济自由度指数	52.6（144/180）	人类发展指数（HDI）	0.691（111/188）
中信保国家风险评级	7（7/9）	主权信用风险评级	CCC（7/9）
EIU 评级	B	与我国建交时间	1956 年 5 月 30 日
主要双边协议	1994 年 4 月，投资保护协定； 1997 年 8 月，关于对所得避免双重征税和防偷漏税协定； 1999 年 4 月，关于建立战略合作关系的联合公报； 2006 年 6 月，关于深化战略合作关系的实施纲要； 2012 年 8 月，经济技术合作协定； 2014 年 12 月，关于建立全面战略伙伴关系的联合声明； 2015 年 9 月，产能合作框架协议； 2016 年 1 月，关于共同推进一带一路建设的谅解备忘录； 2016 年 1 月，关于加强两国全面战略伙伴关系的五年实施纲要		
中国出口	119.6 亿美元	中国进口	9.2 亿美元

根据世界经济论坛2017年统计分析报告，商务活动中将面临的主要问题有（按照百分制的权重）：

（1）政策不稳定，15.2%。

（2）通货膨胀，14.2%。

（3）腐败，9.8%。

（4）政府官僚主义，9.0%。

（5）未受过教育的劳动力，7.9%。

（6）融资渠道，7.8%。

（7）税率，7.7%。

8.3.3.2　埃及经济结构和贸易情况

埃及拥有相对完整的工业、农业和服务业体系。服务业约占国内生产总值50%。工业以纺织、食品加工等轻工业为主。农业占国内生产总值14%。石油天然气、旅游、侨汇和苏伊士运河是四大外汇收入来源。

主要矿产资源有石油、天然气、磷酸盐、铁等。已探明的储量为：石油44.5亿桶，天然气2.186万亿立方米，磷酸盐约70亿吨，铁矿6000万吨。此外还有锰、煤、金、锌、铬、银、钼、铜和滑石等矿产资源。天然气出口占产量的30%。埃及电力供应以火电为主，占86.9%。全国电网覆盖率达99.3%。

工业以纺织和食品加工等轻工业为主，具有较完整的产业链。工业约占国内生产总值的16%，工业产品出口约占商品出口总额的60%，纺织工业从业人员150万人，占全国工业就业人口的14%。

埃及同120多个国家和地区建立了贸易关系，主要贸易伙伴是美国、西欧，以及日本、沙特、阿联酋等。由于出口商品少，外贸连年逆差。为扩大对外出口，减少贸易逆差，埃及政府采取了发展民族工业措施，争取生产更多的进口替代商品，争取扩大出口，特别是原油、原棉以外的非传统性商品的出口。限制进口，特别是消费性制成品的进口。埃及出口商品主要销往阿拉伯国家。

埃及主要进口商品包括机械设备、谷物、电器设备、矿物燃料、塑料及其制品、钢铁及其制品、木及木制品、车辆、动物饲料等。主要出口产品包括矿物燃料（原油及其制品）、棉花、陶瓷、纺织服装、铝及其制品、钢铁、谷物和蔬菜。

2014年下半年以来，埃及局势逐步趋稳，投资环境得以改善。

8.3.3.3　钢铁行业基本情况

截至2016年年底，钢铁行业的基本情况见表8-204。

表8-204　钢铁行业主要数据表

生铁产量	50万吨	粗钢产量	503.6万吨
钢材实际消费	1189万吨	人均钢材实际消费	126.8kg
钢材进口	915.1万吨	钢材出口	80.8万吨
铁矿石生产	150万吨	铁矿石进口	406.2万吨

续表 8-204

铁矿石出口		钢产量世界排名	28
废钢进口	102.8 万吨	废钢出口	3.2 万吨

注：铁矿石生产及钢材实际消费数据为 2015 年数据。

8.3.3.4　钢铁生产和消费情况

2016 年埃及粗钢产量 503.6 万吨，热轧长材产量 697.5 万吨。2016 年，粗钢表观消费 1250.1 万吨，人均粗钢表观消费 130.6kg；钢材表观消费 1168.3 万吨，人均钢材表观消费 122.1kg。2015 年钢材实际消费 1189 万吨，人均实际钢材消费 126.8kg，如图 8-68 所示。

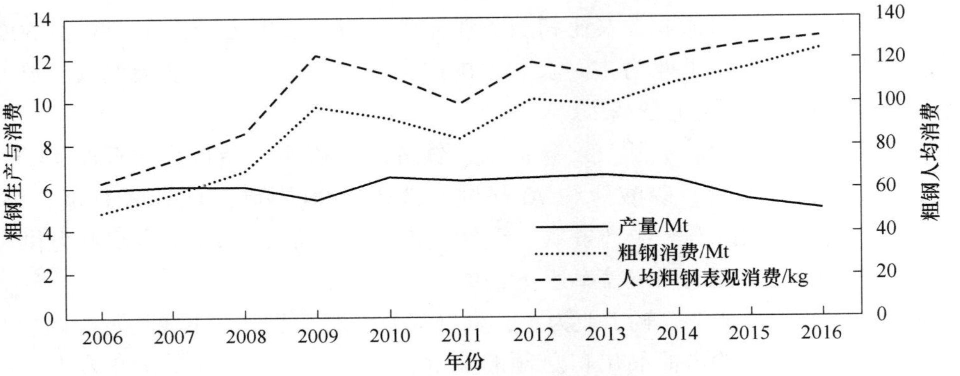

图 8-68　埃及钢铁生产及消费情况

从图 8-68 中可以看出，埃及的钢生产近几年出现了缓慢下降，消费出现了增长，导致消费对外的依存度增加。根据世界钢铁协会的数据，2017 年粗钢生产 680 万吨，比 2016 年同期增长了 35.0%。

8.3.3.5　钢铁生产基础设施配套能力

铁矿石的生产不能满足钢铁生产的需要，需要进口。2015 年，铁矿石生产 150 万吨，进口 220.9 万吨。2016 年铁矿石进口 406.2 万吨，如图 8-69 所示。

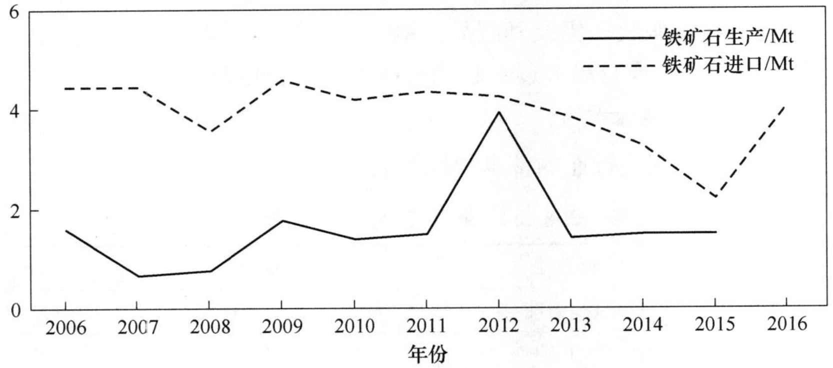

图 8-69　铁矿石生产及进出口情况

埃及炼钢工艺以电炉炼钢为主，废钢以进口为主，废钢进口长期保持在 200 万~300 万吨，但 2015 年废钢进口仅为 93 万吨，2016 年为 102.8 万吨，没有恢复到往年的水平，如图 8-70 所示。

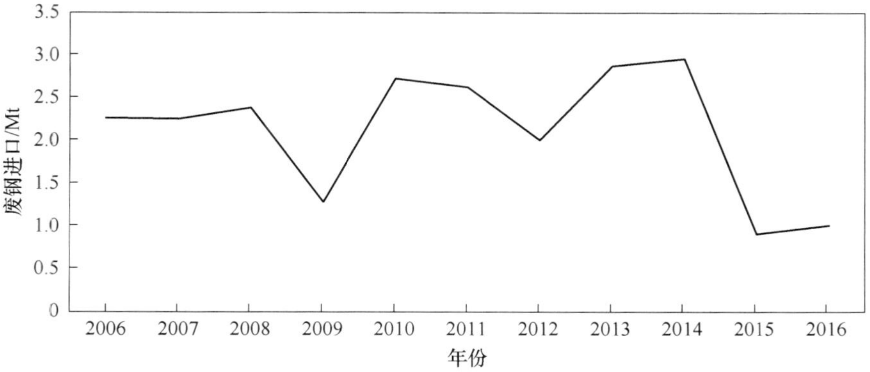

图 8-70 埃及废钢进口情况

埃及公路基本连接全国大部分城镇乡村，公路全长 6.4 万公里，其中主干道 2.2 万公里，分为九大公路走廊，主要干线有开罗—亚历山大公路（240km）、开罗—阿斯旺公路（2000km）、红海公路（350km）、地中海公路（1100km）等。

埃及从 1851 年开始修建铁路。目前埃及铁路线长度 9528km。2012 年货运量 1279 百万吨公里。埃及铁路目前运力为 120 万吨，承担 5%的货物运输。

埃及境内的尼罗河可以全线通航，加上灌溉用的河渠，可通航水道总长约 3000km。沟通地中海和红海的苏伊士运河长 190.25km，通过海运的世界贸易量中的 10%通过苏伊士运河运输。

埃及目前发电总装机容量为 31090GW。平时能满足工农业生产的基本需求，但夏季用电高峰时期电力供求关系紧张。埃及的电力主要产自使用燃油和天然气的火力发电厂。天然气发电约占总发电量的 77.3%。阿斯旺水电站是埃及现有唯一一座水电站。埃及和约旦、利比亚实现了电力联网，并计划与苏丹和沙特联网。

水价为每立方米 1 埃镑，电价为每度 0.25 埃镑，天然气为每立方米 0.4 埃镑，92 号汽油为 1.85 埃镑/L，柴油 0.4 埃镑/L。

8.3.3.6 钢铁贸易

2016 年，埃及成品及半成品钢出口 80.8 万吨，成品及半成品钢进口 915.1 万吨，钢锭进口 399.4 万吨，长材进口 271.4 万吨，扁平材进口 163.4 万吨，如图 8-71 所示。

8.3.3.7 行业相关政策

A 税收体系

埃及税收制度健全，税率相对简单。财政部下属的 4 个独立的税务局分别负责所得税、销售税、海关关税和房地产税的管理。

B 主要税种

（1）公司所得税。公司所得税的征税对象是埃及境内的常驻法人单位以及非常驻单

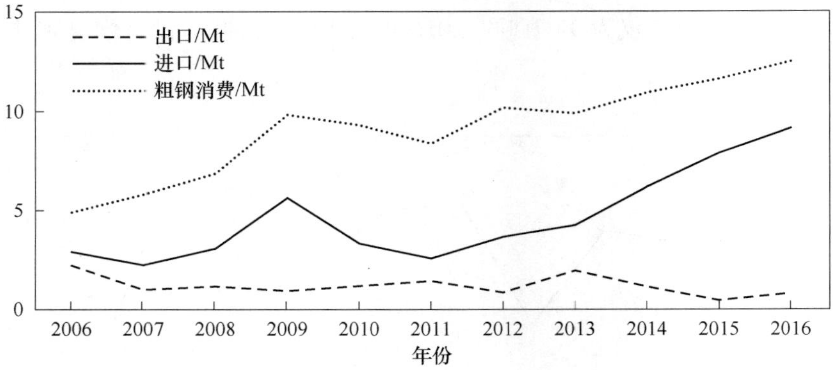

图 8-71 钢材进出口情况

位在埃及境内的分支机构、车间、工厂或其他单位。除苏伊士运河管理局、石油总公司、中央银行按照40%纳税；石油、天然气勘探、开采、加工企业按照40.55%纳税，绝大部分公司收益按20%征税。埃及对付给境外股东股息的预提所得税汇率为32%。但根据《中华人民共和国政府和埃及政府关于对所得税避免双重征税和防止透漏税的协定》，上述税率减低到8%，并可在国内申请抵免所缴纳的企业所得税。

（2）营业税。在埃及设立的服务业和制造业经营机构年营业额超过54000埃镑，批发零售业年营业额超过15万埃镑的，进口商（不论营业额多少）均需注册交纳营业税。在埃及进行的大部分交易需缴纳营业税，商品的税率为10%~25%、服务的税率为5%~15%。现行营业税体系通常不予抵消输入与输出服务税。

（3）房地产税。年租金低于6000埃镑的免征房地产税，高于6000埃镑的在扣除以下维护费用后按年租金的10%征收。用于生活住宿用的房地产年租金的30%。用于其他目的的房地产年租金的32%。

（4）开发税。埃及开发税征税对象包括雇员工资、埃及公司董事酬金、工商活动收入、非商业收入。个人上述收入超过1.8万埃镑的按2%纳税。雇员工资按月纳税，其他可与收入统一税同时缴纳。

（5）关税。目前埃及商品的加权平均关税为5.5%。

（6）个人所得税。埃及境内个人的所有收入都应记入应税收入。个人所得税税率为年收入5000埃镑以内免税；5001~20000埃镑税率10%；20001~40000埃镑税率15%；40000埃镑以上税率为20%。

（7）社会保险费。雇员的养老、伤残、死亡、失业和医疗保险由雇主和雇员共同负担，雇主从雇员工资中代扣社会保险，和雇员的份额一起按月上缴社会保障局。

C 外汇管理

外国投资公司可在银行开设美元账户并保留美元利润，外汇自由兑换。

8.3.3.8 生产和消费情况（数据来源：Worldsteel）

有关生产和消费情况见表8-205~表8-209。

表 8-205　需求和供应平衡表（2016 年）

品种	生产/kt	出口/kt	进口/kt	间接净出口/kt	表观消费/kt	人均表观消费/kg	实际消费/kt	人均实际消费/kg
铁矿石	1500		4062					
生铁	500		72					
直接还原铁	2618		32					
粗钢	5036	808	9151		12501	130.6		
成品钢	8001	496	5151	-1028	11683	122.1	11890	126.8
热轧长材	6975	95	2714					
热轧扁平材	1026	401	1634					
管材			803					

注：铁矿石生产、间接净出口和实际钢材消费数据为 2015 年数据。

表 8-206　分品种年度生产表　单位：kt

品种	2006 年	2007 年	2008 年	2009 年	2010 年	2011 年	2012 年	2013 年	2014 年	2015 年	2016 年
铁矿石	1600	665	773	1780	1400	1500	3930	1422	1500	1500	
生铁	1100	1000	900	800	600	600	550	550	550	500	500
直接还原铁	2800	2786	2643	3051	2965	2932	3068	3432	2882	2451	2618
粗钢	6045	6224	6198	5541	6676	6485	6627	6754	6485	5506	5036
氧气转炉	1300	1000	900	840	600	545	530	540	510	580	575
电炉	4750	5225	5300	4700	6075	5940	6100	6215	5970	4930	4460
热轧长材	4326	4626	5037	5200	6302	5426	6229	6372	7288	6986	6975
热轧扁平材	2095	2061	1729	1152	1637	1162	1036	1066	849	689	1026
大型型材											
小型型材											
预应力钢筋	3469	3790	4186	4285	5437	4556	5116	5153	6258	6114	6239
热轧棒材											
线材	856	836	851	915	865	870	1113	1219	1030	873	736
热轧板（≥3mm）											
热轧板、卷、带钢（<3mm）	2095	2061	1729	1152	1637	1162	1036	1066	849	689	1026
电工板											
管材											
无缝钢管											
焊接钢管											

表 8-207 年度钢消费表

品种	2006 年	2007 年	2008 年	2009 年	2010 年	2011 年	2012 年	2013 年	2014 年	2015 年	2016 年
粗钢表观消费/kt	4910	5793	6864	9829	9306	8370	10182	9900	10930	11622	12501
人均粗钢表观消费/kg	64.4	74.6	86.9	122.2	113.4	99.9	118.9	113.0	122.0	127.0	130.6
成品钢表观消费/kt	4663	5465	7460	11054	9332	7780	9468	9207	10182	10862	11683
人均成品钢表观消费/kg	61.1	70.4	94.5	137.4	113.7	92.9	110.5	105.1	113.7	118.7	122.1
成品钢实际消费/kt	4942	5824	8363	11740	10938	8749	10299	10032	11281	11890	
成品钢人均实际消费/kg	64.8	75.0	105.9	145.9	133.3	104.4	120.2	114.5	125.9	126.8	

表 8-208 年度铁矿石、废钢生产及进出口表 单位：kt

品种	2006 年	2007 年	2008 年	2009 年	2010 年	2011 年	2012 年	2013 年	2014 年	2015 年	2016 年
铁矿石产量	1600	665	773	1780	1400	1500	3930	1422	1500	1500	
铁矿石出口											
铁矿石进口	4435	4435	3562	4583	4178	4343	4235	3824	3249	2209	4062
废钢出口	31		941	30	786	32	46	30	23	13	32
废钢进口	2275	2274	2398	1299	2736	2644	2021	2891	2971	928	1028

表 8-209 年度钢铁贸易表 单位：kt

品　种	2006 年	2007 年	2008 年	2009 年	2010 年	2011 年	2012 年	2013 年	2014 年	2015 年	2016 年
半成品和成品钢出口	2219	991	1157	941	1184	1425	847	1958	1153	543	808
半成品和成品钢进口	2905	2249	3066	5625	3324	2574	3654	4237	6167	7881	9151
钢锭和半成品出口	282	21	2		16	30	23	181	110	34	6
钢锭和半成品进口	1873	960	1450	1315	1176	1012	1613	2602	3085	3570	3994
长材出口	872	669	201	163	379	568	347	595	269	30	95
长材进口	181	170	330	3089	1015	584	784	446	1533	2538	2714
扁平材出口	490	292	877	743	776	777	474	1141	770	135	401
扁平材进口	535	535	870	422	813	668	901	855	1212	1375	1634
管材出口											
管材进口	312	312	381	419	316	306	348	326	328	392	803
生铁出口											
生铁进口	5	5	36	35	35	21	1	59	113	177	72

续表 8-209

品　种	2006 年	2007 年	2008 年	2009 年	2010 年	2011 年	2012 年	2013 年	2014 年	2015 年	2016 年
直接还原铁出口											
直接还原铁进口	126	126		148	158	172	187	86	67	0	32
钢材间接出口	175	180	233	324	320	214	135	223	237	132	
钢材间接进口	454	539	1136	1010	1927	1183	966	1048	1337	1160	
钢材间接净出口	-279	-359	-903	-686	-1606	-969	-831	-825	-1099	-1028	

8.3.4 摩洛哥 Morocco

8.3.4.1 基本情况

摩洛哥基本情况见表 8-210。

表 8-210 摩洛哥国家基本情况表

首都	拉巴特	领土面积	44.65 万平方千米
人口	3349 万	官方语言	阿拉伯语
主要民族	阿拉伯人、柏柏尔人	主要宗教	伊斯兰教
货币	摩洛哥迪拉姆（MAD）	对美元汇率	9.42：1
GDP	1006 亿美元	人均 GDP	2878 美元
GDP 增长率	3.11%	营商环境排名	67.5（68/190）
清廉指数	37（90/176）	国际竞争力	4.24（71/137）
经济自由度指数	61.5（86/180）	人类发展指数（HDI）	0.647（123/188）
中信保国家风险评级	6（6/9）	主权信用风险评级	B（6/9）
EIU 评级	BB	与我国建交时间	1958 年 11 月 1 日
主要双边协议	1995 年 3 月，经济和贸易协定； 1995 年 3 月，投资保护协定； 2002 年 4 月，避免双重征税协定		
中国出口	29 亿美元	中国进口	5.3 亿美元

根据世界经济论坛 2017 年统计分析报告，商务活动中将面临的主要问题有（按照百分制的权重）：

（1）腐败，15.1%。

（2）政府官僚主义，13.8%。

（3）融资渠道，11.4%。

（4）税率，10.8%。

（5）未受过教育的劳动力，10.3%。

（6）创新能力不足，8.1%。

8.3.4.2 摩洛哥经济结构和贸易情况

摩洛哥经济总量在非洲排名第五（在尼日利亚、埃及、南非、阿尔及利亚之后）。磷酸盐出口、旅游业、侨汇是摩洛哥主要经济支柱。粮食不能自给。纺织服务业是重要产业之一。

主要矿产资源是磷酸盐，估计储量1100亿吨，占世界储量的75%，是世界第二大磷酸盐生产国。其他矿产资源有铁、铅、锌、钴、锰、重晶石、油页岩等。其中油页岩储量1000亿吨以上，含原油60亿吨。

工业门类主要有农业食品加工、采矿、纺织服装、皮革加工、化工医药和机电冶金工业等。摩洛哥磷酸盐是世界出口第一大国，2016年摩磷酸盐贸易额约43亿美元。纺织服装产值约占国内生产总值的16%，主要出口法国、西班牙、英国、德国、意大利等。手工业在国民经济中占重要位置，主要产品有毛毯、皮革制品、金属加工品、陶瓷和木制家具等。

能源对外依赖程度高，目前超过95%的基础能源依赖进口，每年能源需求增速达6.5%。摩洛哥风能、太阳能资源较丰富，政府积极发展可再生能源，计划到2020年前投资217亿美元，将可再生能源总装机量提高到800万千瓦，将占其全部电力生产的42%。

摩洛哥同90多个国家和地区有贸易往来，主要贸易伙伴为欧洲国家，占进出口总额的70%。西班牙和法国是摩洛哥最重要的贸易伙伴国。2004年，摩洛哥与突尼斯、埃及、约旦签署了“阿加迪尔协定”，宣布成立四国自由贸易区。同年，摩洛哥分别与美国和土耳其签署双边自由贸易协议。2006年1月，摩美自贸协定正式生效。2008年，摩洛哥获得欧盟给予的优先地位，2010年摩洛哥与欧盟建立自由贸易区。主要出口国有西班牙、法国、意大利等，主要进口国有西班牙、法国、中国等。

主要出口机电产品、运输设备、非针织服装、肥料、无机化学品、建筑材料等。主要进口矿物燃料、机电产品、机械设备、运输设备、粮食等。

法国、阿联酋、西班牙、沙特阿拉伯、美国、德国等在摩洛哥均有投资。摩洛哥外来直接投资主要集中在工业、房地产、能矿和金融等领域。2016年，摩洛哥吸收外资流量为23.2亿美元；截至2016年年底，摩洛哥吸收外资存量为547.8亿美元。摩洛哥在非洲最具投资吸引力国家中排名第二，仅次于南非。

2016年，产业结构中，农业、工业、服务业占GDP的比重分别为13%、29.8%和57.2%。

8.3.4.3 钢铁行业基本情况

截至2016年年底，摩洛哥钢铁行业的基本情况见表8-211。

表8-211 钢铁行业主要数据表

生铁产量		粗钢产量	52万吨
钢材实际消费	323.6万吨	人均钢材实际消费	93kg
钢材进口	215.2万吨	钢材出口	5.6万吨
铁矿石生产		铁矿石进口	
铁矿石出口		钢产量世界排名	62
废钢进口	24万吨	废钢出口	6.1万吨

注：钢材实际消费数据为2015年数据。

8.3.4.4 钢铁生产和消费情况

2016 年摩洛哥粗钢产量 52 万吨，热轧长材产量 131.5 万吨。2016 年，粗钢表观消费 317.7 万吨，人均粗钢表观消费 90kg；钢材表观消费 285.9 万吨，人均钢材表观消费 81kg。2015 年钢材实际消费 323.6 万吨，人均实际钢材消费 93kg，如图 8-72 所示。

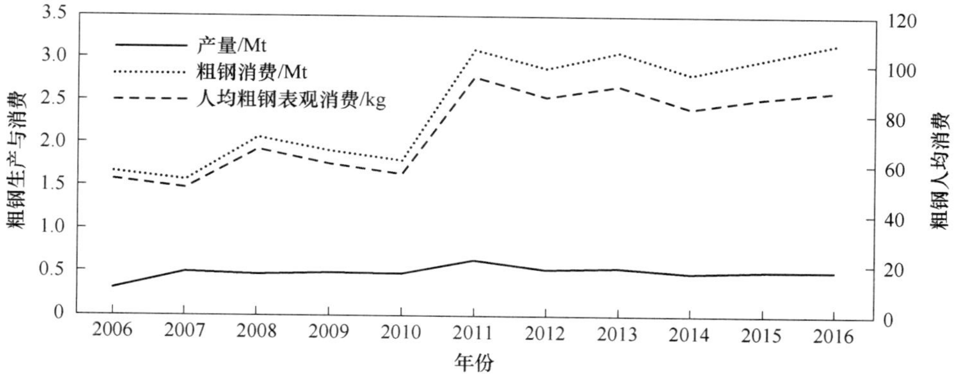

图 8-72 钢铁生产与消费情况

8.3.4.5 钢铁生产基础设施配套能力

摩洛哥以电炉炼钢为主，主要原材料为废钢，以进口为主，但波动较大，如图 8-73 所示。

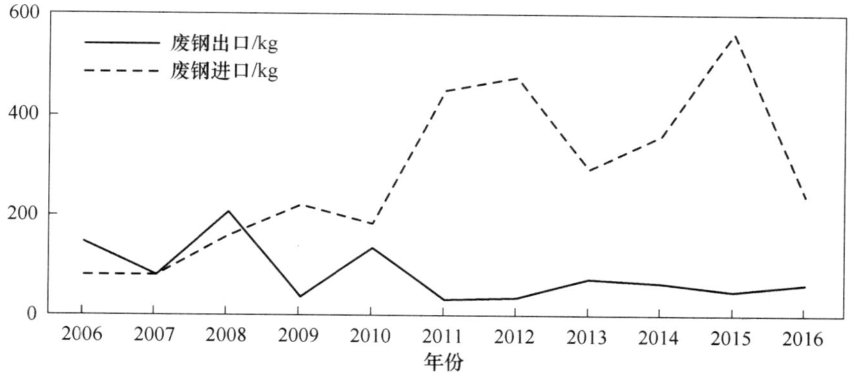

图 8-73 废钢进出口情况

摩洛哥公路系统在非洲相对较好，2015 年总里程 57334km，其中高速公路 1626km，沥青铺装路 41102km。

全国投入运营的铁路总长 2110km，年货运量 3400 万吨。

截至 2014 年年底，摩洛哥国家电力局装机容量 7994GW，其中火电 5427GW、水电 1306GW、风电 797GW。电力基本能满足国内的需求，并已经与西班牙、阿尔及利亚电网连接。

8.3.4.6 钢铁贸易

摩洛哥的钢铁消费以进口为主。2016 年，成品及半成品钢进口 215.2 万吨，长材进口 63.5 万吨，扁平材进口 42.6 万吨，如图 8-74 所示。

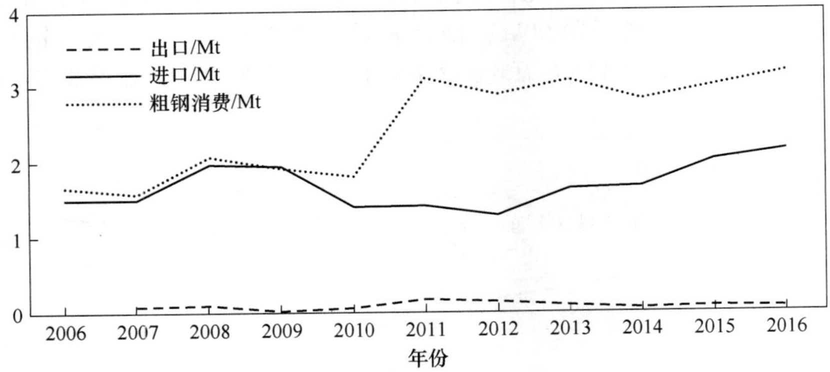

图 8-74　钢铁进出口情况

8.3.4.7　行业相关政策

A　税收体系

摩洛哥实施属地和属人相结合的税收原则。

B　主要税种

（1）公司税。税率为利润的 30%，金融机构为 37%。

（2）所得税。实行累进制，见表 8-212。

表 8-212　所得税累进利率表

年收入/迪拉姆	税率/%	扣除/迪拉姆
0~30000	0	0
30001~50000	10	3000
50001~60000	20	8000
60001~80000	30	14000
80001~180000	34	17200
180000 以上	38	24400

（3）增值税。正常为 20%，根据不同的行业有一些优惠利率，分别可以达到 7%、10%、14%。

C　外汇管理

实施外汇管制，管理部门为外汇管理局。摩洛哥国民不能建立外汇账户和持有外汇，外国人可以建立外汇账户，但入账的外汇将自动转换为当地币。

8.3.4.8　生产和消费情况（数据来源：Worldsteel）

有关生产和消费情况见表 8-213~表 8-217。

表 8-213　需求和供应平衡表（2016 年）

品种	生产/kt	出口/kt	进口/kt	间接净出口/kt	表观消费/kt	人均表观消费/kg	实际消费/kt	人均实际消费/kg
铁矿石								
生铁								
直接还原铁								
粗钢	520	56	2152		3177	90.0		
成品钢	1315	55	1151	-536	2859	81.0	3236	93.0
热轧长材	1315	3	635					
热轧扁平材		52	426					
管材			90					

注：铁矿石生产、间接净出口和实际钢材消费数据为 2015 年数据。

表 8-214　分品种年度生产表　单位：kt

品种	2006 年	2007 年	2008 年	2009 年	2010 年	2011 年	2012 年	2013 年	2014 年	2015 年	2016 年
铁矿石											
生铁											
直接还原铁											
粗钢	314	512	478	499	485	654	539	558	501	516	520
氧气转炉											
电炉	314	512	478	499	485	654	539	558	501	516	520
热轧长材	957	1016	916	963	1035	1090	855	1035	970	1305	1315
热轧扁平材											
大型型材											
小型型材											
预应力钢筋	957	909	796	843							
热轧棒材											
线材		107	121	120							
热轧板（≥3mm）											
热轧板、卷、带钢（<3mm）											
电工板											
管材											
无缝钢管											
焊接钢管											

表 8-215　年度钢消费表

品　种	2006 年	2007 年	2008 年	2009 年	2010 年	2011 年	2012 年	2013 年	2014 年	2015 年	2016 年
粗钢表观消费/kt	1666	1578	2084	1919	1814	3110	2889	3081	2817	3000	3177
人均粗钢表观消费/kg	54.3	50.9	66.5	60.5	56.5	95.6	87.6	92.1	83.0	87.3	90.0
成品钢表观消费/kt	1499	1420	1876	1727	1633	2799	2600	2773	2535	2700	2859
人均成品钢表观消费/kg	48.8	45.8	59.8	54.5	50.9	86.0	78.8	82.9	74.7	78.5	81.0
成品钢实际消费/kt	2028	2074	2714	2546	2338	3512	3350	3471	3139	3236	
成品钢人均实际消费/kt	66.1	66.9	86.6	80.3	72.8	107.9	101.6	103.8	92.5	93.0	

表 8-216　年度铁矿石、废钢生产及进出口表　　单位：kt

品　种	2006 年	2007 年	2008 年	2009 年	2010 年	2011 年	2012 年	2013 年	2014 年	2015 年	2016 年
铁矿石产量											
铁矿石出口											
铁矿石进口											
废钢出口	145	79	206	36	133	31	35	72	64	47	61
废钢进口	79	79	158	220	182	448	474	292	360	563	240

表 8-217　年度钢铁贸易表　　单位：kt

品　种	2006 年	2007 年	2008 年	2009 年	2010 年	2011 年	2012 年	2013 年	2014 年	2015 年	2016 年
半成品和成品钢出口		79	95	24	64	169	141	92	47	65	56
半成品和成品钢进口	1513	1513	1981	1954	1411	1421	1294	1641	1670	2019	2152
钢锭和半成品出口											
钢锭和半成品进口	681	681	890	1020	653	548	402	581	567	919	925
长材出口						65	44	7			3
长材进口	298	218	384	443	345	468	537	644	685	652	635
扁平材出口						100	88	77	43	31	52
扁平材进口	541	541	659	146	377	332	299	347	350	470	426
管材出口											
管材进口	23	23	35	38	29	64	50	57	61	64	90
生铁出口											
生铁进口											
直接还原铁出口											
直接还原铁进口											
钢材间接出口	47	58	50	56	76	85	136	180	252	320	
钢材间接进口	576	712	888	875	782	798	886	879	856	857	
钢材间接净出口	-529	-654	-838	-819	-705	-713	-750	-698	-604	-536	

8.3.5 肯尼亚 Kenya

8.3.5.1 基本情况

肯尼亚基本情况见表8-218。

表8-218　肯尼亚国家基本情况表

首都	内罗毕	领土面积	58.27万平方千米
人口	4300万	官方语言	斯瓦希里语、英语
主要民族	基库尤族、卢赫亚族、卡兰津族、马赛族	主要宗教	基督新教、天主教、伊斯兰教
货币	肯尼亚先令（KES）	对美元汇率	103：1
GDP	634亿美元	人均GDP	1377
GDP增长率	2.93%	营商环境排名	61.22（92/190）
清廉指数（透明国际）	26（145/176）	国际竞争力	3.98（91/137）
经济自由度指数	53.5（135/180）	人类发展指数	0.555（146/188）
中信保国家风险评级	6（6/9）	主权信用风险评级	B（6/9）
EIU评级	BB	与我国建交时间	1963年12月14日
主要双边协议	1978年，贸易协定； 1980年，文化合作协定； 1994年，高等教育议定书； 2011年，关于成立贸易、投资和经济技术合作联合委员会的协定； 2013年，关于互免持外交、公务（官员）护照人员签证的协定		
中国出口	59.2亿美元	中国进口	1亿美元

根据世界经济论坛2017年统计分析报告，商务活动中将面临的主要问题有（按照百分制的权重）：

（1）腐败，19.1%。

（2）融资渠道，15.5%。

（3）税率，13.7%。

（4）基础设施不足，9.3%。

（5）通货膨胀，7.3%。

8.3.5.2 肯尼亚经济结构与贸易情况

肯尼亚实行以私营经济为主、多种经济形式并存的"混合经济"体制，私营经济占整体经济的70%。农业、服务业和工业是国民经济三大支柱，茶叶、咖啡和花卉是农业三大创汇项目。旅游业较发达，为主要创汇行业之一。工业在东非地区相对发达，日用品基本自给。

矿产资源主要有纯碱、盐、萤石、石灰石、重晶石、金、银、铜、铝、锌、铌和钍等，除纯碱和萤石外，多数矿藏尚未开发。森林面积8.7万平方千米，占国土面积的

15%。林木储量9.5亿吨。目前，肯尼亚出口最多的金属为钛，2015年共出口94亿肯先令（约合9300万美元）。

工业以制造业为主，制造业的核心食品加工业。工业主要集中在内罗毕、蒙巴萨和基苏木三市。较大的企业有炼油、轮胎、水泥、轧钢、发电、汽车装配等厂。

对外贸易在国家经济中占有重要地位，但长期处于逆差。主要出口商品为茶叶、花卉、咖啡、水泥、剑麻、除虫菊酯、纯碱、皮革、肉类和石油加工产品等。主要进口商品是机械、钢铁、车辆、化肥、药品等。据肯尼亚官方统计数据显示，2015年，肯尼亚出口额达59.18亿美元，进口额153.06亿美元；肯尼亚最大的出口对象国分别为乌干达、美国、英国、荷兰和巴基斯坦，最大的进口来源国分别为中国、印度、美国、阿联酋和日本。从中国进口商品主要包括手机、铁路建材、建筑材料、机械等。

目前，英、美、德、法等国在肯尼亚投资领域遍及农业、工业、商业、旅游、金融、交通运输等部门。外国对肯尼亚投资主要领域为制造业、农业、能源、建筑、通信和采矿业。2014年，肯尼亚吸引外国直接投资（FDI）12亿美元。2015年，肯尼亚吸引外国直接投资19.8亿美元。

2016年，肯尼亚GDP组成为农业32.6%、制造业9.2%、建筑业7.4%、交通运输业7.9%、金融保险业7.1%。

8.3.5.3　钢铁行业基本情况

截至2016年年底，肯尼亚钢铁行业的基本情况见表8-219。

表8-219　钢铁行业主要数据表

生铁产量		粗钢产量	2万吨
钢材实际消费	222.9万吨	人均钢材实际消费	47.2kg
钢材进口	149.1万吨	钢材出口	
铁矿石生产		铁矿石进口	
铁矿石出口		钢产量世界排名	87
废钢进口		废钢出口	

注：钢材实际消费数据为2015年数据。

8.3.5.4　钢铁生产和消费情况

2016年肯尼亚粗钢产量2万吨，粗钢表观消费159.8万吨，人均粗钢表观消费33kg；钢材表观消费150.2万吨，人均钢材表观消费31kg。2015年钢材实际消费222.9万吨，人均实际钢材消费47.2kg，如图8-75所示。

8.3.5.5　钢铁生产基础设施配套能力

截至2015年，肯尼亚公路总长16.09万公里，等级公路长79500km，其中沥青路13900km。

全境只有一条窄轨铁路，长2765km。

电力以水电、火电、地热发电为主，2015年全国电力装机容量2333.6GW，其中水电占35%，火电占36%，地热发电占28%。2015年总发电95.1亿度，水电占36.3%，火电占14.8%，地热发电占47.5%。水的价格见表8-220。

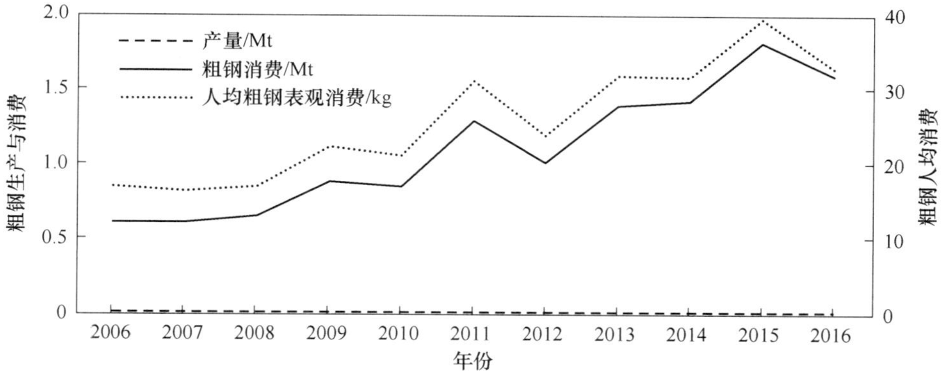

图 8-75　钢铁生产与消费情况

表 8-220　2016 年肯尼亚用水价格

每月消费量/m^3	供水收费标准/美元 · m^{-3}	排污收费标准/美元 · m^{-3}
0~6	2.1	0.14
7~60	0.54	0.41
60 以上	0.65	0.49

肯尼亚用电价格计算比较复杂，既分行业，也分时段，同时还按照流量划分收费等级。每月均有固定收费。小型工商业收费一般为 13.5 肯先令/度，大型工商企业一般在 7~10肯先令/度。

肯尼亚煤气的价格为每 13kg 约 23.2 美元。

8.3.5.6　钢铁贸易

肯尼亚的钢铁消费依赖进口，2016 年成品及半成品钢进口 149.1 万吨，长材进口 49.3 万吨，扁平材进口 84.5 万吨，如图 8-76 所示。

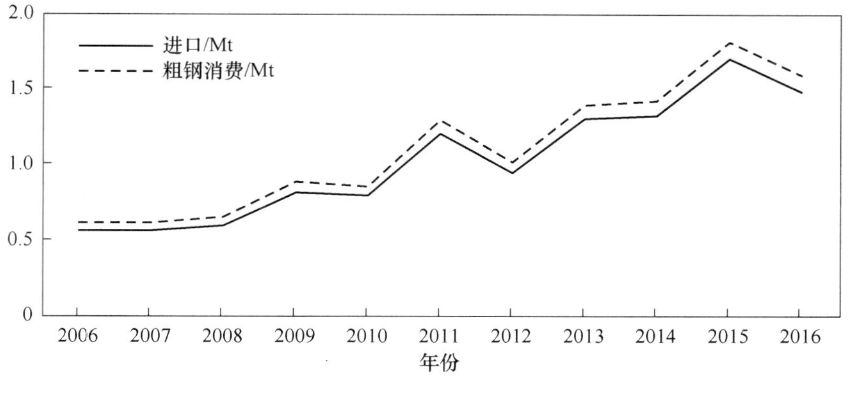

图 8-76　肯尼亚钢铁进出口贸易情况

8.3.5.7　行业相关政策

A　税收体系

肯尼亚税务总局负责估税、征收中央税和执行税法，就源自或生产于肯尼亚的全部收入征税。实行属地税制和属人税制，并以属地税制为主，对所得税实行属人税制。

B 主要税种

（1）公司所得税。税率为30%，未注册的外国公司为37.5%。

（2）个人所得税。税率为10%~30%，税基包括所有业务所得、红利、利息和财产所得。

（3）增值税。税率16%。

C 外汇管理

肯尼亚没有外汇管制，在提供相关证明材料后，肯尼亚居民和非居民即可自由开展以外汇作为支付手段的商品和服务买卖活动，向特许银行申请获得外汇融资便利，任何公司和个人无需申请便可在商业银行开设外汇账户。

8.3.5.8 生产和消费情况（数据来源：Worldsteel）

有关生产和消费情况见表8-221~表8-225。

表8-221 需求和供应平衡表（2016年）

品种	生产/kt	出口/kt	进口/kt	间接净出口/kt	表观消费/kt	人均表观消费/kg	实际消费/kt	人均实际消费/kg
铁矿石								
生铁								
直接还原铁								
粗钢	20	0	1491		1598	33.0		
成品钢			1362	-514	1503	31.0	2229	47.2
热轧长材			493					
热轧扁平材			845					
管材			24					

注：间接净出口和实际钢材消费数据为2015年数据。

表8-222 分品种年度生产表 单位：kt

品种	2006年	2007年	2008年	2009年	2010年	2011年	2012年	2013年	2014年	2015年	2016年
铁矿石											
生铁											
直接还原铁											
粗钢	20	20	20	20	20	20	20	20	20	20	20
氧气转炉											
电炉	20	20	20	20	20	20	20	20	20	20	20
热轧长材											
热轧扁平材											
大型型材											

续表 8-222

品种	2006 年	2007 年	2008 年	2009 年	2010 年	2011 年	2012 年	2013 年	2014 年	2015 年	2016 年
小型型材											
钢筋											
热轧棒材											
线材											
热轧板（≥3mm）											
热轧板、卷、带钢（<3mm）											
电工板											
管材											
无缝钢管											
焊接钢管											

表 8-223 年度钢消费表

品种	2006 年	2007 年	2008 年	2009 年	2010 年	2011 年	2012 年	2013 年	2014 年	2015 年	2016 年
粗钢表观消费/kt	623	620	657	885	860	1296	1021	1400	1427	1824	1598
人均粗钢表观消费/kg	17.2	16.6	17.2	22.5	21.3	31.3	24.0	32.0	31.8	39.6	33.0
成品钢表观消费/kt	585	583	617	832	808	1218	960	1316	1342	1715	1503
人均成品钢表观消费/kg	16.1	15.7	16.1	21.2	20.0	29.4	22.6	30.1	29.9	37.2	31.0
成品钢实际消费/kt	720	765	868	1010	1001	1584	1321	1662	1913	2229	
成品钢人均实际消费/kg	19.8	20.5	22.7	25.7	24.8	38.2	31.0	38.0	41.6	47.2	

表 8-224 年度铁矿石、废钢生产及进出口表 单位：kt

品种	2006 年	2007 年	2008 年	2009 年	2010 年	2011 年	2012 年	2013 年	2014 年	2015 年	2016 年
铁矿石产量											
铁矿石出口											
铁矿石进口											
废钢出口											
废钢进口											

表 8-225　年度钢铁贸易表　　单位：kt

品　种	2006 年	2007 年	2008 年	2009 年	2010 年	2011 年	2012 年	2013 年	2014 年	2015 年	2016 年
半成品和成品钢出口		2	1	1	1	1				1	0
半成品和成品钢进口	568	568	600	821	797	1207	949	1308	1333	1708	1491
钢锭和半成品出口											
钢锭和半成品进口	17	17	11	114	100	117	135	157	162	177	119
长材出口											
长材进口	109	108	125	153	129	231	153	249	416	597	493
扁平材出口											
扁平材进口	431	431	452	103	535	819	623	826	712	850	845
管材出口											
管材进口	9	9	9	16	31	38	31	70	39	76	24
生铁出口											
生铁进口											
直接还原铁出口											
直接还原铁进口											
钢材间接出口	36	39	51	42	45	17	20	42	18	11	
钢材间接进口	170	221	301	220	237	383	381	388	590	525	
钢材间接净出口	-134	-182	-250	-179	-192	-366	-361	-346	-572	-514	

8.3.6　加纳 Ghana

8.3.6.1　基本情况

加纳基本情况见表 8-226。

表 8-226　加纳国家基本情况表

首都	阿克拉	领土面积	23.8 万平方千米
人口	2644 万	官方语言	英语
主要民族	阿肯族	主要宗教	基督教
货币	加纳赛地（GHS）	对美元汇率	4.37：1
GDP	375 亿美元	人均 GDP	1370 美元
GDP 增长率	1.55%	营商环境排名	58.82（108/190）
清廉指数	43（70/176）	国际竞争力	3.72（111/137）
经济自由度指数	56.2（118/180）	人类发展指数（HDI）	0.579（139/188）
中信保国家风险评级	6（6/9）	主权信用风险评级	CC（8/9）
EIU 评级	B	与我国建交时间	1960 年 7 月 5 日
主要双边协议	1989 年，投资保护协定； 2009 年 12 月，经济技术合作协定		
中国出口	53.1 亿美元	中国进口	13 亿美元

根据世界经济论坛2017年统计分析报告，商务活动中将面临的主要问题有（按照百分制的权重）：

（1）融资渠道，16.3%。

（2）税率，15.3%。

（3）腐败，12.3%。

（4）基础设施不足，9.1%。

（5）通货膨胀，7.8%。

8.3.6.2 加纳经济结构及贸易情况

矿产品、可可和木材为加纳的三大支柱产业。

主要矿产资源的储量为黄金约6万吨，居非洲第二位，黄金的开采是矿产资源开采的支柱；钻石约1亿克拉；铝矾土约4亿吨；锰4900万吨；石油探明储量15亿桶。此外还有石灰石、铁矿、红柱石、石英砂和高岭土等。

工业原料依赖进口。工业为第二大经济部门，占GDP比重约为26%。黄金、石油开采等采矿业近年来产值年均增长59.8%。矿业收入是国家财政收入最大来源，也是加外汇主要来源，2016年矿产品出口收入占商品出口总收入的46%。2016年加纳黄金出口总量384万盎司。制造业主要有木材和可可加工、纺织、水泥、食品、服装、皮制品、酿酒和碾米等。

外贸收入占国内生产总值的40%左右。主要贸易伙伴为中国、美国、法国、荷兰、尼日利亚。2016年外贸总额约为237.7亿美元，出口额约107亿美元，进口额约130.7亿美元。

2016年，农业、工业、服务业占GDP的比重分别为18.9%、24.2%和56.9%。

8.3.6.3 钢铁行业基本情况

截至2016年年底，钢铁行业的基本情况见表8-227。有3家钢铁厂，主要以废钢铁为原料生产钢筋，年产量12万吨，可满足加市场需求。

表8-227　钢铁行业主要数据表

生铁产量		粗钢产量	2.5万吨
钢材实际消费	141.7万吨	人均钢材实际消费	51.4kg
钢材进口	83.6万吨	钢材出口	
铁矿石生产		铁矿石进口	
铁矿石出口		钢产量世界排名	86
废钢进口		废钢出口	1万吨

注：钢材实际消费数据为2015年数据。

8.3.6.4 钢铁生产和消费情况

2016年加纳粗钢产量2.5万吨。2016年，粗钢表观消费91.4万吨，人均粗钢表观消费32.4kg；钢材表观消费85.9万吨，人均钢材表观消费30.4kg。2015年钢材实际消费141.7万吨，人均实际钢材消费51.4kg，如图8-77所示。

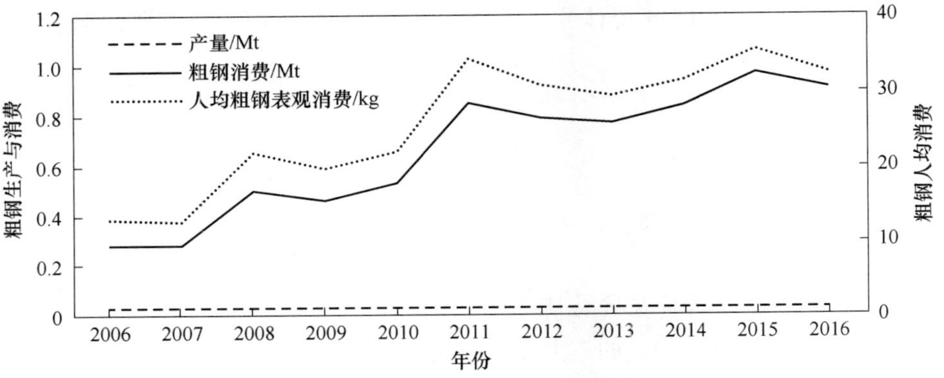

图 8-77　钢铁生产和消费情况

8.3.6.5　钢铁生产基础设施配套能力

加纳公路运输量占全国货物运输量的98%，公路总里程6.7万千米，其中主干公路1.34万公里。

铁路总长1300km，均为窄轨，由于年久失修，大部分已经停运。

截至2016年7月，加纳发电装机总量320万千瓦，其中水电装机容量158万千瓦，热电及其他能源发电装机容量162万千瓦。由于开工不足，实际发电能力仅150万千瓦。

由于供应不足，加纳水电气的价格较高。

8.3.6.6　钢铁贸易

加纳的钢铁消费以进口为主。2016年，加纳进口钢材83.6万吨，长材进口39.7万吨，扁平材进口32万吨，如图8-78所示。

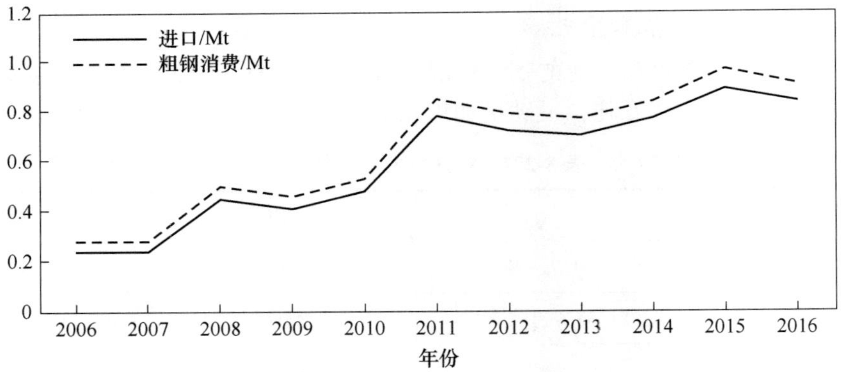

图 8-78　钢铁贸易基本情况

8.3.6.7　行业相关政策

A　税收体系

实行属地税制，税收分直接税和间接税。直接税包括所得税、资本收益税、礼品税和印花税，由国内税务局负责征收。间接税包括关税、消费税及增值税，分别由海关及增值税管理局征收。

B　主要税种

(1) 企业所得税。一般税率为25%。

(2) 个人所得税。实行累进制，分别按照0、5%、17.5%、25%等税率计税。

(3) 资本收益税。一般税率为5%。

(4) 增值税。一般税率为5%。

C 外汇管理

外国企业可在境内商业银行开立离岸账户。普通账户无法向境外自由转账。

8.3.6.8 生产和消费情况（数据来源：Worldsteel）

有关生产和消费情况见表8-228～表8-232。

表8-228 需求和供应平衡表（2016年）

品 种	生产/kt	出口/kt	进口/kt	间接净出口/kt	表观消费/kt	人均表观消费/kg	实际消费/kt	人均实际消费/kg
铁矿石								
生铁								
直接还原铁								
粗钢	25	0	836		914	32.4		
成品钢			828	-506	859	30.4	1417	51.4
热轧长材			397					
热轧扁平材			320					
管材			111					

注：间接净出口和实际钢材消费数据为2015年数据。

表8-229 分品种年度生产表 单位：kt

品 种	2006年	2007年	2008年	2009年	2010年	2011年	2012年	2013年	2014年	2015年	2016年
铁矿石											
生铁											
直接还原铁											
粗钢	25	25	25	25	25	25	25	25	25	25	25
氧气转炉											
电炉	25	25	25	25	25	25	25	25	25	25	25
热轧长材											
热轧扁平材											
大型型材											
小型型材											
钢筋											
热轧棒材											
线材											
热轧板（≥3mm）											

续表 8-229

品　种	2006 年	2007 年	2008 年	2009 年	2010 年	2011 年	2012 年	2013 年	2014 年	2015 年	2016 年
热轧板、卷、带钢（<3mm）											
电工板											
管材											
无缝钢管											
焊接钢管											

表 8-230　年度钢消费表

品　种	2006 年	2007 年	2008 年	2009 年	2010 年	2011 年	2012 年	2013 年	2014 年	2015 年	2016 年
粗钢表观消费/kt	281	281	504	464	533	852	785	767	841	969	914
人均粗钢表观消费/kg	12.8	12.5	21.8	19.6	21.9	34.2	30.7	29.3	31.4	35.4	32.4
成品钢表观消费/kt	264	264	474	436	501	801	738	721	791	911	859
人均成品钢表观消费/kg	12.0	11.7	20.5	18.4	20.6	32.1	28.9	27.6	29.5	33.2	30.4
成品钢实际消费/kt	640	694	963	866	959	1472	1545	1302	1204	1417	
成品钢人均实际消费/kg	29.1	30.8	41.6	36.5	39.4	59.0	60.5	49.8	45.0	51.4	

表 8-231　年度铁矿石、废钢生产及进出口表　　单位：kt

品　种	2006 年	2007 年	2008 年	2009 年	2010 年	2011 年	2012 年	2013 年	2014 年	2015 年	2016 年
铁矿石产量											
铁矿石出口											
铁矿石进口											
废钢出口	23	20	66	48	53	74	57	23	32	12	10
废钢进口											

表 8-232　年度钢铁贸易表　　单位：kt

品　种	2006 年	2007 年	2008 年	2009 年	2010 年	2011 年	2012 年	2013 年	2014 年	2015 年	2016 年
半成品和成品钢出口						2	2	1	0	1	0
半成品和成品钢进口	241	241	451	414	479	779	716	699	767	889	836
钢锭和半成品出口											

续表 8-232

品　种	2006 年	2007 年	2008 年	2009 年	2010 年	2011 年	2012 年	2013 年	2014 年	2015 年	2016 年
钢锭和半成品进口	3	3	16	22	10	1	0	1	0	10	5
长材出口											
长材进口	95	95	259	237	241	410	342	338	403	409	397
扁平材出口											
扁平材进口	115	115	137	105	195	297	279	298	282	328	320
管材出口											
管材进口	23	23	37	42	32	70	90	59	80	139	111
生铁出口											
生铁进口											
直接还原铁出口											
直接还原铁进口											
钢材间接出口	7	8	6	16	17	56	73	43	9	5	
钢材间接进口	382	438	495	445	475	726	880	624	441	512	
钢材间接净出口	-376	-430	-489	-430	-457	-671	-807	-581	-432	-506	

8.4 欧洲

8.4.1 俄罗斯 The Russian Federation

8.4.1.1 基本情况

俄罗斯基本情况见表 8-233。

表 8-233　俄罗斯国家基本情况表

首都	莫斯科	领土面积	1709.82 万平方千米
人口	1.43 亿	官方语言	俄语
主要民族	俄罗斯族	主要宗教	东正教、伊斯兰教
货币	俄罗斯卢布（RUB）	对美元汇率	58.01：1
GDP	13659 亿美元	人均 GDP	9329 美元
GDP 增长率	-3.04%	营商环境排名	73.19（40/190）
清廉指数	29（131/176）	国际竞争力	4.64（38/137）
经济自由度指数	57.1（114/180）	人类发展指数（HDI）	0.804（49/188）
中信保国家风险评级	5（5/9）	主权信用风险评级	BB（5/9）
EIU 评级	BB	与我国建交时间	1996 年建立战略协作伙伴关系

续表 8-233

主要双边协议	1990 年，贸易协定； 1992 年，关于经济贸易关系的协定； 1994 年，关于对所得避免双重征税和偷漏税的协定； 1998 年，关于解决政府间贷款债务的协定； 2006 年，关于鼓励和相互保护投资的协定，2015 年 3 月修正		
中国出口	347.8 亿美元	中国进口	332.8 亿美元

根据世界经济论坛 2017 年统计分析报告，商务活动中将面临的主要问题有（按照百分制的权重）：

（1）腐败，13.1%。

（2）税率，13.1%。

（3）融资渠道，10.2%。

（4）通货膨胀，10.1%。

（5）税收制度，9.3%。

（6）未受过教育的劳动力，7.4%。

8.4.1.2 俄罗斯经济结构和贸易情况

俄罗斯自然资源十分丰富，种类多，储量大，自给程度高。主要矿产资源有煤、铁、泥炭、石油、天然气、铜、锰、铅、锌等。天然气已探明蕴藏量 48 万亿立方米，占世界探明储量的 25%，居世界第一位。石油探明储量 252 亿吨，占世界探明储量的 9%。煤储量 1570 亿吨，居世界第二位。铁、镍、锡储量居世界第一位。黄金储量居世界第三位。铀储量居世界第七位。

2016 年，农业、工业、服务业占 GDP 比重分别为 4.7%、31.4%、63.9%。

8.4.1.3 钢铁行业基本情况

截至 2016 年年底，钢铁行业的基本情况见表 8-234。矿石开采和冶金行业在俄罗斯经济中发挥着重要的作用。

表 8-234 钢铁行业主要数据表

生铁产量	5187 万吨	粗钢产量	7080.8 万吨
钢材实际消费	4364 万吨	人均钢材实际消费	303.3kg
钢材进口	444.8 万吨	钢材出口	3115.5 万吨
铁矿石生产	10197 万吨	铁矿石进口	720.4 万吨
铁矿石出口	1854.3 万吨	钢产量世界排名	5
废钢进口	43.1 万吨	废钢出口	540.6 万吨

注：铁矿石生产及钢材实际消费数据为 2015 年数据。

8.4.1.4 钢铁生产和消费情况

2016 年俄罗斯粗钢产量 7080.8 万吨，热轧长材产量 1756.7 万吨，扁平材产量 2725.6 万吨。2016 年，粗钢表观消费 4245.2 万吨，人均粗钢表观消费 294.9kg；钢材表观消费 3824.1 万吨，人均钢材表观消费 265.6kg。2015 年钢材实际消费 4364 万吨，人均实际钢材消费 303.3kg，如图 8-79 所示。

2017 年粗钢产量 7134 万吨，较 2016 年增长 1.3%。

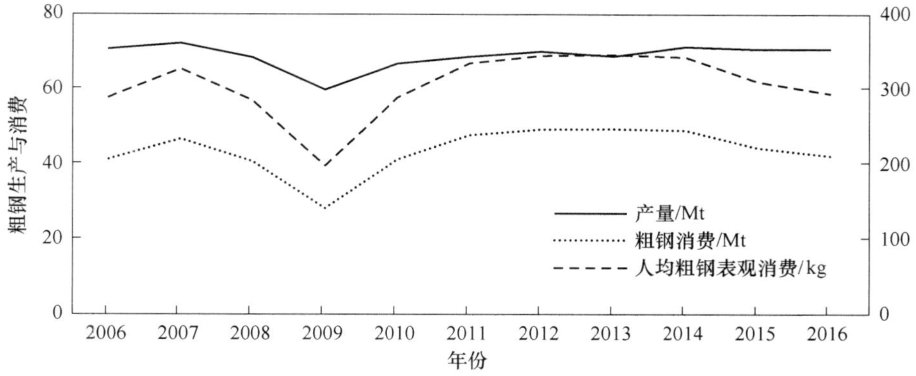

图 8-79 钢铁生产和消费情况

8.4.1.5 钢铁生产基础设施配套能力

俄罗斯铁矿石资源储量仅次于澳大利亚，居世界第二位。2015 年，铁矿石生产占全球产量的 5.08%，排在第五位。2015 年，铁矿石生产 1.02 亿吨，出口 2124 万吨，进口 810 万吨，如图 8-80 所示。

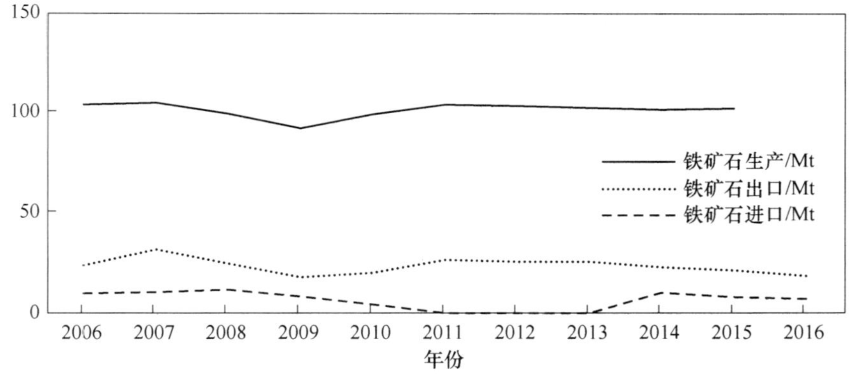

图 8-80 铁矿石生产及进出口情况

俄罗斯是废钢出口大国，2016 年废钢出口 540.6 万吨，如图 8-81 所示。

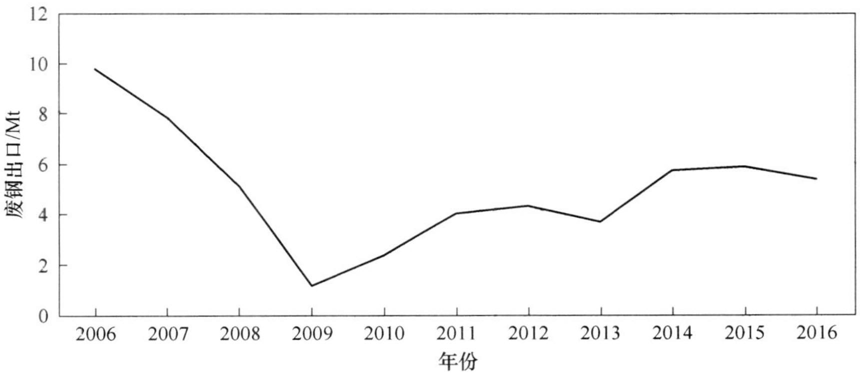

图 8-81 俄罗斯废钢出口情况

俄罗斯幅员辽阔，地理环境复杂多变，公路交通较落后铁路和航空、水运有一定的基础，但较为陈旧。截至 2014 年年底，公路总里程 142.4 万千米，铁路运营里程 8.6 万千米。

8.4.1.6　钢铁贸易

俄罗斯是钢铁净出口国。2016 年，成品及半成品钢出口 3115.5 万吨，出口钢锭 1579.8 万吨，出口长材 430.6 万吨，出口扁平材 967.9 万吨。成品及半成品钢进口 444.8 万吨，进口长材 98.4 万吨，进口扁平材 274.9 万吨，如图 8-82 所示。

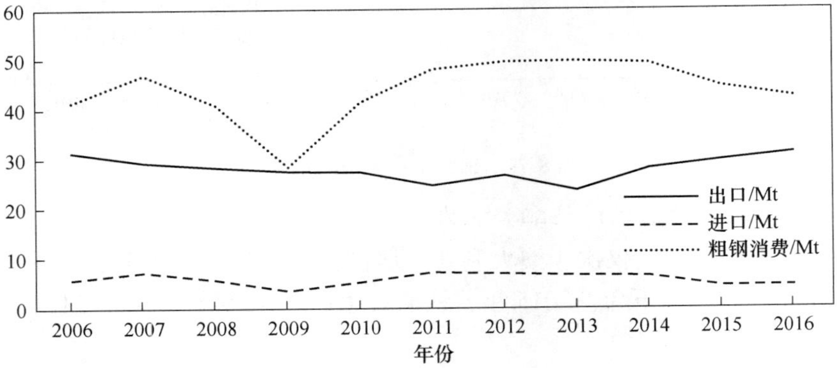

图 8-82　钢铁进出口情况

8.4.1.7　行业相关政策

A　税收体系

俄罗斯实行联邦税、联邦主体税和地方税三级税制。联邦税在俄罗斯境内普遍实行，但其税收不统归联邦预算。

B　主要税种

(1) 企业所得税。即企业利润税，税率为 20%。

(2) 个人所得税。税率为 13%。

(3) 增值税。分 3 种，税率分别为一般商品 18%，食品及儿童用品 10%，个别商品的税率为 0。

C　外汇管理

外国人可以在指定银行自由开立外汇账户，存入带进、汇进的资金，接受经营或投资收益、利息。

8.4.1.8　主要钢铁冶金、矿山生产企业

主要钢铁冶金、矿山生产企业有：

(1) 北方钢铁公司。1993 年成立为股份公司，世界最大的黑色金属冶金公司之一。

(2) 欧亚集团。成立于 1992 年，世界最大的矿石开采和冶炼企业之一。

8.4.1.9　生产和消费情况（数据来源：Worldsteel）

有关生产和消费情况见表 8-235～表 8-239。

表 8-235　需求和供应平衡表（2016 年）

品　种	生产/kt	出口/kt	进口/kt	间接净出口/kt	表观消费/kt	人均表观消费/kg	实际消费/kt	人均实际消费/kg
铁矿石	101973	18543	7204					
生铁	51870	5142						
直接还原铁	5699	2286						
粗钢	70808	31155	4448		42452	294.9		
成品钢	48063	15325	4254	-3963	38241	265.6	43640	303.3
热轧长材	17567	4306	984					
热轧扁平材	27256	9679	2749					
管材	11730	1340	521					

注：铁矿石生产、管材生产、间接净出口和实际钢材消费数据为 2015 年数据。

表 8-236　分品种年度生产表　　单位：kt

品　种	2006 年	2007 年	2008 年	2009 年	2010 年	2011 年	2012 年	2013 年	2014 年	2015 年	2016 年
铁矿石	103900	104953	99272	92050	99060	103805	103337	102497	101448	101973	
生铁	51742	51043	48295	43945	47934	48117	50529	50111	51479	52573	51820
直接还原铁	3280	3410	4500	4600	4700	5200	5125	5329	5350	5436	5699
粗钢	70830	72387	68510	60011	66942	68852	70209	69008	71461	70898	70808
氧气转炉	41686	41209	38907	38036	42430	43650	45800	46101	47567	46979	47345
电炉	16269	19291	20000	16119	17980	18500	20800	20005	21852	21600	21790
热轧长材	21200	21600	20500	18500	15326	16842	17435	17725	18387	17038	17567
热轧扁平材	34400	35200	33200	29700	24975	25591	26066	26140	26898	27509	27256
大型型材					1502	1736	1774	1693	1739	1602	1589
小型型材					1460	1642	1601	1550	1484	1258	1207
预应力钢筋					5227	6313	7251	7915	9058	8360	7672
热轧棒材					3631	3550	3354	2970	2595	2481	3012
线材					2582	2677	2761	2715	2654	2599	2850
热轧板（≥3mm）					4575	4303	3570	4127	5483	6021	5340
热轧板、卷、带钢（<3mm）					12695	13548	14364	13317	12598	13074	13785
电工板											
管材	7835	8745	7736	6575	9139	10045	9934	10367	11593	11730	
无缝钢管	2600	2600	2600	2600	2658	2918	3152	3101	3369	3410	3240
焊接钢管					6481	7127	6782	7266	8224	8320	

表 8-237 年度钢消费表

品 种	2006 年	2007 年	2008 年	2009 年	2010 年	2011 年	2012 年	2013 年	2014 年	2015 年	2016 年
粗钢表观消费/kt	41520	46959	40896	28477	41444	47981	49488	49671	49253	44578	42452
人均粗钢表观消费/kg	289.7	328.0	285.7	199.0	289.5	335.0	345.4	346.5	343.4	310.7	294.9
成品钢表观消费/kt	34918	40379	35467	24828	36745	41490	42793	43310	42998	39429	38241
人均成品钢表观消费/kg	243.6	282.0	247.8	173.5	256.7	289.7	298.7	302.1	299.8	274.8	265.6
成品钢实际消费/kt	39278	47601	44433	28110	42777	50540	52382	52254	50459	43640	
成品钢人均实际消费/kg	274.0	332.5	310.5	196.4	298.8	352.9	365.6	364.5	351.8	303.3	

表 8-238 年度铁矿石、废钢生产及进出口表 单位：kt

品 种	2006 年	2007 年	2008 年	2009 年	2010 年	2011 年	2012 年	2013 年	2014 年	2015 年	2016 年
铁矿石产量	103900	104953	99272	92050	99060	103805	103337	102497	101448	101973	
铁矿石出口	23686	31761	24630	17968	19946	26609	25464	25580	22997	21241	18543
铁矿石进口	10116	10682	11752	8404	4524	146	225	86	10341	8103	7204
废钢出口	9797	7855	5128	1202	2390	4042	4349	3714	5765	5910	5406
废钢进口	174	95	95	9	27	0	4	5	264	235	431

表 8-239 年度钢铁贸易表 单位：kt

品 种	2006 年	2007 年	2008 年	2009 年	2010 年	2011 年	2012 年	2013 年	2014 年	2015 年	2016 年
半成品和成品钢出口	31462	29411	28429	27587	27382	24729	26678	23641	28084	29702	31155
半成品和成品钢进口	5824	7293	5725	3586	5229	7199	6897	6571	6442	4364	4448
钢锭和半成品出口	15504	15120	16030	13270	15309	13166	15507	13783	14156	15310	15798
钢锭和半成品进口	21	15	11	6	12	38	19	21	10	8	6
长材出口	4316	3852	3490	3838	3127	2816	2496	2199	3921	4094	4306
长材进口	1509	2421	1645	837	1365	2094	2611	2768	2270	1232	984
扁平材出口	10225	9344	7732	9164	8170	7830	7669	7017	8341	9041	9679
扁平材进口	2968	3497	3107	2182	2594	3437	3432	2950	3391	2664	2749
管材出口	1412	1066	1164	1304	754	906	972	625	1618	1231	1340
管材进口	1315	1341	944	553	1247	1611	814	807	739	439	521

续表 8-239

品　种	2006 年	2007 年	2008 年	2009 年	2010 年	2011 年	2012 年	2013 年	2014 年	2015 年	2016 年
生铁出口	6237	6178	5690	4077	3479	4240	3996	3946	4359	5339	5142
生铁进口											
直接还原铁出口	1223	1513	2482	1675	1915	2144	2132	2062	2192	2207	2286
直接还原铁进口											
钢材间接出口	2651	2548	2246	1582	1302	1167	2038	2056	1929	2226	
钢材间接进口	7011	9771	11212	4864	7334	10216	11627	11000	9390	6189	
钢材间接净出口	-4360	-7223	-8966	-3282	-6032	-9049	-9588	-8944	-7461	-3963	

8.4.2 罗马尼亚 Romania

8.4.2.1 基本情况

罗马尼亚基本情况见表 8-240。

表 8-240　罗马尼亚国家基本情况表

首都	布加勒斯特	领土面积	23.84 万平方千米
人口	1994 万	官方语言	罗马尼亚语
主要民族	罗马尼亚人	主要宗教	东正教
货币	罗马尼亚列伊（RON）	对美元汇率	3.9∶1
GDP	1780 亿美元	人均 GDP	8981 美元
GDP 增长率	4.15%	营商环境排名	74.26（36/190）
清廉指数	48（57/176）	国际竞争力	4.28（68/137）
经济自由度指数	69.7（39/180）	人类发展指数（HDI）	0.802（50/188）
中信保国家风险评级		主权信用风险评级	BB（5/9）
EIU 评级	BB	与我国建交时间	1949 年 10 月 5 日
主要双边协议	1991 年 1 月 16 日，关于避免双重征税和防止偷漏税的协定； 1994 年 7 月 12 日，关于鼓励和相互保护投资协定； 2006 年 10 月 19 日，经济合作协定； 2007 年 4 月 16 日，关于鼓励和相互保护投资协定的附加议定书； 2012 年 10 月 26 日，关于加强基础设施领域合作协定； 2013 年 11 月 25 日，促进投资合作谅解备忘录； 2015 年 6 月，推进一带一路建设的谅解备忘录		
中国出口		中国进口	

根据世界经济论坛 2017 年统计分析报告，商务活动中将面临的主要问题有（按照百分制的权重）：

（1）税率，13.0%。

（2）政府官僚主义，12.9%。

（3）融资渠道，11.9%。

（4）未受过教育的劳动力，11.9%。

（5）腐败，11.7%。

（6）基础设施不足，10.1%。

8.4.2.2　罗马尼亚经济结构与贸易情况

罗马尼亚矿产资源有石油、天然气、煤、铝土矿、金、银、铁、锰、锑、盐、铀、铅等，森林面积为656万公顷，约占全国面积的29%，水力资源蕴藏量为565万千瓦。

主要工业门类有冶金、汽车制造、石油化工和仪器加工等。2016年工业产值比上年增长1.7%，其中加工业增长2.6%。

罗马尼亚目前同全球约180个国家和地区有经贸往来。2016年，进出口总额1247亿欧元，同比增长6.1%。其中进口673亿欧元，同比增长7%；出口574亿欧元，同比增长5.1%。主要出口产品有鞋类、服装、纺织品。主要进口产品有机电、家电、矿产品、石油产品。主要贸易国有德国、意大利、法国等。

2015年，罗吸引外资35亿欧元。主要投资国为荷兰、奥地利、德国、塞浦路斯、法国。截至2017年2月，中方对罗投资总额为4.5亿美元。

2016年产业结构，农业、工业、服务业占GDP的比重分别为3.9%、23.1%和73.0%。

8.4.2.3　钢铁行业基本情况

截至2016年年底，罗马尼亚钢铁情况见表8-241。

表8-241　钢铁行业主要数据表

生铁产量	197.2万吨	粗钢产量	327.6万吨
钢材实际消费	391.1万吨	人均钢材实际消费	196.8kg
钢材进口	351.1万吨	钢材出口	250.6万吨
铁矿石生产		铁矿石进口	272万吨
铁矿石出口		钢产量世界排名	37
废钢进口		废钢出口	70.2万吨

注：钢材实际消费数据为2015年数据。

8.4.2.4　钢铁生产和消费情况

2016年罗马尼亚粗钢产量327.6万吨，热轧长材产量99万吨，热轧扁平材产量184万吨。2016年，粗钢表观消费433.9万吨，人均粗钢表观消费219.4kg；钢材表观消费406.4万吨，人均钢材表观消费205.5kg。2015年钢材实际消费391.1万吨，人均实际钢材消费196.8kg，如图8-83所示。

2017年粗钢产量较2016年增长了9.0%。

8.4.2.5　钢铁生产基础设施配套能力

罗马尼亚以转炉炼钢为主，铁矿石消费以进口为主。2016年铁矿石进口272万吨，如图8-84所示。

废钢以出口为主，但是呈现逐年下降的趋势，2015年废钢出口71万吨，比2014年下降了50%。2016年出口70.2万吨，延续了下降的趋势，如图8-85所示。

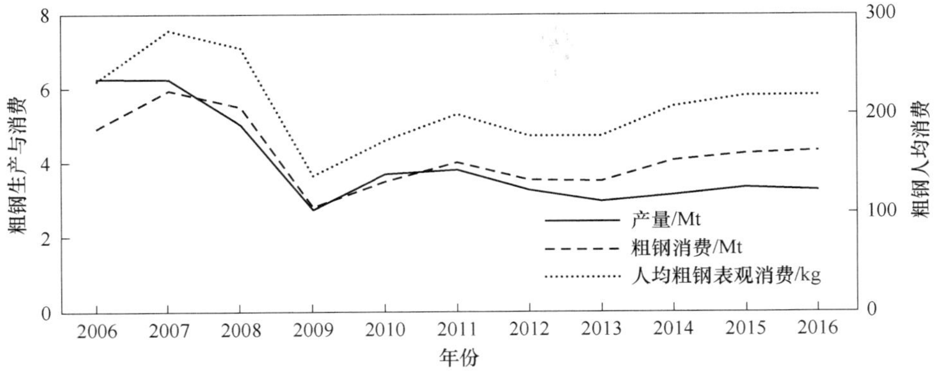

图 8-83　罗马尼亚钢铁生产及消费情况

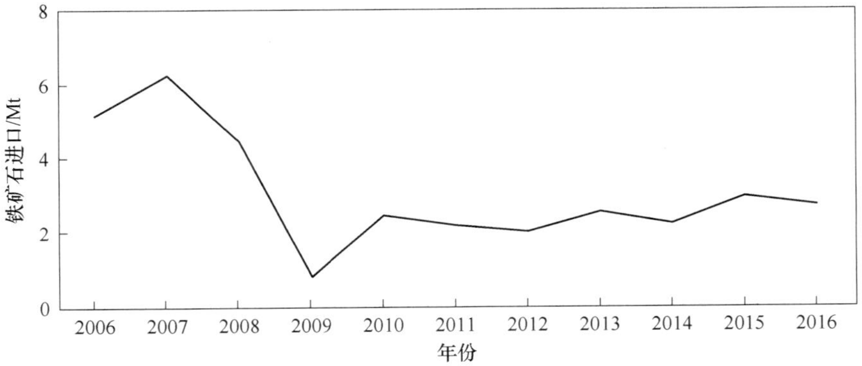

图 8-84　铁矿石进口情况

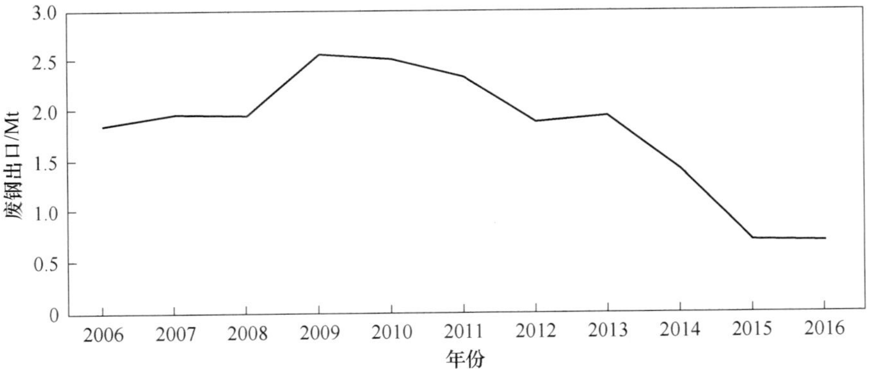

图 8-85　废钢出口情况

截至 2015 年年底，罗马尼亚公路总长 8.6 万千米，其中国家级公路 1.76 万千米。铁路总长 10777km，以标准轨距为主。

罗马尼亚电力资源相对充裕，2015 年总发电量 693.7 亿千瓦时，消费 525.65 亿千瓦时。

8.4.2.6　钢铁贸易

罗马尼亚钢铁自产自足，出口与进口基本持平。但是近年来进口逐渐扩大，出口逐渐放缓。2016 年，成品及半成品钢出口 250.6 万吨，长材出口 43.5 万吨，扁平材出口 144.4 万吨；成品及半成品钢进口 351.1 万吨，长材进口 141.5 万吨，扁平材进口 148.1 万吨，如图 8-86 所示。

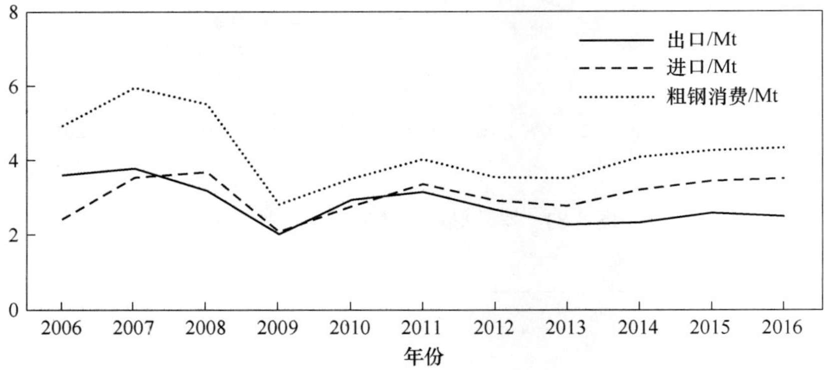

图 8-86　钢铁进出口情况

8.4.2.7　行业相关政策

A　税收体系

公共财政部下属的国家税务总局具体负责中央层面的税收政策的制定和管理征收工作，各地方政府设有地方税务局。

B　主要税种

(1) 企业所得税。一般税率为 16%。

(2) 个人所得税。一般税率为 16%。

(3) 增值税。一般税率为 20%。

C　外汇管理

除国家银行有特殊规定外，居民和非居民之间经常性项目和资本项目的外汇业务可以自由进行。非居民有权获得、持有、使用以外汇表示的金融资产。外国人的合法税后收入可全部汇往国外。

8.4.2.8　生产和消费情况（数据来源：Worldsteel）

有关生产和消费情况见表 8-242～表 8-246。

表 8-242　需求和供应平衡表（2016 年）

品　种	生产/kt	出口/kt	进口/kt	间接净出口/kt	表观消费/kt	人均表观消费/kg	实际消费/kt	人均实际消费/kg
铁矿石			2720					
生铁	1972		38					
直接还原铁								

续表 8-242

品　种	生产/kt	出口/kt	进口/kt	间接净出口/kt	表观消费/kt	人均表观消费/kg	实际消费/kt	人均实际消费/kg
粗钢	3276	2506	3511		4339	219.4		
成品钢	3120	2407	3234	86	4064	205.5	3911	196.8
热轧长材	990	435	1415					
热轧扁平材	1840	1444	1481					
管材		528	338					

注：间接净出口和实际钢材消费数据为 2015 年数据。

表 8-243　分品种年度生产表　　单位：kt

品　种	2006 年	2007 年	2008 年	2009 年	2010 年	2011 年	2012 年	2013 年	2014 年	2015 年	2016 年
铁矿石	55										
生铁	3946	3923	2958	1575	1726	1593	1467	1604	1631	1983	1972
直接还原铁											
粗钢	6266	6261	5035	2761	3721	3828	3292	2985	3158	3352	3276
氧气转炉	4369	4356	3343	1790	1990	1877	1701	1830	1845	2000	2230
电炉	1897	1906	1692	971	1731	1951	1591	1155	1314	1350	1045
热轧长材	1484	1463	1221	870	815	885	945	845	925	1015	990
热轧扁平材	3676	3662	2869	1674	2325	2535	1755	1565	1720	1885	1840
大型型材	228	225	142	84	122						
小型型材	202	172	133	116	210						
预应力钢筋	739	840	792	482	553						
热轧棒材	237	66	20	52	115						
线材		161	134	136	294						
热轧板（≥3mm）											
热轧板、卷、带钢（<3mm）	735	638	454	593	710						
电工板	52	67	82								
管材	729	767	712	479	679	588					
无缝钢管											
焊接钢管	193	162	149	161	249						

表 8-244　年度钢消费表

品　种	2006 年	2007 年	2008 年	2009 年	2010 年	2011 年	2012 年	2013 年	2014 年	2015 年	2016 年
粗钢表观消费/kt	4948	5957	5524	2827	3511	4025	3549	3522	4085	4266	4339

续表 8-244

品　种	2006 年	2007 年	2008 年	2009 年	2010 年	2011 年	2012 年	2013 年	2014 年	2015 年	2016 年
人均粗钢表观消费/kg	233.3	283.9	266.3	137.8	172.9	200.1	177.9	177.9	207.9	218.6	219.4
成品钢表观消费/kt	4561	5571	5168	2645	3286	3764	3322	3297	3830	3997	4064
人均成品钢表观消费/kg	215.1	265.6	249.1	129.0	161.9	187.1	166.6	166.5	194.9	204.8	205.5
成品钢实际消费/kt	5102	6482	5917	2581	3252	3696	3269	3073	3618	3911	
成品钢人均实际消费/kg	240.6	309.0	285.3	125.8	160.2	183.8	163.9	155.2	184.1	196.8	

表 8-245　年度铁矿石、废钢生产及进出口表　　单位：kt

品　种	2006 年	2007 年	2008 年	2009 年	2010 年	2011 年	2012 年	2013 年	2014 年	2015 年	2016 年
铁矿石产量	55										
铁矿石出口											
铁矿石进口	5166	6260	4446	806	2462	2187	2023	2546	2226	2964	2720
废钢出口	1863	1970	1960	2565	2517	2340	1894	1946	1422	710	702
废钢进口											

表 8-246　年度钢铁贸易表　　单位：kt

品　种	2006 年	2007 年	2008 年	2009 年	2010 年	2011 年	2012 年	2013 年	2014 年	2015 年	2016 年
半成品和成品钢出口	3609	3785	3193	2030	2950	3157	2682	2277	2339	2585	2506
半成品和成品钢进口	2436	3550	3685	2095	2770	3374	2930	2784	3216	3454	3511
钢锭和半成品出口	88	147	220	52	196	268	200	156	187	103	79
钢锭和半成品进口	633	916	758	108	455	771	329	226	303	304	220
长材出口	379	321	316	246	704	1003	569	317	356	423	435
长材进口	679	1176	1380	789	907	1041	1052	1031	1153	1389	1415
扁平材出口	2566	2722	2062	1407	1531	1275	1312	1191	1125	1448	1444
扁平材进口	909	1095	1169	950	1152	1239	1240	1217	1390	1389	1481
管材出口	551	562	561	309	497	592	584	586	652	593	528
管材进口	184	256	311	211	218	271	259	258	309	310	338
生铁出口											
生铁进口	10	54	43	61	112	48	59	36	11	22	38
直接还原铁出口											

续表 8-246

品 种	2006 年	2007 年	2008 年	2009 年	2010 年	2011 年	2012 年	2013 年	2014 年	2015 年	2016 年
直接还原铁进口											
钢材间接出口	1235	1403	1529	1438	1613	1852	1846	2034	2119	2168	
钢材间接进口	1777	2314	2279	1374	1579	1785	1793	1810	1907	2082	
钢材间接净出口	-541	-911	-750	64	33	67	53	224	212	86	

8.5 钢铁工业发达国家

8.5.1 德国 Germany

8.5.1.1 基本情况

德国基本情况见表 8-247。

表 8-247 德国国家基本情况表

首都	柏林	领土面积	357376 平方千米
人口	7975.8 万	官方语言	德语
主要民族	德意志民族为主	主要宗教	天主教、新教
货币	欧元	对美元汇率	
GDP	33634 亿	人均 GDP	41178.46 美元
GDP 增长率	1.72%	营商环境排名	79.87（17/190）
清廉指数	81（10/176）	国际竞争力	5.65（5/137）
经济自由度指数	73.8（26/180）	人类发展指数（HDI）	0.926（4/188）
中信保国家风险评级	2（2/9）	主权信用风险评级	AAA（1/9）
EIU 评级	A	与我国建交时间	1972 年 10 月 11 日
主要双边协议	1979 年，中德两国政府经济合作协定； 1982 年，中德两国政府技术合作协定； 1983 年，中德关于促进和相互保护投资的协定； 1985 年，中德避免双重征税协定； 2000 年，新签中德两国政府经济合作协定； 2003 年，新签中德关于促进和相互保护投资的协定； 2013 年，关于进一步促进双向投资的联合声明； 2014 年，中德发展合作谅解备忘录		
中国出口	691.6 亿美元	中国进口	876.2 亿美元

根据世界经济论坛 2017 年统计分析报告，商务活动中将面临的主要问题有（按照百分制的权重）：

（1）税率，12.1%。

（2）税收制度，10.7%。

（3）劳工限制，10.5%。

（4）政府官僚主义，9.0%。

（5）未受过教育的劳动力，8.1%。

8.5.1.2　德国经济结构与贸易情况

德国经济总量位居欧洲首位，世界第四位。德国自然资源较为贫乏，除硬煤、褐煤和盐的储量丰富之外，在原料供应和能源方面很大程度上依赖进口。天然气储量约3820亿立方米，能满足国内需求量约1/4。硬煤探明储量约2300亿吨，褐煤约800亿吨；其他矿藏的探明储量为钾盐约130亿吨，铁矿石16亿吨，石油5000万吨。森林覆盖面积1076.6万公顷，占全国面积约30%。水域面积86万公顷，占全国面积2.4%。

2016年，工业企业（不含建筑业）总产值8054.1亿欧元，占国内生产总值的25.7%。工业结构及特点为：

（1）侧重重工业。德国是世界第三大机械设备制造国，汽车和机械制造、化工、电气等部门是支柱产业，其他制造行业如电子电气工业、钢铁加工、采矿、精密仪器、光学以及航空航天业也很发达。

（2）高度外向型。主要工业部门的产品一半以上销往国外。

（3）中小企业占重要地位。约2/3的工业企业是雇员不到100名的小企业。众多中小企业专业化程度强，技术水平高，灵活性强。

2016年外贸总额21621亿欧元。其中出口额12075亿欧元，进口额9546亿欧元。2016年，国内资产投资6278亿欧元，私人可支配收入23407亿欧元，私人消费支出16779亿欧元，公共支出6175亿欧元。国民总收入31999亿欧元。2016年，国家负债总额20314亿欧元，占国内生产总值64.8%。公共财政总收入14114亿欧元，总支出13877亿欧元，财政盈余237亿欧元。

截至2014年年底，德国对外直接投资累计13412亿欧元，绝大多数投往欧美国家，主要投资目的地国是：荷兰，累计2437.1亿欧元；美国，累计2053.2亿欧元；卢森堡，累计1314.2亿欧元；英国，累计1208.3亿欧元；比利时，累计544.8亿欧元；法国，累计449.1亿欧元。

截至2014年年底，外国在德国直接投资累计8731.2亿欧元，主要投资来源国是：瑞士，累计2210.9亿欧元；荷兰，累计1624.1亿欧元；美国，累计1568.7亿欧元；卢森堡，累计857.7亿欧元；英国，累计796.6亿欧元。中国对德直接投资36亿欧元。外国投资主要集中在金融、商业、食品工业、化工、交通、电子技术和机械制造部门。

2015年，德国农业、工业、服务业占GDP的比重分别为0.6%、30.4%和69.0%。

8.5.1.3　钢铁行业基本情况

截至2016年年底，钢铁行业的基本情况见表8-248。

8.5.1.4　钢铁生产和消费情况

2016年德国粗钢产量4208万吨，热轧长材产量1238.2万吨，热轧扁平材产量2417.4万吨。2016年，粗钢表观消费4280万吨，人均粗钢表观消费522.5kg；钢材表观消费4050万吨，人均钢材表观消费494.4kg。2015年钢材实际消费2891.5万吨，人均实际钢材消费353.9kg，如图8-87所示。

表 8-248 钢铁行业主要数据表

生铁产量	2727 万吨	粗钢产量	4208 万吨
钢材实际消费	2891.5 万吨	人均钢材实际消费	353.9kg
钢材进口	2551.9 万吨	钢材出口	2508.7 万吨
铁矿石生产	45 万吨	铁矿石进口	4003.1 万吨
铁矿石出口	2.9 万吨	钢产量世界排名	7
废钢进口	410.7 万吨	废钢出口	816.8 万吨

注：铁矿石生产及钢材实际消费数据为 2015 年数据。

2017 年粗钢产量 4356 万吨，较 2016 年增长 3.5%。

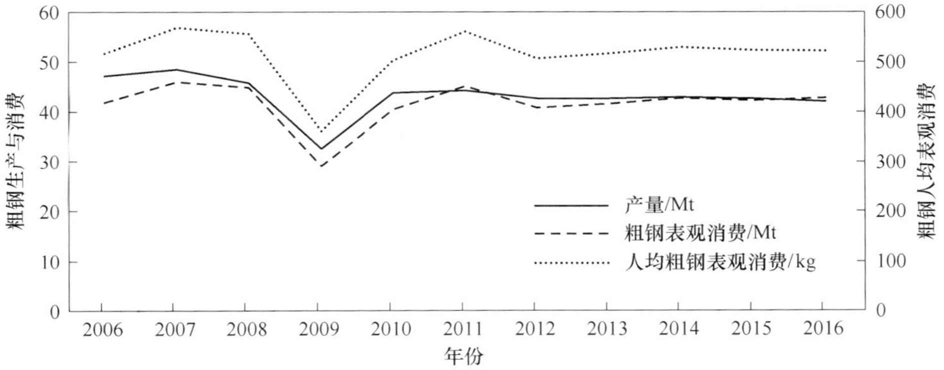

图 8-87 钢铁生产与消费情况

8.5.1.5 钢铁生产基础设施配套能力

德国铁矿石消费以进口为主，维持在 4000 万吨左右，如图 8-88 所示。2016 年进口铁矿石 4003.1 万吨。

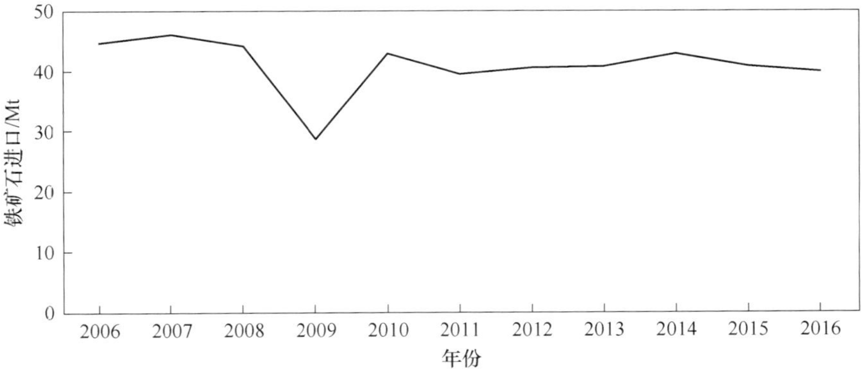

图 8-88 铁矿石进口情况

德国废钢以净出口为主，2016 年出口废钢 816.8 万吨，进口废钢 410.7 万吨，如图 8-89 所示。

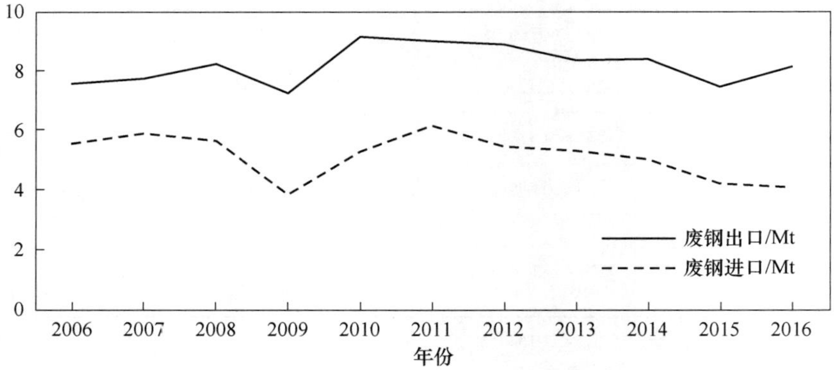

图 8-89 废钢进出口情况

2016 年，德国直接还原铁进口 58.5 万吨。

德国交通运输业十分发达，公路、水路和航空运输全面发展。特别是公路密度为世界之冠。2016 年，德国货运总量 46.0 亿吨，其中公路运输总量 30.2 亿吨，铁路 3.65 亿吨，内河 2.29 亿吨。2014 年，客运总量约 119.3 亿人次，其中轨道交通 63.6 亿人次，公路 53.8 亿人次，航空 1.87 亿人次。

截至 2014 年年底，铁路总长 3.78 万千米，有机车 21608 辆，客运车厢 9253 节，货运车皮 119040 节。

2015 年等级以上公路 23 万千米，其中高速公路 12900km。截至 2015 年年初全国注册机动车共 5371.56 万辆，其中小轿车 4440 万辆，卡车 270.1 万辆。

2015 年，德国共发电 647 太瓦时，可再生能源发电占 30%。

8.5.1.6 钢铁贸易

德国的钢铁进出口基本持平。2016 年，成品及半成品钢进口 2551.9 万吨，长材进口 709.9 万吨，扁平材进口 1422.4 万吨；成品及半成品钢出口 2508.7 万吨，长材出口 691.8 万吨，扁平材出口 1363.4 万吨，如图 8-90 所示。

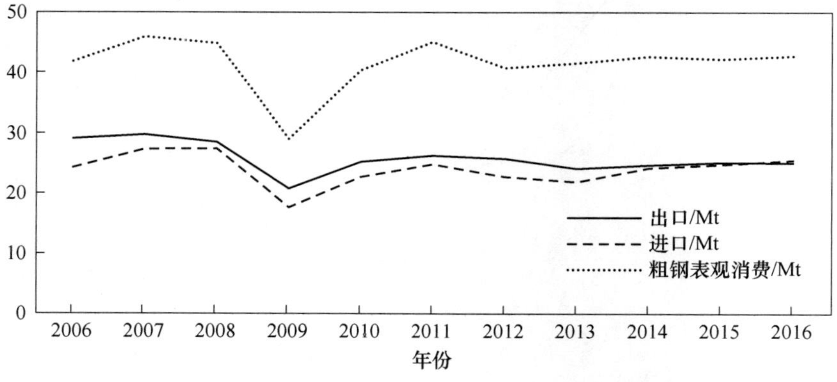

图 8-90 钢铁进出口情况

8.5.1.7 行业相关政策

A 税收体系

德国实行分税制，管理体制分联邦、州和地方三级。全部税收划分为共享税和专享税两大类。共享税为三级政府或其中两级共有，并按照一定的比例分成；专享税则为其中的一级政府专有的收入。税收占国内生产总值的比重在21%~25%左右。

B 主要税种

(1) 个人所得税。累进制征收，税率在15%~45%之间。对工资、利息、股息和红利等进行预提。

(2) 公司所得税。税率统一为15%。

(3) 营业税。税率从7%~17%不等。

(4) 增值税。一般税率为19%。

C 外汇管理

货币自由兑换，对于企业和个人的外汇汇出没有限制。

8.5.1.8 生产和消费情况（数据来源：Worldsteel）

有关生产和消费情况见表8-249~表8-253。

表8-249 需求和供应平衡表（2016年）

品种	生产/kt	出口/kt	进口/kt	间接净出口/kt	表观消费/kt	人均表观消费/kg	实际消费/kt	人均实际消费/kg
铁矿石	450	29	40031					
生铁	27270	146	537					
直接还原铁	600		588					
粗钢	42080	25087	25519		42800	522.5		
成品钢	37602	23025	23463	10350	40500	494.4	28915	353.9
热轧长材	12382	6918	7099					
热轧扁平材	24174	13634	14224					
管材	2709	2473	2140					

注：铁矿石生产、管材生产、间接净出口和实际钢材消费数据为2015年数据。

表8-250 分品种年度生产表 单位：kt

品种	2006年	2007年	2008年	2009年	2010年	2011年	2012年	2013年	2014年	2015年	2016年
铁矿石	416	418	455	364	390	488	448	413	456	450	
生铁	29777	30562	28592	19715	28112	27563	26493	26678	27379	27842	27270
直接还原铁	583	587	518	389	448	380	555	498	566	550	600
粗钢	47224	48550	45833	32670	43830	44284	42661	42645	42943	42676	42080
氧气转炉	32550	33535	31193	21335	30615	30079	28872	29185	29881	30054	29486
电炉	14674	15015	14639	11336	13215	14204	13789	13459	13062	12622	12594

续表 8-250

品　种	2006 年	2007 年	2008 年	2009 年	2010 年	2011 年	2012 年	2013 年	2014 年	2015 年	2016 年
热轧长材	14000	14333	13716	10229	11918	12742	12825	12783	12414	12724	12382
热轧扁平材	27173	27666	26089	18812	24909	25191	23670	23598	24035	23827	24174
大型型材	2620	2673	2555	1637	1936	2082	2332	2115	2087	2090	
小型型材	428	527	477	271	436	373	120	122	127		
预应力钢筋	1990	2129	2274	1923	1721	1771	1934	1945	1868		
热轧棒材	1759	1990	1842	998	1736	2077	2152	2328	2440	2500	
线材	6894	6705	6254	5160	5814	6295	6023	6005	5885		
热轧板（≥3mm）	3840	3994	3871	2898	3312	3601	3207	2803	3088	3100	
热轧板、卷、带钢（<3mm）	23333	23672	22218	15914	21597	21589	20463	20795	20947		
电工板	633	664	635	355	515	572	521	475			
管材	3936	3984	3864	2904	3192	3238	3086	2604	2709		
无缝钢管	1776	1824	1703	949	1276	1353	1348	1306	1264	1011	1045
焊接钢管	2165	2163	2167	1946	1916	1885	1738	1298	1445	1391	1492

表 8-251　年度钢消费表

品　种	2006 年	2007 年	2008 年	2009 年	2010 年	2011 年	2012 年	2013 年	2014 年	2015 年	2016 年
粗钢表观消费/kt	41900	45992	44900	29100	40479	45141	40829	41653	42752	42275	42800
人均粗钢表观消费/kg	516. 9	568. 8	556. 6	361. 4	503. 2	561. 3	507. 3	517. 0	530. 1	523. 9	522. 5
成品钢表观消费/kt	39222	42720	42367	28205	36238	40712	37497	38013	39642	39170	40500
人均成品钢表观消费/kg	483. 9	528. 4	525. 2	350. 3	450. 5	506. 2	465. 9	471. 8	491. 6	485. 4	494. 4
成品钢实际消费/kt	31918	32221	32985	22242	29876	32760	28618	28286	29371	28915	
成品钢人均实际消费/kg	393. 8	398. 5	408. 9	276. 2	371. 4	407. 3	355. 6	351. 1	364. 2	353. 9	

表 8-252　年度铁矿石、废钢生产及进出口表　　单位：kt

品　种	2006 年	2007 年	2008 年	2009 年	2010 年	2011 年	2012 年	2013 年	2014 年	2015 年	2016 年
铁矿石产量	416	418	455	364	390	488	448	413	456	450	
铁矿石出口	18	18	34	4	22	44	40	44	66	65	29
铁矿石进口	44850	46194	44339	28812	43082	39672	40724	40930	43030	40964	40031

续表 8-252

品 种	2006 年	2007 年	2008 年	2009 年	2010 年	2011 年	2012 年	2013 年	2014 年	2015 年	2016 年
废钢出口	7605	7770	8269	7275	9176	9034	8924	8378	8433	7492	8168
废钢进口	5593	5920	5675	3865	5305	6180	5484	5340	5045	4236	4107

表 8-253 年度钢铁贸易表 单位：kt

品 种	2006 年	2007 年	2008 年	2009 年	2010 年	2011 年	2012 年	2013 年	2014 年	2015 年	2016 年
半成品和成品钢出口	29219	29869	28639	20778	25352	26379	25818	24161	24757	25146	25087
半成品和成品钢进口	24361	27425	27488	17656	22733	24854	22729	21881	24263	24817	25519
钢锭和半成品出口	2171	2497	2047	1655	2150	2100	1690	1822	1939	1910	1879
钢锭和半成品进口	2578	3095	2970	1172	1611	2263	1728	1352	2066	1886	1828
长材出口	8044	8166	7871	5657	6921	7139	7322	6859	7094	7148	6918
长材进口	6962	7371	7366	5017	6467	6915	6265	6088	6896	6941	7099
扁平材出口	14973	15125	14714	10522	12880	12748	13382	12650	12993	13481	13634
扁平材进口	12452	14095	14242	9671	12398	13140	12527	12353	13009	13716	14224
管材出口	3841	3654	3544	2769	3222	4256	3298	2700	2509	2419	2473
管材进口	2159	2320	2351	1595	1989	2333	2022	1903	2026	2026	2140
生铁出口	181	145	154	86	181	178	125	137	116	141	146
生铁进口	423	655	713	408	421	506	585	448	460	547	537
直接还原铁出口	141	147	72	3	15						
直接还原铁进口	102	173	28	248	425	232	127	335	537	640	588
钢材间接出口	27797	30095	30249	22106	26839	30405	30110	30650	32061	32201	
钢材间接进口	20493	19597	20868	16143	20477	22453	21231	20923	21791	21851	
钢材间接净出口	7304	10498	9382	5963	6362	7952	8879	9727	10271	10350	

8.5.2 美国 The United State

8.5.2.1 基本情况

美国基本情况见表 8-254。

表 8-254 美国国家基本情况表

首都	华盛顿	领土面积	937 万平方千米
人口	3.26 亿	官方语言	英语
主要民族	白人约 62.6%，黑人约 13.2%，亚裔约 5.3%，拉丁或西班牙裔约 17.1%	主要宗教	基督教（54.6%）、天主教（23.9%）、犹太教（1.7%）
货币	美元	对美元汇率	

续表 8-254

GDP	180366 亿	人均 GDP	56115.72 美元
GDP 增长率	2.60%	营商环境排名	82.45 (8/190)
清廉指数	74 (18/176)	国际竞争力	5.85 (2/137)
经济自由度指数	75.1 (17/180)	人类发展指数 (HDI)	0.920 (10/188)
中信保国家风险评级	2 (2/9)	主权信用风险评级	AAA (1/9)
EIU 评级	AA	与我国建交时间	1979 年 1 月 1 日
主要双边协议	1979 年 7 月，贸易关系协定； 1983 年 5 月，投资保护协定； 1984 年 5 月 1 日，避免双重征税和防止偷漏税协定； 2012 年 4 月 20 日，双边投资协定示范文本		
中国出口	4095.4 亿美元	中国进口	1487.4 亿美元

根据世界经济论坛 2017 年统计分析报告，商务活动中将面临的主要问题有（按照百分制的权重）：

（1）税率，13.0%。

（2）税收制度，9.3%。

（3）通货膨胀，7.5%。

（4）劳工限制，7.4%。

（5）腐败，7.0%。

（6）融资渠道，7.0%。

8.5.2.2 美国经济结构与贸易情况

美国自然资源丰富，煤、石油、天然气、铁矿石、钾盐、磷酸盐、硫黄等矿物储量均居世界前列。其他矿物有铜、铅、钼、铀、铝矾土、金、汞、镍、碳酸钾、银、钨、锌、铝、铋等。战略矿物资源钛、锰、钴、铬等主要靠进口。美国已探明原油储量 334 亿桶，居世界第 12 位；已探明天然气储量 7.716 万亿立方米，居世界第 7 位；已探明煤储量 4910 亿吨，居世界第一。森林面积约 44 亿亩（1 亩≈666.67m^2），覆盖率达 33%。

当前，美国经济总体保持温和增长态势。2017 年 1 月，美国总统特朗普就职后，提出了“促进增长和挽回就业”的经济政策。

近年来，美国优化产业结构，实施“再工业化”战略，推动制造业回流，取得了一定成效。2016 年，美国工业生产较上年增长 2.1%，约占当年美国国内生产总值的 19.4%。工业就业人数约占全部就业人口的 20.3%，是美国社会发展的重要基础支柱。信息、生物等高科技产业发展迅速。美国主要工业产品有汽车、航空航天设备、电子和通信设备、钢铁、石油产品、化肥、水泥、塑料及新闻纸、机械等。

美国主要出口商品有化工产品、机械、汽车、飞机、电子信息设备、武器、食品、药品、饮料等。主要进口商品有食品、服装、电子器材、机械、钢材、纺织品、石油、天然橡胶以及锡、铬等金属。

2016 年，美国前五大货物贸易伙伴为中国、墨西哥、加拿大、日本和德国。美国前五大货物出口市场为加拿大、墨西哥、中国、日本和英国。美国前五大货物进口市场为中国、墨西哥、加拿大、日本和德国。

2017 年，美国货物贸易总额达到 39128 亿美元；其中出口额 15514 亿美元；进口额约 23614 亿美元；逆差 8100 亿美元。

8.5.2.3 钢铁行业基本情况

截至 2016 年年底，钢铁行业基本情况见表 8-255。

表 8-255 钢铁行业主要数据表

生铁产量	2229.3 万吨	粗钢产量	7847.5 万吨
钢材实际消费	11885.8 万吨	人均钢材实际消费	371.5kg
钢材进口	3091.3 万吨	钢材出口	912.7 万吨
铁矿石生产	4310 万吨	铁矿石进口	307.9 万吨
铁矿石出口	876.1 万吨	钢产量世界排名	4
废钢进口	386.4 万吨	废钢出口	1323 万吨

注：铁矿石生产及钢材实际消费数据为 2015 年数据。

8.5.2.4 钢铁生产和消费情况

2016 年美国钢产量 7847.5 万吨，热轧长材产量 2148.9 万吨，扁平材 5633.5 万吨。2016 年，粗钢表观消费 10257 万吨，人均粗钢表观消费 318.4kg；钢材表观消费 9180 万吨，人均钢材表观消费 284.9kg。2015 年钢材实际消费 11885.8 万吨，人均实际钢材消费 371.5kg，如图 8-91 所示。

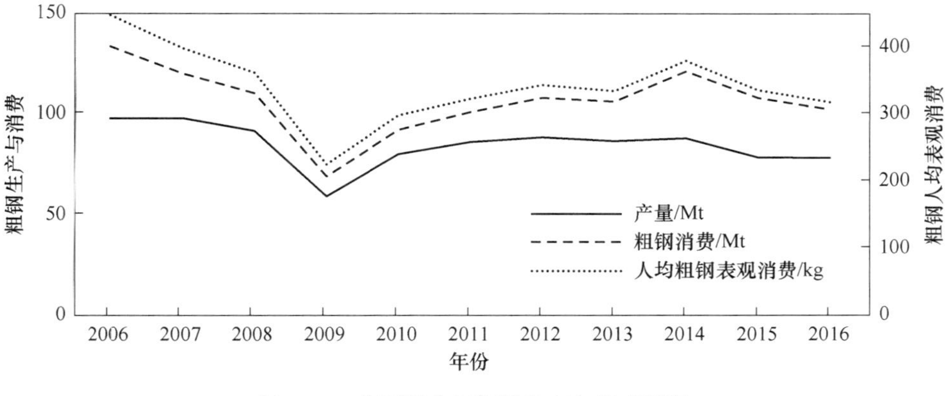

图 8-91 美国近几年钢铁生产与消费情况

2016 年中建筑用钢占 43%、汽车用钢占 27%、机械行业用钢占 9%、能源用钢占 6%、器具家电用钢 5%、国防工程用钢 3%、其他 3%。

2017 年美国粗钢产量 8160 万吨，比 2016 年增长 4.0%。

美国以电炉炼钢为主，电炉炼钢占比一直超过 50%，如图 8-92 所示。

8.5.2.5 钢铁生产基础设施配套能力

美国铁矿石资源量在世界排在第 9 位，2015 年的产量 4310 万吨，也排在第 9 位。铁矿石的生产以满足自身需求为主，并伴随有一定的进出口，如图 8-93 所示。

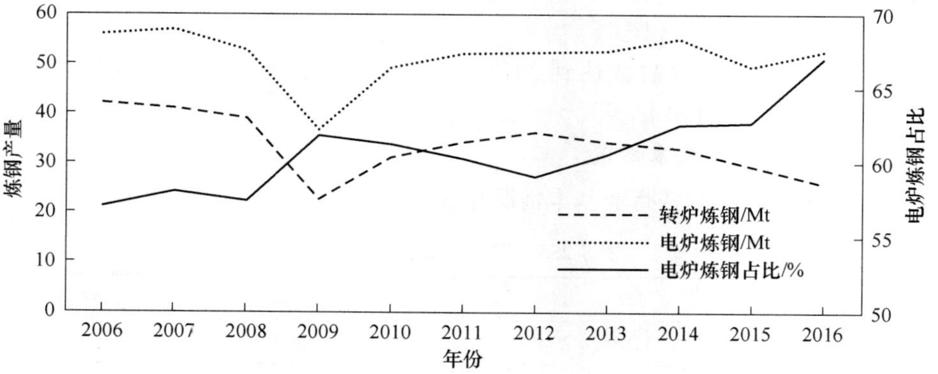

图 8-92　美国近几年转炉炼钢和电炉炼钢生产情况

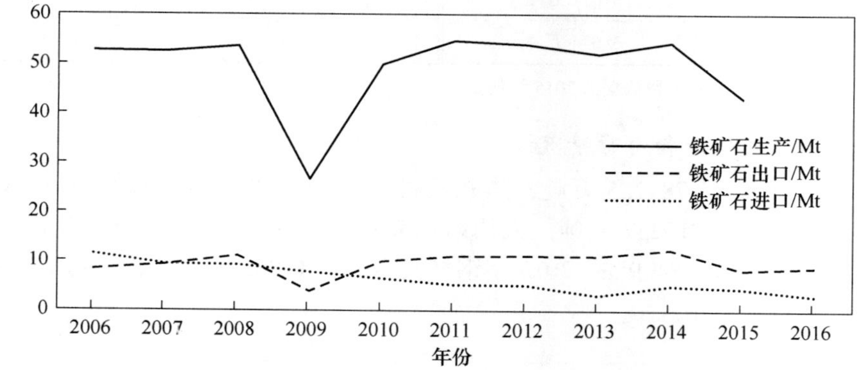

图 8-93　铁矿石生产及进出口情况

美国是废钢出口大国，2016 年废钢净出口 936. 6 万吨，其中出口 1323 万吨，如图 8-94 所示。

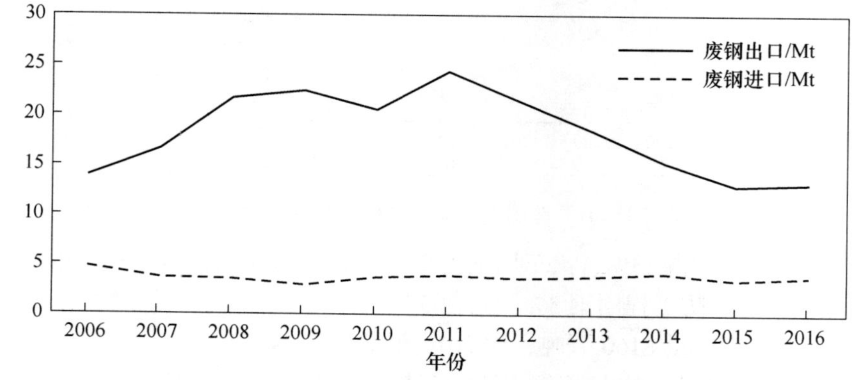

图 8-94　废钢进出口情况

2016 年美国进口生铁 2229. 3 万吨，进口 386. 6 万吨；直接还原铁生产 100 万吨，进口 159. 8 万吨。

8.5.2.6　钢铁贸易

美国是钢铁净进口国，是世界上最大的钢铁进口国，且进口占消费的比重在近几年持续上升，而国内产量出现缓慢下降的趋势，出口呈现缓慢下降之势，与2009年比，进口已经增长了185%，如图8-95所示。2014年进口量达到了一个高峰——4030万吨。2016年进口量占全球总进口量的8%，进口额占美国全部货物进口额的1%。2017年的进口持续增长，一季度进口钢810万吨，比去年同期增长19.1%，净出口570万吨。在2017年一季度，扁平材的进口占进口总量的35%，长材占22%，管材占19%，不锈钢产品占3%。

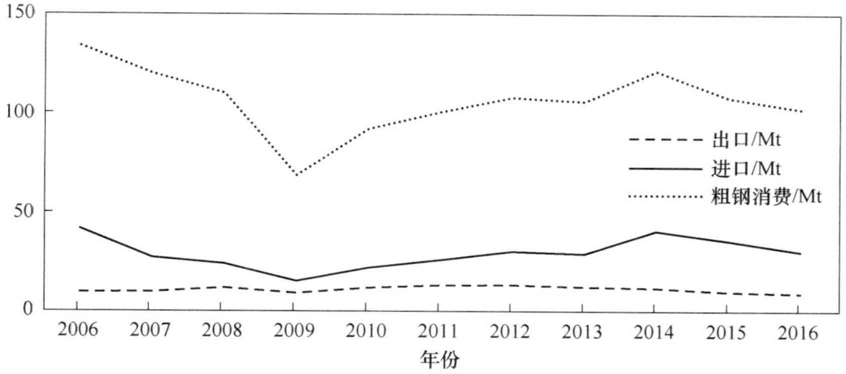

图8-95　钢铁进出口情况

2016年，美国进口钢材3091.3万吨，出口912.7万吨。其中长材出口189.1万吨，扁平材出口586.8万吨；长材进口723.1万吨，扁平材进口1268.7万吨。

美国的钢铁进口来源比较广泛，来自110个国家和地区。2016年，美国从加拿大、墨西哥、巴西、俄罗斯、德国、韩国、日本、土耳其等8个进口超过100万吨的国家的进口之和占总进口的75%。2017年第一季度，进口主要来源分别是加拿大（18%）、巴西（13%）、韩国（10%）、墨西哥（9%）、土耳其（9%）、俄罗斯（7%）、日本（6%）。从俄罗斯、中国台湾、越南的进口增长较快。2017年一季度，美国进口增长较快的国家和地区有俄罗斯（+135%）、中国台湾（+95%）、越南（+56%）、巴西（+40%）、印度（+167%）、阿联酋（+113%），进口下降的国家有德国（−16%）、中国大陆（−20%）。

2016年，向美国出口钢材的国家和地区占其出口的比重情况为：加拿大向美国出口的钢材占全部出口的87.7%，巴西向美国出口的钢材占全部出口的34.0%，韩国向美国出口的钢材占全部出口的12.1%，墨西哥向美国出口的钢材占全部出口的72.9%，土耳其向美国出口的钢材占全部出口的15.0%，中国台湾向美国出口的钢材占全部出口的9.2%，日本向美国出口的钢材占全部出口的4.9%，德国向美国出口的钢材占全部出口的4.0%。

从国家和地区的产品来看，主要从加拿大进口扁平材产品，从土耳其进口长材产品，从韩国进口管材，从巴西进口半成品钢，从中国台湾、意大利、墨西哥等进口不锈钢等。

同时美国也展开了149个钢铁产品的贸易救济活动。根据数量，排在第一位的是中国大陆，24起；韩国，18起；印度，16起；日本，12起；中国台湾，12起，土耳其，11起。

8.5.2.7　行业相关政策

A　税收体系

税收体系由联邦、州和地方三级组成，联邦以所得税为主要收入，州以销售税为主要税收来源，地方以财产税为主要税收来源。

B　主要税种

（1）公司所得税。税基为美国居民企业的全球所得和非美国居民企业的美国境内所得。税率采用累进制，在15%~38%之间。

（2）个人所得税。对象为美国公民、居民和非居民。

（3）销售税。分为普通消费税和零售消费税。

C　外汇管理

美国对非公民的利润、红利、利息、版税和费用的汇出没有限制。

8.5.2.8　主要钢铁冶金、矿山生产企业

美国有超过95家钢铁企业，直接雇员约14万，加上支持团队，约100万雇员。有97%的企业具有循环利用达到86%的能力。平均生产1t钢需要2个人工时。

（1）Nucor Corporation。总部：Charlotte，成立于1905年，技术优势：

1）小型轧机。1969年，公司研制成功小型轧机，并迅速得到推广。目前其产量占美国产量的60%。

2）电弧炉。与小型轧机匹配的电弧炉技术，90~150GW的动力室，可以在短时间内把130~170t的废钢融化成钢水。

3）薄板连铸。2016年产量2200万吨，主要产品为棒材和薄板。

（2）ArcelorMittal USA。总部：Chicago。2016年产量1500万吨，主要产品包括热轧、冷轧产品。

（3）United States Steel Corp。2016年产量1420万吨，主要产品包括热轧、冷轧、镀锌板、管道产品等。

（4）Gerdau North America。2016年产量1240万吨，主要产品为梁、桩、管、钢筋、盘条。

（5）Steel Dynamics Inc.。2016年产量740万吨，主要产品为扁平材、结构钢、棒材、钢轨。

（6）AK Steel Corporation。总部：West Chester，网址：www.aksteel.com。成立于1899年，拥有8500名员工，8个钢铁厂，2个焦化厂，2个管道生产厂，分别分布在美国的6个州，并在墨西哥有1家管道生产厂。主要产品包括热轧、冷轧、镀锌、不锈钢、电工钢等。

2016年产量605.2万吨，营业收入58.8亿美元，平均每吨钢售价969美元（2015年产量708.9万吨，营业收入66.9亿美元，平均每吨售价942美元）。净亏损780万美元（2015年净亏损5.09亿美元）。调整后净收益1.298亿美元。

（7）Commercial Metals Co.。2016年产量280万吨，主要产品为钢筋、棒材、型材、方坯。

8.5.2.9 生产和消费情况（数据来源：Worldsteel）

有关生产和消费情况见表 8-256～表 8-260。

表 8-256 需求和供应平衡表（2016 年）

品　种	生产/kt	出口/kt	进口/kt	间接净出口/kt	表观消费/kt	人均表观消费/kg	实际消费/kt	人均实际消费/kg
铁矿石	43100	8761	3079					
生铁	22293	62	3866					
直接还原铁	1000	178	1598					
粗钢	78475	9127	30913		102570	318.4		
成品钢	78514	8829	24485	-22785	91800	284.9	118858	371.5
热轧长材	21489	1891	7231					
热轧扁平材	56335	5868	12687					
管材	2383	1070	4567					

注：铁矿石生产、间接净出口和实际钢材消费数据为 2015 年数据。

表 8-257 分品种年度生产表　　单位：kt

品　种	2006 年	2007 年	2008 年	2009 年	2010 年	2011 年	2012 年	2013 年	2014 年	2015 年	2016 年
铁矿石	52700	52500	53600	26700	49900	54700	54000	52000	54300	43100	
生铁	37903	36337	33729	19018	26843	30227	32062	30308	29374	25435	22293
直接还原铁	240	250	260						1300	1100	1000
粗钢	98188	98101	91895	59384	80495	86398	88695	86878	88174	78845	78475
氧气转炉	42118	41098	39104	22659	31157	34290	36281	34237	33000	29395	25888
电炉	56070	57003	52790	36725	49338	52107	52414	52641	55174	49450	52587
热轧长材	27665	28139	27082	16081	20346	21358	23306	23188	24150	21489	21489
热轧扁平材	69442	66205	61153	39514	54426	61171	62787	62407	63866	56335	56335
大型型材	7800	7446	6501	3763	4701	5184	5031	5577	5571	5299	5299
小型型材	1492	1799	1595	1087	1763	1872	2125	1765	1870	1767	1767
预应力钢筋	6828	7282	7014	4615	5740	5060	5653	6556	6997	5837	5837
热轧棒材	7061	6588	6705	3099	4079	4511	5193	4385	4830	4177	4177
线材	1843	2183	2097	1493	1706	1961	2401	2186	2153	1906	1906
热轧板（≥3mm）	6487	6726	6732	4103	5658	6374	6172	6328	6550	5583	5583
热轧板、卷、带钢（<3mm）	18964	17884	17845	12179	16602	19715	19495	19598	20668	18702	18702
电工板	481	457	481	326	305	339	59				
管材	4923	4593	4522	2129	3520	4369	4338	4347	4718	2576	2383
无缝钢管	2080	1731	2121	955	1741	2216	2162	2276	2419	1076	1231
焊接钢管	2828	2849	2407	1165	1770	2147	2165	2060	2299	1500	1152

表 8-258 年度钢消费表

品　种	2006 年	2007 年	2008 年	2009 年	2010 年	2011 年	2012 年	2013 年	2014 年	2015 年	2016 年
粗钢表观消费/kt	134040	120381	110500	69400	92400	101000	108300	106300	121600	108333	102570
人均粗钢表观消费/kg	448. 5	399. 1	362. 9	225. 9	298. 2	323. 3	344. 0	335. 2	380. 7	336. 7	318. 4
成品钢表观消费/kt	119601	108285	98409	59206	79897	89200	96200	95700	106957	96131	91800
人均成品钢表观消费/kg	400. 2	359. 0	323. 2	192. 7	257. 8	285. 5	305. 6	301. 8	334. 8	298. 8	284. 9
成品钢实际消费/kt	140047	127078	111306	68898	91219	101604	112483	113473	123735	118858	
成品钢人均实际消费/kg	468. 6	421. 3	365. 6	224. 3	294. 4	325. 2	357. 3	357. 8	387. 3	371. 5	

表 8-259 年度铁矿石、废钢生产及进出口表 单位：kt

品　种	2006 年	2007 年	2008 年	2009 年	2010 年	2011 年	2012 年	2013 年	2014 年	2015 年	2016 年
铁矿石产量	52700	52500	53600	26700	49900	54700	54000	52000	54300	43100	
铁矿石出口	8272	9298	11164	3918	9951	11073	11179	11041	12385	8157	8761
铁矿石进口	11470	9389	9236		6417	5268	5132	3172	5097	4550	3079
废钢出口	13978	16642	21712	22439	20557	24373	21397	18495	15340	12976	13230
废钢进口	4813	3692	3570	2986	3773	4003	3711	3882	4215	3513	3864

表 8-260 年度钢铁贸易表 单位：kt

品　种	2006 年	2007 年	2008 年	2009 年	2010 年	2011 年	2012 年	2013 年	2014 年	2015 年	2016 年
半成品和成品钢出口	9565	9801	11963	9238	11802	13288	12560	12508	11961	10000	9247
半成品和成品钢进口	42192	27683	24637	15342	22510	26590	30886	29812	41369	36485	30. 913
钢锭和半成品出口	204	389	520	591	616	907	808	449	295	142	113
钢锭和半成品进口	8454	6060	5404	1822	4596	6076	6915	6638	9562	6560	6014
长材出口	2405	2515	3366	2082	2910	3467	3629	3108	2846	2102	1891
长材进口	9719	6455	4631	3190	4569	4568	4979	5418	7147	7567	7231
扁平材出口	5212	5477	6212	4998	6490	6807	6734	6591	6545	6049	5868
扁平材进口	16226	9391	7996	5661	7561	8753	10179	9824	15640	14734	12687
管材出口	1526	1010	1376	1398	1601	1823	2108	2087	1947	1369	1070
管材进口	7131	4679	5574	4367	5408	6734	8349	7488	8493	6952	4567
生铁出口	55	85	268	22	81	126	122	44	52	67	62

续表 8-260

品　种	2006 年	2007 年	2008 年	2009 年	2010 年	2011 年	2012 年	2013 年	2014 年	2015 年	2016 年
生铁进口	6731	5219	4978	2424	3471	4190	4270	4118	4603	4534	3866
直接还原铁出口	12	8	28	1	9	14	8	5	4	21	178
直接还原铁进口	2772	2531	2555	1016	1643	1852	2762	2364	2392	1866	1598
钢材间接出口	19815	20863	20156	13792	18682	22937	22013	21315	22348	19936	
钢材间接进口	40261	39656	33053	23485	30005	35341	38297	39088	39126	42694	
钢材间接净出口	-20446	-18793	-12897	-9692	-11322	-12404	-16283	-17773	-16778	-22785	

8.5.3 法国 France

8.5.3.1 基本情况

法国基本情况见表 8-261。

表 8-261 法国国家基本情况表

首都	巴黎	领土面积	55 万平方千米
人口	6701.9 万	官方语言	法语
主要民族	法兰西、布列塔尼族、巴斯克族	主要宗教	天主教（64%）、伊斯兰教（3%）、新教（3%）
货币		对美元汇率	
GDP	24188 亿美元	人均 GDP	36352.48 美元
GDP 增长率	1.27%	营商环境排名	76.27（29/190）
清廉指数	69（23/176）	国际竞争力	5.18（22/137）
经济自由度指数	63.3（72/180）	人类发展指数（HDI）	0.897（21/188）
中信保国家风险评级	3（3/9）	主权信用风险评级	AAA（1/9）
EIU 评级	A	与我国建交时间	1964 年 1 月 27 日
主要双边协议	1966 年 6 月，航空交通协定； 1978 年 12 月，发展经济关系和合作长期协定； 1979 年 5 月，信贷协定； 1984 年 6 月，避免双重征税和防止偷漏税协定； 1984 年 6 月，鼓励与投资保护协定； 1996 年 4 月，海运协定； 2010 年 11 月，中法关于加强全面战略伙伴关系的联合声明； 2014 年 3 月，中华人民共和国和法兰西共和国联合声明——开创紧密持久的中法全面战略伙伴关系新时代、中法关系中长期规划； 2017 年 2 月，中法互认换领机动车驾驶证协议		
中国出口	267.5 亿美元	中国进口	246.6 亿美元

根据世界经济论坛 2017 年统计分析报告，商务活动中将面临的主要问题有（按照百

分制的权重)：

(1) 税率，19.6%。

(2) 劳工限制，19.1%。

(3) 税收制度，17.6%。

(4) 政府官僚主义，11.8%。

(5) 政策不稳定，7.7%。

8.5.3.2 法国经济结构与贸易情况

法国铁矿储量约10亿吨，但品位低、开采成本高，所有铁矿均已关闭，所需矿石完全依赖进口。有色金属几乎全部依赖进口。能源主要依靠核能，约占全部能源的76%。此外，水力和地热资源的开发利用也比较充分。森林面积约1615.4万公顷，覆盖率29.4%。

法国是最发达的工业国家之一，在核电、航空、航天和铁路方面居世界领先地位。

法国工业主要门类有汽车制造、造船、机械、纺织、化学、电子、日常消费品、食品加工和建筑业等，钢铁、汽车和建筑业为三大工业支柱。核能及能源工业、石油化工、海洋开发、航空和宇航等工业部门近年来发展较快。

据法国汽车制造商委员会、法国国家经济研究与统计局统计，2015年主要工业产品产量为小汽车556万辆，总发电量546万亿瓦，其中核电416.8万亿瓦。

法国与世界各大地区和100多个国家有贸易往来，是世界第五大出口国和第六大进口国。据法国海关数据，2016年进出口总额9540.71亿欧元，贸易逆差481亿欧元。主要的贸易伙伴有德国、西班牙、美国、意大利、英国、比利时、荷兰、中国、瑞士和日本等。

法国进口商品主要有能源和工业原料等，出口商品主要有机械、汽车、化工产品、钢铁、农产品、食品、服装、化妆品和军火等。法国对外贸易主要在欧洲国家内部进行。

2015年法国新增对外直接投资338亿欧元。法国对外投资主要集中在欧盟成员国内部，对美国、石油输出国组织成员国、非洲、拉美的投资也较高，主要以工业、能源、服务部门为主。

外国对法国投资的主要领域有机械、汽车、化工产品、钢铁、农产品、食品、服装等。2015年，外国资本在法国直接投资额为357亿欧元，比利时、卢森堡、瑞士、德国、波兰、英国等国是法国主要外资来源国。

2016年，法国农业、制造业、服务业占GDP的比重分别为1.5%、19.4%和79.1%。

8.5.3.3 钢铁行业基本情况

截至2016年年底，钢铁行业的基本情况见表8-262。

表8-262 钢铁行业主要数据表

生铁产量	972.4万吨	粗钢产量	1441.3万吨
钢材实际消费	1712.1万吨	人均钢材实际消费	265.6kg
钢材进口	1457万吨	钢材出口	1368.9万吨

续表 8-262

铁矿石生产		铁矿石进口	1394.7 万吨
铁矿石出口		钢产量世界排名	15
废钢进口	180.6 万吨	废钢出口	542.8 万吨

注：钢材实际消费数据为 2015 年数据。

8.5.3.4 钢铁生产和消费情况

2016 年法国粗钢产量 1441.3 万吨，热轧长材产量 413.3 万吨，热轧扁平材产量 1018.6 万吨。2016 年，粗钢表观消费 1525.1 万吨，人均粗钢表观消费 235.6kg；钢材表观消费 1427 万吨，人均钢材表观消费 220.5kg。2015 年钢材实际消费 1712.1 万吨，人均实际钢材消费 265.6kg，如图 8-96 所示。

2017 年粗钢产量 1550.6 万吨，较 2016 年增长 7.6%。

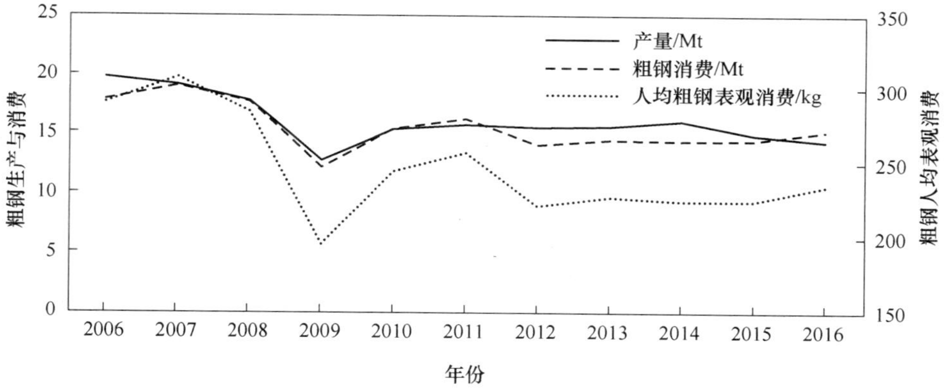

图 8-96 法国近几年钢产量与消费量

8.5.3.5 钢铁生产基础设施配套能力

2016 年，铁矿石进口 1394.7 万吨，如图 8-97 所示。

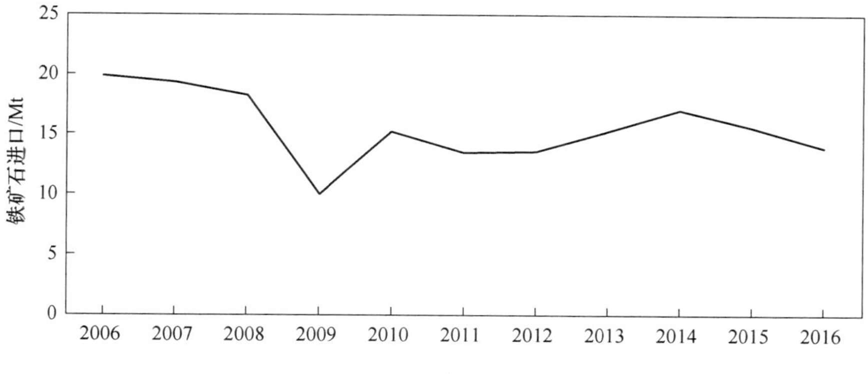

图 8-97 铁矿石进口情况

法国是一个废钢净出口国，出口量是进口量的 2 倍以上，如图 8-98 所示。

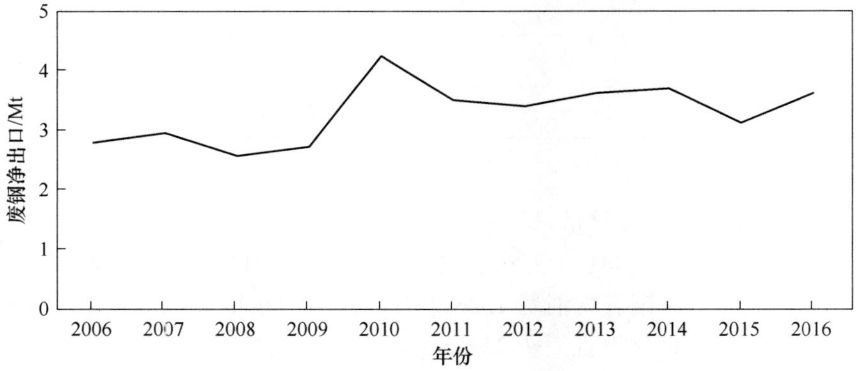

图 8-98　废钢净出口变化情况

法国交通运输发达，水、陆、空运输均极为便利。

在法国本土，国家铁路网通往除科西嘉岛以外的各个地方，铁路总长 31939km，其中电气化铁路 15687km，高速铁路 2024km。2015 年铁路客运量为 1045 亿人/km，货运量为 343 亿吨/km。

法国公路网是世界最密集、欧盟国家中最长的，总长度 95 万千米，其中高速公路 11882km。2015 年公路客运周转量为 8092 亿人/km，其中使用私家车的客运量为 7380 亿人/km，使用公共交通为 712 亿人/km。公路货运量为 2814 亿吨/km。

内河航道总长 14932km，其中可通行 1500t 级以上船舶的航道约 1900km。巴黎是主要内河港口。2015 年货运量为 75 亿吨/km。主要海港有马赛港、勒阿弗尔港和敦刻尔克港。

2015 年航空旅客周转量近 1. 19 亿人次。起降飞机约 160 万架次。建有 494 个机场，其中 153 个为民用，通达 134 个国家和地区的 529 个城市。主要航空公司为法航，主要机场有巴黎戴高乐机场、奥利机场、尼斯机场等。

8. 5. 3. 6　钢铁贸易

法国钢铁出口、进口和消费量基本持平，表明其钢铁贸易非常活跃，如图 8-99 所示。2016 年，半成品及成品钢出口 1368. 9 万吨，长材出口 239. 5 万吨，扁平材出口 995. 3 万吨；半成品及成品钢进口 1457 万吨，长材进口 308. 1 万吨，扁平材进口 781. 3 万吨。

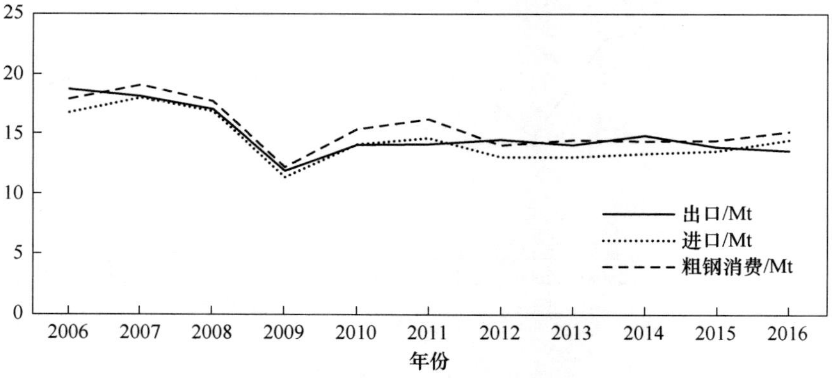

图 8-99　钢铁进出口情况

8.5.3.7 行业相关政策

A 税收体系

税收体系比较完善，基本原则包括法制原则、公立原则、平等原则和富者多交、贫者少交原则。

B 主要税种

（1）企业所得税。标准税率为33.33%。

（2）个人所得税。采用高额累进制。

（3）消费税。一般为19.6%。

C 外汇管理

法国的银行可根据法律规定为外资企业开立外汇账户，没有特殊要求。外资企业可以自由汇入、汇出外汇。

8.5.3.8 生产和消费情况（数据来源：Worldsteel）

有关生产和消费情况见表8-263~表8-267。

表8-263 需求和供应平衡表（2015年）

品　种	生产/kt	出口/kt	进口/kt	间接净出口/kt	表观消费/kt	人均表观消费/kg	实际消费/kt	人均实际消费/kg
铁矿石		78	13947					
生铁	9724	37	143					
直接还原铁			59					
粗钢	14413	13689	14570		15251	235.6		
成品钢	3660	12765	12044	-3546	14270	220.5	17121	265.6
热轧长材	4133	2395	3081					
热轧扁平材	10186	9953	7813					
管材		417	1150					

注：铁矿石生产、间接净出口和实际钢材消费数据为2015年数据。

表8-264 分品种年度生产表 单位：kt

品　种	2006年	2007年	2008年	2009年	2010年	2011年	2012年	2013年	2014年	2015年	2016年
铁矿石											
生铁	13013	12426	11372	8104	10137	9698	9532	10276	10866	10097	9724
直接还原铁											
粗钢	19852	19250	17879	12840	15414	15780	15609	15685	16143	14984	14413
氧气转炉	12242	11808	10666	7676	9813	9652	9507	10195	10645	9825	9527
电炉	7610	7442	7213	5164	5601	6128	6102	5491	5498	5159	4886
热轧长材	4624	4648	4535	3388	3889	4281	4307	4447	4616	4426	4133
热轧扁平材	11612	11411	10212	7859	9692	9434	9222	10269	10848	10568	10186

续表 8-264

品　种	2006 年	2007 年	2008 年	2009 年	2010 年	2011 年	2012 年	2013 年	2014 年	2015 年	2016 年
大型型材											
小型型材											
预应力钢筋	895	868	917	792	729	852	942	850	884	882	846
热轧棒材	1477	1464	1295	812	1117	1320	1165	1243	1330	1197	1102
线材	1964	1965	1980	1473	1768	1839	1944	2064	2063	1974	1855
热轧板（≥3mm）	877	944	921	556	788	836	704	666	714	692	711
热轧板、卷、带钢（<3mm）	10735	10467	9291	7303	8904	8598	8518	9603	10133	9876	9475
电工板	266	270	274	206	216	205	166	158	184	191	186
管材	1476	1536	1548	912	960	1200					
无缝钢管	792	840	780	456	480	672					
焊接钢管	684	696	768	468	480	528					

表 8-265　年度钢消费表

品　种	2006 年	2007 年	2008 年	2009 年	2010 年	2011 年	2012 年	2013 年	2014 年	2015 年	2016 年
粗钢表观消费/kt	17970	19147	17775	12290	15454	16304	14130	14566	14472	14520	15251
人均粗钢表观消费/kg	291.7	309.0	285.3	196.2	245.4	257.7	222.3	228.1	225.7	225.5	235.6
成品钢表观消费/kt	16782	17867	16580	11490	14438	15218	13204	13617	13526	13570	14270
人均成品钢表观消费/kg	272.4	288.3	266.1	183.4	229.3	240.5	207.7	213.3	210.9	210.7	220.5
成品钢实际消费/kt	18560	20274	19616	14727	17342	19103	16404	16888	16801	17121	
成品钢人均实际消费/kg	301.3	327.2	314.8	235.1	275.4	301.9	258.1	264.5	262.0	265.6	

表 8-266　年度铁矿石、废钢生产及进出口表　　单位：kt

品　种	2006 年	2007 年	2008 年	2009 年	2010 年	2011 年	2012 年	2013 年	2014 年	2015 年	2016 年
铁矿石产量											
铁矿石出口											78
铁矿石进口	19892	19364	18290	10015	15245	13512	13604	15285	17106	15655	13947
废钢出口	6120	6154	5796	5145	6683	6167	6118	5985	6177	5380	5428
废钢进口	3319	3185	3219	2423	2416	2658	2705	2363	2473	2247	1806

表 8-267 年度钢铁贸易表

单位：kt

品 种	2006 年	2007 年	2008 年	2009 年	2010 年	2011 年	2012 年	2013 年	2014 年	2015 年	2016 年
半成品和成品钢出口	18795	18211	17125	11999	14141	14224	14579	14164	14944	14003	13689
半成品和成品钢进口	16941	18071	16955	11439	14178	14715	13163	13154	13418	13656	14570
钢锭和半成品出口	3028	2650	2811	1813	1794	1992	2233	1132	1236	767	796
钢锭和半成品进口	1562	1997	1745	1113	1792	2028	1718	1694	1800	2094	2298
长材出口	2864	2917	2872	1832	2346	2653	2500	2499	2482	2416	2395
长材进口	3973	4202	4119	2744	3193	3272	3028	2964	2973	2876	3081
扁平材出口	11362	11017	9870	7372	8937	8261	8760	9565	10395	10102	9953
扁平材进口	9998	10344	9617	6352	7900	8005	7082	7197	7350	7386	7813
管材出口	1358	1406	1362	828	927	1213	995	880	723	584	417
管材进口	1262	1341	1244	943	1146	1270	1186	1153	1111	1088	1150
生铁出口	114	90	88	151	52	53	44	42	35	34	37
生铁进口	184	192	205	113	133	156	132	186	149	150	143
直接还原铁出口											
直接还原铁进口	208	134	78	18	47	80	34	42	33	74	59
钢材间接出口	11584	12035	11322	7367	8609	9444	8579	7941	7889	8561	
钢材间接进口	13362	14442	14358	10605	11513	13329	11779	11213	11165	12107	
钢材间接净出口	-1778	-2407	-3036	-3238	-2905	-3885	-3200	-3271	-3276	-3546	

8.5.4 日本 Japan

8.5.4.1 基本情况

日本基本情况见表 8-268。

表 8-268 日本国家基本情况表

首都	东京	领土面积	37.8 万平方千米
人口	12682 万	官方语言	日语
主要民族	大和族	主要宗教	神道教（52.3%）、佛教（42.2%）
货币	日元	对美元汇率	
GDP	43831 亿美元	人均 GDP	34523.7 美元
GDP 增长率	1.22%	营商环境排名	75.53（34/190）
清廉指数	72（20/176）	国际竞争力	5.49（9/137）
经济自由度指数	69.6（40/180）	人类发展指数（HDI）	0.903（17/188）
中信保国家风险评级		主权信用风险评级	
EIU 评级	A	与我国建交时间	1972 年 9 月 29 日邦交正常化
主要双边协议			
中国出口		中国进口	

根据世界经济论坛2017年统计分析报告，商务活动中将面临的主要问题有（按照百分制的权重）：

（1）劳工限制，21.1%。

（2）税率，20.8%。

（3）创新能力不足，19.0%。

（4）政府官僚主义，13.5%。

（5）税收制度，9.3%。

8.5.4.2 日本经济结构与贸易情况

日本矿产资源贫乏，90%以上依赖进口，其中石油完全依靠进口。日本政府大力发展核能等新能源，积极推广可再生能源，加大投资力度。目前，日本的核电总装机容量为4946.7万千瓦，位居世界第三位。

日本是世界第三经济大国，对外贸易额约1.3万亿美元。截至2016年5月底，外汇储备达12540亿美元。截至2015年年底，拥有约3.1万亿美元海外资产。

据日本财务省统计，2015年日本进出口总额为12734亿美元，其中出口6250亿美元，进口6483亿美元，贸易逆差233亿美元。2016年的进出口总额为12515.99亿美元。

主要进口商品有机电产品、化工产品、原油、天然气、煤炭等一次能源、服装、半导体等电子零部件、医药品、金属及铁矿石原材料等；主要出口商品有运输设备、钢铁、半导体等电子零部件、塑料、科学光学仪器、机械设备、化学制品等。2015年主要贸易对象为中国大陆、美国、韩国、澳大利亚、中国台湾等国家和地区。

重点投资的国家为美国、英国、中国、巴西等，重点投资地区为亚洲、欧洲。日本财务省公布的统计表明，日本2015年对外直接投资额约1308亿美元。

2016年，日本的经济处于缓慢的恢复中，GDP实际增长仅1%。

8.5.4.3 钢铁行业基本情况

截至2016年年底，钢铁行业的基本情况见表8-269。

表8-269 钢铁行业主要数据表

生铁产量	8018.6万吨	粗钢产量	10477.5万吨
钢材实际消费	4833.6万吨	人均钢材实际消费	377.7kg
钢材进口	601.4万吨	钢材出口	4050.5万吨
铁矿石生产		铁矿石进口	13003.5万吨
铁矿石出口		钢产量世界排名	2
废钢进口	17.6万吨	废钢出口	870.6万吨

注：钢材实际消费数据为2015年数据。

8.5.4.4 钢铁生产和消费情况

2016年日本粗钢产量约1.05亿吨，热轧长材产量2824.3万吨，热轧扁平材产量6298.4万吨。2016年，粗钢表观消费6750万吨，人均粗钢表观消费528.4kg；钢材表观消费6217万吨，人均钢材表观消费486.7kg。2015年钢材实际消费4833.6万吨，人均实际钢材消费377.7kg，如图8-100所示。

由于国内需求的降低，2016 年粗钢的生产延续了下降的走势。2017 年，粗钢产量 1.047 亿吨，与 2016 年基本持平。

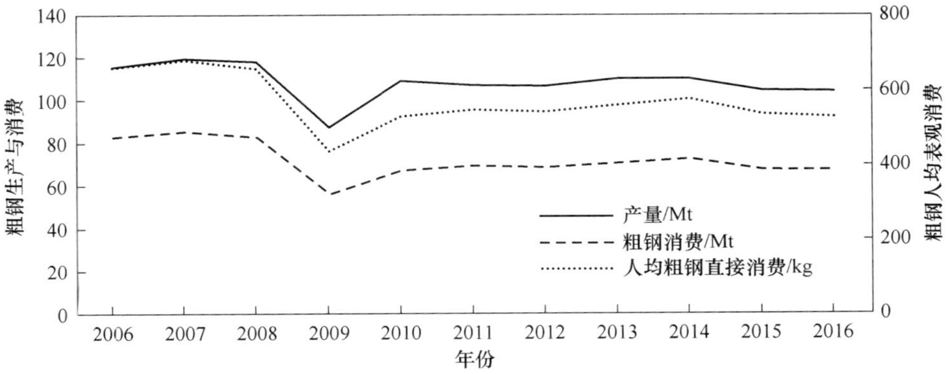

图 8-100 钢铁生产及消费情况

8.5.4.5 钢铁生产基础设施配套能力

2016 年铁矿石进口 13003.5 万吨，持续小幅下降，如图 8-101 所示。铁矿石进口主要来自澳大利亚（59.5%）、巴西（27.6%）、加拿大（4.2%）、南非（3.2%）、印度（1.7%）。

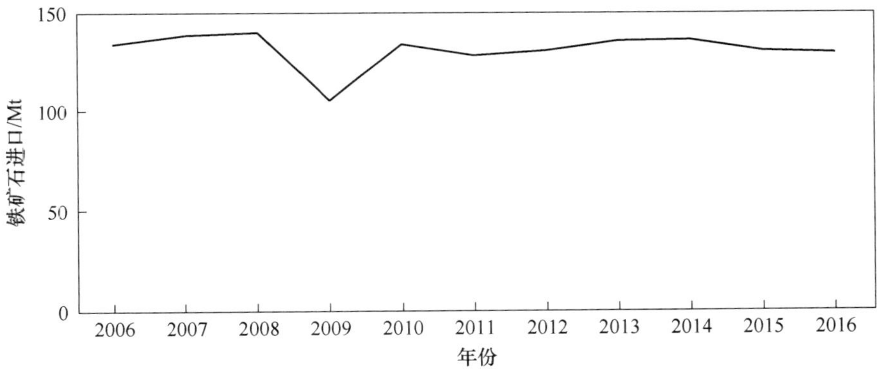

图 8-101 铁矿石进口情况

日本是废钢净出口国，2016 年废钢出口 870.6 万吨，如图 8-102 所示。

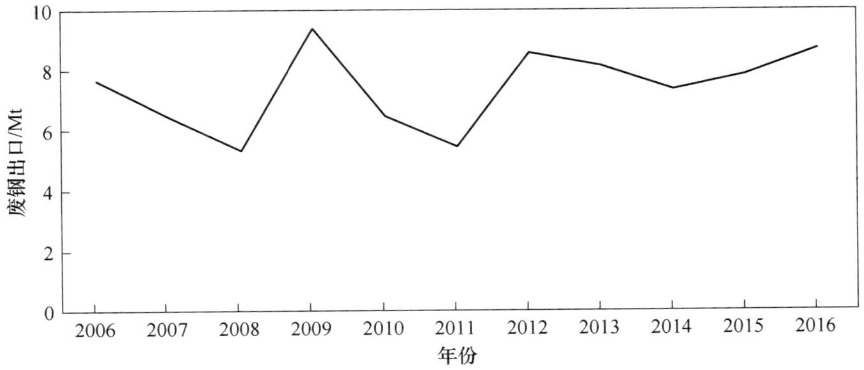

图 8-102 废钢出口情况

2016年进口冶金用煤5995万吨，比2015年增长3.3%。煤进口主要来自澳大利亚（70.7%）、加拿大（10.3%）、俄罗斯（9.4%）、美国（4.7%）、印度尼西亚（2.4%）、中国（0.3%）。

日本公路总里程121.4万千米，其中国道和省道18.4万千米。铁路营运里程2.01万千米。

8.5.4.6　钢铁贸易

日本是钢铁净出口国，2016年，半成品及成品钢出口4050.5万吨，比2015年下降1%，长材出口536.9万吨，扁平材出口2881.7万吨；半成品及成品钢进口601.4万吨，长材进口98.7万吨，扁平材进口447.4万吨，如图8-103所示。

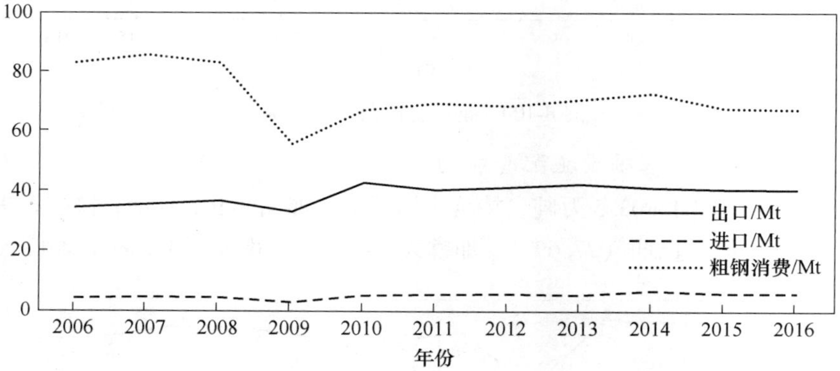

图8-103　日本钢铁进出口贸易情况

8.5.4.7　行业相关政策

A　税收体系

属地税制，征税对象为日本法人企业的全球收入。

B　主要税种

（1）法人税。一般税率23.4%。

（2）法人居民税。法人税的17.3%~20.7%。

（3）所得税。一般国税15%、地方税5%。

（4）消费税。一般税率为10%。

C　外汇管理

任何公司和个人均可自由买卖外汇。

8.5.4.8　生产和消费情况（数据来源：Worldsteel）

有关生产和消费情况见表8-270~表8-274。

表8-270　需求和供应平衡表（2016年）

品　种	生产/kt	出口/kt	进口/kt	间接净出口/kt	表观消费/kt	人均表观消费/kg	实际消费/kt	人均实际消费/kg
铁矿石			130035					
生铁	80186	17	86					

续表 8-270

品　种	生产/kt	出口/kt	进口/kt	间接净出口/kt	表观消费/kt	人均表观消费/kg	实际消费/kt	人均实际消费/kg
直接还原铁			25					
粗钢	104775	40505	6014		67500	528.4		
成品钢	92636	35916	5764	14614	62170	486.7	48336	377.7
热轧长材	28243	5369	987					
热轧扁平材	62984	28817	4474					
管材	6399	1730	303					

注：间接净出口和实际钢材消费数据为 2015 年数据。

表 8-271　分品种年度生产表　　单位：kt

品　种	2006 年	2007 年	2008 年	2009 年	2010 年	2011 年	2012 年	2013 年	2014 年	2015 年	2016 年
铁矿石											
生铁	84270	86771	86171	66943	82283	81028	81405	83849	83872	81011	80186
直接还原铁											
粗钢	116226	120203	118739	87534	109599	107601	107232	110595	110666	105134	104775
氧气转炉	85965	89242	89238	68337	85756	82743	82307	85680	84987	81081	81513
电炉	30261	30961	29501	19197	23843	24858	24925	24915	25679	24053	23262
热轧长材	35638	36672	34671	23438	28405	29309	28984	30357	30417	28830	28243
热轧扁平材	66023	69386	69171	51822	67348	64188	63759	64638	65395	62690	62984
大型型材	7048	7611	7213	4777	5209	5474	5771	6265	6073	5782	5643
小型型材	1558	1479	1310	893	1016	1078	1064	1112	1128	1060	1008
预应力钢筋	11200	11102	9813	7855							
热轧棒材	19778	19872	18508	12541	15232	16052	15794	16101	16126	15255	14891
线材	6776	6933	6832	4551	6254	6086	5769	6205	6253	5921	5941
热轧板（≥3mm）	14491	15452	16290	12838	14657	14488	13399	12863	13145	11872	12315
热轧板、卷、带钢（<3mm）	51532	53934	52881	38984	52691	49700	50360	51774	52250	50818	50669
电工板	1862	1924	1902	1410	2002	1949	1594	1609	1552	1377	1347
管材	8582	9895	9722	6172	7690	7804	7877	8050	8283	6821	6399
无缝钢管	2093	2612	2652	1643	2145	2279	2203	2087	2215	1725	1611
焊接钢管	6489	6618	6436	4050	4982	4946	5097	5318	5437	4504	4774

表 8-272 年度钢消费表

品　种	2006 年	2007 年	2008 年	2009 年	2010 年	2011 年	2012 年	2013 年	2014 年	2015 年	2016 年
粗钢表观消费/kt	83300	85900	83200	56000	67400	69600	68800	70900	72900	67800	67500
人均粗钢表观消费/kg	655.2	675.0	653.5	439.8	529.4	546.9	541.1	558.3	574.9	535.7	528.4
成品钢表观消费/kt	78990	81180	77950	52790	63570	64100	63950	65240	67690	62950	62170
人均成品钢表观消费/kg	621.3	638.0	612.2	414.6	499.3	503.7	503.0	513.8	533.9	497.3	486.7
成品钢实际消费/kt	57602	58671	55215	36729	42971	43767	44032	48113	52117	48336	377.7
成品钢人均实际消费/kg	453.1	461.1	433.7	288.4	337.5	343.9	346.3	378.9	411.0		

表 8-273 年度铁矿石、废钢生产及进出口表 单位：kt

品　种	2006 年	2007 年	2008 年	2009 年	2010 年	2011 年	2012 年	2013 年	2014 年	2015 年	2016 年
铁矿石产量											
铁矿石出口											
铁矿石进口	134287	138928	140351	105471	134335	128489	131114	135886	136436	131010	130035
废钢出口	7654	6449	5344	9408	6472	5453	8594	8150	7351	7847	8706
废钢进口	185	397	699	194	491	580	225	234	370	149	176

表 8-274 年度钢铁贸易表 单位：kt

品　种	2006 年	2007 年	2008 年	2009 年	2010 年	2011 年	2012 年	2013 年	2014 年	2015 年	2016 年
半成品和成品钢出口	34557	35629	36923	33306	42951	40656	41458	42502	41346	40804	40505
半成品和成品钢进口	4447	4751	4477	3037	5275	5563	5733	5413	6733	5918	6014
钢锭和半成品出口	4514	4831	4760	5843	5229	5162	5519	5966	5330	4814	4542
钢锭和半成品进口	63	242	140	48	98	224	287	165	259	156	202
长材出口	4020	4087	4559	3531	5182	4861	4770	5226	5243	5576	5369
长材进口	757	656	639	587	742	909	979	963	1154	970	987
扁平材出口	22573	23574	24327	21804	29423	27741	28136	28504	27783	28589	28812
扁平材进口	3345	3557	3425	2180	3339	4097	4100	3908	4884	4423	4474
管材出口	3383	2696	2814	2061	2825	2802	2937	2715	2894	1745	1730
管材进口	228	224	190	181	209	275	314	312	362	303	303
生铁出口	37	46	41	591	33	51	402	283	47	54	17
生铁进口	1425	1309	879	293	354	322	113	121	167	99	86

续表 8-274

品　种	2006 年	2007 年	2008 年	2009 年	2010 年	2011 年	2012 年	2013 年	2014 年	2015 年	2016 年
直接还原铁出口											
直接还原铁进口		164	76		226	242	84	63	124	29	25
钢材间接出口	27372	29129	29204	20858	26532	26875	26972	24194	22959	21749	
钢材间接进口	5984	6620	6469	4796	5932	6541	7054	7067	7386	7135	
钢材间接净出口	21388	22509	22735	16061	20599	20333	19918	17127	15573	14614	

8.5.5 韩国 Korea

8.5.5.1 基本情况

韩国基本情况见表 8-275。

表 8-275 韩国国家基本情况表

首都	首尔	领土面积	10 万平方千米
人口	5046.4 万	官方语言	韩语
主要民族	朝鲜族	主要宗教	佛教（22.8%）、基督教新教（18.3%）、罗马天主教（10.9%）
货币	韩元	对美元汇率	
GDP	13779 亿美元	人均 GDP	27221.52 美元
GDP 增长率	2.61%	营商环境排名	84.07（5/190）
清廉指数	53（52/176）	国际竞争力	5.07（26/137）
经济自由度指数	74.3（23/180）	人类发展指数（HDI）	0.901（18/188）
中信保国家风险评级		主权信用风险评级	
EIU 评级	BBB	与我国建交时间	1992 年 8 月 24 日
主要双边协议	1992 年，中韩政府贸易协定； 2015 年，中韩自由贸易协定		
中国出口		中国进口	

根据世界经济论坛 2017 年统计分析报告，商务活动中将面临的主要问题有（按照百分制的权重）：

（1）政策不稳定，15.5%。

（2）融资渠道，13.3%。

（3）政府官僚主义，12.1%。

（4）创新能力不足，9.8%。

（5）劳工限制，8.7%。

8.5.5.2 韩国经济结构与贸易情况

韩国矿产资源较少，已发现的矿物中有经济价值的 50 多种。有开采利用价值的矿物有铁、无烟煤、铅、锌、钨等，但储量不大。由于自然资源匮乏，主要工业原料均依赖进口。

产业以制造业和服务业为主，造船、汽车、电子、钢铁、纺织等产业产量均进入世界前10名。韩国制造业实力雄厚，2015年实现的产值占全年GDP的28.5%，特别是汽车产业，成为韩国制造业的领头羊，占制造业总产值的12%。

2016年外贸总额9014亿美元，贸易收支顺差894.1亿美元。其中，出口4954亿美元，减少5.9%；进口4060亿美元，减少7%。同世界上180多个国家和地区有经贸关系，其中中国、美国、日本是韩国三大主要贸易伙伴国。

韩国主要进口产品有原油、有色金属、矿产、半导体、天然气、石油制品、半导体零部件、钢材、煤炭、通信器材等。主要出口产品有汽车及零部件、半导体、有线无线通信器材、船舶、石油制品、平板液晶显示器、个人电脑、影视器材等。

20世纪60年代和70年代，外国直接投资仅占资本流入的一小部分，80年代起韩国逐步放宽外商投资限制。1997年金融危机后，韩国加大引进外资力度。

2016年，韩国农业、工业、服务业占GDP的比重为2.2%、35.2%和62.6%。

8.5.5.3 钢铁行业基本情况

截至2016年年底，钢铁行业的基本情况见表8-276。

表8-276 钢铁行业主要数据表

生铁产量	4633.6万吨	粗钢产量	6857.6万吨
钢材实际消费	3970.8万吨	人均钢材实际消费	784.8kg
钢材进口	2328.5万吨	钢材出口	3058.6万吨
铁矿石生产	5.9万吨	铁矿石进口	7174.1万吨
铁矿石出口		钢产量世界排名	6
废钢进口	584.5万吨	废钢出口	55.9万吨

注：铁矿石生产及钢材实际消费数据为2015年数据。

8.5.5.4 钢铁生产和消费情况

2016年韩国粗钢产量6857.6万吨，热轧长材产量2038.3万吨，热轧扁平材产量4674.8万吨。2016年，粗钢表观消费5945.4万吨，人均粗钢表观消费1170.5kg；钢材表观消费5707.6万吨，人均钢材表观消费1123.7kg。2015年钢材实际消费3970.8万吨，人均实际钢材消费784.8kg，如图8-104所示。

2017年粗钢产量7108.1万吨，较2016年增长3.6%。

8.5.5.5 钢铁生产基础设施配套能力

铁矿石消费以进口为主，并逐年上升，如图8-105所示。2016年铁矿石进口7174.1万吨。

2016年进口直接还原铁38.3万吨，进口生铁33.7万吨，净进口废钢528.6万吨。

陆、海、空交通运输均较发达。全国已建成铁路网和高速公路网。

铁路总长约3900km。2004年3月，首尔—釜山高速铁路开通，全长412km，最高时速300km。

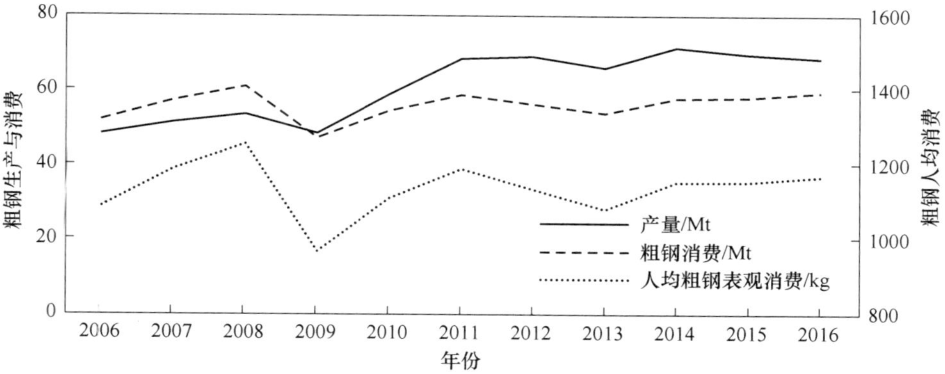

图 8-104 钢铁生产及消费情况

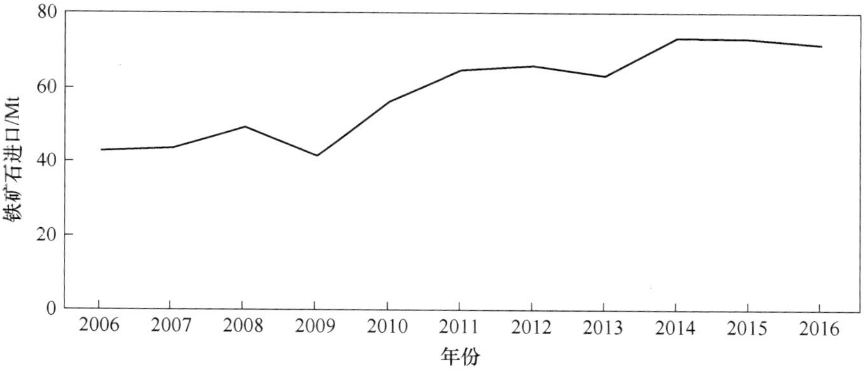

图 8-105 铁矿石进口情况

公路总长约 10.5 万千米，其中高速公路 4139km。

韩国以海运为主。主要港口有釜山、浦项、仁川、群山、木浦、济州、丽水等。

韩国同 81 个国家签有航空协定，开通国际航线 324 条（其中外国航空公司航线 242 条），可飞往 30 多个国家、90 多个城市。现有 8 个国际机场，仁川、金浦、济州、金海、清州、大邱、襄阳、光州。另有国内航线机场 20 个。

8.5.5.6 钢铁贸易

韩国是钢铁净出口国，2016 年，半成品及成品钢出口 3058.6 万吨，长材出口 342.5 万吨，扁平材出口 2443 万吨；半成品及成品钢进口 2328.5 万吨，长材进口 616.1 万吨万吨，扁平材进口 1283.2 万吨，如图 8-106 所示。

8.5.5.7 行业相关政策

A 税收体系

税收体系分为国税和地方税两大类，国税 14 种，包括所得税、法人税、继承税、增值税等。

B 主要税种

（1）法人税。按照 10%、20%两种税率征收。

（2）所得税。有 3 种，即综合所得税、退休所得、让渡所得。

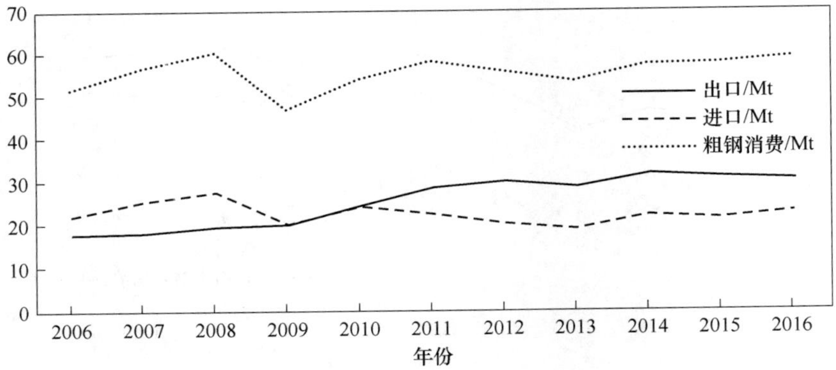

图 8-106　钢铁进出口情况

（3）增值税。一般税率为 10%。

C　外汇管理

分阶段实施外汇自由化。

8.5.5.8　生产和消费情况（数据来源：Worldsteel）

有关生产和消费情况见表 8-277～表 8-281。

表 8-277　需求和供应平衡表（2016 年）

品　种	生产/kt	出口/kt	进口/kt	间接净出口/kt	表观消费/kt	人均表观消费/kg	实际消费/kt	人均实际消费/kg
铁矿石	59		71741					
生铁	46336	4	337					
直接还原铁			383					
粗钢	68576	30586	23285		59454	1170.5		
成品钢	67131	30156	19756	16092	57076	1123.7	39708	784.8
热轧长材	20383	3425	6161					
热轧扁平材	46748	24430	12832					
管材	5206	2301	763					

注：铁矿石生产、间接净出口和实际钢材消费数据为 2015 年数据。

表 8-278　分品种年度生产表　　　　单位：kt

品　种	2006 年	2007 年	2008 年	2009 年	2010 年	2011 年	2012 年	2013 年	2014 年	2015 年	2016 年
铁矿石	256	401	452	421	460	499	552	610		59	
生铁	27559	29437	31043	27284	35065	42213	41734	41045	46909	47639	46336
直接还原铁											
粗钢	48455	51517	53625	48572	58914	68519	69073	66061	71543	69670	68576
氧气转炉	26291	27561	30227	27667	34113	42142	43119	40294	47345	48500	47521
电炉	22164	23956	23398	20905	24801	26377	25955	25768	24197	21171	21055

续表 8-278

品种	2006 年	2007 年	2008 年	2009 年	2010 年	2011 年	2012 年	2013 年	2014 年	2015 年	2016 年
热轧长材	19520	20393	19983	18705	18416	19658	19767	20060	20318	20228	20383
热轧扁平材	31275	33879	36122	32352	40615	46815	46551	44482	48587	47489	46748
大型型材	4341	4623	4320	3842	3830	4255	4380	4248	4218	4140	4045
小型型材	458	437	400	394	419	442	389	361	381	296	275
预应力钢筋	10048	10313	10215	9678	8771	8810	9077	9151	9367	9800	10341
热轧棒材	2160	2323	2317	1961	2558	3289	3147	3246	2976	2679	2399
线材	2406	2616	2645	2629	2734	2765	2708	2986	3311	3243	3252
热轧板（≥3mm）	6348	7021	8196	7566	9524	11342	10226	8939	10122	10000	9502
热轧板、卷、带钢（<3mm）	24928	26858	27927	24786	31092	35473	36325	35543	38465	37489	37245
电工板	666	910	940	849	1011	991	987	919	902	892	770
管材	4126	4405	4812	3907	4855	5073	5661	5655	6409	4928	5206
无缝钢管	20	20	21	18	16	17	18	21	20	21	18
焊接钢管	4107	4385	4790	3890	4839	5057	5643	5634	6389	4907	5187

表 8-279 年度钢消费表

品种	2006 年	2007 年	2008 年	2009 年	2010 年	2011 年	2012 年	2013 年	2014 年	2015 年	2016 年
粗钢表观消费/kt	52210	57404	61011	47303	54573	58741	56322	53919	57834	58125	59454
人均粗钢表观消费/kg	1089.9	1190.8	1257.7	969.2	1111.7	1190.1	1135.3	1081.7	1155.0	1155.7	1170.5
成品钢表观消费/kt	49832	55203	58572	45414	52390	56391	54069	51762	55521	55800	57076
人均成品钢表观消费/kg	1040.3	1145.2	1207.4	930.5	1067.2	1142.5	1089.9	1038.4	1108.8	1109.5	1123.7
成品钢实际消费/kt	37206	42098	44207	29088	33768	35555	35133	35587	39315	39708	
成品钢人均实际消费/kg	776.7	873.3	911.3	596.0	687.9	720.4	708.2	713.9	785.1	784.8	

表 8-280 年度铁矿石、废钢生产及进出口表 单位：kt

品种	2006 年	2007 年	2008 年	2009 年	2010 年	2011 年	2012 年	2013 年	2014 年	2015 年	2016 年
铁矿石产量	256	401	452	421	460	499	552	610		59	
铁矿石出口											
铁矿石进口	42807	43668	49441	41601	56298	64857	65998	63372	73507	73282	71741
废钢出口	327	214	369	485	459	397	236	205	298	418	559
废钢进口	5621	6887	7319	7800	8091	8628	10126	9260	8002	5758	5845

表 8-281 年度钢铁贸易表 单位：kt

品 种	2006 年	2007 年	2008 年	2009 年	2010 年	2011 年	2012 年	2013 年	2014 年	2015 年	2016 年
半成品和成品钢出口	18016	18264	19718	20237	24628	28866	30227	28927	31906	31173	30586
半成品和成品钢进口	22421	26180	28560	20340	24779	22828	20402	19033	22408	21674	23285
钢锭和半成品出口	187	274	620	353	1189	1719	1985	1346	870	483	352
钢锭和半成品进口	5068	6342	6140	5413	6185	4189	2760	2383	3075	2938	3433
长材出口	3006	3187	2960	3620	3658	3819	3449	3613	3836	3421	3425
长材进口	4592	5424	5472	2955	4310	4492	4685	4854	5489	6042	6161
扁平材出口	13263	13721	14800	14945	17547	20609	21625	20800	23132	24831	24430
扁平材进口	11967	13537	16108	11317	13476	13147	11983	10783	12861	11784	12832
管材出口	1481	973	1224	1220	2122	2617	3070	3085	3975	2352	2301
管材进口	572	577	552	522	685	874	862	903	882	809	763
生铁出口	50	86	138	11	7	37	41	2	3	0	4
生铁进口	850	1166	1217	754	1031	925	833	987	898	413	337
直接还原铁出口											
直接还原铁进口	469	345	365	323	676	442	439	644	636	346	383
钢材间接出口	16298	17927	19825	21958	24599	26893	25355	22674	22293	22695	
钢材间接进口	3672	4822	5460	5632	5977	6057	6419	6499	6087	6603	
钢材间接净出口	12626	13105	14365	16326	18622	20836	18936	16175	16206	16092	

参考文献

[1] Steel statistical yearbook, World Steel Association.

[2] 肖三蓉、徐光兴、Stanley Sue. 美国亚裔移民的异文化压力研究. 中国临床心理学杂志, 2010, 18 (6): 756-759.

[3] 国家风险分析报告2016, 中国出口信用保险公司.

[4] Steel imports repot: United States, global steel trade monitor. International Trade Administration, June 2017.

[5] Elham Kordzadeh. An outlook to Iran pelletizing and steel industries. Independent Researcher in Mines and Metals Industries, May 2016.

[6] StevenVercammen, et al. The growing importance of steel scrap in China. Metals and Mining, March 2017.

[7] MohanYellishetty, Gavin M. Mudd. Substance flow analysis of steel and long term sustainability of iron ore resource in Australia, Brazil, China and India. Journal of Cleaner Production, 2014, 84: 400-410.

[8] Mousami Prasad, Trupti Mishra. Low-carbon growth for Indian iron and steel sector: exploring the role of voluntary environmental compliance. Energy Policy, 2017, 100: 41-50.

[9] Bing Yu, Xiao Li, Yuanbo Qiao, et al. Low-carbon transition of iron and steel industry in China: Carbon intensity, economic growth and policy intervention. Journal of Environmental Sciences, 2015, 28: 137-147.

[10] Florens Flues, Dirk Rübbelke, Stefan Vogele. An analysis of the economic determinants of energy efficiency in the European iron and steel industry. Journal of Cleaner Production, 2015, 104: 250-263.

[11] Xiaolei Wang, Boqiang Lin. Factor and fuel substitution in China's iron & steel industry: Evidence and policy implications. Journal of Cleaner Production, 2017, 141: 751-759.

[12] Kun He, Li Wang. A review of energy use and energy-efficient technologies for the iron and steel industry. Renewable and Sustainable Energy Reviews, 2017, 70: 1022-1039.

[13] Elsayed Mousa, Chuan Wang, Johan Riesbeck, et al. Biomass applications in iron and steel industry: An overview of challenges and opportunities. Renewable and Sustainable Energy Reviews, 2016, 65: 1247-1266.

[14] Jose C. Rojas-Cardenas, Ali Hasanbeigi, Claudia Sheinbaum-Pardo, et al. Energy efficiency in the Mexican iron and steel industry from an international perspective. Journal of Cleaner Production, 2017, 158: 335-348.

[15] Paul Crompton. Explaining variation in steel consumption in the OECD. Resources Policy, 2015, 45: 239-246.

[16] Daniel R. Pearson. Global steel overcapacity: Trade remedy "cure" is worse than the "disease". Free Trade Bulletin, April 11, 2016 (6).

[17] Kwang-Sook Huh. Steel consumption and economic growth in Korea: Long-term and short-term evidence. Resources Policy, 2011, 36: 107-113.

[18] Mohan Yellishetty, Gavin M. Mudd. Substance flow analysis of steel and long term sustainability of iron ore resources in Australia, Brazil, China and India. Journal of Cleaner Production, 2014, 84: 400-410.

[19] 沈勋, 陈林根, 夏少军, 等. 钢铁流程能耗分析及节能技术的研究进展. 节能, 2015 (8): 4-11.

[20] 高小强, 田丽. 基于专利分析的中国重点钢铁企业技术竞争力研究. 现代情报, 2016, 36 (3): 121-128.

致　谢

“一带一路”倡议下的钢铁国际产能合作既是“走出去”的延续，也是一个全新的课题。众多的学者和研究团队开展了广泛的研究工作，众多的企业和社会团体积极参与了国际合作的过程。他们用自己的辛勤劳动和血泪汗水，把一条布满荆棘的路开辟成众人向往的创新发展大道。我们由衷地钦佩和感谢，正是在他们创新思维的启发下、积极进取的鼓舞下、勇往直前的激励下，触发了我们对问题的思考，也促成了本书的出版。我们得到的启发更多地来自开拓者的实践。由于精力和能力所限，对问题的认识和思考也许同样受到局限，但我们希望加入合作的推进者行列中，在前人的基础上继续推进该项事业的发展。

本书也是集体工作的阶段总结。由于作者参与了众多海外项目开发和海外投资建设活动，与其他中资企业共同探讨和分享了开展海外合作的经验教训，由此促进了对一些问题的思考和认识。每当触及相关的内容，就会勾起对共同奋斗难忘岁月的思念，本书也是向他们的献礼，感谢他们为“走出去”所付出的心血和汗水。我们相信，这些经过洗礼获得的点滴认知能够成为开展国际合作道路上的一份食粮。

在此，还要感谢中国钢铁工业协会，他们不仅一直指导着行业的发展，也指导了本书的撰写和出版工作。为了推动钢铁行业的国际化发展，在“一带一路”倡议的号召下，联合众多企业发起成立了“中国钢铁行业国际产能合作企业联盟”，并借助该平台，开展了广泛的探讨交流活动，主导了行业“走出去”的规划工作。本书的很多观点就是在作者参与这一系列的活动中碰撞产生的，并形成了本书的主要思想。

作　者

2018年3月9日